向发达的高收入国家行列迈进是几代中国人
此梦想只有依靠经济、社会和政治结构转型

# 转型与发展
## ——如何迈向高收入国家

ZHUANXING YU FAZHAN
RUHE MAIXIANG GAOSHOURU GUOJIA

马晓河　著

人民出版社

# 序　言

改革开放以来，中国已经经历了连续 35 年的高速增长。1978 年到 2014 年国内生产总值增长了 27.23 倍，年均增长 9.7%；人均国内生产总值由 382 元增长到 46612 元，增长了 18.78 倍，年均增长 8.6%。高增长将中国从贫困的低收入国家带向中高收入国家，下一步中国将向发达的高收入国家行列迈进。

中国持续 35 年的高速增长，带来了财富的急剧增长、社会的快速进步和繁荣，同时也积累了诸多矛盾。如何认识中国经济发展的历程，下一步中国能否跨越"中等收入陷阱"，最终迈向发达的高收入国家行列？是各界所关注的焦点问题。笔者是中国经济学界的一员，是跟随中国经济一起成长的一代，中国经济社会每前进一步都参与其中，一直关注、丈量且直接感受着中国发展的脉动，对她目前面临的新挑战也有过多角度的思考研究。这本书是从已经发表的 290 多篇论文或研究报告中筛选出来的，可以说是笔者 2000 年以来的代表性研究成果。这 27 篇文献绝大多数是本人完成的，也有少部分与同事合作或与本人的博士生共同完成。利用此次出版机会又进行了简单的再编辑工作。

中国经济前期的发展虽然亮眼，但也积累下了种种痼疾。笔者认为，中国要想迈入发达的高收入国家行列，必须跨越"中等收入陷阱"，完成艰难的结构转型。这里的"结构"首先是指经济结构，它包括需求结构、产业结构、要素配置结构、区域结构、所有制结构等；其次是指社会结构，它包括城乡人口结构、阶层结构、社会治理结构等；再次还有政治结构，包括权力、民主、法制体系以及政治体制等。受专业知识限制，本书在政治结构中涉及的内容很少。"转型"有两层含义，一层是中国经济发展从低收入阶段向高收入阶段转变；另一层是体制转变，从传统计划经济制度向市场经济制度转变。

中国下一步的结构转型将是一个更为严峻的挑战。本书以结构转型为主线，针对几个难点问题，将 27 篇文献分为五个部分，每个部分大致以先综合后分项的原则，并兼顾文章的重要程度来安排文献的先后顺序。第一部分讨论了结构转型与跨越"中等收入陷阱"的问题，从经济结构、社会结构以及制度结构等方面分析了过去 30 多年中国是如何实现结构转型的，今后又将样去转型，在经济、社会以及政治体制等方面会遇到什么样的困境。第二部分是农业与农村的制度变革与发展，主要论述了农业和农村经济体制是怎么由传统的计划经济体制转换到以家庭联产承包经营为基础，统分结合的双层经营体制；以及在此制度安排下，本人对农业支持政策、税费制度、粮食安全、资源利用和劳动力转移等方面的研究成果。第三部分是产业结构调整与制造业转型升级如何实现，主要分析了改革开放以来的产业结构演变和产业政策变化，对我国的产业安全态势做了评估，并对中国制造业由大变强的战略进行了深入研究。第四部分是城镇化与农业转移人口和市民化问题。具体主题有城镇化对扩大内需的作用与潜力，如何根据城镇化现状特点处理好几个关系，还有对我国城镇化道路选择的研究。第五部分是收入不平等与穷人贫困的难题，本部分有两篇文章，先是对我国低收入者和高收入者之间的收入不平等程度进行了分析，接着从战略层面提出了减少贫困的基本思路。

五大主题 27 篇文章，是笔者在中国经济研究领域不懈努力的部分收获，体现了笔者的研究风格和价值观。笔者愿意和读者一起分享这些内容，衷心希望它对中国经济转型问题的研究有所贡献，也希望对各位读者的研究有所助益。当然，限于本人的研究水平和能力，书中难免存在不当和疏漏之处，也期待各位提出宝贵意见。

马晓河

2016 年 8 月 20 日于北京

# 目　录

## 第二篇 农村如何实现转型与发展

# 第三篇　产业结构转型与制造业升级如何实现

# 第四篇　如何推进城镇化与农业人口转移

## 第五篇 如何看待社会阶层收入差距

# 第一篇
# 如何实现结构转型向高收入阶段迈进

　　1978 年以来，中国经济社会发展成功实现了从计划经济向市场经济的转型。在这一转型过程中，整个经济结构、社会结构以及政治结构都发生了转折性变化。在经济结构上，由投资打头、劳动密集型产业带动的经济高速持续增长，将中国从贫穷的低收入国家推向相对宽裕的中上等收入国家之列。在社会结构上，随着城镇化进程加快，市民化社会逐步形成，社会阶层结构发生了深刻变化，中产阶级正在成长为推进社会进步的新兴力量。在政治结构上，改革用人制度，打开干部轮替和精英上升通道，废除领导终身制，实行党政分开等一系列改革，为国家治理决策的科学化打下了基础。显然，中国业已经历的改革开放路线和发展方式对中国顺利实现转型，成功迈入中上等收入国家行列做出了积极的贡献；但是我们也必须认识到，既有的改革策略无法引领中国继续前行，保证中国能够跨越"中等收入陷阱"，向发达的高收入国家行列迈进。中国如何从中等收入国家转向高收入国家，在新的阶段转型过程中，我国将遇到哪些困境，如何化解，如何实现跨越，将是本部分关注的主题。

## 第一章　改革需要顶层设计

　　过去 30 多年，中国改革开放最强的动力是来自国内，最大的绩效是解决了穷人问题，以治穷为起始目标，从经济领域开始，调集了上下亿万人民的积极性，改革开放是成功的。今后 30 年，中国改革开放的最强动力既来自国内也来自国外的压力，最大的改革开放需求群体是正在成长着的中产阶级，最大的目标是走"强国富民"之路。显然，原有改革开放路线支持了中国从贫穷的低收入国家进入相对宽裕的中等收入国家之列，但却无法保证中国能进入富强的高收入国家行列，沿用以往"治穷"的路子来"强国富民"恐怕不行，需要创新思维，继续深化改革开放。

## 一、影响中国发展的三大制度创新

在过去 30 多年的改革开放中，对中国经济社会发展影响深远、意义重大的有三项制度创新：一是推行了产权制度改革，解决了中国人的吃饭问题和财富创造积累的激励机制问题。产权制度改革率先在农村开始，20 世纪 70 年代末期和 80 年代初期，农业领域普遍实行家庭承包经营制，将土地经营权长期承包给农民。土地制度改革解放和发展了农村生产力，使几亿人摆脱了严重饥饿和贫困，为后来中国经济起飞提供了丰富的农产品原料来源和食品供给。从 20 世纪 80 年代初期开始，国有企业改革先是以放权让利为主线，实行企业经营承包制，后是以明晰产权关系为主线，实行了现代企业产权制度改造，建立了国有企业发展的约束和激励机制。在国有企业改革的同时，我国先是允许尔后是鼓励和支持民营经济发展，由此在各个产业领域冲破单一公有制，生长出了数以百万计的民营企业。这给中国经济增长增添了一支新生力量，形成了一个富有活力的多元所有制结构。

二是改革人事制度，解决了中国经济社会持续发展所需要的人力资本积累问题。粉碎"四人帮"后，一方面我国立即恢复高考制度，数以百万计的下乡、回乡知识青年进入大学，30 年来我国高等学校为中国培养了数千万的精英群体，这些精英群体在各个领域为中国的改革开放提供了强大智力支撑。另一方面为数百万的老干部、"黑五类"人员平反昭雪，充分调动他们参与改革开放的积极性。与此同时，我国改革了用人制度，废除领导终身制，实行领导干部任期制，打开了干部轮替和进入的通道，将大量社会精英人才纳入到治国体系中，这给中国的行政管理体制注入了源源不断的生机和活力。早在"四人帮"刚被粉碎时期，曾担任过党中央总书记的胡耀邦同志在写给叶剑英同志的信中就说，国家实行"中兴三策"：即"中兴伟业，人心为上；冤案一理，人心大喜；生产狠狠抓，人心乐开花。"改革开放初期一系列人事制度改革，极大地争取到和抓住了人心，并使大多数人从改革中获益。

　　三是实行全面对外开放，推行外向型发展战略，为引进资本技术和发展对外贸易创造了制度平台。改革开放初期，我国是典型的"双缺口"型发展中国家，外汇严重不足，国内资金极为短缺，企业管理落后。面对困境我国先是设立经济特区，开放东部沿海城市，然后开放向中西部地区扩展。经过多年连续不断的大量引进资本、技术和管理等，使得中国利用后发优势奇迹般地融入世界经济体系之中。通过 30 年的对外开放，排除了中国引进外来资本技术和产品进出口贸易的制度障碍，大量外资技术的进入和国内工业产品的不断出口，使得我国经济结构迅速由"双缺口"型向"双剩余"型转变。目前我国外汇储备充足，国内资金富裕，进出口贸易活跃，产业结构升级步伐明显加快。

　　从国际经验和我国的历史变迁看，任何一个国家和社会只要能搞好产权制度创新、人力资本配置和资本技术以及产品的对外开放，经济就会发展，社会就会繁荣，人民就会富裕，国家就会强盛。发达国家如此，发展中国家也如此。例如英、法、德、美等强国的崛起无不与上述制度创新密切相关。在我国 5000 年文明历史中有三个王朝曾经出现过百年强盛时期，一个是西汉时期的"文景之治"，一个是唐朝的"贞观之治"，还有清朝的"康乾盛世"。这三个王朝强盛时期的共同经验是，在土地制度上都是让农民有地种有饭吃；在吏治上也是限制王权，广揽社会精英人才。例如清王朝统治中国 300 多年，强盛 100 多年，其重要经验：第一，整顿吏治、广揽人才。将社会上大量精英人才吸纳到统治者的政体中。康熙秉持"宽仁"治国，实施"满汉一体"的政策和"特科科举"制度；康乾时期为了拉近皇帝与官员的距离还实行了"密折上奏"；雍正期间，大胆清除贪官庸人，大力提拔有才干的精英人才。通过这些改革，统治者赢得了广大汉族知识分子和官员们的响应支持，使清朝的一系列治国方针得以顺利实施。第二，限制王权，停止圈地，更名田，实施编入正户，消除"贱民"身份，扫除农奴残余。清军入关后，满清贵族、官吏及八旗军对华北平原近京一带的土地疯狂掠夺和强行霸占，并将当地汉人强制变为奴隶。在弊政和高压统治下，民族矛盾激化，人民反抗运动不断发生。为了缓和民族矛盾，从顺治开始，顺治康熙多次颁令停止圈地，并实行"更名田"，把一部分贵族所占田地分给原种之人，使他们变成自耕农。雍正即位后，又下令解除"贱民"身份，给予平民身份。第三，实行"火耗归公"和"摊丁入亩"的减负政策。雍正即位次年，清政府将地方官吏增加的田赋附加税即"火耗"下令全额上缴国库，同时将按人头征税改为按田亩征税。清王朝百年强盛经验实质是抓住了两头，一头是通过土地制度改革和税赋改革，稳定了农民和穷人这个群体；另一头是通过吏治改革安抚和收买了精英群体。但是，后来清王朝走向灭亡主要是腐败和闭关锁国造成的。

从国内外历史正反两方面的经验教训看，1978 年以来，我国推行的产权制度改革、人事制度改革和对外开放，能够紧紧围绕穷人群体和精英群体，较好地解决了这两类人群的问题，最大限度地满足了他们的需要，是完全英明正确的。如果没有这三大制度改革，中国就不可能取得今天的巨大发展成就。

## 二、中国改革开放的主要特点

同前苏联的"休克疗法"改革相比，30 多年来中国采取的是一种渐进式改革开放路线，这种改革开放具有鲜明的时代特点。

在改革开放路径上，采取了从下到上、先易后难的路径。从十一届三中全会到 20 世纪 90 年代，我国在许多领域的改革，一般都是由农民、工人和农村、城镇的基层力量在实践中自发进行改革探索，然后将改革的成功信息向上传递，逐渐为上层接受并转化为推进改革的意志。同时，我国最初的改革也是先从容易取得成效的领域开始，因为这些领域涉及的利益关联部门少，但对老百姓的生活影响大，比如通过承包制增加工农产品生产；通过市场化改革，扩大城乡商品流通；通过分配制度改革，增加居民收入等。而涉及利益关联部门多、改革阻力大的社会以及上层建筑领域改革，则是在 20 世纪 90 年代中期以后才逐步展开的。

在改革开放顺序上，采取了先生产后流通、先经济后社会政治其他领域；开放则是先东部沿海、后沿江沿边和中西部地区的方式。比如，农村改革先在农业生产领域实行家庭承包经营制，尔后随着剩余农产品的增多促使国家改革统购统销的农产品流通体制。农产品生产、流通体制改革成功又推动了原有农村行政管理体制的改革，还带动了农村税费、教育、医疗、保障等领域的改革。城市改革先从国营工厂开始，企业经营承包制改革的成功要求对计划经济体制下的投资、原材料购进、产品销售、劳动用工、收入分配等制度进行改革，而这些改革的初步成功又要求城市甚至国家经济管理体制以及政治领域进行改革。

在改革开放进程上，采取了先点后面的推广方式。在改革开放初期，我国既没有现成可供借鉴的经验，又面对着全国生产力参差不齐、区域差别大的国情，改革开放很难一下子在全国范围内全面推开，只能采取"摸着石头过河"

的方式，先行局部试点后逐渐全面推开。从 30 多年的改革开放的进程看，无论经济领域还是社会、政治领域的改革开放，我们都采取了先点后面的循序渐进方式。以对外开放为例，20 世纪 80 年代初我国先在深圳、珠海、汕头、厦门设立经济特区，80 年代中期进一步开放大连、秦皇岛等 14 个沿海港口城市，同时还将珠江三角洲、长江三角洲、胶东半岛、辽东半岛等定位为经济开放区。90 年代初，做出开放浦东的重大决策，此后对外开放区域进一步扩大到内陆和边境口岸城市。这种先点后面、循序渐进的改革方式虽然不易在短期内取得大范围的成功效果，但避免了大的社会震荡带来的试错成本低、风险小。

在改革开放的利益分享结构上，采取了先改革增量然后以增量改革带动存量改革的激励办法。这是我国改革开放的另一个鲜明特点。新中国成立以后，我国计划经济体制所构建的资源配置和利益分配，已经从上到下形成了极强的刚性结构，很难依靠一时一项改革就能迅速打破这种僵化的体制结构。于是，我国在生产、流通、信贷、汇率等领域采取了"双轨制"的改革模式。比如在生产领域，我们对增产超产部分实行市场价格，对计划内生产实行计划价格；对计划内生产购进物资实行计划价格，对计划外生产购进物资实行市场调剂价格。又如在产权制度改革上，先稳定原有计划经济下的国有企业，优先鼓励发展个体户和民营经济；到了 20 世纪 90 年代，对于国有企业开始实行"一厂两制"，对新建部分实行股份制，对原有存量部分保持国有制性质。众所周知，增量改革带来的效果是明显的，参加增量改革的群体分享到的利益也大于原有体制。因此，存量部分为了获得改革的好处，也纷纷要求改革，由此增量改革也带动了存量改革。

## 三、必须创新改革开放路线

从上述改革开放的特点可以看出，我国改革开放的受益人群具有明显的阶段性和群体性。在改革开放初期，由于改革是从基层率先发动的，占中国人口比重最大的农民、工人从中优先获得较大利益。进入 20 世纪 90 年代以后，随着改革从生产到流通、从经济到社会、从一般部门到垄断部门的推进，改革的受益群体从农民、工人转向精英群体；而且随着时间推移，精英群体从改革开放中获益越来越多，农民和工人获益相比越来越少，甚至出现了边缘化倾向。改革开放受益群体的分化必然会加剧城乡、区域、阶层收入差距不断扩大，已引起越来越多人的不满。面对不断做大的国民经济"蛋糕"和日益扩大的贫富差距，广大的弱势群体—农民、工人纷纷要求公平分享改革发展成果。而要想缩小或遏制收入即贫富差距扩大的趋势，就必须调整既有的改革开放方式。

如前所述，渐进式改革大大降低了由改革带来的风险成本，使得经济社会发展取得了巨大的成就。但是，这种方式由于先改先行和后改后行带来了团体或个人在占有资本、资源、市场等方面的机会不均等，无形中就形成了各种既得利益集团。在改革过程中，这些既得利益集团（部门或个人）利用公共权力、公共资源、金融资本等关键要素，获得了比别人要多得多的"好处"。开始他们支持改革，尔后则变为不愿改革，甚至有些部门还打着改革的旗号，借助自身在体制和决策上的优势地位，垄断资源、扭曲市场、忽视社会公共福利，刻意强化集团和个人的既得利益而阻碍改革。要想消除市场扭曲，促进公平竞争，创造均等机会，就必须进一步深化改革。

事实上，目前我国由下向上需要推进的改革领域已经越来越少，容易改革的领域也在不断减少，而需要由上向下推进的改革领域越来越多，基本都涉及上层建筑和全国整体改革。这些领域的改革牵一发而动全身，涉及的范围广，利益关联群体多，改革需要支付的成本高难度大。如进一步改革党政关系，深化调整中央政府与地方政府的关系，改善政府和市场关系，改革财税体制，限制行业和部门垄断，放宽民营资本进入门槛，继续推进产权制度改革，消除收入分配不公平，完善资源环境价格形成机制，建立健全教育、医疗、养老、救济等社会公共服务体系，还有加快政治体制改革步伐等等，所有这些改革都需要我们重新设计新的改革路线。

另外，从改革开放的动力机制看，当前以及今后，中国改革开放的动力结构已经或正在发生变化。30年前，改革开放的动力来自于我国内部，要求改革的群体是没有解决温饱的农民、工人和没有前途的知识分子。前者要求目标很简单，有地种、有活干、有饭吃，后者要求目标很明确，有希望、有出路。而当前和今后，改革开放的动力既来自内部，也来自外部压力，改革目标已变得多元化和复杂化。对国内而言，一方面，中国的人口结构将以农村为主体很快转为以城镇为主体，如果我们还不能从宏观层面上迅速改革阻碍农民进城落户的户籍以及社会保障制度，给予他们平等的权益，城乡二元结构矛盾必然会从农村转向城镇。届时，在两种制度安排下城镇生活着3亿—4亿农民工和6亿市民，农民工在城镇处于既流动又集中的状态，而不像在农村是分散状态。与留在农村的农民相比，进城农民年轻、有知识、有见识，容易集聚，维权意识较强。与第一代进城农民工所不同的是，他们再也不会毫无怨言地接受过去那种工作福利条件和社会地位。滞后的体制改革必然会拉近、积累和激化城乡矛盾，使得城乡居民两大群体在不平等分享发展成果上，由过去的远距离分裂变成近距离对立，这将给社会带来极大的不稳定性。另一方面，一个正在成长着并最终会成为支撑社会主体的中产阶级，他们有理想、有知识、有财产，对社会需求不同于弱势群体那么简单。该群体要求公平分享改革发展成果，要求社会公正、平等、透明，有着强烈的参政议政意识，这些人强烈要求建立一个更加完善的社会主义民主和法制社会。显然，再用以往那种"摸着石头过河"的"给饭吃"办法和由下至上的路径搞改革开放已经无法满足他们的需要。对国际环境而言，随着中国的繁荣和富强，国际地位将不断上升，最终将成为世界多极化格局中非常重要的一极。作为强国，既要参与国际经济政治等游戏规则的制定，同时又要承担越来越多的国际责任。当中国变成世界第二强国，并在不远的将来经济总量规模超过美国时，世界各大经济体再也不会把中国看作发展中国家。他们将从政治、经济和意识形态等多种角度，要求中国同世界接轨。因此，在我们不断"变强"的过程中，无论是我们的诉求，还是我们的责任，都要求我国的经济政治体制必须进一步适应全球化和区域一体化。届时，我国的改革开放既是本身的事情，也与国际社会高度关联，显然，简单套用过去30年的改革路线是行不通的。因此，国内社会阶层结构变迁要求改革开放应有新思路，国际地位变化也要求改革开放应有新路线。

## 四、改革开放的新思路与新路径

由此可见，原有改革开放路线支持了中国从贫穷的低收入国家进入相对宽裕的中等收入国家之列，但却无法保证中国能进入富强的高收入国家行列。当前和今后，中国需要设计一个新的改革开放路线框架。换言之，就是中国改革开放需要一个不同于以往路径的顶层设计和总体规划。这种顶层设计首先指的是要有顶板，今后中国改革开放要更多是从上到下而不是从下向上。中国应该紧紧把握国内城镇化、社会阶层结构变迁新趋势和国际政治格局变化新趋向，以走"强国富民"之路为目标，化危机和压力为动力，采取"从上到下、以难带易、内外联动、重点突破"的路线推进改革开放。实行这种改革开放路线，就是要针对改革开放难题，选准影响当前和今后中国经济社会发展的重点领域和关键问题，跨部门、跨领域、跨区域自上而下地推进改革，集中力量统筹政治改革与经济社会改革，统筹城乡关系改革，统筹对内对外改革开放，为中国和平崛起迅速成为世界强国创造制度条件。

其次，这种顶层设计要有宏观规划，指的是改革开放要在宏观层面上有整体推进方案，而不再是"摸着石头过河"。今后中国改革开放要有整体思路、基本方向、最终目标和重大举措。比如，在新的发展时期，为了更好地体现社会公平正义，均等享受改革发展成果，就应该紧紧围绕弱势群体和正在成长着的中产阶级，更加科学地从上至下配置社会公共权利结构，合理分配公共资源，使人人在身份、财产、权力、尊严和从业、迁徙、居住和社会保障等方面获得均等的机会。过去30年，我国的改革开放依靠发动"穷人"和"精英"在治穷脱困目标上是成功的；今后30年，中国的强国之路要依靠谁来完成？根据发达国家经验，这个任务必须依靠中产阶级来完成，我们必须从宏观层面上设计和安排一种制度，将穷人变得少少的，把中等收入者变得多多的、好好的。未来，中国调整需求结构、扩大消费必须依靠中产阶级，稳定社会、建立民主政体、支撑可持续发展也必须依靠有理性的中产阶级。因此，要从宏观和微观上扫清一切制度障碍，支持中国建立一个以中产阶级为主体的橄榄型社会结构。

其三，这种顶层设计要有前瞻性，指的是要按照既有利于国内现代化、又适应全球化进程的要求，优先从上层建筑领域加快推进政治体制改革，通过政治体制的优先改革，降低经济社会发展的阻力，构建一个政治体制与经济体制更加适应，民主体制与法治体制更加配套，政府与社会、政府与市场、中央与地方、国企与民企等关系更加和谐的制度框架。最终从体制上为迈向发达的高收入国家行列提供支撑。

其四，这种顶层设计指的是推动改革的最高决策层为了国家未来利益，敢于打破既有权利结构，利用个人和机构力量推进权力机构进行自身改革，向社会、向企业放权让利。

在党政关系方面，一方面应继续优先推进党内民主化的改革，以党内民主化带动社会民主化。党内民主不仅需要"私下"协商，更重要的是大多数党员的广泛参与和民主选举。应在党内较高层次和较大范围引入竞争机制，推行党内民主选举。另一方面应按照党政分开的思路，继续深化党政关系改革，把经济社会发展和公共管理事务完全交由政府去完成。特别是省、市、县委书记不要再兼任人大主任。

在政府和市场关系方面，今后改革方向是政府要有干预边界，干预范围要限定在市场失灵的领域，要给市场经济发展留有足够的空间，最终政府职能要由以经济建设为中心转向以提供公共服务为中心，经济发展转向以市场主导。为什么会出现"国进民退"？"国进民退"只是问题的表象，背后是制度安排。我们让国有企业占有过多的公共资源，给予他们过多的发展权利，在政策上只让那些濒临倒闭的国企退出，而鼓励那些利用垄断和政府支持获得优势的国有企业，走规模化和集团化之路，而这样的规模化和集团化又不受限制，一味向竞争性领域扩张，挤压了非公有制经济的发展空间。目前，这些国企已经大到政府难以管理，大到凌驾于市场之上，大到使国民收入分配结构严重失衡。在扩大内需中，城乡居民被鼓励要增加消费，而国企却在大量增加储蓄。问题的关键就是政府的边界不清，形成"政进市退，国进民退"。这些都需要重新进行制度安排。

在人事制度方面，要进一步改革用人制度，应该继续扩大差额选举，扩大社会招聘范围，在更高级别岗位上引入竞争机制，让更多的优秀人才通过公平竞争渠道进入到我们的政府管理机构中。当前，中国并不缺乏精英人才，缺乏的是对人才选拔的科学制度。在不合理的用人制度安排下，大量无能、工于心计、善于钻营的人占据了重要位置，堵塞了优秀人才的上升通道。今后，一定要打通"草根"群体自下而上的流动渠道，把精英们的上升通道设计得更宽阔、更公正，使他们都能在经济社会发展中发挥更加积极的作用，实现自身价值，而不使他们在缺乏上升通道情况下产生"仇官、仇富、仇不公"。在人大、政协中应更多、更积极地减少"安排"，留下更大比例的差额空间进行社会选举，使人大代表、政协委员更具有社会代表性，吸纳更多的精英人才进入"两会"。另外，还要高度关注失意的精英群体（失去上升通道的精英和没有工作门路的毕业大学生）、失地的农民和失业的城镇居民等"三失"群体问题，采取积极措施严防三个群体进行非理性结合。

为什么1978年以后，亿万人民感谢党、感谢邓小平，就是因为穷人能吃饱饭，精英看到了实现自身价值的希望。今后，我国在用人制度上还需要进一步解放思想，设计更加透明、规范、公平的制度，将有才能、有政绩、有品德的人才选拔到经济社会发展最需要的岗位上去，以此对社会形成示范效应。坚决杜绝那种以"线"取人的做法，避免"上"一人伤一片的现象。

在体制改革的突破口和重点上，要从"两公"开始，即从公共权力、公共资源配置制度改革开始。从制度经济学上讲，公共权力和公共资源配置权利是公共性产品，要把"两公"用在真正含义上的公共事业上。目前，一些地方政府将"两公"更多地用在了GDP增长方面，为招商上项目"开道"。甚至当劳资发生矛盾纠纷时，他们往往借用"两公"无原则地维护资本方的利益，忽视乃至牺牲劳动者的利益。还有，近几年各地发生的土地证占用、房屋拆迁等纠纷事件，其中大多都表现为地方政府利用公共权力侵占、排挤农民和城镇居民的"私有"财产。在强大的公权面前，一些城乡居民无奈选择自焚或上街等极端方式维权。要坚决从制度设计上防止"权贵"结合，防止"两公"部门化、集团化甚至个人化。无可置疑，公共资源和公共权力是社会的，怎么分配，怎么做，都要在宏观层面进行顶层设计。今后，我国应该赋予人民代表大会在"两公"方面更多的权力，充分发挥人民代表大会在"两公"方面的决策权和监督权。在经济发达国家，公共权力由社会决定并服务人民，公共资源分配互相制约。一笔用于公共服务的预算，决策权、执行权和监督权是分开的，三种权利互相制约。2009年中国全年财政收入6.85万亿元，2010年全国财政收入将超过8.3万亿。全国财政收入占GDP的比重应该多高？公共财政的钱由谁来花、花在哪里、谁来监督？现在还缺乏有效的权利配置结构。比如公共财政资金的使用，现在还是用于投资方面的多，用于保障居民消费福利方面的少；向城市建设方面投的多，向农村投得少。公共资源配置应该有个优先顺序。贴近老百姓最急需的、有利启动消费的项目，应该列入重要的优先位置，而那些讲排场、比政绩的面子工程要予以限制。总之，公共权力和公共资源应该受到公众的监督和制约，这种监督和制约需要制度化、常态化和规范化。另外，还有一部分公共权力是应该归还社会的。比如我国的工会权利不充分，使得工会不能真正代表工人与资本方对话，捍卫劳动者权利；限制农民自治组织发育成长（比如农民协会），实质上是压制了他们同政府、资本方的谈判权，使他们在分享经济社会发展成果上处于弱势地位。因此，今后要赋予工人组织、农民自治组织以更多的社会公共权力，让他们利用自己的组织保护自身利益，制衡公共权力与资本的"合谋"。

诚然，西方国家的民主制度演变了几百年，其演变过程是不断沉淀、积累起来的，中国要想完全仿效，恐怕比较难。他们是在那种制度和社会环境下产生的一种次优选择，并非最优选择。对东方来说，照搬仿效恐怕会"消化不良"。比如，日本明治维新之后学习了西方制度，但其选举制度在某种程度上还是打上了世袭制的烙印；马来西亚、印尼、新加坡和我国的台湾地区也都暴露出这样或那样的"水土不服"。我们的制度设计也要思考这些问题，中国的体制改革要适应中国的国情，不能完全照搬西方，但现在我们政治体制以及经济体制改革确实还满足不了经济社会发展的需要，必须加快推进、继续深化改革。只有体制顺应时代，才能加快历史进程，否则将延缓经济社会结构的演变。改革开放30年就是因为我们顺应了时代要求，把握了时机，以最小的成本获取到了最大的成功。目前，我国又处在一个新的发展时期，此时如果我们能够抓住机遇，解放思想，大胆创新，积极主动推进改革开放，中国将会取得更加辉煌的发展成就。否则，我们将错过时机，并付出沉重的历史代价。

有人说，中国的发展是搭了全球化的便车，笔者认为这并不是主要的。中国的发展根本在于改革开放带来的制度创新。国际化只是一个后天因素，它与制度创新因素叠加在了一起，产生集聚和发酵，才使得中国获得了今天的辉煌成就。改革开放、制度创新才是核心源泉，没有改革开放中国不会有今天。今后30年，中国仍然要坚持制度创新，加快体制改革，深化对外开放。其实，任何国家的制度建设过程都不是一帆风顺的，基本上都是体制外和体制内因素共同作用的结果，体制内的"动"和体制外的"推"相结合。改革实质上是对原有权利结构的再调整，这种调整必然会有阻力，要破除阻力，实现公共权力和公共资源配置结构的再平衡需要大智慧。

因此，中国强大需要新发展，新发展需要新的改革开放，新的改革开放需要大智慧。这种智慧包括四个方面：一是要超越自身所在的集团利益，为民族复兴、国家强大而推进改革，可以说这需要一种自我牺牲精神；二是具有远见卓识，从历史和全球化的视角把握我国进一步改革开放的时机和进程，考虑民族、国家利益，制定行动方案和决策；三是对改革开放具有超强的驾驭能力，善于配置人力资本、公共资源，集聚社会精英，团结一切积极力量，推进社会进步；四是善于从普通的社会生活现象发现新趋势，从单一问题中看透问题本质，调集社会资源、集中国力，将中国发展强大。

未来世界将留给中国更大的发展空间，而中国的未来发展必须依靠一代又一代改革者不断推进。改革没有回头路，其势如逆水行舟，不进则退。

# 第二章 "三个赛跑"凸显改革开放的紧迫性

经过 30 多年的快速发展，中国已经成功地由低收入国家跨入中上等收入国家行列。下一个 30 年，中国将从中上等收入国家向高收入国家行列迈进。显然，用于向中等收入发展水平迈进的原有增长机制不可复制，用于促进经济社会发展的改革开放模式也不可照搬。

同过去 30 年相比，今后我国向高收入国家行列迈进，所实现的发展目标要比向中等收入国家行列迈进的目标高得多、难得多。从低收入水平发展到中等收入水平，主要目标是消除贫困，解决温饱，实现社会的全面小康；而从中等收入水平发展到高收入水平，主要目标是让人民生活富裕起来，最终实现强国富民。治穷解决温饱相对容易，致富强国的难度较大。

同改革开放初期相比，当前和今后，我国继续推进改革开放遇到的难度要大得多。改革开放初期，中国各个阶层都比较贫穷，工人、农民温饱都成问题，精英群体缺乏上升通道，大家都渴望改革开放，一旦推出改革举措，大都会积极响应，改革的阻力小、成本低。到了今天，一些团体甚至个人利用公共权力和公共资源改革机会，获得了比他人或其他团体更多的利益，既得利益集团的改革意愿下降。因此，在新的时期，我们如何破除阻力，甚至化阻力为动力，推进改革开放，是需要超凡智慧和高超技巧的。

同过去相比，今天的改革开放已进入深水区，进一步改革开放遇到的困难更多、风险更高、成本更大。在政治、经济、社会、文化等体制改革领域，容易改的都改过了，剩下的几乎都是不得不改而又难以改革的项目。有些改革项目涉及的利益关系错综复杂，只有通过调整现存利益结构，甚至牺牲既得利益集团，才能实现改革发展目标。因此，面对困难多、风险高、成本大的改革，改得好有利于促进经济社会发展，改不好将危及社会稳定。

目前和今后一段时间内，我国的改革开放不但困难多、风险高、成本大，而且时间紧迫，至少在以下三个方面与时间赛跑。如果我们的改革开放能够跑过时间，我们将能获得发展的主动权，否则将错过重大历史机遇期。

## 一、改革城乡二元体制的时间在与改革赛跑

下一步，中国要想从中上等收入国家向高收入国家行列迈进，首先必须提高城镇化水平。目前，高收入国家的城市化率平均在 77% 以上，其中美国、英国、德国、日本等国家都在 80% 以上。中国要达到这样高的城镇化水平，还面临着难以突破的城乡二元体制障碍。按照国家统计局公布的数据，2011 年我国城镇化率已达到 51.3%，距高收入国家平均城市化率差 26 个多百分点。但仔细分析发现，我国实际城镇化率远没有达到 51.3%。统计数据显示，2011 年我国城镇人口已达 69079 万人，但实际享受城镇化制度安排的人口要远远低于该数据。因为在现有城乡二元体制下，我国在 25278 万个农民工中，有 15863 万人在城镇打工，由于户籍和社会保障制度限制，他们既无法真正享受城市文明，又在"被城镇化"。如果扣掉进城务工农民人口数，我国的城镇化率将下降到 39.5%，与高收入国家的城市化水平几乎相差一半。

我国实际城镇化难以向前推进，关键在于体制和政策安排。当前和今后，我国继续利用城乡二元制度推进经济发展的矛盾越来越大。因为，在过去，农民进城数量还不太多，城乡二元结构通过户籍以及社会福利制度安排，将农民同城镇居民割裂在两个天地里，农民既享受不到也看不到城镇居民所享受的种种公共服务和社会保障福利。而现在以及未来，随着越来越多的农民进城，他们亲眼看到了城镇居民享受着比农民越来越多、越来越好的公共服务和社会保障福利。农民工进城规模越大、速度越快，突破城乡二元体制障碍的要求就越强烈，形势变化留给我们改革城乡二元体制的时间就越不足。因此，改革城乡二元体制的时间在和改革赛跑。然而，改革面临的难题是，大城市基础设施、公共服务条件优越，发展机遇多，但人满为患；中小城市（镇）基础设施、公共服务条件差，发展机遇少，缺乏吸引力。怎么改革城乡二元体制，促进农民工市民化，推进城镇化进程，我们既需要时间安排，又需要总体设计和细致的执行方案。

## 二、我国的社会阶层结构转变在与改革赛跑

中产阶层是稳定社会、拉动消费、推进文明创新的主要群体，是推进中国由中等收入国家向高收入国家迈进的关键力量。当前和今后一段时间，我国经济结构、社会结构以及政治结构将处于加快转型时期，这个时期结构转

型的最大任务是，我国必须尽快培育一个以中产阶层为主的"橄榄型"社会结构。

多年来，我国经济高速增长并没有带来中产阶层的迅速成长，社会阶层依然是"上端小，底部大"的金字塔形结构：底部是占人口比重很高的低收入人群，他们收入不高，消费能力低；上端是占社会财富比重很大、占人口比重很小的高收入人群，他们收入极高，储蓄能力很强；中间则是占人口比重不大的中等收入人群，他们成熟理性，收入居中，消费能力强，但还没有成为社会的主流群体。我们以 2010 年基期，选取人均年可支配收入（农民为人均年纯收入）22000—65000 元之间作为中等收入人群，利用对数正态分布函数测算了从 1995 到 2010 年我国中等收入者占总人口的比重情况，结果是到 2010 年我国中等收入者人群占全国总人口的比重只有 21.25%。显然，如此之低的中等收入人群比重是无法向橄榄型社会结构转变的。衡量中产阶层除了收入指标之外，还有教育、职业、资产、消费和主观认同等指标。用这些指标衡量，我国的中产阶层比重也不高。

阻碍我国中产阶层发育、成长的有以下几个方面原因：一是现行城乡、地区之间的户籍及其社会保障制度抑制了社会各阶层之间的流动和变迁，不利于社会底部阶层向上流动变为中产阶层。二是收入分配政策不合理，导致贫富差距拉大，不利于中等收入群体的扩大。三是教育、卫生、科技以及创业就业等社会公共资源配置不公平，优质公共资源向城市、向精英群体倾斜，不利于"草根"群体改变身份向中产阶层迈进。四是成功上升的机会不均等。高收入阶层、精英群体等既得利益集团利用各种社会资源占据有利地位，使得底部社会阶层上升之路变窄、变难。

目前，我国在建立以中产阶层为主的橄榄型社会方面面临两难抉择。一方面，越是推迟建立以中产阶层为主的橄榄型社会，中产阶层成长越缓慢，低收入群体人口太多，社会越不稳定，消费型社会越发难以形成，迈向高收入国家行列的目标也更加难以实现。另一方面，若加快培育中产阶层，建立橄榄型社会，一旦中产阶层壮大起来，由于他们有知识、有资产，民主意识、参政意识、维权意识都较强，在社会体制以及政治体制改革步伐慢于他们的需要时，他们对执政者的信任度便会下降。因此，我国中产阶层成长的规模、速度在和改革赛跑。这就要求我们必须具有历史紧迫感，有高超的智慧和敢于担当的勇气，加快经济体制、社会体制和政治体制的协调改革。

## 三、国际经济政治关系格局变化在与改革赛跑

在对外开放领域，今后中国要想发展成为高收入国家，无疑需要创造更加和谐良好的国际环境。众所周知，30多年来，我国经济的快速发展和综合国力的不断增强，在很大程度上得益于既有的国际贸易体系和国际政治秩序。这期间，国际贸易环境和政治秩序变动基本上都是向有利于中国的方向变化。但是，近来国际经济政治关系演变对我国发展出现了不利的因素。从经济角度看，发达国家在经济危机冲击下，政府公共支出紧缩，居民消费信心不足，导致对中国的外需下降；同时，发展中国家正在利用比中国更加低廉的劳动力、土地、资金和资源要素大量生产劳动密集型产品，并向发达国家出口，从劳动密集型产品市场上对中国形成供给替代效应。另外，要素成本提高、人民币升值，正在不断挤压我国出口产业的利润空间，也给我国发展外向型经济带来严峻挑战。

从国际政治关系格局看，在国际关系重心从大西洋转向太平洋的大背景下，当前美国全球战略重点向亚太转移。从经济上美国主导建立跨太平洋战略经济伙伴协定（TPP），从军事上以日本和澳大利亚为支点，以西太平洋岛链为依托建立空海军作战体系，这些都对中国进一步崛起带来压力。在中国周边地区，中印、中菲、中越、中日、中韩因边界和岛屿争端，导致双边以及多边关系复杂化、矛盾显形化，这使得我们不可能像以往那样一心一意去发展经济，必须挤出一部分战略资源解决周边问题。面对国际经济政治关系格局新变化，如果我们不能在改革开放上及时创新，我国必将丧失新一轮战略机遇期。因此，国际经济政治关系格局变化的广度与深度正在和我国改革开放赛跑。作为正在崛起中的大国，在国际经济政治关系格局新变化中，必须选择新的开放战略，绘制新的改革开放路线图，积极参与国际游戏规则的制定，创造更加有利的国际经济政治环境，推进中国向高收入国家转变。

综上所述，我国又到了一个需要选择的新时期。在这个时期，走出困境，实现新的发展目标，仍然需要坚持改革开放的思想路线，凝聚改革开放共识，集聚改革开放力量，搞好顶层设计和总体规划，积极推进重点领域和关键环节的改革开放，促进中国经济社会向更高层次发展。

# 第三章　必须跨越的"中等收入陷阱"

　　从世界经济发展的历史实践经验看，二战以后世界许多国家经过努力，都先后从低收入国家成功进入中等收入国家行列。但由于大多数国家在向高收入经济体攀升中，既无法在经济成本方面与低收入国家竞争，又无法在技术创新方面与发达的高收入国家竞争，致使其人均国民收入难以跨上高收入国家门槛，前期经济社会发展积累的矛盾集中爆发，原有增长机制无法有效应对由此形成的系统风险，经济增长将长期徘徊在中等收入阶段，进入了"中等收入陷阱"。亚洲开发银行将"中等收入陷阱"定义为，许多中等收入国家在制造业出口方面无法与低收入国家竞争；在技术创新方面无法与高收入的发达国家竞争。这些国家或经济体无法从低成本的劳动和资本支持的投资驱动型经济增长，转为创新驱动型增长。[①] 只有少数国家实现了成功转型并进入高收入国家行列。2010年，中国人均国内生产总值达到 4396 美元[②]，按照 2010 年世界银行发展报告标准衡量，中国已经进入中上等收入国家行列。[③] 今后一个时期里，中国经济无疑还会增长，但是能否跨越"中等收入陷阱"，顺利进入高收入国家行列，关键是要看经济结构能否实现战略调整，社会结构乃至政治结构能否顺利转型。

　　经过对世界现有主要发达国家结构的考察发现，目前凡是已经迈进发达的高收入国家行列的经济体，绝大部分国家经济社会结构都具备了两个 70% 和两个 60%。即在需求结构中，消费率在 70% 以上，在产业结构中，服务业比重占 60% 以上；在社会结构中，城市化率在 70% 以上，中产阶级达到 60% 以上。这四个指标都是结构性问题，结构转型是一个经济体由中等收入阶段迈向高收入国家行列的重要衡量指标。中国要想跨越"中等收入陷阱"，迈向发达的高收入国家行列，至少要具备上述两个 70% 和两个 60% 的结构性指标。据此，必须

---

① 马岩：《我国面对中等收入陷阱的调整及对策》，《经济学动态》2009 年第 7 期。
② 根据 2011 年中国统计摘要人均 GDP 与当年人民币平均汇率之比计算。
③ 在 2010 年世界发展报告中，世界银行将人均国民收入在（GNI）975 美元及以下的国家定为低收入国家，人均 GNI 达到 976—3855 美元的国家为中低收入国家；人均 GNI 在 3856—11905 美元的国家为中高收入国家；人均 GNI 达到 11906 美元及以上的国家为高收入国家。世界银行：《2010 年世界发展报告》，清华大学出版社 2010 年版。

实行以下五个方面的结构性转型。第一，支持需求结构调整，经济发展应实现由外需导向、生产型结构向内需导向、消费型结构转化；第二，支持产业结构调整，应实现产业发展由过去的以工业为主向服务业为主转变，工业发展由中低端制造为主向中高端制造为主转变；第三，支持资源要素结构调整，最终应使中国经济增长由粗放型向依靠科技进步的集约型转化；第四，支持社会结构转型，应实现人口结构向市民社会(市民占大多数的社会)转型，人群结构向中等收入阶层为主的橄榄型社会(中间大两边小)转型；第五，支持政治结构转型，应推进重要领域、关键环节变革，促进经济、政治、文化、社会、生态体制创新，建立公正、公平、透明的政治权利结构，让城乡居民有充分、平等的生存发展权利，为向高收入国家迈进创造制度条件。从世情、国情看，要完成这些结构转型内容，并不是那么容易，我们将面临许多严峻挑战。

## 一、从典型国家实践看"中等收入陷阱"

日本、韩国、新加坡以及中国的台湾、香港等是国际公认的实现了成功跨越的国家和地区。而阿根廷、巴西、墨西哥、印尼、菲律宾、泰国、南非等国家就一直在中等收入国家行列徘徊，究其原因就是这些国家没有及时调整发展战略和体制变革，经济结构、社会结构以及政治结构未能适应向高收入社会迈进的要求。这里我们以日本、韩国和巴西为例，来分析他们在进入中等收入水平之后，向高收入水平迈进过程中三大结构是如何变动的。

### (一) 日本向高收入国家迈进的经验

日本是从低收入国家进入中等收入国家而后顺利进入高收入国家行列的典型经济体。第二次世界大战结束后，日本面临着国民财富损毁45%，国内经济严重衰落。然而，在此后的30多年里，日本经济先是得到迅速恢复，接着又连续实现了20多年的经济高速增长。比如1945—1951年日本经济增长率年均9.9%、1951—1955年年均8.7%，1955—1972年年平均达到9.7%，其中1955—1960年年均为8.5%、1960—1965年为9.8%、1966—1970年为11.6%，1970—1980年平均年增长4.5%。[①]经济的快速增长，带来了日本人均

---

[①] 资料来源：嘉肯行业研究部：《日本经济发展史摘要：1955—1980年高速增长时代》，http://www.charcoln.com_201004jp.htm；《日本经济的发展与现状》，http://web.cenet.org.cn/upfile/95421.doc。

国民收入的迅速增长。在 1947 年，日本人均国民收入仅为 89 美元，1950 年为 113 美元，1955 年 209 美元，1960 年 431 美元，1965 年为 890 美元，1970 年上升到 1940 美元，到 1980 年日本人均达到 10440 美元，1988 年日本人均国民生产总值高达 23570 美元，超过美国人均 21620 美元的水平。[①] 日本经济之所以能实现顺利转型，一跃进入发达国家行列，其中有四个重要原因，一是产业结构及时、顺利地实现了高度化，使经济增长由粗放型向集约型转化；二是需求结构实现了从投资率上升到消费率上升的转换；三是社会结构实现了成功转型，中产阶级人群占社会人口比重和城市人口比重都超过 70%；四是政治结构转换有力地支持了日本向高收入社会迈进。

日本的产业结构演变对收入转型起到关键作用。二战后的 30 多年里，日本产业结构转换的明显特点是，农业在国民产值结构中的比重持续下降，在人均国民收入大约 1000 美元时，农业的比重下降到 10% 以下；工业的比重是先上升后下降，在人均国民收入大约 2000 美元时比重达到最高（第二产业接近 47%），此后连续下降；服务业比重不断上升，其中在人均 2000 美元以后又出现了加快上升趋势（见表 1）。从工业结构看，战后日本首先通过大力发展食品、纺织服装鞋帽等劳动密集型产业促进工业发展，比如从 1945 年同 1955 年，日本的纺织工业生产指数增长了 10.4 倍，而钢铁冶炼、机械制造、化学工业、石油及煤制品分别增长了 2.3 倍、73.6%、3.8 倍、5.8 倍。20 世纪 50 年代中期以后，日本工业结构的重心逐渐由轻工业向重化工业转化。从 1955 年到 1960 年，日本的纺织工业只增长了 62.4%，而钢铁冶炼、机械制造、化学工业、石油及煤制品分别增长了 1.21 倍、3.44 倍、96.3%、1.71 倍。进入 20 世纪 60 年代，日本工业结构又出现了高度加工化的趋势，汽车工业、家电工业的崛起与迅速增长推动了工业的发展。进入 20 世纪 70 年代，带动工业发展的是精密机械、电气机械、一般机械和运输机械等。20 世纪 80 年代后，促进日本工业结构转变的主要力量是技术密集化和高附加值化，造船工业、电气及电子工业、汽车工业、民用电气机械工业等通过机器人、数控机床和微电子技术的利用获得了迅速发展。日本的产业结构转换是成功的。根据有关资料，1950 年—1962 年间日本

---

[①] 1947—1955 年人均收入是指人均国民收入，按照当年日元兑美元汇率折算；1960 年、1965 年指的是人均国内生产总值，1970 年后为人均国民生产总值。资料来源：麦迪森：《主要资本主义国家经济统计资料集》（1840—1960），张塞主编：《国际统计年鉴》，中国统计出版社 1996 年版。

全要素生产率的提高对经济增长的贡献率为 67%；1965—1985 年间，日本经济增长中约 32% 归因于技术变化，55% 归因于资本投入的增加，13% 归因于劳动投入的增加。相比之下，美国同期经济增长中约 20% 归因于技术变化，45% 归因于资本投入的增加，35% 归因于劳动投入的增加。①

产业结构演变是与需求结构相联系的。在 1945—1955 年"岩武景气"时期，日本社会压低民间消费需求，大力增加投资特别是设备投资，把尽可能多的资源包括过剩劳动力投向生产，发展出口经济。但进入 20 世纪 50 年代后期，日本经济发展暴露出了明显的问题，经济增长过度依赖投资带动，工厂运用新技术生产的电视机、电冰箱、空调等卖不出去，同时社会失业人口增加，劳资关系紧张并出现了长时间的罢工。1960 年，日本宣布启动为期十年的"国民收入倍增计划"，主要目标是，将国民生产总值增加一倍，实现完全就业，大幅度提高国民生活水平，缩小农业与非农业、大企业与小企业、地区之间以及收入阶层之间存在的生活和收入上的差距，使国民经济和国民生活均衡发展。此后，日本国民收入不仅有了大幅度的增长，阶层间收入差距明显缩小，城乡间收入差距基本得到消除。收入差距的缩小以及城乡差距的消除，大大有利于中产阶级的形成和成长，中产阶级扩大了消费需求，稳定了社会。据有关调查，1972 年日本人认为自己属于"中间阶层"的人占到 73%，城市化率也在 1970 年达到 72.1%。可见，在 20 世纪 70 年代，日本社会已是中产阶级占大多数的"橄榄"型社会结构。进入 20 世纪 90 年代，日本人均 GDP 已经远远超过 2 万美元，此时政府更是号召要从"生产大国转变为生活大国"。从统计资料分析，日本在收入转型过程中，投资率经历了先升后降、消费率先降后升的过程。1952 年日本的投资率为 21.3%，1966 年上升到 32.6%，1970 年进一步上升到 39%。进入 20 世纪 70 年代以后，日本投资率不断下降，1973 年投资率下降到 38.2%，1980 年 32.2%，1993 年 29.9%，2006 年进一步降到 23%。与此相对应，日本的消费率 1950 年为 77%，1966 年下降到 65.9%，1970 年进一步降到 59.7%，此后开始上升，1973 年 61.8%，1980 年 68%，2006 年达到 75%。由此可以看出，日本投资率从升到降、消费率由降到升的拐点发生在 20 世纪 70 年代初期，工业比重由升转降也恰恰出现在这一时期，此时人均国内生产总值在 2000 美元左右（相当于 2010 年的 10760 美元），② 中产阶级社会已

---

① 郭金龙：《经济增长方式转变的国际比较》，中国发展出版社 2000 年版，第 130—134 页。
② 通过测算，1970 年 1 美元相当于 2010 年的 5.38 美元。

经形成。

另外，日本的政治结构转换成本较小，也有利于日本向高收入社会迈进。二战后，日本建立了以立法、司法、行政三权分立为基础的议会内阁制度。皇权被高高"挂起"，天皇无权参与国政，只是国家象征。国会是最高权力和立法机构，内阁是最高行政机关。在国会中，众、参议员由选区选民选举产生，首相由国会议员选举产生。在日本政治结构中另一个特点是，尽管它是多党制国家，但从 1955 年到 2009 年，自民党一直执政（在 1993 年到 1995 年暂短失败），是自民党带领日本人民由低收入国家成功跨进发达国家行列。其成功的主要原因，一是一党多派，形成党内互相监督制约。二是党内轮替执政，形成了权力的有效接应。三是社会监督，在野党和社会共同对执政党进行监督。

**表 1  二战后日本产业结构演变情况**

| 年份 | 合计 | 农业 | 工业 | 其他 |
|------|------|------|------|------|
| 1947 | 100 | 35.5 | 23.7 | 40.8 |
| 1955 | 100 | 20.0 | 25.5 | 54.5 |
| 1960 | 100 | 13.0 | 37.0 | 50.0 |
| 1965 | 100 | 10.0 | 36.0 | 54.0 |
| 1970 | 100 | 6.0 | 39.0 | 55.0 |
| 1975 | 100 | 5.0 | 32.0 | 63.0 |
| 1980 | 100 | 4.0 | 34.0 | 62.0 |
| 2008 | 100 | 1.0 | 30.0 | 68.0 |

注：根据麦迪森《主要资本主义国家经济统计资料集》和郭金龙《经济增长方式转变的国际比较》（中国发展出版社 2000 年版，第 132 页）、世界银行《2010 年世界发展报告》整理。

**（二）韩国向高收入国家迈进的经验**

韩国的经济转型比日本要晚一个时期。在 20 世纪 50 年代它还是一个贫穷国家，1953 年人均 GDP 仅为 67 美元。后来，由于经济结构和社会结构转型顺利，韩国实现 30 多年经济高速增长，很快从中等收入迈向高收入国家。从1961 年到 1994 年，韩国经济年平均增长 8.4%，其中 1980—1990 年间年平均增长 9%。经济高速增长使得国民人均收入水平不断提高。1961 年韩国人均国民收入 100 美元，1970 年 270 美元，1977 年 1000 美元，1980 年 2330 美元，1990 年 5770 美元，2000 年 8910 美元，2002 年 9930 美元，2008 年进一步上升到 21530 美元。① 按照世界银行标准，韩国在 2002 年就从中等收入国家跨入高收入国家行列。②

  韩国之所以能一举成为发达国家，首先得益于产业结构的转变。随着人均国民收入水平的提高，韩国农业占 GDP 中的比重不断下降，工业占 GDP 比重是先上升后下降，服务业比重一直是上升趋势。值得注意的，在 1990 年以前，韩国产业结构转变主要是工业对农业的替代，服务业变化不大；1990 年以后，主要是服务业对工业的替代（见表 2）。在 20 世纪 60 年代经济刚起飞时，韩国抓住美、日等发达国家将劳动密集型产业转移到发展中国家的机会，利用本国劳动力资源优势，实行出口导向型发展战略，重点发展以轻纺工业为主的劳动密集型产业；进入 70 年代，随着劳动力短缺和工资上涨，以及西方发达国家经济衰退，还有后起的发展中国家在劳动密集型产业发展方面的竞争，韩国利用发达国家重化工业向新兴发展中国家转移的机遇，大力发展钢铁、非铁金属、机械、造船、汽车、电子、石油化工、水泥、陶瓷等具有资本密集性质的重化工业，到 1980 年韩国重化工业在制造业中的比重上升到 50% 以上。进入 80 年代，面对新兴工业化国家的崛起，国际市场竞争日趋激烈，韩国提出了"产业结构高级化"的政策目标，对传统重化产业进行技术升级改造，同时大力发展精细化工、精密仪器、计算机、电子机械等。进入 90 年代以后，韩国受到亚洲金融危机的严重打击，经济衰退，失业人数大幅度增加，社会收入分配结构出现恶化，此时韩国正处于由中上等收入国家向高收入国家迈进的关键时期。面对危机，韩国在积极推进金融体系、劳动力市场、公共部门改革以及企业结构调整的同时，大力发展知识密集型产业和服务业。比如在 20 世纪90 年代后期和 21 世纪初期，韩国集中发展计算机、半导体、生物技术、新材料、精细化工、航天航空产业；2003 年以后，数字电视、液晶显示器、智能机器人、新能源汽车、新一代半导体、新一代互联网、智能型家庭网络系统、数字内容软件、新一代电池、生物新药以及人工脏器又成为韩国的"十大引擎产业"。韩国产业结构成功转换的经验就是在向高收入国家迈进中，技术密集度更高的产业和服务业所占比重快速上升。

---

① 2000 年以前韩国人均收入是指人均国民生产总值，2000 年以后是指人均国民收入（GNI）。

② 世界银行在《2004 年世界发展发展报告》中测算，2002 年人均在 GNI735 美元及以下的为低收入国家；达到 736—2935 美元为下中等收入国家；达到 2936—9075 美元为中上等收入国家；达到 9076 美元及以上国家为高收入国家。世界银行：《2004 年世界发展报告》，中国财政经济出版社 2004 年版。

表2 韩国产业结构演变情况

| 年份 | 人均GNI | 合计 | 农业 | 工业 | 服务业 |
|---|---|---|---|---|---|
| 1960 | 100 | 100 | 47.1 | 7.9 | 45.6 |
| 1970 | 270 | 100 | 25.4 | 28.7 | 45.9 |
| 1980 | 2330 | 100 | 14.5 | 40.4 | 45.1 |
| 1990 | 5770 | 100 | 8.7 | 43.4 | 47.9 |
| 2000 | 8910 | 100 | 5.0 | 44.0 | 51.0 |
| 2008 | 21530 | 100 | 3.0 | 37.0 | 60.0 |

注：根据张塞主编《国际统计年鉴》（中国统计出版社1996年版）和郭克莎、王延中主编《中国产业结构变动趋势及政策研究》（经济管理出版社1999年版）和世界银行2002年和2010年世界发展报告整理。

韩国产业结构转换是与需求结构变动分不开的。在1960年韩国的投资率只有11.5%，此后连续上升，到20世纪90年代初期达到最高，之后连续下降。消费率与此相对应，先是连续下降，后是持续上升。比如，韩国的投资率1970年为24.97%、1980年31.61%、1991年38.9%、1997年34.97%、2002年26.7%，消费率1965年92%、1980年76%、1990年63%、2000年66%、2006年69%。需求结构变化是与收入分配相联系的。在经济快速增长的头十年，韩国收入分配状况有些恶化，反映收入分配均衡程度的基尼系数从1970年的0.362上升到1980年的0.39。由于从20世纪70年代开始搞了"新农村运动"和20世纪80年代末期出台《最低工资法》，韩国居民收入增长加快，城乡和阶层收入差距明显缩小，基尼系数由0.39下降到1991年的0.263。到20世纪初期，韩国已顺利实现了社会结构转型，中产阶级和城市人口占全社会人口比重都超过了70%。1992年韩国中产阶级在全社会中的比重高达75.2%，城市化率也在1990年达到74.4%。可以看出，韩国投资率从升到降、消费率由降到升的拐点发生在20世纪90年代初期，此时中产阶级社会已经形成，城市化已经完成，工业比重开始下降、服务业持续上升，这时人均国内生产总值达到5770美元（相当于2010年的10501美元）。[①] 向高收入国家迈进的条件已经具备。

还有，韩国的政治结构转型也支持了其从中等收入水平向高收入国家迈进。二战后，韩国在政治体制上实行了总统制。二战后韩国先实行民主体制，

① 通过测算，1990年1美元相当于2010年的1.82美元。

但由于当时经济发展落后、低收入人口多、中产阶级群体小，社会矛盾突出。后来到了 1961 年朴正熙发动军事政变后建立威权体制，创造了"汉江奇迹"，1979 年朴正熙被杀身亡，后由发动"肃军政变"的全斗焕任总统，继续延续威权体制。20 世纪 80 年代后期，当韩国进入中等收入阶段后，韩国中产阶级不断成长壮大，在强烈要求建立民主社会的呼声下，全斗焕被迫下台，卢泰愚出任总统并在社会压力下推进民主化。所以，韩国政治体制结构转换是先民主后威权再民主。二战后由于缺乏经济发展和中产阶级支撑，使得政治结构转型出现过动荡，20 世纪 80 年代后期的民主转型顺利主要是有了一个庞大中产阶级理性群体的支撑。

**（三）巴西经济社会结构转型的教训**

巴西的发展要比韩国更早一些。二战后，巴西就开始实行进口替代工业化战略，采取一系列措施推进经济高速增长。1949—1981 年，巴西经济年平均增长 7%，其中 1968—1974 年经济增长年均超过 10%。到 1970 年巴西人均国民生产总值就达到 450 美元，是韩国的 1.7 倍。但是，由于产业结构失衡、收入分配结构失衡、城市化超前、通货膨胀严重等因素，导致巴西 20 世纪 80 年代以后经济增长缓慢，使其一直徘徊在中等收入国家之列。1980—1990 年巴西经济增长年均只有 2.2%，20 世纪 90 年代以来巴西虽然进行了经济结构调整和经济体制改革，但也只实现了经济温和增长。到 1990 年巴西人均国民生产总值 2790 美元，只有韩国的 48.4%。2006 年巴西人均国民收入（GNI）4730美元，处于上中等国家收入水平，但此时已进入高收入国家行列的韩国，人均 GNI 高达 17690 美元。是什么原因导致巴西一直徘徊在中等收入国家行列？

在产业结构方面，巴西越过劳动密集型产业发展阶段，过早地推进资本密集的重化工业发展，忽视劳动密集型产业的增长，使得资源过分向钢铁、建材、化工、汽车、造船、炼铝、重型机械、航空等倾斜，不但造成工业与农业、重工业与轻工业、基础产业与加工工业比例失调，而且还造成很高的失业率。

在需求结构方面，由于巴西的储蓄率和投资率低，工业化主要依靠外国的资本和技术支持，使得巴西一方面工业自主创新能力不强，缺乏产业核心竞争力，另一方面大量举债，又使国家背上沉重的外债包袱。在收入分配结构上，巴西收入分配两极分化严重，贫富差距不断扩大，既导致国内市场消费需求不足，又引起社会不稳定。从理论上讲，进口替代工业化战略是以国内市场需求为导向的，国内市场大小决定了工业的规模、经济增长速度。而国内市场大小又决定于居民的购买能力和收入水平。但是，巴西的国民收入分配极不均衡，一方面国民收入增长落后于经济增长，另一方面贫富差距不断扩大，财富越来越向富人集中，使得消费倾向很高的中低收入阶层收入水平低，购买能力难以提高，结果使工业品增长空间受到限制。1980 年与 1970 年相比，占城市 5% 的最富者的收入在收入分配总额中的比重由 30.3% 上升到 34.7%，而占城市 50% 以上的贫穷者收入比重从 16% 下降到 13.1%；占农村人口 50% 的穷人收入占收入分配总额的比重从 22.4% 降到 14.7%，而最富者收入比重从 23.7% 增至 44.2%。根据有关文献资料分析，1960 年巴西的基尼系数就达到 0.5，1995 年更高达 0.6。到 1999 年，占巴西 1% 人口的富人拥有社会财富达到 53%，而 20% 的贫困家庭仅拥有 2.5% 社会财富，当年全国有贫困人口 5410 万人，贫困发生率 34.9%。巴西长期贫富分化的结果是，中产阶级难以成长壮大，社会结构转换中缺乏中间力量的支撑。

在城市化方面，由于土地高度集中在少数大地主手中，同时农业又采取了一条资本密集型的发展道路，由此造成了大量无地或少地的穷人，这些人被迫流入城市，形成城市人口集聚过快、数量过多，与工业化发展严重脱节，造成过度城市化。无论是在低收入水平发展阶段，还是在中等收入水平发展阶段，巴西的城市化都是偏高的。1960 年巴西的城市人口占总人口比重就达到 56%，1980 年升至 67.6%，1990 年又升至 75%，2004 年进一步升到 83.6%。过度城市化，不但造成城市发展缺乏经济支撑，政府没有能力为城镇居民提供基本公共服务，而且还导致城市发展过多的与产业发展争夺资源，从而影响工业化进程。还有，巴西长期通货膨胀。由于储蓄率和投资率低，又要发展进口替代的重化工业，只有采取高通货膨胀政策。但是高通货膨胀侵害了大多数居民的利益，不利于中产阶级的成长，也影响了社会结构转换。

进入 21 世纪特别是卢拉总统上台后，巴西调整经济发展战略，注重保持经济稳定增长，实施零饥饿计划，减少贫困人口，缩小贫富差距。结果，巴西经济实现了持续加快增长，人均国民收入从 2000 年的 3570 美元提高到 2010 年的 9886 美元，中产阶级占社会人口比重由 2003 年的 36.5% 上升到目前 52%，[①] 消费在三大需求结构中占比达到 60%。目前，巴西进入高收入国家行列的条件基本具备。可以预见，巴西不久将跨入高收入国家行列。

---

① 林重庚、迈克尔·斯宾塞：《中国经济中长期发展和转型》，中信出版社 2011 年版，第 42 页。

从上述三个国家的中等收入结构转型实践可以概括出以下结论，一个国家要想从中等收入国家迈向高收入国家行列，从经济角度讲，一是产业结构必须从以第二产业特别是工业为主导转向以服务业为主导的产业结构，在进入中上等收入国家后，产业结构由资本密集型的重化工业转向知识和技术密集型的产业结构是结构升级的关键所在。二是经济增长必须从投资带动及时转向消费带动，此时要防止贫富差距过度扩大，积极培育和建设中产阶级社会，为从"生产型社会"转向"消费型社会"创造条件。三是城市化进程要与经济发展阶段相适应。适度推进城市化有利于促进国家经济结构转型和社会结构转换。四是政治结构转型必须符合国情，并与理性群体中产阶级的成长保持同步。

## 二、中国结构转型过程的压力和困境

回顾过去 30 多年的发展历程，中国从低收入水平向中等收入水平转型是十分成功的。在低收入阶段[①]，中国利用劳动力富裕、工资成本低的优势，积极吸引外资，以出口为导向，大力发展劳动密集型产业。经过近 20 年的发展，中国基本消除了"双缺口"，即储蓄缺口和外汇缺口。特别是 20 世纪 90 年代中期以后，当跨入中等收入国家行列后，中国还出现了越来越多的储蓄剩余和外汇剩余。这一时期，中国利用"双剩余"促进产业结构从劳动密集型向资本密集型方面转换，能源原材料采掘、电力燃气生产、石油化工、非金属矿物制品、黑色有色金属冶炼及压延加工、金属制品、通用专用设备制造、交通运输设备制造、电器机械及器材制造、通信设备及电子设备制造业等得到快速发展。在产业结构转换过程中，我国储蓄率的大幅度上升、投资率的迅速提高、净出口率的不断增加和消费率的持续下降，有力地支持了产业结构向资本密集方向的转换。

目前，中国已经顺利跨入中上等收入国家行列。按照国际经验，当一国跨入中上等收入国家行列后，必须打破原有增长机制的锁定，加快经济结构调整，推进社会结构转型，才能避免"中等收入陷阱"，成功迈向高收入国家。

---

① 到 1996 年中国人均国内生产总值 703 美元，仍属于低收入国家。按照世界银行 1996 年《世界发展报告》测算标准，1994 年凡人均国民生产总值在 725 美元及以下的为低收入国家。

今后一段时间里，中国要加快经济结构调整，推进社会结构转型，既面临着空前的国际压力，又面临着较难克服的国内体制和政策困境。

**（一）中国加快结构转型面临的国际压力**

从国际压力看，当前世界经济结构深度调整，迫使中国必须加快经济结构调整步伐。众所周知，世界金融危机之前，在世界供求格局和产业分工体系中，存在三种类型经济，第一，以美欧发达经济体为代表的消费型国家；第二，以中印发展中经济为代表的生产型国家；第三，以中东、俄罗斯、巴西、澳大利亚、加拿大等为代表的资源型国家。以美欧为代表的发达国家，是靠金融扩张来支持赤字消费，他们出口高科技产品，然后大量进口劳动密集型产品，居民储蓄率低，依靠信贷消费。以中国、印度为代表的发展中国家，国内生产大于国内需求，生产的大量劳动密集型产品只能依赖出口。但是，在金融危机爆发以后，世界原有供求关系被打破，去杠杆化使得美欧等发达国家开始改变高负债的消费方式，政府缩减财政支出，居民压缩消费增加储蓄，由此对劳动密集型产品进口需求下降，这给以劳动密集型产业促发展的中国带来了极大的挑战。因为，中国配置了太多的劳动密集型产业的产能，生产了太多发达国家现在减少甚至停止购买的产品。

另外，全球市场又发生了另外两个深刻变化：一个是世界金融危机后，美欧日等发达经济体为了重塑国家优势，纷纷实行再工业化，各国正在采取战略措施，大力支持本国发展新能源、生物、信息、航天航空等产业，鼓励增加高技术产品出口。比如美国在 2010 年 3 月提出未来 5 年要将出口翻一番的专门战略，为此支持新兴产业发展，增加高端产品出口。这对中国发展战略性新兴产业构成了巨大的竞争压力，会形成"高端挤压"效应。另一个是金融危机之后，洪都拉斯、越南、孟加拉、印度、斯里兰卡、埃塞俄比亚等发展中国家，他们利用比中国更加低廉的土地资源和劳动成本，生产与中国相同的劳动密集型产品，并向美欧等发达国家出口。美欧国家市场上到处是"made in china"的现象已不复存在，取而代之的是其他发展中国家的产品，正大举打入这些市场。新兴发展中国家替代中国劳动密集型产品出口的势头，就像当年亚洲金融危机后中国替代亚洲四小龙一样。这种变化对中国构成严峻挑战，中国的经济结构调整受到了新兴发展中国家发展劳动密集型产业的"低端挤出"效应。

**（二）结构转型中需求结构调整的困境**

面对美欧国家高端产业"挤压"和新兴发展中国家低端产业"挤出"的双

重效应，中国出口导向型增长模式遇到了空前挑战。有两条战略途径可供中国选择。一条是调整国内需求结构，培育有活力的国内消费市场；另一条是调整产业结构，促进产业从低端向中高端转化，从外需导向型转向内需导向型。无论哪条途径，中国都面临着比较大的困境。

先从需求结构看，扩大内需特别是提高消费在国内生产总值中的比重，关键是要大幅度增加城乡居民特别是中低收入者的收入水平，培育和构建中等收入群体，以此形成"消费型社会"。要增加城乡居民收入水平，培育中等收入群体，就必须调整国民收入分配结构，降低政府、企业和高收入者在国民收入结构中的比重，不断提高中低收入者的比重。但是，多年来中国的国民收入分配结构出现了不利于中等收入群体成长、不利于扩大消费，而有利于储蓄和投资的变化趋势。

首先，在政府、企业和居民三大收入主体结构中，国民收入在不断向政府和企业倾斜，而城乡居民在国民收入分配中的比重连续下降。在 1995—2010年间，考虑到非预算收入，政府在国民收入初次分配和再分配中所占比重由24.25% 上升到 30.48%，企业所占比重由 9.88% 上升到 15.82%，而居民所占比重从 65.87% 下降到 53.35%（见表 3）。2008 年世界金融危机后，这种向政府和企业倾斜的格局有所加剧，2010 年，全国财政收入由 61330.35 亿元增加到83080.32 亿元，名义增长率 35.5%，规模以上工业企业实现利润增长 27.1%，[①]而同期城乡居民收入名义增长率分别为 21.1%、24.3%。[②] 在政府和企业获得高收入增长的条件下，势必会将较多的资金用于投资。同时，当即期支出小于收入时，必然还会造成政府和企业储蓄快速增加。1998 年来，财政和机关团体储蓄存款由 3470.8 亿元增加到 2010 年的 91630 亿元，增长了 25.4 倍，占全社会储蓄存款的比重由 3.63% 上升到 12.76%，企业储蓄存款由 32486.6 亿元增加到 244496 亿元，增长了 6.53 倍，占全社会储蓄存款比重由 33.95% 上升到34.04%。这期间，尽管居民储蓄存款也大幅度增加了，但占全社会储蓄存款的比重却从 55.8% 下降到 42.22%。[③] 也就是说，对社会储蓄不断增长贡献最大的一是政府二是企业，并不是居民。政府和企业储蓄快速增加，进一步增大了未来的潜在投资，加剧了中长期产能过剩的矛盾。

---

① 2009 年中国工业品出厂价格指数仅有 94.6%。
② 这里工业企业利润是 2010 年 1—11 月份数据。
③ 资料来源：根据 1999 年《中国统计年鉴》和 2011 年《中国统计摘要》计算。

**表3　我国国民收入主体分配结构变化情况　（亿元）**

| 年份 | 资金流量表可支配收入 | | | 政府非预算收入 | 调整后可支配收入 | | | 再分配格局（%） | | |
|---|---|---|---|---|---|---|---|---|---|---|
| | 政府 | 企业 | 居民 | | 政府 | 企业 | 居民 | 政府 | 企业 | 居民 |
| 1992 | 5064.9 | 3560.3 | 18090.3 | 2177.6 | 7242.5 | 1757.8 | 17715.3 | 27.11 | 6.58 | 66.31 |
| 1995 | 9504.6 | 9618.8 | 38491.2 | 4480.4 | 13985 | 5695.4 | 37981.2 | 24.25 | 9.88 | 65.87 |
| 2000 | 17352.9 | 13895.5 | 57562.7 | 8312.2 | 25665 | 6997.2 | 56498.5 | 28.79 | 7.85 | 63.37 |
| 2005 | 38251.3 | 37307.4 | 110609.5 | 13822.3 | 52073.5 | 27447.9 | 110100.5 | 27.46 | 14.48 | 58.06 |
| 2007 | 63084.4 | 48298.5 | 150816.3 | 20908.5 | 83993.0 | 35147.1 | 150230.4 | 31.18 | 13.05 | 55.77 |
| 2008 | 67977.4 | 69002.7 | 182429.5 | 21822.5 | 89800 | 54065.3 | 181861.1 | 27.57 | 16.6 | 55.83 |
| 2009 | 75191.7 | 75249 | 196478.8 | 25519.9 | 100711.5 | 61873.7 | 195925.3 | 28.09 | 17.26 | 54.65 |
| 2010 | 95056.6 | 81310 | 227513.7 | 36152.7 | 131209.3 | 67297.3 | 226973.7 | 30.84 | 15.82 | 53.35 |

资料来源：常兴华、李伟：《我国国民收入分配问题研究》，国家发改委宏观经济研究院社会所课题组。
注：政府部门的非预算收入包括制度外收入、地方政府土地出让收入、农村非税收入。

其次，在不同收入群体之间，国民收入在初次分配和再分配过程中不断向高收入群体倾斜，不利于中低收入群体增加收入。以城镇居民收入为例，根据国家统计局抽样调查资料推算，2000年以来，收入水平越高的群体收入增长速度越快，其中高收入户9年里收入增长了264.3%，中低到中高收入户增长数为174.7—209.7%，低收入户收入只增长了142.8%。[1] 从2000年到2009年，20%低收入户的居民收入占调查居民户总收入的比重由11.11%下降到8.45%，40%的中低和中等收入户的收入比重由34.35%下降到30.82%，而20%高收入户居民收入比重由31.86%上升到38.07%。也就是说，2009年城镇20%的高收入群体占有城镇总收入份额接近2/5（见表4）。农村内部群体收入结构变动与城镇基本类似。2009年，40%的中高和高收入户收入占农村居民总收入比重高达63.02%，而60%的低收入户、中低收入户和中等收入户的居民收入比重只占36.98%（见表5）。[2] 收入的两极分化不利于中产阶层群体的形成。中国社科院社会学所研究认为，目前我国的中间阶层占人口的12.1%，按照亚行对中产阶级的定义每人每天消费2—20美元计算，扣掉底层中产阶级，中国

[1] 资料来源于2006年和2011年《中国统计摘要》。
[2] 资料来源于2001年和2010年《中国统计年鉴》，城乡内部不同等级收入户占总收入比重均是以相应等级调查人口数与相应等级人均收入乘积与调查户总收入之比。

也只有 38.8% 人口算中产阶级。[①] 依照国际经验，如果中产阶级人群不占大多数，经济发展就无法从"生产型社会"转向"消费型社会"。因为与高收入群体相比，中低收入者消费倾向高，他们将大部分收入用于消费，而高收入群体储蓄倾向高、消费倾向低。因此，高收入群体收入水平越高、收入增长速度越快，就越有利于增加社会储蓄，而不利于消费。只有提高中低收入群体的收入水平，将低收入者越来越多地变为中等收入者，才能刺激消费增长。

**表 4　按五等份分组的城镇居民收入占城镇总收入的比重变化　（%）**

| 项目 | 占调查户比重 | 2000 年 | 2009 年 |
|---|---|---|---|
| 低收入户 | 20 | 11.11 | 8.45 |
| 中低收入户 | 20 | 15.46 | 13.48 |
| 中等收入户 | 20 | 18.89 | 17.34 |
| 中高收入户 | 20 | 22.68 | 22.66 |
| 高收入户 | 20 | 31.86 | 38.07 |

资料来源：根据 2001 年和 2010 年《中国统计年鉴》计算。

**表 5　按五等份农村居民收入占农村总收入比重变化　（%）**

| 项目 | 占调查户 | 2009 年 |
|---|---|---|
| 低收入户 | 20 | 6.67 |
| 中低收入户 | 20 | 12.77 |
| 中等收入户 | 20 | 17.54 |
| 中高收入户 | 20 | 23.33 |
| 高收入户 | 20 | 39.69 |

资料来源：根据 2010 年《中国统计年鉴》计算。

调整国民收入分配结构，让居民特别是中低收入群体增加收入，上下已经形成共识。但是，关键是我国的收入分配体制出现了系统性问题，它从制度安

---

① 李培林、张翼在《中国中产阶级的规模、认同和社会态度》(《社会》2008 年第 2 期）文中，按照收入、教育和职业三维度分层测算，2005 年中国核心中产阶级和半核心中产阶级占全国的 12.1%，城市占 25.4%。另据《广州日报》(2010 年 8 月 30 日），根据亚行测算，2008 年中国日均消费 2—20 美元的人数 8.17 亿人，如果扣掉 3.03 亿底层中产阶级，实际有 5.15 亿中产阶级，占 38.8%。

排和分配渠道上阻碍了收入向居民进而向中低收入群体正常流动。第一，中央与地方的财权、事权不匹配，导致地方政府过多地占有公共权力、公共资源千方百计增加地方财政收入，侵蚀了城乡居民的利益空间。第二，在调节不同收入群体之间的关系上，我国既缺乏调节高收入者的制度安排和得力措施，导致富人少交税甚至不纳税；也缺乏"扩中、提低"长效机制和有效政策，形成中低收入者增加收入渠道窄、机会少。第三，在企业与劳动者关系上，为了追求GDP 和财政收入，地方政府往往利用公共权力和公共资源，偏袒资本，实行"亲商不亲工"，加之由于法制不健全，工会职能缺位，工人的基本权益无法得到制度保障，使他们的工资、福利长期处于低水平状态。

再次，我国的社会保障体系不健全，标准过低，覆盖面过小，不利于居民特别是中低收入者增加消费。目前中国的社会保障主要是靠家庭保障，老百姓的储蓄有相当一部分是预防性储蓄，家庭储蓄率不断提高正是一种家庭预防性保障需求上升的必然结果。什么时候建立健全了全社会性的社会保障，老百姓有所依靠，不需要存那么多钱，家庭储蓄就会减少，消费就会增加。虽然，经过多年努力我国已经初步建立起了生、老、病、残、失业等社会保障制度，但当前这种保障制度还难以对中低收入阶层起到有效保障作用。主要表现在：一是社会保障在城乡、地区甚至群体之间制度安排不统一。越是发达地区、大城市，享受的社会保障待遇越高，越是落后地区、中小城市（城镇）和边缘人群享受的社会保障待遇越低，而恰恰是落后地区、中小城市（城镇）和农民最需要社会保障。社会保障缺失，必然会抑制这些群体居民的当期消费，迫使他们为未来储蓄。二是社会保障覆盖面过小。当前我国的基本养老保险、基本医疗保险、失业保险等主要制度安排，一方面是覆盖群体不一致，另一方面是覆盖范围过小。[1] 三是政府对社会保障的投入支持力度偏低、偏弱。在西欧、北欧国家，财政的 50% 用于社会保障和社会福利支出，美国财政约有 30% 用于社会保障事业，而我国 2009 年财政用于社会保障的比重不足 16.16%。[2] 很明显，

---

[1] 以基本养老保险和基本医疗保险为例,2008 年参加城镇基本养老保险的人数 21891 万人,占当年城镇人口的 36%,农村基本养老保险在 2009 年下半年开始试点，当年年底覆盖面只有 13% 左右；2008 年参加城镇基本医疗保险人口为 19996 万人，占当年城镇人口 33%，到 2008 年虽然新型农村合作医疗对农民基本实现了全覆盖，但对农民的医疗保障水平依然偏低。

[2] 根据 2010 年《中国统计年鉴》提供的资料，2009 年中国财政用于社会保障和就业 7606.68 亿元，保障性住房 725.97 亿元，医疗卫生 3994.19 亿元，三项占财政支出比重 16.16%。其实，医疗卫生支持有很大部分并不是用于真正的公共医疗保障。

社会保障存在的制度和政策障碍问题不解决，就很难发挥社会保障本身的社会再分配功能和社会基本生存保障功能。

综上所述，调整三大需求结构，扩大消费需求，我国既面临着体制的系统性障碍，又面临着政策安排不到位的缺陷。只有加快对我国现行体制进行系统性改革，不断完善和落实政策，被压抑的社会消费需求才能得到释放，"消费型社会"结构才能建立。

**（三）结构转型中产业结构调整的困境**

从产业结构看，中国产业要想从低端向中高端方向转化，当前面临的最突出问题是，中国人均国民收入已经达到中上等收入国家水平，而产业结构层级尚处于中低收入国家水平，这是一种典型的生产型社会的产业结构，供给长期超过需求，产业结构严重偏向制造业（见表6）。在此情况下，中国产业结构调整遇到了四个方面的问题：

**表6 产业结构的国际比较 %**

|  | 农业 | 工业 | 服务业 |
|---|---|---|---|
| 低收入国家 | 25 | 29 | 46 |
| 下中等收入国家 | 14 | 41 | 45 |
| 中等收入国家 | 10 | 37 | 53 |
| 中上等收入国家 | 6 | 33 | 61 |
| 高收入国家 | 1 | 26 | 73 |
| 中国/2010 | 10.2 | 46.9 | 43.0 |

资料来源：世界银行《2010年世界银行发展报告》。中国数据来自2011年《中国统计摘要》。
注：中国产业结构是指2010年第一、第二、第三产业增加值占GDP的比重，其他均为2008年的数据。

先从农业看，农业现代化主体缺位，工农业发展差距大。由于土地资源非农化步伐加快，劳动力非农化步伐缓慢，为了在有限的土地空间上取得最大收益，农民只有不断增加物质投入，最终造成农业生产成本持续增加，收益率下降。面对收益率下降，农民没有能力对农业现代化进行投入，而在现行财税体制下地方政府也不愿过多承担本地农业现代化责任。这样，当中央政府的公共投入增长无法满足农业发展需要时，农业现代化进程必然滞后。对于一个13亿人口大国来说，如果农业不实现现代化，是难以跨越"中等收入陷阱"，并向高收入国家迈进的。

从第二产业看，中国的制造业"大"而不"强"，存在着明显的结构虚高。主要表现在以下两个方面：一是我国制造业处于全球产业价值链的低端，产业升级面临困难。改革开放三十年来，中国利用规模化生产的成本优势，形成了巨大的制造业产能，但在国际产业分工中，中国制造业被长期锁定在价值链的低端环节，许多行业都集中在加工组装领域，处于"微笑型曲线"①的中间，而在研发、技术、专利、标准制定和品牌、销售、服务等高附加值环节没有比较优势。根据实践经验，处在"微笑型曲线"两端的产业环节，获取的附加价值和利润都较高，而处在"微笑型曲线"中间的产业环节，只能赚取很少的加工组装费用，利润率非常低。由于我国还未能在全球范围内建立起完整的生产技术体系和商业销售网络体系，大量产业只能集中在价值链的低端环节，企业很难获得高附加值、高利润。要想获得较多的附加值和利润，只有靠扩大规模或压低劳动工资。但在美欧国家对中国需求下降、国内工资成本不断上升、人民币不断升值的情况下，工业规模扩张将受到越来越强的约束。

二是研发投入不足，技术创新能力差，产业无"芯"。要想改变国际分工地位，向产业链的价值高端发展，就必须提高产业的技术创新能力。但是，目前制约我国技术创新能力的因素很多，主要表现有：产业研发投入不足，我国制造业产值总量规模占全球的 14%，而研发投入仅占世界 0.3%；缺乏高端顶尖人才和领军人才，从事研发活动的科学家工程师数量相对较低，每万名劳动力中从事研发活动的科学家工程师远远低于美国、日本、韩国；企业自主创新能力薄弱，创新动力不足等等。在产业技术方面，目前我国炼油工业 80% 的技术装备依靠进口，大型飞机、半导体和集成电路专用设备、大型科学仪器、大型医疗设备以及手机、DVD、数字电视等消费电子领域的芯片都长期依赖进口，高档数控系统国产品牌国内市场占有率仅为 1.5%，国产系统软件和基础软件市场占有率仅为 5%，生物医药 95% 以上为仿制药。超大规模集成电路、高性能计算机等领域与国外先进水平差距更大。由于自主创新能力不足，我国

---

① 有关现代产业价值链的研究表明，产业链上不同企业创造的利润表现为"U"字形，被形象地称为"微笑曲线"。在这个曲线中，一头是研发、设计包括制定技术标准等，另一头是品牌、销售和服务，中间是加工生产。处在产业链两头的企业，利润率很高，而处在中间段的加工生产企业利润很低。因此，在现代社会，技术是企业竞争力和国家综合实力的核心内容，而技术标准则是全球技术创新的制高点，是企业和国家自主创新能力的重要标尺。在产业分工理论上，"微笑曲线"是由台商宏碁集团董事长施振荣提出的。

制造业增加值率仅为 26.6%，比美、日、德等发达国家分别低 23、22、12 个百分点。由于产业缺"芯"，关键技术环节依靠国外，使得中国将大量产业收益让给了外国。

再从第三产业看，我国第三产业发展既有总量不足问题，又有严重结构性矛盾。从总量看，在城乡二元结构制度安排下，农民难以进城落户，使得人口无法在城镇实现有效集聚和管理，当城镇人口不能集聚到一定规模时，服务业需求总量就上不去，由此导致服务业发展缺乏需求空间。根据国际经验，一个国家城市化率如果不超过 60%，服务业在产业结构中的比重不达到 60% 以上，是难以迈向高收入国家行列的。从内部结构看，由于制造业两头在外，对生产性服务业需求大量延伸到国外，又造成国内邮电通讯、金融保险、信息咨询、科研开发、旅游、新闻出版、广播电视等新兴服务业发展不足。此外，我国服务业产品创新不足，服务品质和技术水平不高，在组织规模、管理水平和营销技术上与国外服务业都存在相当大的差距，难以支撑产业结构转换。

最后，高投入、高物耗、高耗能产业比重过大，资源环境矛盾日益突出。改革开放 30 多年来，中国在低劳动成本、低土地价格、低资源价格、低污染成本、低汇率作用下，产业结构提前、过度进行资本深化，导致经济增长过度地依赖高资本投入、高物耗、高能耗，是一种典型的外延型增长方式。以能源消费为例，从 2000 年到 2010 年，全国能源消费量从 14.55 亿吨标准煤增加到 32.5 亿标准煤，增长了 123.3%，其中工业耗能由 10.38 亿吨增加到 21.92 亿吨，增长了 111.2%，工业能耗量占全社会能源消费量比重由 71.3% 升至 71.48%[①]。在工业中，纺织业、造纸及纸制品业、石油加工、化学原料及化学制品业、非金属矿物制品业、黑色金属冶炼及压延加工业、有色金属冶炼及压延加工业、金属制品业等 8 大行业又占工业全部能耗的 70% 左右。这显示出我国产业结构中，高耗能产业比重过大，污染排放多的矛盾突出。由于高投入、高物耗、高能耗，直接带来了严重的环境污染问题，使得经济发展以牺牲环境福利为代价。目前，中国高投入、高物耗、高耗能产业快速发展还带来了更多矛盾，产业增长形成的财富向少数人集中，形成的污染向大多数人扩散。能否实现以较低的能源需求和较少的环境污染，完成较高的经济增长，在很大程度上取决于产业结构能否顺利实现升级。

---

① 资料来源：2011 年国家统计局《中国统计摘要》，工业能源消费量是 2000 年与 2009 年数据比较。

目前，中国的产业结构是在国家处于中低收入阶段，受既有财税体制刺激，以地方 GDP 和财政收入最大化为目标，以出口为导向，利用了城乡二元结构下资源价格和劳动力成本低廉优势，借助外资、国企、民企三股力量建立形成的。不对体制进行改革，不建立新的激励和考核机制，不建立"消费型社会"，产业结构很难实现调整和转型。

**（四）结构转型中社会结构调整的困境**

今后一段时间内我国要跨越"中等收入陷阱"，实现向高收入国家转型，很大程度还要依赖于社会结构的顺利转换。改革开放三十年以来，在体制改革中，经济体制改革相对较快，而社会、文化、政治体制等方面的改革相对滞后，由此带来一个严重问题，就是社会结构转换过慢拖了经济结构转型的后腿。突出的表现是城镇化发展滞后，农业转移人口不能自由迁徙，阻碍了人口结构向市民化社会演变；中产阶层成长缓慢，改变身份的上升通道狭窄，影响了人群结构向中等收入阶层为主的橄榄型社会格局转换。一个人口不能自由迁徙、社会阶层流动不畅通的制度安排，是很难实现经济长期可持续发展的，也很难迈向发达的高收入国家行列。2014 年我国常住人口城镇化率为 54.77%，户籍人口城镇化率只有 36% 左右，不仅远低于发达国家城市化水平，也低于中上等收入国家 60% 的城市化水平。我国城镇化滞后的关键是，以户籍、社会保障和公共服务为代表的城乡二元结构矛盾极大地限制了农业转移人口市民化的进程，比如目前我国有 2.74 亿农民工及其家属已经被统计为城镇常住人口，但是他们在户籍上仍然是农业人口，在教育、就业、医疗、养老、贫困救助、保障性住房等方面无法享有与城镇居民相同的待遇。

在现有制度条件下，我国城镇化率有被夸大的成分，因为进城的农业转移人口，他们既不是城里人，也不是农村人。社会体制改革的滞后，导致人口不能在城镇空间有效积聚，由此带来了诸多问题，比如服务业比重上不来，消费主导型需求结构难形成。还有关键一条，橄榄型社会也无法建立起来。从国际经验看，中等收入群体或者中产阶层一般都成长并集中在城市，农业转移人口不能有效市民化，中产阶层便缺少一个支撑群体。当前我国中产阶层只占总人口的 21% 左右，要想达到占总人口 60% 的目标还有很大的差距。中产阶层成长不仅受到城镇化因素的影响，它还取决于其他制度和政策安排。比如，在产业园区开发、基础设施建设、公共服务供给等过程中，各级政府恣意扩张公共权利，不受约束的配置公共资源，直接或间接地挤压了居民的生存发展权利，影响他们向中产阶层转变；国有企业利用垄断地位无节制的扩张市场，垄断行业不但不放开，而且还大举进入竞争性行业，大大挤压了民企的发展空间，抑制了民营企业中中产阶层的成长；还有，我国不但有城乡壁垒，而且还有行业壁垒、地区壁垒、部门壁垒、阶层壁垒等，所有这些都使社会阶层纵向横向流动受到很大限制，社会底层群体缺乏改变身份的上升通道。

20世纪90年代以来，我国社会阶层迅速分化，尔后在既有体制下又被固化。比如农民工进城三代都变不成市民，即使是农民的孩子上了大学，毕业后仍然是就业无门长期"蜗居"，但另外一些人则通过"拼爹"在社会上畅通无阻，且"芝麻开花节节高"。有关调查表明，当前影响我国草根群体成功上升途径的最大障碍是外部环境，包括社会关系。而在发达国家，影响草根群体成功上升途径的最大障碍是自身，并不是外部环境。有人说我们是一个"拼爹"的社会，靠自己奋斗非常难。当前和今后一个时期，我国社会结构转型的最大困境是体制障碍。就城镇化来说，由于每一个农业转移人口市民化都需要一笔不小的公共支出成本，在现有财税体制下城市政府不愿负担这笔额外成本，却乐意享用原有体制下的制度红利。另外，许多大城市人满为患、拥挤不堪，不敢也不能无限制地接受农业转移人口，中等城市没有财力接收农业转移人口市民化，小城市（镇）由于缺乏产业支撑对农业转移人口又没有吸引力。因此，尽管中央在推进城镇化方面已有政策安排，但要真正实现农业转移人口市民化还困难重重。中等收入群体成长或中产阶层的壮大也是个复杂问题，它涉及各级政府对公权力的自我约束和下放，国有企业开放垄断和退出竞争性领域，打破地区、行业、部门、阶层壁垒等等，这些改革都牵涉到既得利益者，遇到的阻力强大。当这些阻力大到使改革无法推进、严重阻碍社会结构转型时，我国的经济社会发展风险会明显上升，向发达的高收入国家行列迈进过程很可能会被打断。

## 三、跨越"中等收入陷阱"的战略选择

从中等收入阶段向高收入阶段转型，完全不同于从低收入到中等收入阶段的转型，此时的内外部环境已经发生了根本变化，要想避免"中等收入陷阱"，成功迈向高收入国家行列，必须调整发展战略，加快体制机制改革，并采取综合性的应对思路。

### （一）将经济增长速度降到合理区间

当年发达国家向高收入阶段迈进的模式不可复制，中国过去30年的发展

道路也难以为继。要将经济增长速度降到合理区间，促进中国由高速、粗放型增长向均衡增长、可持续发展转变。长期以来，追求经济高速增长带来了一系列经济社会问题，过多地挤占了经济社会和环境资源，使得中国很难实现发展方式转变。要改变经济增长过度依赖投资、出口，过度依赖工业增长，过度依赖物质资源消耗的局面，当务之急是要下决心调低经济增长速度。要将发展资源更多地用于经济社会结构转型，培养结构性增长动力，支持需求结构调整，实现由外需导向、生产型结构向内需导向、消费型结构转换；支持产业结构调整，将发展资源更多用于发展服务业，实现产业结构由以工业为主向服务业为主转变；支持资源要素结构配置和调整，将发展资源更多地用于开发新技术，降低物耗、能耗和环境成本等方面，最终使经济增长由粗放型向依靠科技进步的集约型转化；支持推进城镇化，实现社会结构向市民社会转型。

**（二）培养以中产阶层为主体的社会结构**

要为进入高收入国家行列培养以中产阶层为主体的橄榄型社会结构，促进中国由生产型社会向消费型社会过渡。无论是当前还是未来，扩大内需开拓国内消费市场，建立"消费型社会"，是我国经济持续增长的关键所在。当前，拓展和扩大国内消费市场有三条途径。

第一，大力培养和扩大中等收入群体（中产阶层）。从日本、韩国的经验看，他们在跨入高收入国家门槛之前，中产阶级群体已占人口的70%以上，而当前中国中产阶层占人口比重明显偏低，要将中国的中产阶层提升到70%以上还需要很长的时间。今后，必须加快国民收入分配结构调整和体制改革，不断减少政府和企业在国民收入分配中的份额，要让居民特别是中低收入者收入增长既快于政府和企业所得增长，又快于高收入群体的收入增长。应充分利用公共权利和公共资源，给人民创造更多的增收机会，不断减少穷人群体，使得中等收入者成为未来中国社会的主体，成为扩大内需、拉动社会消费的主要力量和稳定社会的中坚群体。

第二，加快推进城镇化。如前所述，跨入高收入国家的第二个标志是城市化率超过70%。目前我国城市化率只有49.68%，其中还包括2.2亿未落户城镇的农民工，属于典型的城市化滞后型经济。当前，要协调工业化与城镇化的关系，消化过多的工业产能，就必须加快推进城镇化进程；同时，要提高服务业在产业结构中的比重，也需要农民进城集聚。同工业化相比，城镇化能创造需求，而工业化创造供给。今后，要通过制度变迁尽快促进农民进城落户。农民市民化的过程，对扩大内需会产生两方面的积极作用，一方面农民转市民能带来巨量消费，另一方面会对城镇基础设施和服务业带来巨大需求。今后5到10年，我国城镇化的重点应该是发展中小城市和小城镇，加强和完善这些城镇的基础设施和公共服务体系，提高其人口承载能力，增加对农民的吸引力。

第三，要着力提高落后地区和农村居民的消费能力。无论是现在还是未来，要消化巨大的工业产能，仅仅依靠城市居民和发达地区是不够的，必须培养和不断提高落后地区和农民的消费能力。可通过以下渠道来实现，一是政府要向落后地区和农村增加大量公共基础设施建设投入，取消自筹配套资金，改善那里的生产生活条件，降低消费成本；二是支持落后地区和农村居民增加收入，一方面鼓励他们积极承接沿海发达地区的产业转移，帮助他们发展致富产业；另一方面还要继续对落后地区和农村增加转移支付。三是健全落后地区和农村社会保障体系，从就学、就医、养老、救助等方面消除他们的后顾之忧。

**（三）加快改造传统产业**

加快改造传统产业，支持发展战略新兴产业，可促进中国经济实现高端化、低碳化发展。

一是调整产业结构，不断提高服务业在GDP中的比重。凡是高收入国家，服务业占GDP的比重都在60%以上，美欧许多国家达到70%以上。因此，服务业快速发展有利于优化产业结构，为适应建立消费型社会创造供给条件。除了推进城镇化之外，还应营造有利于服务业快速发展的环境，既促进服务业不断扩大规模，又支持服务业调整和优化内部结构。要从政策和体制改革上支持金融服务业、现代物流业、高技术服务业、高端商务服务业更快发展。要放宽垄断性服务行业的准入限制，鼓励民营企业进入电信、铁路、航空、金融、教育、医疗以及文化等行业，尽管形成多元化的市场发展主体。今后，为了顺应人口不断向城镇集聚的趋势，应统筹协调城乡服务业发展关系，实现城乡服务业一体化发展，中国各级政府应该拿出像发展制造业那样的积极性，制定和完善相关政策，支持面向城乡居民生活的商贸服务、旅游服务、家政服务以及文化服务业的发展。

二是改变中国产业在国际分工中的不利地位，不断降低低端领域和环节的产出，增加高附加值、高加工度化和高技术含量的产出量。在农业发展方面，大力发展高附加值、低残留、优质的农产品生产，不断提高农产品加工特别是精深加工比重。在发展消费品工业方面，应利用信息、生物、节能降耗、新材料等先进适用技术改造现有工业，优化产品结构，提升产品质量，发展自主品牌。在装备制造业方面，要以高端化、精细化、信息化为方向，组织国家重大科技研究，实现关键核心部件和基础制造工艺的本土化，支持发展高档数控机床、工程机械、轨道交通设备、节能环保设备、特高压输变电设备、节能高效农业机械等。

三是大力支持战略性新兴产业的发展，促进经济发展从"中国制造"向"中国创造"转变。发展战略性新兴产业是中国产业结构从重化工业化向高附加值化、高加工度化进而向知识技术密集化方向发展的关键所在，是实现产业发展低碳化、绿色化和智能化的重要支撑。今后，应充分利用熊彼特的"创造性破坏"①革新产业结构，调集社会力量，集中优势科技资源，积极推进节能环保、新一代信息技术、生物、高端装备制造、新能源、新材料、新能源汽车等新兴产业的发展。重构国家创新体系，制定财税、金融以及市场准入等支持政策，强化企业技术创新能力建设，建立战略性新兴产业发展专项基金，实施重大产业创新发展工程，组织实施重大产业应用示范工程，向关键产业领域投资，向研究开发投资，向科技成果推广投资。用3—5年时间，争取在上述产业的重点行业和核心技术、重大技术装备等领域取得新突破。

四是应积极推动能源供求结构调整。要放弃高碳发展道路，必须进行一场新的能源革命，着手研究、推广提高能源效率的技术和低碳技术，为低碳式增长提供资金、技术和制度援助。积极改变能源供给结构，不断降低化石能源的供给比重，鼓励向高效可持续能源领域投资，支持绿色能源技术革命，不断扩大生物质能源、风能、太阳能以及地热等的供给总量。引导需求结构变革，支持节能降耗，坚决淘汰落后产能，充分利用经济手段和法律手段，包括税收政策、碳排放标准、用电门槛、市场准入等，抬高高能耗、高污染、高排放产业的发展成本，将电力、煤炭、钢铁、水泥、有色、焦炭、造纸、制革、印染等重点行业的落后产能挤出市场。

**（四）改变贸易结构方式**

要促进中国从出口导向向对外投资转变，从出口低端产品向出口高端产品转变。在我国产业走高端化、细分化之路的过程中，我国应该逐渐减少低端产品、劳动密集型产品出口，增加附加值高、技术含量高、辐射带动能力强的高端产品出口。同时，利用我国多年积累起来的资金和人力资本优势，在全球范围内建立自身的产业生产技术体系和国际商业销售网络体系。因此，要加快

---

① 汤敏、余建托等:《迈克尔·斯宾谈中国经济转型》,《中国发展研究基金会研究参考》2010年第8号。

资本流出的市场化进程，取消对私人资本流出的限制，允许并鼓励对外直接投资。围绕资本流出的市场化，政府应提供便利化服务，并进行必要的管理。

**（五）加快推进体制改革**

要为促进经济结构调整和社会结构转型创造制度条件。向高收入国家行列迈进，意味着经济增长新动力的获取必须进行制度创新。中国正处于经济结构和社会结构大变迁的时代，在不远的将来，中国城市人口占全社会人口比重将由少变多、中等收入者占全社会比重由少变多、国内消费占 GDP 比重由少变多。目前中国的经济社会管理体制更多的是适应"三少型"社会，为了实现向"三多型"社会的转型，必须加快体制改革，从政治体制、经济体制、社会体制以及其他体制方面，清理和消除影响甚至阻碍经济社会结构转变、产业结构调整的因素，加快干部考核制度、财税体制、金融体制、收入分配制度、社会保障制度、城乡二元体制、国有企业体制、对外贸易和投资体制、资源性产品价格形成机制和要素市场、人才培育和引进机制等方面的改革，鼓励社会创新，支持企业技术进步，引导经济增长依靠内需特别是消费扩张实现，依靠产业结构调整和升级实现。

**参考文献：**

马岩：《我国面对中等收入陷阱的调整及对策》，《经济学动态》2009 年第 7 期。

宋佳武：《谨防"中等收入陷阱"》，《中国发展观察》2010 年第 9 期。

郭金龙：《经济增长方式转变的国际比较》，中国发展出版社 2000 年版。

郭克莎、王延中：《中国产业结构变动趋势及政策研究》，经济管理出版社 1999 年版。

马晓河等：《中国产业结构变动与产业政策演变》，中国计划出版社 2009 年版。

李建伟：《投资率和消费率演变特征的国际比较》，《中国金融》2007 年第 8 期。

郑秉文：《拉美"增长性贫困"与社会保障的减困功能 —— 国际比较的背景》，《拉丁美洲研究》2009 年增刊（2 月）。

张塞主编：《国际统计年鉴'96》，中国统计出版社 1996 年版。

肖玮、蓝朝晖：《中国将面临产业被动升级》，《中国经贸》2010 年 7 月刊。

汤敏、余建托等：《迈克尔·斯宾谈中国经济转型》，《中国发展研究基金会研究参考》2010 年第 8 号（总 055 号）。

李培林、张翼：《中国中产阶级的规模、认同和社会态度》，《社会》第 28 卷，2008 年第 2 期。

刘世锦、张军扩、侯永志、刘培林：《陷阱还是高墙：中国经济面临的真实挑战与战略选择》,《比较》2011 年第 3 期。

林重耿、迈克尔:《中国经济中长期发展和转型》,中信出版社 2011 年版。

李俊:《中国与韩国产业结构演变过程与启示》,http://www.govyi.com。

国家发改委综合司:《关于消费率的国际比较》,《中国经贸导刊》2004 年第 16 期。

长城战略咨询:《韩国产业发展模式综述》,http://www.sina.net。

韩国开发研究院高级研究委员,金周勋:《韩国的产业结构调整》,http://www.southcn.com/ 广东学习论坛。

嘉肯行业研究部:《日本经济发展史摘要:1955 — 1980 年高速增长时代》,2010 年 4 月,http://www.charcoln.com/referrence_201004jp.htm。

《日本国民是怎么变富的》,《扬子晚报》2010 年 8 月 11 日。

《日本经济的发展与现状》,http://web.cenet.org.cn/upfile。

〔英〕安格斯·麦迪森:《世界经济千年统计》,北京大学出版社 2009 年版。

# 第四章　从两对变量看经济结构调整之难

众所周知，十八大报告指出要推进经济结构战略性调整，其中改善需求结构、优化产业结构是两个重要方面。20世纪90年代以来，我国在宏观层面上强调经济结构调整从来没有放松过，但在经济运行中我国的经济结构调整异常缓慢，甚至还出现了与我们的战略目标相背离的现象。为什么经济结构调整如此艰难，我们费了那么大的力气见效还是不明显？这还要从经济结构变化中两对变量特点来分析。

## 一、投资是快变量而消费是慢变量

第一对变量是需求结构中的投资和消费的关系。同消费相比，投资大多是在政府和企业控制下完成的，这种特点就赋予投资是少数人决策，集中投放，短期见效快。因此，投资对经济增长而言往往表现为快变量。每当遇到经济危机时，政府常常利用投资手段刺激经济增长。但是，消费变量不同。在经济运行中，消费大多是在老百姓手中完成的（当然还有部分是政府消费），这就决定了消费是人人决策，分散支付，渐进式见效。而且，另一个特点是消费能力是由收入水平决定的，居民收入水平高低、增长快慢等，都决定了消费不可能在短期内出现同投资一样的大幅度增长。因此，消费对经济增长往往表现为慢变量。面对快和慢两个变量，只要投资还有空间，只要政府和企业的筹资能力不受限制，投资快速增长仍将继续改变需求结构的方向。

在现阶段，扩大内需要把消费作为战略重点，我们还面临着宏观和微观两方面的诸多难题。在宏观上，我国的国民收入分配结构有利于快变量—投资的增长，而不利于慢变量—消费的增长。根据我们的测算，1992年以来，无论在国民收入初次分配还是再分配过程中，政府、企业两大主体收入占国民收入的比重不断上升，而居民收入所占比重下降。1992年到2010年，在经过调整的国民收入分配格局中，政府、企业两大主体收入占国民收入比重由33.69%提高到46.66%，而居民收入比重由66.31%下降到53.35%。一般而言，在经济运行中，投资主体是政府和企业，消费主体是居民，国民收入分配向政府和企业倾斜显然有利于投资的扩张，居民收入比重下降必然不利于消费。

在微观上，我国居民阶层收入分配结构向高收入群体倾斜，有利于高收入群体将越来越多的钱存起来，导致储蓄增加，投资动力增强，而广大的中低收入群体由于收入不足，缺乏消费动力。根据统计资料，按照五等份分组考察城乡居民收入结构变化情况。结果发现，无论是城镇居民还是农村居民，2000年以来凡是收入等级越高的家庭，居民人均收入增长速度就越快。2000年到2011年，城镇和乡村20%的低收入家庭人均收入分别增长了1.81倍和1.5倍，而20%的高收入家庭人均收入分别增长了3.16倍和2.23倍，由此城乡内部低收入家庭与高收入家庭人均收入绝对差距分别由2000年的1：3.6和1：2.8扩大到1：5.4和1：8.4。由于高收入家庭收入增长越来越快于低收入家庭，导致了城乡阶层收入结构发生了明显变化。以城镇居民调查为例，如果城镇调查家庭总收入为100，从2000年到2011年，城镇40%的低收入家庭收入占调查户收入比重由26.58%下降到22.7%，而20%高收入家庭收入比重由31.86%上升到37.6%。而在2011年，40%低收入家庭人口占调查家庭人口比重为43.7%，20%高收入家庭人口占17.7%。这就是说，目前城镇40%的低收入家庭收入只占城镇当年可支配收入总额的20%，而20%的高收入家庭占有了收入的40%。阶层收入结构向高收入家庭倾斜，明显有利于储蓄的增加，不利于消费的增长。因为，在经济生活中，中低收入户居民的消费倾向高，高收入户居民储蓄倾向高。这意味着，当不同群体的居民增加收入后，中低收入人群将更多的收入份额用于消费，而高收入群体将拿出比中低收入人群更多的收入份额用于储蓄。显然，这种阶层收入分配结构变化，推动了社会将越来越多的资金用于储蓄进而带动了投资的高增长，最终投资的高增长又形成了庞大的产能过剩，而广大的中低收入人群由于收入增长相对缓慢，消费增长受到极大的抑制，最终使社会整体消费能力偏低。

显而易见，当前要调整需求结构，扩大内需并把消费作为战略重点，就必须在宏观和微观上彻底改变有利于投资而不利于消费的体制和政策安排。但是，我国有利于投资而不利于消费的体制和政策安排是历史形成的，具有系统性障碍和长期路径依赖，要在很短时间内迅速改变它还有相当大的难度。因为，这涉及财税体制改革，社会保障制度完善，国民收入分配结构调整，干部考核机制的再设计，以及中央政府与地方政府、政府与市场、政府企业与居民等关系的重新构建等问题。显然，如果不彻底对我国的体制进行改革，这些制约消费增长的障碍因素就不可能完全破除，最终我国调整需求结构的目标也难以很快实现。

## 二、传统产业替代是快变量而新兴产业成长是慢变量

再从产业结构调整方面分析，它属于供给管理范畴。按人均国内生产总值衡量，我国经济发展已经达到中上等收入国家水平，但是从产业结构分析，我国还处在中下等收入国家水平，第二产业比重过高，第三产业比重过低，劳动密集型产业、资源型产业和重化工产业占主导地位，无论从工艺路线还是产业链看低端特征都很明显，产业生产长期超过国内需求，产业结构严重偏向制造业，服务业发展十分缓慢。下一步，中国要想向迈入高收入国家行列，就必须调整产业结构，在三次产业结构层次上，应不断降低第二产业的比重，持续提高第三产业比重，最终使我国产业结构转变成为以第三产业为主导的结构。在第二产业中，不断降低以劳动密集型、资源型为代表的低端产业发展比重，大力发展和提高以高加工度、技术密集型为代表的中高端产业比重，最终使我国制造业转变成为以高加工度、技术密集型产业为主导的结构。

当前，中国调整产业结构面临问题是，一方面，国际市场上发达国家对中国的制造业产品需求在不断下降，而一些发展中国家又在不断发展同我国一样的劳动密集型和资源型产业，并将这些产品大量出口到发达国家，由此对中国形成了明显的供给替代效应。另一方面，国内劳动成本上升、人民币升值和土地、能源、原材料等价格上涨，都导致低端产业的成本迅速增加，盈利空间快速收缩。在此情况下，我国的劳动密集型产业和资源密集型产业出现了不断向东南亚、拉丁美洲甚至非洲转移。毫无疑问，低端产业需求下降和被替代是快变量，如何填补由低端产业快速变化留下来的空间？显然，答案非常明确，大力发展服务业，积极发展高加工度、技术密集型制造业。但是，受我国既有体制和产业特性决定，这些产业成长可能是慢变量，在短期内难以很快发展起来，去填补由低端产业快速转移或淘汰留下来的空间。

首先，从产业结构的第一层面看，扩大服务业发展规模，提高服务业比重，由于受到两方面的制约导致上升缓慢。一是我国服务业总量规模增长慢，受城乡二元户籍及其社会公共服务制度的阻碍，农业转移人口难以在城镇实现有效集聚。根据城镇化发展的一般规律，服务业的发展都是以人口的有效集聚为前提的。人口有效集聚使农业转移人口变为市民，在就业、就学、就医、养老、住房等方面享受一样的待遇后，他们就有与城镇居民一样的消费。于是随

着农业转移人口市民化，城镇消费规模便迅速扩张，也就带动了服务业的发展。但是，在我国现有城乡二元制度条件下，数以亿计的农业转移人口进城后，既难以改变身份，也难以享受同城镇居民相同的公共服务，他们只是进城"打工仔"，对生产供给效用大，对城镇消费需求几乎没有多大带动作用。因此，只有彻底改革城乡二元制度，打破阻碍人口自由迁徙的羁绊，我国服务业才能实现正常发展。但是，有60多年积淀的城乡二元制度，在短期内不可能完全被打破，特大城市不敢在短期内对外来人口敞开大门，其他大中小城市也不愿在短期内打开城门支持农业转移人口市民化。因为在既有体制安排下，各级城市政府在经济社会发展中利用的农业转移人口成本最低、收益最大，如果要将这些转移人口实现市民化，会突然增加城市政府的公共服务成本负担，这对任何城市政府来说都是难以接受的。显然，在农业转移人口市民化成本分担机制建立之前，城乡二元制度难改革，农业转移人口市民化进程也不会很快，服务业发展依然会受到传统体制的制约。二是我国生产性服务业发展缓慢，关键是受到我国制造业结构的影响。我国制造业在国际产业分工中被锁定在加工组装环节，所谓"两头在外"。对研发、设计、标准制定、知识产权和品牌服务、零部件供应、营销、售后服务等环节的需求大都延伸到国外。这种结构特征决定了，我国制造业发展主要拉动的是国外的生产性服务业，与国内生产性服务业关联度不大。显然，要想让国内生产性服务业加快发展，就必须将我国的制造业对服务业的需求调整为两头在内。显然，这种结构性矛盾也不是很快能化解的。

其次，从产业结构的第二层面看，制造业由以发展劳动密集型、资源密集型产业为主向以发展高加工、技术密集型产业为主转换，也是一种渐变过程。因为，以高加工、技术密集为代表的高端产业发展，需要技术创新，需要研发设计，需要工艺路线更新和产品结构调整，显然这种变化是革命性和渐进性的，所经历的时间周期要比发展劳动密集型产业长得多、难得多。一种自主研发的产品，从研发、中试到示范、推广，要经历一个漫长的过程。而发展劳动密集型产品或引进一条生产线所花费的时间是很少的。道理很清楚，高加工、高技术产业发展背后是研发创新在支撑，而研发创新背后又是科技人才即人力资本在支撑，但人力资本形成是渐进积累起来的。当前，在原始创新、集成创新和再创新中，我国集成创新和再创新做得比较好，而原始的自主创新十分薄弱。因为前两种创新相对容易，只需要在学习和引进的基础上就能完成。这就导致了我国产业发展总是跟在世界发达国家后面不断地学习和引进，不断地模仿和复制。因此，我国产业结构转型升级的关键在于要建立以原始创新为主的自主创新体系。这种创新体系的建立是系统性的，它需要有鼓励创新的体制、政策，需要有创新的社会主体，需要有搭配合理的人才结构，既包括培育领军人才、工程师、技术人员，也包括培训技能工人和操作员。因此，相对于劳动密集型、资源密集型产业而言，高加工、技术密集型产业发展需要的条件复杂，系统性强，其成长是一种慢变量。作为慢变量，如果其发育成长的速度赶不上劳动及资源密集型产业被替代、淘汰的过程，我国将有可能出现产业空心化。一旦出现产业空心化，我国社会就业矛盾、底层群体的基本生存和生活问题都将暴露无遗。届时，经济结构问题将进一步转化成社会结构问题，甚至是政治结构性问题。

## 三、结论和建议

本文的结论和建议是，必须加快体制改革，从财税体制、社会保障制度、国民收入分配制度、干部考核机制上进行整体设计，科学调整中央政府与地方政府的关系、政府与市场的关系、政府企业与居民的关系，不断消除制约消费增长的障碍因素，促进消费回归常规增长。加快改革城乡二元制度，破除阻碍农业转移人口市民化的体制羁绊，创建农业转移人口市民化的成本分担机制，推进以人为本的新型城镇化，用新型城镇化带动消费增长和服务业发展。进一步改进我国的创新体制与政策，建立一个以原始自主创新为主的创新体系，营造创新至上的社会环境，减少种种抑制创新的审批和管制，支持不同所有制企业间公平竞争，精心设计新的激励机制，鼓励研发创新和成果推广应用。用创新推动中国在整个价值链上实现产业全面升级。

# 第五章 "十三五"时期的机遇与挑战

"十三五"时期是实现第一个中国梦的关键五年。习近平总书记讲过中国要实现两个梦，一个是到 2021 年，中国共产党成立 100 周年时全面建成小康社会，第二个是到 2049 年中华人民共和国成立 100 年时，实现中华民族的伟大复兴，即经济社会发展达到发达国家的中等发展水平。据此理解，"十三五"时期我们要完成三项任务：全面建成小康社会，全面完成三中全会深化改革的任务部署，全面形成依法治国的体制框架。要完成这些任务，实现既定的战略目标，就要认真对待国际国内两个方面的机遇和挑战。

## 一、国际环境的深刻变化

从国际机遇看，"十三五"时期世界经济将从低速调整进入到温和增长期。一是发达国家有望实现缓慢复苏，这些国家目前处于低谷期，十三五时期将进入温和上升期，对外部需求将会逐渐增加；二是先进的新兴市场国家中，可能会有一批经济体先后进入到中上等或者高收入国家，包括巴西、阿根廷以及中东欧一些国家，有可能进入到高收入国家；三是后起的新兴市场国家有可能进入到中等收入国家。这三类国家都会成长出新的供给和需求，给中国带来机遇。

正在进行的世界第三次科技革命在"十三五"时期将进一步深化，这也会带来很多机遇。比如以生物、信息、新材料技术、新能源技术为核心的产业技术革命将会催生新的经济增长点。这次科技革命的最大特点是四大技术之间正在融合，这种融合可能会改变世界。同时这次技术革命带来了渗透性影响，使得产业边界模糊，形成了新业态、新产品、新商业模式、新产业，这给我国产业转型升级带来新机遇。比如互联网＋、智能化、低碳化、机器人、3D 打印机等等。目前我们生活中出现的薄膜手表、智能手机、DNA 记忆卡、记忆眼镜、机器人、基因技术等，在十三五期间都有可能取得新突破，为中国发展战略性新兴产业和改造传统产业带来难得的机遇。

从国际挑战看，"十三五"时期世界经济格局可能会发生更深刻的变化，在以下方面挑战会大于机遇。第一，一些发达国家实施工业 4.0 和再工业化战略，吸引高端制造不断回流，将会继续对中国形成高压效应，给我国延长产业链、发展战略性新兴产业形成挑战；第二，一批中低收入国家利用劳动、土地、环境资源和汇率，继续大力发展中低端制造业，同时用比较优势吸引中低端制造业向这些国家转移，由此进一步强化对中国的供给替代效应；第三，人民币汇率将继续升值，升值以后会导致出口导向型产业竞争优势继续下降；第四，全球贸易规则可能会发生变化。"十三五"时期是大国之间政治经济博弈的一个比较激烈时期，特别是美国、俄罗斯、中国等。美国推出"两洋战略"，实施 TPP 和 TTIP，强化以美国为主导形成新的世界贸易与投资规则；俄罗斯主导欧亚经济联盟，强化在中亚的势力范围；中国推进"一带一路"，实施欧亚一体化和亚太一体化。在"十三五"期间，大国间互相博弈的热度会增加，形势跌宕起伏，由此可能会产生一些风险和不确定性。

## 二、促进发展的条件及风险

从国内看也有利有弊。从有利方面分析。

第一，改革步伐加大，改革力度加强，可释放一些改革红利，为经济社会发展注入新的活力。三中全会和四中全会提出 500 多项改革，去年到今年完成一百多个，剩下的改革任务都要在"十三五"期间完成，这有利于释放制度红利，促进经济发展。

第二，培育新的增长带。本届政府执政的最大特点是促进区域联动发展，比如说打造长江经济带、推进京津冀协同发展、实施新型城市化等，都是把城乡、区域联动起来发展，实行"一加一大于二"的战略规划。打造长江经济带将会在三个方面拉动经济增长，一是建设基础设施互联互通网络体系，其中有六个内容，包括黄金水道、高效铁路、便捷公路、发达航空、油气管网、城际交通建设等；二是沿长江经济带培育几个城市群；三是沿长江经济带培育一批产业集群等，都会带来发展机会。还有实施新型城镇化，重点解决三个亿的人口问题，即一亿农业转移人口落户城镇、一亿人口的城市棚户区和城中村改造、中西部地区一亿人口就近城镇化等，都会带来巨量投资和消费。

第三，推行"一带一路"战略。这是在新常态下实施新的走出去战略，旨在将国内发展与对外开放联动起来。"一带一路"会在"十三五"时期开始全面部署实施，2015 年要开好局，这也会带来诸多增长机会。有专家预测，今年"一带一路"可能会产生 3000 亿到 4000 亿元投资，拉动 GDP0.2 到 0.3 个百分点。"十三五"期间,"一带一路"带来的增长可能是巨量的。最近我国和巴基斯坦签订了 460 亿美元的合作项目,另外还有许多产业投资合作项目。为了更好地推进"一带一路"战略,下一步亚投行正式运行、丝路基金投入运营,都将给"十三五"时期带来发展机遇。另外,随着"一带一路"战略的实施,国内四大片区愿景战略规划的落地,必将在基础设施互联互通、产业合作、投资贸易、电子商务、能源资源开发、生态环境改善等方面带来发展机会。

最后,十三五时期我国经济实力雄厚,支撑经济社会发展和结构转型的能力较强。一是我国政府有强大的组织能力,可以制定行动规划,动员社会力量,利用高额外汇储备和高额储蓄,支持中国在新常态下继续发展。二是我国几乎拥有世界最完整的产业链,产业门类齐全、独立完整,比如工业大类 39 个、小类 525 个,小到基础零部件,大到通讯、航天、高铁等产品,这样我们可以及时有效的从产业链上取得需要的产品,进行产业链的延伸,发展战略性新兴产业等等。三是我国每年有 700 多万大学生不断进入社会就业,这有利于全民创业创新,为经济社会发展提供充足的人力资本。四是连续多年投资基础设施建设,为"十三五"时期的经济社会发展提供了良好的环境。目前我国一些大中城市的基础设施环境比发达国家还要好,拥有现代化机场、轨道交通、高速公路、无线通信网络等。可以说"十三五"时期我国经济社会发展条件要明显好于"十二五"时期。

从不利方面分析,"十三五"时期经济社会发展也有挑战和风险因素。

首先是劳动成本持续上升,年轻和廉价的劳动力在不断减少。"十三五"期间劳动力供给量每年都会减少,五年将净减少 900 万人。相反,60 岁以上的人群却在增加,2020 年 60 岁以上人口可能达到总人口的 17% 左右。这势必引起社会养老成本迅速增加。

第二,全要素生产率将会出现下降,依靠技术进步获取增长的难度在不断增加。我国还缺乏完善的市场经济制度,实现全面创新的体制条件还没有建立起来,激励创新、支持科技进步的社会氛围还没有完全形成,研发密集度低,基础研究薄弱,科技储备不足,技术推广应用机制不健全,要实现从依靠大量土地、劳动、物资资源投入转向依靠集约、节约和创新驱动会面临较大的困难。

第三,金融风险在积累。十三五时期,我国将进入金融高风险窗口期,目前我国社会总债务占 GDP 比重已超过 210%,进入"十三五"时期社会总债务占 GDP 比重将达到 250% 以上。按照国际经验,一国社会总债务占本国 GDP

比重达到 250—280% 时，该国金融风险将积累到高发窗口期。

第四，产能过剩矛盾将进一步加剧。我国是一个投资比重偏高、消费比重偏低的经济结构。在出口困难的情况下，如果消费没有大幅度增长，由投资拉动产能必然会继续过剩。与"十二五"时期相比，"十三五"时期我国产能过剩矛盾可能还会进一步加剧。因为，在宏观上有利于投资的国民收入结构难有大的改观，在微观上有利于储蓄的阶层收入结构也难有根本改变，储蓄增长支撑投资扩张，投资扩张支撑产能进一步扩大，当国内消费和出口赶不上产能扩张速度时，产能过剩矛盾就必然加剧。同时，在资源环境约束进一步强化条件下，淘汰落后产能的压力将进一步加大。

第五是社会矛盾将上升，发展风险在增加。毫无疑问，十三五时期经济结构和社会结构将加快转型，当一大批传统产业被淘汰和转移后，在传统行业里就业、经营的人群受到冲击。这组人群要寻找出路，如果由于种种原因找不到出路，必将给社会带来压力。如河北省，到 2017 年计划淘汰 6000 万吨钢铁、6100 万吨水泥、4000 吨燃油设备、3000 标箱的平板玻璃等产能，预计将减少 60 万个就业岗位。如果补偿不到位，新产业的就业岗位又不足以吸纳这些在传统产业失去岗位的人群，这对社会稳定肯定是不利因素。可以预见，"十三五"期间落后、传统行业在环境压力和市场推力双重因素作用下，还将继续进行淘汰和转移，由此带来的风险还将不断积累。与此同时，随着信息化进程加快和大众社会认知程度的提高，弱势群体要求公平分享改革发展成果的期待在上升，中产阶层要求拓宽上升通道的期待在增加，如果"十三五"期间经济社会发展和深化改革不能满足这两大群体的新期待，势必会增加未来 5 年的风险和不确定性。

## 三、可能的趋势与特点

综合分析国内外环境变化和面临的机遇与挑战，"十三五"时期我国经济社会发展可能会发生如下变化特点。

第一，经济增长将从本周期的下行阶段转为上升阶段。从 2010 年第一季度开始，我国经济增长率已经连续 22 个季度下降，由 12.1% 下降到 2015 年第二季度的 7%，可以预见在经济周期和宏观调控作用下，本周期内经济增长下行阶段将接近结束，上升阶段可能发生在"十三五"时期。不过，从经济增长的长周期看，我国经济增长的长期趋势是由高增长转向中位增长。由此判断

"十三五"期间经济回升，平均增长率将低于前几个五年计划。

第二，经济结构调整步伐加快，工业化会接近末期。经济结构调整将出现三个变化，在需求结构中，消费率将会缓慢上升，投资率可能会出现下降趋势。不过，在近期稳增长的宏观调控政策作用下，2015—2016年社会总投资规模会加快增长，但十三五的后四年我国的投资空间将会缩小；在产业结构中，第一、二产业比重继续下降，第三产业比重不断上升；在第二产业内部，制造业将出现中高端化、细分化、低碳化倾向，高耗能、高排放、低效益的行业将进一步淘汰，新兴产业会加快发展。

第三，新型城镇化将会深入推进，市民化社会基本形成。"十三五"期间，随着我国解决"三个亿"人口市民化问题，城镇化率会达到60%以上，由此多数人在城镇生活、少数人在农村生活的格局基本形成。另一方面，伴随着国民收入分配结构调整和社会保障制度的完善，社会阶层结构中将出现一个好的变化趋势，就是中产阶层比例有望得到提升，形成橄榄型社会格局的有利因素会增加。上述这些变化既有利于增加社会消费，也有利于社会稳定。

毫无疑问，"十三五"时期无论保持多高的经济增长速度，中国的经济总量和人均收入水平都将再上一个新台阶，与发达的高收入国家距离将进一步拉近。这里不妨做一下情景分析。以2015年为基期，"十三五"期间，若人民币升值4.5%，每年物价2.0%，人口14.3亿，按照5%、6.5%、7%低中高三个增长方案分别计算，到2020年我国GDP总量分别97.21万亿、104.35万亿、106.82万亿人民币，折合美元分别达15.68万亿美元、16.83万亿美元、17.23万亿美元，人均GDP分别达10965美元、11770美元、12048美元。可见，"十三五"增长即使低于7%，我国GDP总量也会超95万亿元人民币，人均GDP也将突破1万美元，离高收入门槛更近。

如果要完成"十三五"规划目标，年均经济增长目标需要多少？按照不变价格计算，2015年GDP增长6.9%，十三五期间每年增长6.5%，到2020年GDP是2010年的1.996倍。因此，实现全面建成小康社会，年均经济增长率必须在提高质量效益前提下稳定保持6.5%以上，年均必须保持在6.538%。因此，"十三五"规划期我国经济年均增长率底线是6.5%。

## 四、推动发展的战略思路

"十三五"时期到底应该采取什么样的发展思路呢？从全国来讲"十三五"

时期的思路应该是一个底线、两个稳定、三个转变。一个底线就是中国经济社会发展不能发生大的区域性和全局性系统风险。否则，我国的现代化进程将被打断。两个稳定，就是一要保持经济平稳增长，放弃高增长目标，将经济增长的重心放到提质增效方面来；二要保障社会稳定运行，关注弱势群体和新生中产阶层，通过改革改善弱势群体的生存状况和解决中产阶层的上升通道问题。三个转变，就是要适应新常态，首先推动对外开放战略的转变，实施"一带一路"走出去新战略，从过去出口劳动密集型产品，转向以输出资本、技术、电子商务等带动产品出口；其次推动经济结构转变，系统改革国民收入分配制度和完善社会保障制度，促使经济增长由投资拉动转向消费拉动。通过改善供给侧宏观微观环境的制度政策，刺激产业结构从重工业导向转变为以服务业为主导；第三是推动社会结构转型，促进市民化社会、橄榄型社会的形成。市民化社会和橄榄型社会的形成，都依赖于城乡二元体制的打破、户籍制度改革、国民收入结构调整和财税体制改革。

显然，"十三五"期间，要实现一个底线、两个稳定、三个转变，要重点做好三个方面的工作。

一是制定一组与现阶段相适应的经济社会发展目标，依据经济增长的长周期变动规律、环境容量和科技进步的可能性，确定适宜的经济社会发展目标，经济增长目标可以适当调低点，社会发展目标可定的高一些，"十三五"期间经济发展目标年均增长率保持在 6.5%—7% 之间比较适宜。

二是在经济、社会、文化、政治、生态以及国防外交等方面部署一批重大发展任务。比如调集必要的资源加强落实"一带一路"战略；加快现代农业建设步伐；积极推进新型城镇化；深入实施长江经济带发展战略；从宏观层面促进京津冀协同发展；围绕新产品、新业态、新模式、新产业培育产业增长点，促进产业向中高端迈进。

三是实施一批重大改革开放措施。必须继续加快改革开放步伐，选准重点领域、关键环节，着力推进改革。特别是当传统经济增长动力失效之后，必须挖掘和培育新的增长动力。而新增长动力的挖掘和培育，又必须通过深化改革来实现。只有加快推进经济领域和非经济领域的体制改革，"十三五"时期经济社会发展才能取得实质性进展，全面建成小康社会的目标才能如期实现。对于能统领全局、跨领域、跨部门的改革开放事项需要优先推进，要避免改革简单化、碎片化、部门化。比如在当今社会结构状态下，中低收入群体在总人口中占相当比例，他们是经济社会发展的稳定器，采取什么样改革举措能使这类群体稳定解决就业和吃饭问题；又如中产阶层是经济社会发展的创新群体，哪些改革和政策调整能使中产阶层解决公平上升通道问题。就是说，到底我国应该采取一个什么样的顶层改革组合方案，才能构建一个有利于形成消费导向、服务业和高端制造带动、中产阶层占主导的现代化社会结构。

### 参考文献：

史正富：《超常增长：1979—2049 年的中国经济》，上海人民出版社 2013 年版。

刘树杰、宋立等：《面向 2020 年的我国经济发展战略研究》，中国计划出版社 2015 年版。

汪涛、赵彦云：《中国能否跨越中等收入陷阱》，《经济与管理研究》2014 年第 9 期。

林岗、王裕雄、吴崇宇、杨臣：《2010—2030 年中国经济增长基本条件研究》，经济科学出版社 2015 年版。

世界银行、国务院发展研究中心联合课题组：《2030 年的中国》，中国财政经济出版社 2013 年 3 月第 1 版。

国家发展和改革委员会经济研究所：《十三五规划研究》，经济科学出版社 2014 年版。

中国生产力学会课题组：《"十三五"时期创新驱动的战略重点与创新国家建设研究》，《经济研究参考》2015 年第 14 期，B-3。

# 第六章　当前中国经济：投资偏热而消费偏冷

当前，国民经济运行中一个突出矛盾是投资偏热、消费偏冷，这使得在国内生产总值形成过程中，产生了投资对消费的挤出效应。面对投资与消费增长失衡，必须采取切实可行的解决办法，包括消除投资中的无效增长成分，积极调整国债使用结构和方向，增加中低收入者群体的收入水平，注重经济发展中就业目标的增长，同时还要改革现有抑制消费的各种不利因素，为消费营造良好的外部环境。

## 一、当前的突出矛盾是投资与消费增长失衡

自亚洲金融危机以来，为了保持国民经济的稳定增长，国家连续多年实施了积极的财政政策，发行了数以千亿计的特别国债，拉动了数万亿元的投资。在国家投资带动下，预算外、集体、个体以及外商投资也纷纷进入中国的各个产业，成为推动经济发展的主要力量。依靠投资刺激和带动，我国不但防止了国民经济的可能下滑，而且还使经济发展进入了快车道。从 1998 年到 2001 年，我国国内生产总值年平均增长 7.5%，2002 年增长 8.0%，2003 年预计增长 9.1%。仔细分析近几年的国内生产总值增长，我们发现这主要是由投资带动起来的。1999 年全社会固定资产投资比上年增长 5.1%，2000 年增长 10.3%，2001 年增长 13%，2002 年和 2003 年分别增长 16.1% 和 26.7%。随着投资的加速增长，投资对国内生产总值的贡献比重明显上升。由表 1 可以看出，按照支出法计算国内生产总值，由投资形成的国内生产总值所占比重从 2000 年 36.4% 上升到 2002 年的 39.4%，2003 年该比重将超过 40%。近三年里，在新增国内生产总值中约有 55% 的份额是由投资增长贡献的。

与投资增长形成鲜明对比的是，全社会消费增长偏冷，对国内生产总值增长的贡献下降。从 1997 年开始，全社会消费品零售总额增长从前四年年均 20% 以上的增幅突然跌到 10.2%，此后一直在 10% 以下徘徊（见表 2），2003 年即使消费品市场有所回暖，社会消费品零售总额增长也只有 9.1%。消费增长缓慢的主要原因首先是农村居民消费增长过慢。1995 年以来我国县及县以下

表1 支出法国内生产总值及构成 单位：亿元、%

| 年份 | 支出法GDP | 最终消费额 | | 资本形成额 | | 货物和服务净出口 | |
|---|---|---|---|---|---|---|---|
| | | 绝对额 | 比重 | 绝对额 | 比重 | 绝对额 | 比重 |
| 1990 | 18319.5 | 11365.2 | 62.0 | 6444.0 | 35.2 | 510.3 | 2.8 |
| 2000 | 89340.9 | 54600.9 | 61.1 | 32499.8 | 36.4 | 2240.2 | 2.5 |
| 2001 | 98592.9 | 58927.4 | 59.8 | 37460.8 | 38.0 | 2204.7 | 2.2 |
| 2002 | 107514.2 | 62364.6 | 58.0 | 42355.4 | 39.4 | 2794.2 | 2.6 |

资料来源：2003 年《中国统计年鉴》。

表2 全国社会消费品零售总额增长及其构成 单位：亿元、%

| 年份 | 消费品零售额 | 城市消费品零售额 | | 县及以下消费品零售额 | | 消费品零售额比上年增长 |
|---|---|---|---|---|---|---|
| | | 绝对额 | 比重 | 绝对额 | 比重 | |
| 1992 | 10993.7 | 5470.3 | 49.8 | 5523.4 | 50.2 | 16.8 |
| 1993 | 12462.1 | 7224.9 | 58.0 | 5237.2 | 42.0 | 28.4 |
| 1994 | 16264.7 | 9661.2 | 59.4 | 6603.5 | 40.6 | 30.5 |
| 1995 | 20620.0 | 12376.7 | 60.0 | 8243.3 | 40.0 | 26.8 |
| 1996 | 24774.1 | 14951.2 | 60.4 | 9822.9 | 39.6 | 20.1 |
| 1997 | 27298.9 | 16650.4 | 61.0 | 10648.5 | 39.0 | 10.2 |
| 1998 | 29152.5 | 17825.2 | 61.1 | 11327.3 | 38.9 | 6.8 |
| 1999 | 31134.7 | 19091.6 | 61.3 | 12043.1 | 38.7 | 6.8 |
| 2000 | 34152.6 | 21110.3 | 61.8 | 13042.3 | 38.2 | 9.7 |
| 2001 | 37595.2 | 23543.4 | 62.6 | 14051.8 | 37.4 | 10.1 |
| 2002 | 40910.5 | 25897.6 | 63.3 | 15012.9 | 36.7 | 8.8 |
| 2003 | 45842.0 | 29777.3 | 65.0 | 16064.7 | 35.0 | 9.1 |

资料来源：2003 年《中国统计年鉴》，中华人民共和国 2003 年国民经济和社会发展统计公报。

社会消费品零售总额年均增长只有 7.7%，不但慢于同期内国内生产总值的增长速度（8.1%），也慢于城市零售总额增长速度（9.5%）。2003 年农村社会消费品零售总额比上年增长了 6.8%，比城市零售总额增长速度慢 3.5 个百分点。由于农村社会消费品零售总额增长速度慢于城市，导致了农村消费品零售总额占全国的比重迅速下降，由 20 世纪 90 年代初 50.2% 降到 2003 年的 35%。从世界各国的工业化经验看，在一国或地区的经济结构转换过程中，随着农村人口绝对量的减少，农村消费比重下降是一个必然趋势。但是，与国外有所不同的是，20 世纪 90 年代以来我国农村人口绝对量在不断增加，而农村社会消费品零售总额份额却在持续下降，很显然这是不正常的。特别是在当前，我国农村人口占全国总人口比例还有 2/3 以上，2/3 以上的人口仅消费全国 1/3 的消费品是很值得关注的异常现象。

其次是在城乡内部低收入者群体消费增长缓慢。表 3 是 1998 年以来的城镇居民收入、消费增长情况。从中可以发现，收入水平高的群体其收入增长速度远高于收入水平低的群体；而高收入群体的平均消费倾向则远远低于低收入

表3　1998—2002 年城镇居民收入增长及消费倾向变化　单位: 元、%

| 项目 | 1999 | | 2000 | | 2001 | | 2002 | | 1998 2002 年 | | |
|---|---|---|---|---|---|---|---|---|---|---|---|
| | 边际收入 | 边际消费倾向 | 边际收入 | 边际消费倾向 | 边际收入 | 边际消费倾向 | 边际收入 | 边际消费倾向 | 名义收入增长 | 名义消费增长 | 平均消费倾向 |
| 全部平均 | 415.2 | 68.5 | 431.2 | 88.6 | 573.0 | 54.3 | 1308.5 | 55.1 | 57.9 | 44.1 | 61.5 |
| 最低收入 | 141.7 | 88.6 | 31.6 | 53.8 | 156.4 | 96.5 | 351.4 | 84.3 | 29.7 | 28.0 | 89.6 |
| 低收入 | 189.3 | 83.5 | 140.1 | 98.2 | 229.6 | 77.3 | 598.8 | 77.1 | 38.2 | 35.2 | 82.1 |
| 中低收入 | 256.7 | 74.5 | 260.1 | 97.4 | 331.8 | 75.3 | 842.7 | 59.2 | 46.1 | 37.0 | 69.0 |
| 中等收入 | 394.4 | 64.1 | 387.6 | 93.4 | 475.4 | 70.9 | 1232.3 | 58.0 | 55.2 | 43.8 | 65.6 |
| 中上收入 | 537.1 | 68.2 | 583.0 | 94.0 | 688.7 | 50.3 | 1660.7 | 55.0 | 62.6 | 48.4 | 61.4 |
| 高收入 | 756.4 | 58.2 | 809.8 | 81.4 | 956.9 | 41.1 | 2162.7 | 55.8 | 68.2 | 52.4 | 65.5 |
| 最高收入 | 1126.3 | 59.3 | 1242.7 | 79.5 | 1829.5 | 31.9 | 3068.3 | 45.3 | 77.6 | 53.4 | 48.9 |

资料来源: 2003 年《中国统计摘要》。

群体，同时其边际消费倾向的下降速度也大大快于低收入群体。这就是说，从1998年以来在中高收入群体中，人们增加的收入中有越来越多的份额不是用于消费，而是用于增加储蓄。相反，虽然低收入群体的平均消费倾向和边际消费倾向都明显高于其他群体，但他们的收入增长速度极其缓慢。农村情况与城市极为相似，凡是收入水平高的群体平均消费倾向都比较低，而收入水平低的群体平均消费倾向都比较高。2002年，全国农村低收入户农民人均纯收入为857.1元，平均消费倾向为117.4%，中低收入户人均收入1547.5元，平均消费倾向为84.7%，中等收入户人均收入2164.1元，平均消费倾向76.0%，中高收入户人均收入3030.5元，平均消费倾向为68.9%，最高收入户人均收入5896元，平均消费倾向为59.4%。值得注意的是，2002年以前我国农村在年人均纯收入1000元以下的农户，以现金收支计算的平均消费倾向都在100%以上。同城市居民一样，农村高收入农户把较多的钱变成储蓄，而低收入农户把较多的钱用于消费。因此，当前，我国消费需求增长遇到的很大困难是，在全社会收入差距不断扩大的条件下，一方面是收入增长迅速的高收入群体的边际消费倾向在迅速下降，他们将越来越多的收入存入银行，导致银行储蓄越来越多，另一方面是收入增长缓慢的大量低收入群体虽然有很大的消费需求潜力，但却没有购买能力，使得大量工业品缺乏消费出路，造成越来越多的积压。面对银行的高储蓄和工业品的大量积压，国家既通过发行国债形式从银行吸收剩余资金，同时又通过退税政策鼓励企业出口，这就形成了20世纪90年代末期以来的高储蓄、高投资、高出口、低消费。由于消费增长明显慢于投资增长幅度，导致其在国内生产总值（支出法）中所占比重即最终消费率连年下降，由2000年的61.1%下降到2002年58.0%，2003年还将继续下跌。有研究表明，当前我国的最终消费率同国外相比明显过低。2000年，世界平均消费率（政府和家庭消费）在78%左右，低收入国家为81%左右，中下等收入国家为70%，中等收入国家为75%，高收入国家为78%。美国的最终消费率为82%，其中家庭消费占国内生产总值的68%[1]。而我国2002年最终消费率只有58.2%，家庭消费仅占国内生产总值的45.3%。显然，过低的消费率不利于经济的健康增长，使经济增长缺乏持续性。

[1] 世界银行：《2003年世界发展报告》，中国财政经济出版社2003年版，第245页。

## 二、投资和消费的关系如何协调

在一定时期内，为了调整经济结构或刺激经济增长，提高资本形成率是有合理性的。但是，长期保持很高的资本形成率，并致最终消费率连续下降，对国民经济是有很大危害性的。它不但会造成投资过度和生产过剩，还会对消费需求形成排挤效应，严重阻碍国内消费市场的扩展。因此，面对当前投资偏热、消费偏冷的矛盾，国家需要有切实可行的解决办法。

第一，应该尽快消除投资中的无效增长成分。对目前已经出现投资过热的行业如房地产、钢铁、建材（电解铝）、汽车以及纺织业等进行结构性调控，从行业准入制度、投资审批、土地供给、环保评估、银行贷款以及进口设备退税等方面进行控制。同时采用经济手段，在过热行业实行扶优扶强的策略，加快大企业的技术进步，让其兼并中小企业，通过重组兼并消除过剩和重复建设。

第二，积极调整国债的使用结构和方向，将国债使用重点放在改善城乡居民消费环境方面。目前，国民经济运行中自主增长的能力已经形成，用国债刺激经济增长的任务业已完成。此时，国债投资不是要不要淡出的问题，而是要将投资方向调整到有利于刺激居民扩大消费的公共设施环境方面，比如适当增加国债投资规模，加强小城镇和农村的公共基础设施建设，从水、电、路、通讯、学校、医院等设施供给上入手，改善近10亿人口的消费环境问题，以降低他们的消费成本。

第三，增加中低收入群体的收入水平，不断提高他们的购买和消费能力。当前，我国消费偏冷主要是由城市中低收入者和农民的购买能力不足造成的，而购买能力不足又是由于这部分人群的收入增长缓慢引起。因此，增加这部分人的收入水平就成为当前扩大国内市场消费的关键所在。可行的措施包括：一是扩大社会保障的覆盖面，将社会保障范围从目前的大中城市进一步向小城镇和农村延伸，并适当提高社会保障水平，这不但能直接降低低收入群体的消费成本，还能提高他们的消费能力。因为低收入者的边际消费倾向明显高于中高收入者，把钱用在他们身上更能刺激即期消费。二是为了刺激中低收入群体的消费，应适当提高个人所得税起征点，对这部分人群实行免税政策，将征税目标对准高收入以及较高收入群体，适当提高较高和高收入群体的个人所得税税率。三是要千方百计地增加农民收入，尽快提高农民的购买力和消费能力。在这方面，国家要在财政政策上支持农民调整农村经济结构，为农民增加直接和间接补贴，帮助他们建立优质、专用农产品基地，扶持他们发展农产品加工业，为他们创造条件增加收入。同时，还要对农民实行免税和减税政策，进一步减轻他们的负担，增加其有效消费能力。

第四，把经济发展的宏观目标由紧盯 GDP 转向就业目标上来，通过增加就业岗位来提高中低收入者的收入水平。目前，全国各地把工业化都作为本地经济发展的重要目标，但是，从实际情况看，工业化往往只是带来第二产业乃至国内生产总值的增加，并没有带来就业的增长。如果全社会就业不增加，就无从谈起增加中低收入者的收入。因此，我国经济发展的当务之急是要创造尽量多的就业岗位，把城镇失业人员和农村剩余劳动力吸纳进来。今后国家考核各级领导干部的政绩应该把增加本地就业岗位作为重要目标之一，同时还要在财政、税收以及投资政策上鼓励各地发展劳动密集型产业，努力推进城市化。通过第三产业的发展和初城市化的推进，最终提高中低收入者的收入水平，以增强他们的消费能力。

此外，要逐步改革现有抑制消费的各种不利因素，为营造良好的消费环境做出实际的努力。具体措施包括：放开住房二级市场，增加普通商品房和经济适用房的供给；尽快出台适宜的汽车消费政策，培育个人汽车消费市场，使其走向成熟；发展各种形式的城乡个人消费信贷，鼓励城乡居民进行房屋建设、装修及耐用消费品购置等消费。同时，要大力支持各种新兴消费方式，引导人们进行旅游、文化、休闲娱乐等方面的消费。

# 第七章　中国 GDP：看起来很美

当下，许多人都在高兴地用数据论说，中国的 GDP 总量 63.64 万亿元，折合美元突破 10 万亿美元，已经位居世界第二，是美国的 60% 以上，日本的 2 倍多，人均 GDP7590 多美元，已经跨入世界中上等收入国家行列。还有些知名经济学家和智库用 PPP 计算，中国在 2015 年 GDP 总量要超过美国。即使不按 PPP 计算，在经济适当减速条件下，中国 GDP 总量将在 2020 后超过美国，人均 GDP 占有水平也将很快达到发达的高收入国家门槛标准。毫无疑问，这些数据看起来都很美，也值得我们骄傲。但是，当我们在称赞和骄傲的同时想过没有，我国的 GDP 由于结构、质量、资源环境消耗不同是无法与发达国家和中上等收入国家相比的。

首先，我国的 GDP 结构不合理，无论短期还是中长期经济增长都距城乡居民福利太远。一般来讲，一个经济体在经济发展的中低收入阶段，单位 GDP 中投资比重是不断上升的，大多数经济体投资比重都落到 40% 以内，因为这期间要建工厂、盖房子、建设大量基础设施，因此居民当期消费福利可能会被挤掉一些，甚至当代居民要为下一代居民做出福利让渡。比如，世界银行 2012 年世界发展报告指出，2008 年世界低收入、中下等收入国家资本形成总额占 GDP 比重分别是 27%、36%。当一个经济体经济发展迈入中上等收入阶段后，单位 GDP 中投资比重会不断下降，投资率将沿着人均 GDP 的提高不断下滑，消费比重随之上升，因为这期间大规模基础设施建设基本完成，工业化和城镇化也进入中后期阶段，因此经济结构中与居民当期福利密切相关的消费率会达到较高的水平。比如，2008 年世界中上等收入、高收入国家资本形成总额占 GDP 比重分别仅为 23%、21%。目前，中上等收入国家最终消费占 GDP75%，家庭消费占 60% 左右；发达的高收入国家最终消费占 GDP 比重平均接近 80%，家庭消费占 60% 以上；其中美国最终消费占 GDP 比重达到 85%，家庭消费比重达 70%。就一个国家而言，在中低收入阶段，投资率是不断上升的，消费率相应下降；进入中高收入阶段后，投资率应伴随着消费率的上升而不断下降。比如韩国，在 1960 年人均 GDP 不足 100 美元时，投资率只有 11.5%；1970 年当人均 GDP 为 270 美元时，投资率上升到 24.4%；1990 年人均 GDP 达到 5770

美元时，投资率最高上升到 1991 年的 38.9%。20 世纪 90 年代初韩国进入中上等收入国家行列后，其投资率便持续下降，2000 年投资率降到 34%，2006 年 31%，2009 年进一步降到 26%；与之相应，消费率 1990 年为 63%，2000 年提升到 66%，2009 年达到 70%。由此可以看出，无论是横向比较还是纵向比较，当经济发展进入中上等收入阶段后，一国的 GDP 结构会越来越向有利于消费的方向转换，而消费是与居民福利直接相关的。这意味着凡是进入中上等收入和高收入国家行列的居民，他们的福利显然要好于其他收入阶段的居民。显然，跨入中上等收入和高收入国家行列的经济体，其消费特别是家庭消费比例越高，证明该国 GDP 增长给居民带来的福利也越高。

再来分析我国的 GDP 结构，按照 2010 年世界银行划分标准，我国人均 GDP 在 2010 年就达到世界中上等收入国家水平。[①] 以 2010 年时间点剖析我国的 GDP 结构。在 2010 年以前，我国的资本形成总额占 GDP 比重由 1982 年的 31.9% 上升到 47.2%，此后微落到 2014 年的 46.1%。2010 年以前我国的投资率上升趋势是符合经济增长常态的，但是投资率上升速度太快，上升幅度明显偏高，远远超过了一般国际经验水平，这成就了世界仅有的高投资率大国经济。以 2008 年为例，当年世界中等收入国家人均 GNI 为 3260 美元，中国是 3414 美元。这些国家平均投资率 30%，中国是 42.6%，高出世界同类国家均值 12.6 个百分点。如果按照中等收入国家平均投资率 30% 计算，2008 年我国向投资领域多投了 40047 亿元人民币，这些钱本来应该用于消费方面去改善当期居民福利，却用到了投资方面。进入 2010 年以后，我国的投资率有了些许变化，由 47.2% 下降到 46.1%，下降了 1.1 个百分点。但用中上等收入国家投资率 23% 的平均值衡量，我国投资率仍超过了 23.1 个百分点。2014 年全国资本形成总额 29.5 亿元人民币，有 14.8 万元亿人民币投资是超过国际经验值的。或许有人会说，平均水平并不代表全部经济体，出口导向型国家投资率就偏高。是的，在各类经济体中，出口导向型经济体的投资率一般都偏高，比如日本、韩国、我国台湾地区都如此。我国是典型的出口导向型国家，这里我们将中国与日本、韩国做比较，日本在 1970 年人均 GDP1940 美元（折合 2010 年价格为 10437 美元）、韩国 1990 年人均 GDP 年 5770 美元（折合 2010 年价格为 10500 美元）时，投资率分别达到最高，日本是 39%，韩国是 38.9%。我们即使以日

---

① 按照世界银行 2010 年划分标准，当年人均 GNI 为 1006—3975 美元为下中等收入国家，人均 GNI 为 3976—12275 美元为中上等收入国家，人均 GNI 12276 美元以上为高收入国家。

韩投资率39%为高限，我国的投资率也高出7.1个百分点，以此推算，2014年我国有4.5万亿元人民币投资已超过了出口导向型国家在同等发展阶段的水平。不可否认，这部分资金本来可以用于消费方面，相当于当年城乡居民人均牺牲了3300元人民币消费空间。投资长期超高增长打破了经济运行中的需求结构，刺激了产能的持续增长，增加了商品的供给能力，抑制了社会消费需求。

其次，我国投资中搞了许多在本阶段不该有的"高大上"项目，这些投资给中低收入人群带来的福利很少。我国投资率畸高，其中相当一部分与各级地方政府超越经济发展阶段，搞了许多"高大上"投资项目有关，由此将投资率抬了起来。比如，自1981年我国的最终消费率达到66.7%以后，连续30多年一直在波动中下降，到2014年为51.2%，其中居民消费占GDP比重仅为37.7%，相反投资率一直在上升，从32.9%提高到47%以上，只是近两年才缓慢回落到46.1%。尽管在经济发展的中低收入阶段，压低居民消费率，提高社会投资率有利于改善地区发展环境，对居民的长期福利有积极影响。但是，当经济发展进入中等尤其是中上等收入阶段后，许多地方政府不是把国民收入及时导向私人消费，而是继续利用公权力集聚大量公共资源，大搞不切实际的投资项目，最终导致各地社会消费率奇低而投资率奇高。自20世纪90年代以来，看看我们的周围，随处都可找出某些"高大上"的项目，比如全国各地各市县都在建设城市中心广场、超宽马路、豪华政府办公大楼、现代大剧院、主题公园、现代化机场。还有，进入21世纪以来，各地都争相借助某个大主题推动本地经济，不惜卖地举债，动辄筹集资金上百亿甚至上千亿元，争办大型运动赛事、锦标赛、大型展示和博览会等，甚至引发民间将一些标志性的建筑编成系列调侃加以讽刺。毫无疑问，这些超级建筑是带来了GDP，也有利于改善中国的国际形象。但是，跨阶段超标准地蜂拥建设"高大上"项目，过多地争办那些"出头露脸"的活动，对广大的中低收入者能带来多少福利呢？许多穷人恐怕一生也欣赏不到这些50年也不会落后的超级城市工程。一个国家搞几个大型国际文化体育活动项目不是不可以，建设几个地标性工程项目也不是不成，问题是全国各地都在争着搞、抢着建，"高大上"项目越来越多，我以为这是公共资源要素配置的方向性错误，是对居民特别是中低收入居民福利的一种侵蚀。理由很简单，这些看起来很美却与消费相脱节的超级工程，是以耗费大量公共资源为代价的，这些公共资源本来可用于帮助和救济穷人。在中国，过多地建设"高大上"项目，是浪费稀缺的公共资源，只有利于少数群体，这意味着可用于改善中低收入群体福利的公共资源大大减少了。

再次，我国的 GDP 形成质量不高，有一部分只是在统计学上创造了价值意义。但凡去过欧洲的人都不会忘记那里的建筑，既有民族特色又坚固长久，许多建筑物历经数百年保持不变。即使在我国也有引以为豪的古建筑赵州桥，距今已有 1400 年，依然屹立在故地。再看我们的当代建筑，各地为了追求"中国速度"，大搞"一年一小变，三年一大变"，许多建设竣工的工程质量低，使用寿命不长，不乏"豆腐渣"工程。比如一些地区新建的楼房倒塌或倾斜，刚通车几天的高速路又要返修，巨资建造的大桥通车不久竟然垮塌等事件，频频出现在各种新闻媒体上。这些建筑从建到拆以至于修都会产生 GDP。试问，由这些质量差、寿命短甚至是"豆腐渣"工程所产生的 GDP 能和那些持久耐用建筑带来的 GDP 相比吗？外观看起来很美、但无法满足消费需求甚至会损害消费者福利的 GDP 是无效的泡沫，它们只在统计学上创造了数据。

最后，我国每生产一单位 GDP 所耗费的环境资源要远大于发达国家，给居民带来的福利是负效应。多年来，各地为了追求高增长，利用公共政策将社会资本大力引向产业界特别是制造业领域，过度发展钢铁、水泥、电解铝、平板玻璃、塑料制革、造纸等重化工产业，这就使我国每生产一单位 GDP 消耗的能源、原材料和污染物排放高出欧美发达国家几倍。高耗能、高物耗和高排放使我国付出了高昂的环境代价，目前我国有 70% 的江河水系受到污染，其中流经城市的河流有 95% 以上属于严重污染，约有 4 亿城市居民呼吸不到新鲜空气，有 3 亿农民饮水不安全，全国有 1/3 的国土面积被酸雨覆盖。据权威部门测算，我国每年因环境污染造成的经济损失占 GDP 的 10% 左右，若扣除环境因素影响，我国的 GDP 将大打折扣。

总之，我国的 GDP 看起来很美，但结构、质量、环境消耗等方面存在严重缺陷，必须通过体制改革和市场制度创新，推进发展方式转变，积极调整需求结构和产业结构，让 GDP 进一步靠近居民消费福利，让 GDP 远离排放，才能让 GDP 更加健康完美！

# 第八章　我国消费率下降的成因解析

从需求角度看，国民经济发展由消费、投资和净出口"三驾马车"构成。其中消费是拉动经济增长的重要力量，它既反映一国居民的生活水平提高程度，又在产业结构调整升级中起着主导作用。多年来，尽管我国采取了一系列扩大内需的方针措施刺激消费，但消费对经济增长的拉动作用不断减弱，消费率已降到改革开放以来的最低点。如何看待这种变化并把握未来走势，提出相应的对策思路，这是本文要回答的主要问题。

## 一、我国消费率降到了改革开放以来最低点

多年来我国经济增长很快，但增长的结构却没有改变，还出现了"两高一低"现象，即"投资高、出口高、消费低"。从 2000 年到 2011 年，我国投资率由 35.3% 持续上升到 48.3%，净出口率由 2.4% 不断上升到 2.6%，而消费率由 62.3% 一直下降到 49.1%，其中居民消费率由 46.4% 下降到 35.4%。和世界部分国家人均国民收入达到 3000 美元左右时的最终消费率相比（见表 1），我国消费率明显偏低。2008 年我国人均国民生产总值达到 3268 美元，当年消费率只有 48.6%，远远低于美英法日韩等在人均 3000 美元收入水平的消费率。

为什么会出现这种需求结构？核心原因就是中国有持续的高储蓄率。储蓄率是指当年国民可支配收入减去国民消费（包括民间和政府消费）的余额占国内生产总值的比重。2008 年我国的储蓄率高达 51.4%。目前我国人民币储蓄额已经达到 59.27 万亿元[①]。储蓄率高表明我国国民收入中用于消费的比重偏低，而用于储蓄的比重偏高。多年来，我国的消费增长速度并不低，但却明显慢于社会储蓄的增长速度。同 1999 年相比，2008 年全国社会消费品零售总额增长了 204.3%，但同期内人民币存款余额增长了 328.6%。过去 10 年里，我国每年增加的社会消费品零售总额都远低于当年增加的储蓄额。比如，1999 年，全国

---

① 2009 年 11 月底全国金融机构各项人民币存款余额。

**表1 世界部分国家人均国民收入3000美元左右的最终消费率**

| 国家 | 人均GNP | 年份 | 最终消费率％ |
|---|---|---|---|
| 美国 | 2787 | 1960 | 81.0 |
| 英国 | 2832 | 1972 | 82.0 |
| 法国 | 2990 | 1970 | 72.7 |
| 日本 | 2745 | 1972 | 61.0 |
| 澳大利亚 | 2970 | 1970 | 73.3 |
| 韩国 | 3230 | 1987 | 63.4 |
| 阿根廷 | 3220 | 1990 | 80.4 |
| 巴西 | 3090 | 2001 | 79.8 |
| 南非 | 2980 | 2000 | 81.7 |
| 土耳其 | 2980 | 2000 | 83.0 |

资料来源：储东涛：《消费是扩大内需的原动力和主阵地》，《现代经济探讨》2009年第2期，第13页。

社会消费品零售总额比上年增加了2269.8亿元，而当年储蓄额增加了13081亿元，储蓄增加额是消费增加额的5.7倍，2008年，全国社会消费品零售总额比上年增加了19278亿元，而当年储蓄额增加了76800亿元，储蓄增加额是消费增加额的4倍（见表2）。按照经济学理论，在长期时间里储蓄等于投资，高储蓄必然会带来高投资。因此，长期以来国民消费增加额小于储蓄增加额，必然会导致一个结果，就是储蓄越多，投资越多；投资越多，面向未来的产能就越多；当产能在不断快速增加时，如果消费赶不上生产，必然会增加净出口；净出口增加外汇储备也会增加；外汇储备增加又会导致人民币超经济发行。最后，经济生活中的货币供给必然大大增加，并远远超过经济的增长速度。从1999年到2008年我国国内生产总值增长了135.6%，而货币供给（M2）却增长了296.3%。2009前3季度，国内生产总值增长了7.7%，而货币供给（M2）却增长了29.3%。即使扣除多年来改革过程中的货币化因素，货币供给也是偏多的。

当前，受世界性金融危机的影响，国际上正常的生产消费格局受到了很大的冲击，美欧发达国家在"去杠杆化"作用下，开始改变高负债的消费方式，增加储蓄减少消费。同时，一些后期发展中国家，如印度、越南、洪都拉斯等国家开始利用更加低廉的资源和劳动成本，生产更多劳动密集型产品，纷纷向美欧发达国家出口，大有替代中国在美欧既有市场份额之势。这导致国际市场

表2　1999年以来城乡居民收入、社会消费、储蓄增长变化　　亿元 %

| 年份 | 收入增长 | | 社会消费额 | | | 社会人民币储蓄 | | |
|---|---|---|---|---|---|---|---|---|
| | 城镇 | 农村 | 绝对额 | 增加额 | 增长 | 绝对额 | 增加额 | 增长 |
| 1999 | 9.3 | 3.8 | 35647.9 | 2269.8 | 6.8 | 108778.9 | 13081 | 13.7 |
| 2000 | 6.4 | 2.1 | 39105.7 | 3457.8 | 9.7 | 123804.4 | 15025.5 | 13.8 |
| 2001 | 8.5 | 4.2 | 43055.4 | 3949.7 | 10.1 | 143617.2 | 19812.8 | 16.0 |
| 2002 | 13.4 | 4.8 | 48135.9 | 5080.5 | 11.8 | 170917.4 | 27300.2 | 19.0 |
| 2003 | 9.0 | 4.3 | 52516.3 | 4381.0 | 9.1 | 208055.6 | 37138.2 | 21.7 |
| 2004 | 7.7 | 6.8 | 59501.0 | 6984.7 | 13.3 | 241424.3 | 33368.7 | 16.0 |
| 2005 | 9.6 | 6.2 | 67176.6 | 7675.6 | 12.9 | 287169.5 | 45745.2 | 19.0 |
| 2006 | 10.4 | 7.4 | 76410.0 | 9233.4 | 13.7 | 335459.8 | 48290.3 | 16.8 |
| 2007 | 12.2 | 9.5 | 89210.0 | 12800 | 16.8 | 389337.8 | 53878.0 | 16.1 |
| 2008 | 8.4 | 8.0 | 108487.7 | 19278 | 21.6 | 466203.3 | 76865.5 | 19.7 |

资源来源：根据国家统计局2000年至2009年《中国统计年鉴》数据整理。

对中国的需求增长大幅度下降。如果这种趋势持续下去，我国由高储蓄支撑起来的高投资、高产能、高出口的循环链条将被打断。我国业已形成的大量产能出路在哪里？此时，如果国内消费增长还不足以弥补出口下降部分，我国的产能过剩矛盾必将进一步加剧，由生产过剩而积累起来的失衡将会越来越严重，甚至引起经济危机。

## 二、消费率偏低并持续降低的原因

为什么人们总在不断增加储蓄，而不将储蓄用于消费呢？笔者认为，第一我国的收入政策不合理。收入政策不合理主要反映在两个方面。一方面，在国家、企业、居民之间，国民收入分配格局不断向政府、企业倾斜，而居民所占收入比重在不断下降。从1995年到2008年，政府的财政收入增长了8.8倍，全国规模以上工业企业利润总额增长了17.69倍，而城乡居民收入分别只增长了2.68倍和2.01倍。[①] 由于政府和企业所得快于居民所得，导致政府

---

① 这里全部是名义增长率；资料来源：根据1996年和2009年《中国统计年鉴》计算。

和企业在国民收入分配中所占比例不断上升，在 1995 —2008 年间，考虑到非预算收入，政府在国民收入初次分配和再分配中所占比重由 25.22% 上升到 31.54%，企业所占比重由 8.91% 上升到 10.75%，而居民所占比重从 65.87% 下降到 57.71%。[①] 在政府和企业获得高收入增长的条件下，势必会将较多的收入用于投资。同时，当即期支出小于收入时，还会造成政府和企业储蓄快速增加。过去 13 年里，财政和机关团体储蓄存款由 1922.7 亿元增加到 40003 亿元，增长了 19.8 倍，占全社会储蓄存款比重由 3.57% 上升到 8.58%，企业储蓄存款由 17323.8 亿元增加到 157632 亿元，增长了 8.1 倍，占全社会储蓄存款比重由 32.15% 上升到 33.81%。这期间，尽管居民储蓄存款也大幅度增加了，但占全社会储蓄存款的比重却从 55.05% 下降到 46.74%。[②] 就是说，对社会储蓄不断增加贡献最大的是政府和企业，而不是居民。另一方面，在不同收入群体之间，我国的初次分配和再分配政策有利于高收入群体，而不利于低收入群体。但是，高收入群体储蓄倾向高，低收入群体消费倾向高。以城镇居民收入为例，根据国家统计局抽样调查资料推算（见表 3），2000 年以来，收入水平越高的群体收入增长速度越快，其中高收入户 8 年里收入增长了 207%，低收入户收入只增长了 94%。从 2000 年到 2008 年，20% 低收入户的收入占调查居民户总收入的比重由 11.12% 下降到 8.43%，收入份额下降了 2.69 个百分点，而 20% 高收入户收入比重由 31.86% 上升到 37.99%，收入份额提高了 6.13 个百分点。这就是说，城镇 20% 的高收入群体占有城镇总收入份额接近 2/5，而 20% 的低收入群体占有城镇总收入份额不足 1/5。问题是目前城镇高收入群体的边际消费倾向只有 57.7%，边际储蓄倾向高达 42.3%，而低收入群体边际消费倾向高达 75.2%，边际储蓄倾向只有 24.8%。[③] 因此，高收入群体收入水平越高、收入增长速度越快，就越有利于增加社会储蓄，而不利于消费。当前，我国最大的矛盾是，低收入群体想增加消费但收入水平不高，高收入群体收入水平高但又不愿增加消费。

第二，我国社会保障体系不健全，保障标准低，覆盖面过小，制约居民

---

① 常兴华：《我国国民收入分配格局的测算结果与调整对策》，《宏观经济研究》2009 年第 9 期。
② 资料来源：根据 1996 年和 2009 年《中国统计年鉴》计算。
③ 2008 年城镇高收入群体的边际消费倾向为 57.7%，边际储蓄倾向高达 42.3%，低收入群体边际消费倾向 75.2%，边际储蓄倾向只有 24.8%；农村高收入群体的边际消费倾向为 57.4%，边际储蓄倾向高达 42.6%，低收入群体边际消费倾向 192.2%，边际储蓄倾向为零。

表3　按五等份分组的城镇居民收入占城镇总收入的比重变化

| 项目 | 占调查户比重 % | 2008／2000 | 2000 年 | 2008 年 |
|---|---|---|---|---|
| 低收入户 | 20 | 1.94 | 11.12 | 8.43 |
| 中低收入户 | 20 | 2.21 | 15.46 | 13.43 |
| 中等收入户 | 20 | 2.37 | 18.89 | 17.41 |
| 中高收入户 | 20 | 2.57 | 22.67 | 22.74 |
| 高收入户 | 20 | 3.07 | 31.86 | 37.99 |

资料来源：根据 2001 年和 2009 年《中国统计年鉴》计算。

消费。目前中国的社会保障主要是靠家庭保障，老百姓的储蓄有相当一部分是预防性储蓄，家庭储蓄率不断提高正是一种家庭预防性保障需求上升的必然结果。什么时候建立健全了全社会性的社会保障，老百姓有所依靠，不需要存那么多钱，家庭储蓄就会减少，消费就会增加。虽然，经过多年的努力我国已经初步建立起了生、老、病、残、失业等社会保障制度，但当前这种保障制度还难以对中低收入阶层起到有效保障作用。主要表现在：一是社会保障在城乡、地区甚至群体之间制度安排不统一。越是发达地区、大城市，享受的社会保障待遇越高，越是落后地区、中小城市（城镇）享受的社会保障待遇越低，而恰恰是落后地区、中小城市（城镇）和农民最需要社会保障。社会保障缺失，必然会抑制这些群体居民的当期消费，迫使他们为未来储蓄。二是社会保障的覆盖面小。当前我国的基本养老保险、基本医疗保险、失业保险等主要制度安排，一方面是覆盖群体不一致，另一方面是覆盖范围过小。以基本养老保险和基本医疗保险为例，2008 年参加城镇基本养老保险的人数为 21891 万人，只占当年城镇人口的 36%，农村基本养老保险才在 2009 年下半年开始试点推行，预计在当年年底覆盖面只达到 13% 左右；2008 年参加城镇基本医疗保险的人口为 19996 万人，占当年城镇人口的 33%，[①]到 2008 年虽然新型农村合作医疗对农民基本实现了全覆盖，但对农民的医疗保障水平依然偏低。三是政府对社会保障的投入支持力度偏低、偏弱。在西欧、北欧国家，财政的 50% 用于社会保障和社会福利支出，美国财政约有 30% 用于社会保障事业，而我国 2008 年财政用于社会保障的比重不足 11%。很明显，社会保障领域存在的制度和政

① 资料来源：根据 1996 年和 2009 年《中国统计年鉴》计算。

策障碍问题不解决，就很难发挥社会保障本身的社会再分配功能和社会基本生存保障功能。

第三，我国经济发展所处阶段也决定了社会储蓄率要上升、消费率要下降。笔者曾对世界 24 个大国 1970—2003 年人均 GNP 从 500 到 5000 美元的发展历程进行了比较观察，结果发现这些国家经济增长都经历了储蓄及投资率先升后降、消费率先降后升的过程。多数国家在人均 GNP3000 美元左右（当年价格，下同）时出现拐点，但亚洲国家一般要在 4000 美元之后才会出现拐点，特别是东亚国家储蓄及投资率和消费率的转换拐点来得更晚一些。因为东亚文化观念决定了这些国家的消费结构转换滞后。属于东亚文化圈的韩国，从 1970 年到 1991 年，储蓄及投资率上升和消费率下降分别经过了 20 多年，尔后才出现了拐点；日本从 20 世纪 50 年代开始，储蓄及投资率上升和消费率下降也分别经过了 17 年左右，然后才出现拐点的。日本、韩国拐点的出现都是在恩格尔系数下降到 30% 以后、第一产业比重降到 10% 以内、城市化提高到 70% 以上时发生的。笔者以为，我国的拐点可能也要延迟出现，理由是我国工业化、城镇化任务还远未完成，储蓄及投资上升的时间和空间还将继续存在。另外我国属于东亚国家，受文化观念、人口结构等因素影响，都会将储蓄及投资率和消费率变化的拐点向后推。我国储蓄及投资率持续下降和消费率持续上升的时段，估计在人均国内生产总值达到 4000 美元之后，时间大约在"十二五"期间。毫无疑义，在此之前，社会消费增长不可能在短期内超过储蓄乃至投资增长速度。

## 三、促进消费率提升的对策思路

在储蓄率及投资率由升转降和消费率由降转升的拐点到来之前，我们能做或可做的事情是，从制度和政策两个方面采取措施，矫正我国储蓄率过高、消费率过低的现状，使消费率回升到与经济发展水平相适应的正常水准。

（一）调整国民收入分配格局，切实增强居民的消费基础。要促进消费率回升，必须从源头上解决居民收入占国民收入比重下降的问题。首先，要调整政府与居民的收入分配关系。可考虑再次上调个人所得税起征点，将个人所得税起征点由目前的 3500 元进一步提高到 5000 元，并适当调整个税级和级次，让中低收入者少缴税，高收入者多缴税。同时加大对中低收入群体的财政转移支付力度，可以对低收入人群定期发放特别消费券。第二，调整企业与居民的收入分配关系。建立健全有利于提高劳动者报酬的工资决定机制，充分发挥政府、工会及社会的协调监督作用，完善企业职工工资协商制度，确保劳动者收入增长与企业发展、经济社会发展相适应。同时，要加快国有企业改革步伐，一方面应逐步提高国有企业利润上缴财政的比例，另一方面国有企业要有步骤地退出竞争性行业，通过股权转让出让国有权益，获得的转让收益划归财政，财政将这两部分资金转入社会保障账户。第三，调整土地征占用、房屋拆迁过程中政府与居民间的利益关系。多年来，在土地征占用、房屋拆迁过程中，公益性范围界定太宽，补偿标准太低，土地增值和转让收益大部分归了各级政府，农民和城镇居民只获得了很少一部分。这种利益分配结构扭曲了市场法则，侵害了所有者的产权利益，明显有利于政府的投资和储蓄，而不利于居民扩大消费。因此，今后土地征占用、房屋拆迁必须按照市场原则补偿城乡居民，降低各级政府的收益份额，提高居民的收益补偿比重。

（二）建立健全社会保障体系，解除居民不敢消费的后顾之忧。围绕城乡居民的基本养老、基本医疗、最低生活保障、基础教育等重点领域，一要完善制度。在城乡、地区之间，建立全国统一的社会保障体系，特别在医疗保险、养老保险等方面，要消除城乡、地区制度壁垒，尽快实现社会保险关系跨区域转移接续。二要提高保障标准，扩大覆盖面。在国力不强财力有限的情况下，我国实行有差别、低标准、低覆盖的社会保障制度有其必然性。但是，随着我国国力不断增强、财力规模不断扩大，我们已经有条件也有能力提高医疗、养老、低保等保障标准，并实现全社会覆盖。各级政府应该在每年的财政支出中，加大医疗、养老、低保、基础教育等支出，提高这些支出占总支出的比重。

（三）加强落后地区、农村地区的基础设施建设，降低老百姓的消费成本。从人口的区域布局结构看，我国有59.1%的人口居住在中西部地区；从城乡人口结构看，我国有54.3%的人口生活在农村。同大城市、沿海发达地区相比，由于中西部地区和广大农村基础设施建设落后，水、电、道路、能源、通信等条件较差，这些地区居民每消费一单位产品，就要承担一份额外的成本。比如农村水电路气等设施建设，政府只是给予财政补助，其余部分农民还要自掏腰包，这种政策安排必然会降低农民的消费能力。因此，必须改变中西部地区和农村基础设施建设政策安排，加大中央和省级政府对这些地区基础设施建设的投入力度，降低中西部地区地方政府对基础设施建设的配套比例，取消农民自掏腰包搞农村基础设施建设的做法。显然，中央和省级政府全额增加这些地区的基础设施建设投资，就会直接降低这些地区居民生产生活成本，促进居民的当期消费。

（四）改善消费环境，培育消费增长点，促进消费率回升到正常水平。继续实施 2008 年下半年以来出台的一系列刺激消费增长的政策，对于家电、汽车摩托车下乡和家电、汽车以旧换新，应该扩大品种范围，提高补贴标准。在继续增加廉租房、经济适用房供给的同时，可考虑对城镇中低收入者购买一定面积的商品住房提供定额补贴，对农村居民在新农村建设规划内建设或改造住房提供补贴或贴息贷款。为了刺激消费，还要加大消费信贷推广力度，扩大消费信贷品种范围，放宽信贷条件，为城乡居民消费提供金融支持。

最后，还要实施积极扩大就业的政策，为改善民生和拉动消费增加动力。无论是从近期还是长期看，我国经济发展、产业结构调整，都必须重视社会就业问题，只有就业增加了，居民收入才会有保障，社会消费才会有动力源泉。今后，凡是政府推出的重大公共设施项目、产业振兴规划、战略性新兴产业等，都必须把增加就业作为一项重要衡量指标。要高度重视城镇低收入群体、农民工和大学生就业问题，开展就业培训，支持他们自主创业。加快推进城镇户籍制度改革，放宽农民工进城落户条件，从住房租购、子女就学、社会保障、劳动就业等方面给予与城镇居民同等待遇。另外，要创造良好的发展条件，从财政、税收、信贷、就业培训、工商管理等方面，加大对中小企业的支持，充分发掘中小企业在劳动就业方面的潜力，为扩大全社会就业贡献更大作用。

**参考文献：**

赵凯：《我国城乡消费需求理论与实证研究》，《现代经济探讨》2009 年第 7 期。

杨天宇：《中国居民收入再分配过程中的"逆向转移"问题研究》，《统计研究》2009 年第 4 期。

胡学勤：《我国高投资率问题的若干思考》，《现代经济探讨》2007 年第 9 期。

闫坤、程瑜：《新形势下促进居民消费的财政政策研究》，《宏观经济研究》2009 年第 5 期。

孙学工、樊彩跃、刘雪燕：《当前经济形势分析与 2010 年展望》，《中国经贸导刊》2009 年第 23 期。

# 第二篇
## 农村如何实现转型与发展

改革开放以来，中国农村的一系列改革举世瞩目，取得了辉煌的发展成就，使中国农村从经济、社会、政治三方面实现了明显的转型。在新的发展时期，农村经济社会转型面临诸多挑战。笔者认为，当前和今后一个时期，中国农业急需解决的是现代化问题，而不再是以往的增产问题；农村急需解决的是发展问题，而不再是以往的温饱问题；农民急需解决的是共享发展成果问题，而不是以往的免税减负问题。要将"三农"问题放在工业化和城镇化进程中考虑，深化农村改革的方向是打破城乡二元结构，改革的重点是让农民有充分的生存权和发展权。

## 第九章　农村变革与发展转型

30 多年来，中国取得了举世瞩目的发展成就，这些成就在很大程度上归功于改革开放。而中国的改革发端于农村、起步于农业。1978 年以来，中国推出的一系列农村改革，在促进农村经济社会迅速发展的同时，也使得农村社会经济结构发生了巨大变化。当前，随着工业化和城市化进程的加快，中国农村社会经济转型面临新的挑战，也面临着一场大的变革。面对挑战和变革，农村需要更新改革思路，推出重大改革举措，实现新的发展。特别是在今后，中国要调整需求结构，实现由外需依赖型向内需型转变，农村的改革发展就显得更为重要。

## 一、农村改革的主要内容和转型变化

### （一）农村改革的主要内容

#### 1. 推行家庭联产承包责任制

1978 年，以"大包干"为主要形式的"包产到户"首先在安徽省兴起，此后在四川、贵州、甘肃、内蒙古、河南等地也对土地实行了多种形式的承包责任制。面对土地经营制度改革的迅速发展和成功实践，1982 年中共中央、国务院在关于农村经济政策的第一个"1 号文件"充分肯定了联产到劳，包产到户、到组，包干到户、到组等责任制形式，1983 年中共中央、国务院在关于农村经济政策的第二个"1 号文件"充分肯定了联产承包责任制，指出联产承包责任制采取了统一经营和分散经营相结合的原则，是在党的领导下我国农民的伟大创造，是马克思主义农业合作化理论在我国实践中的新发展。到 1983 年，全国农村实行包干到户的生产队占到全部生产队的 97.8%[①]，经过 30 多年的历程，以家庭承包经营为基础、统分结合的双层经营体制，被逐步确认为中国农村的基本经营制度。其后，为了保护农民的土地承包权，1993 年中华人民共和国宪法修正案第一次从根本上确立了家庭联产承包责任制的法律地位。同年，中共中央发出 11 号文件，决定在原定的耕地承包期 15 年到期之后，承包期再延长 30 年不变。1999 年，九届全国人大二次会议通过的《中华人民共和国宪法修正案》载明："农村集体经济组织实行家庭承包经营为基础、统分结合的双层经营体制。"宪法的这一规定，标志着以家庭承包经营为基础、统分结合的双层经营体制的法律地位正式确立。2008 年在中国共产党第十七届中央委员会第三次会议上，中共中央关于推进农村改革发展若干重大问题的决定明确指出赋予农民更加充分而有保障的土地承包经营权，现有土地承包关系要保持稳定并长久不变。

家庭联产承包责任制的实行带来了一系列积极影响。首先，家庭联产承包责任制的实行取消了人民公社，又没有走土地私有化的道路，而是实行家庭承包经营为主，统分结合，双层经营，既发挥了集体统一经营的优越性，又调动了农民生产积极性，从制度设计上解决了意识形态的纷争，提高了农业生产的效率。其次，由于改革给予了农民充分的自主权，让农民可以按照自己的意愿，按照市场的需求去发展生产，这充分调动了农民的积极性，农业生产迅速得到恢复。不仅农民温饱问题得到解决，而且为非农产业和城市居民提供了日

---

① 宋洪远：《中国农村改革三十年》，中国农业出版社 2008 年版，第 50 页。

益丰富的农产品。第三，由于农民劳动积极性和微观效率的提高，农业中劳动力的使用大大减少，释放出大量剩余劳动力，这些劳动力相继从粮食种植转移到其他领域，致使多种经营和农林牧副渔业获得全面发展。第四，随着农业劳动生产率和农产品商品率的大幅度提高，农民有了剩余资金和剩余时间，在当时中国经济尚处于短缺状态下，农村纷纷发展起了乡镇企业。乡镇企业的异军突起，改变了农村单一的产业结构，促进了农村经济的繁荣和农民物质文化生活水平的提高。这对于逐步缩小城乡差距和工农差别，乃至国民经济的增长均具有重要意义。第五，随着城市迅速发展和工业的快速扩张，城市对劳动力的需求快于供给增长，于是大量农村剩余劳动力不断流入城市，在劳动力无限供给和低工资成本支撑下，中国制造业获得了难得的飞速发展机会，城镇发展也获得了源源不断的动力。

**2．变革农产品和生产要素流通体制**

在农业推行家庭联产承包责任制的同时，国家先后大范围、大幅度提高农产品收购价格，进而国家陆续缩小农产品统派购范围，初步放开农村集市贸易，并允许农产品进入集市自由交易。最终，取消了所有农产品的统购统销制度，实现了农产品由政府定价向市场定价的转变。农产品定价的市场化对于提高农业产量起到了积极的作用。根据林毅夫的研究，在 1978—1984 年期间的农业总产出中，实行家庭承包制的贡献为 42%，农产品价格提高的作用为15%。经过多年的改革，长期存在的封闭、僵化和单一的农产品流通体制发生了本质变化，基本形成了农产品期货市场、批发市场和集贸市场相互衔接和互为补充的市场体系，所有制结构也由国有商业、供销社垄断经营农产品，转变为国有、集体、个人、专业合作、股份制等多种经济形式并存的多元化农产品流通市场主体。随着农产品流通体制市场化改革的进行，化肥、农膜、农药、农机具等农业生产资料也从计划配置逐渐转向市场配置，农民可以按照生产需要从市场上购买自己想要的生产资料。

改革前，农村劳动力只能滞留在农业领域。伴随着农村改革的深入，在工业化和城市化的带动下，农村劳动力向非农产业和城市转移规模不断扩大，迫切要求改革农村劳动力流动政策。在改革初期，政府在城乡、地区之间对农村劳动力流动采取限制政策，到 20 世纪 80 年代中期调整为允许流动政策，20 世纪 80 年代末 90 年代初变为控制盲目流动政策，邓小平南巡讲话之后实施引导农村劳动力有序流动政策，进入新的世纪对农村劳动力流动实行公平对待、主动接纳的政策。随着农村劳动力流动政策从限制到公平对待的转变，中国农村劳动力转移已经达到空前规模。根据农业部的调查，到 2007 年农民外出打工就业为 1.26 亿人，在乡镇企业就业 1.5 亿人，扣除重复计算部分，2007 年全国有农民工 2.26 亿人。[①]

在农村金融方面，自十一届三中全会决定提出恢复中国农业银行之后的 30 年里，中国农村金融制度经历了漫长的变革和重建过程。改革中国农业银行，建立中国农业发展银行，改造农村信用社，全面整顿和取缔农村合作基金会，设立农村保险机构，开展建立村镇银行、贷款公司、农村资金互助社等新型农村金融机构试点。目前，中国已经初步形成了以合作金融为基础，商业性金融、政策性金融分工协作的农村金融体系。农村金融制度的变革和重建，支持了农业、农村经济的发展，促进了农村社会经济结构的转型。

### 3. 改革人民公社体制和推行村民自治

1978 年 12 月，中国共产党十一届三中全会召开，拉开了农村体制改革的序幕，引发了整个农村组织体系的变革和治理方式的变化。这种变革和变化首先是从人民公社被乡镇人民政府取代开始的。人民公社制度是在 20 世纪 50 年代农村合作化和集体化的基础上形成的，从 1958 年实行到 1982 年被正式废止，经过了 25 年。人民公社制度服务于国家发动的工业化特别是重工业化战略，是计划经济体制的产物，其基本特征是"一大二公"、"政社合一"、"三级所有、队为基础"。1978 年以后，农村广泛实行的家庭承包经营体制，彻底打破了原有集中经营、集中劳动、统一分配的经营管理方式，改变了农民与集体之间的权利关系，这从根本上动摇了人民公社制度赖以存在的基础。农村改革发展需要新的管理体制。1979 年，四川省广汉县向阳公社开启了人民公社政社分离的改革。[②]1983 年 1 月江苏省江宁县进行政社分开改革始点，全县 26 个公社先后成立了乡政府，与此同时，北京、江苏、新疆等 15 个省、区、市的 69 个县、市辖区也进行了政社分开、建立乡政府的试点工作。同年 10 月 12 日，中共中央、国务院正式发出《关于实行政社分开，建立乡政府的通知》，要求在 1984 年底完成政社分开、建立乡政府的改革工作。到 1984 年末，全国共建立了 84240 个乡、72080 镇级政府。人民公社的废止和乡镇政府的建立，

---

① 农业部产业政策与法规司：《中加农户适应全球市场发展项目研究报告之二：中国农业政策的基本框架》，第 139 页。
② 陈锡文：《中国农村改革：回顾与展望》，吴敬琏：《当代中国经济改革：战略与实施》，上海远东出版社 1999 年版，第 104 页。

标志着中国乡村治理结构的第一次转型。在人民公社被乡镇政府取代过程中，村级组织也在发生着变革。1980 年 12 月，由广西壮族自治区宜山县（今宜州市）合寨村农民直接选举产生了中国第一个村民委员会组织。1982 年宪法明确规定，城市和农村按居民居住地区设立的居民委员会或村民委员会是基层群众性组织。1983 年中共中央、国务院对如何建立村委会以及村委会的性质、任务、组织原则作了更加具体的规定。随后，全国农村普遍开展村委会的组建工作。农村村级组织经过 20 世纪 80 年代组建、巩固、完善，又经过 90 年代的调整和改革，中国基本形成了农村村民自治制度。①2000 年以来，随着农村税费改革的深入推进和农业各种补贴政策的实行，乡镇开展了以撤并乡镇、精简机构和分流人员为主要内容的改革，村级组织也进行了并村和缩减村干部的工作。从 2000 年到 2005 年，中国乡镇数从 43735 个减至 35509 个，村民委员会从 734715 个减至 640139 个。②

**4. 实行农村综合改革，调整城乡关系**

农村综合改革的实质是调整中央与地方、国家与农民的利益分配关系，为农村经济发展创造宽松环境，为农民提供又好又多的公共服务，为农村社区和谐创造各种必要的条件。伴随着深入贯彻落实"以人为本"的科学发展观和构建社会主义和谐社会的实践，中国步入一个调整城乡关系的全面改革阶段。这个以解决长期困扰中国的"三农"问题的改革，最初是以实行"城市支持农村，工业反哺农业"的政策提出的；继而以"建设社会主义新农村"的具体形式推进实施。在提出"生产发展、生活宽裕、乡风文明、村容整洁、管理民主"的社会主义新农村目标之后，农村改革的内涵进一步集中到发展现代农业、基础设施向农村倾斜、公共财政向农村倾斜以及统筹城乡就业和社会保障等重要领域。迄今为止，已经实行了一系列具有重大意义的变革。具体举措是：第一，农村税费改革直至取消农业税。2000 年启动的农村税费体制改革，以 2006 年取消长达 2600 年的农业税制度而告一段落，标志着国家与农民的分配关系发生了由"取"向"予"的重大转折。第二，农村实行"两免一补"，即接受义务教育的学生免除学杂费、贫困家庭学生免除课本费和补助寄宿生生

---

① 村民自治制度是指在农村建立村民自我管理、自我教育、自我服务的基层群众性自治组织即村民委员会，实行民主选举、民主决策、民主管理和民主监督。宋洪远:《中国农村改革三十年》，中国农业出版社 2008 年版，第 521 页。

② 国家统计局:《中国统计摘要》，中国统计出版社 2008 年版，第 115 页。

活费，使得农村有 1.5 亿学生享受到 9 年制义务教育。第三，大力推行新型农村合作医疗制度，有 8.1 亿农民参加了新型农村合作医疗制度。农民看病难、医疗保障程度低的问题至此得到基本解决。第四，实施农村居民最低生活保障制度，有 3957 万人享受到农村低保政策。第五，改革农民工管理制度，逐步消除农民工融入城市社会的制度约束。2006 年颁布的《国务院关于解决农民工问题的若干意见》，从农民工进城就业、子女教育、公共卫生、社会保障、权益维护等方面，促使农民工管理制度化、规范化，为农民转换身份创造了一些制度条件。改革就业管理制度，为农民进入非农产业和进城打工铺平了道路；户籍管理制度改革，为促进农村劳动力流动，发育全国一体化的劳动力市场、抑制地区差距和城乡差距扩大作出了贡献。

### （二）农村的转型变化

经过 30 余年的发展，农村面貌发生了天翻地覆的变化，农村从经济、社会和政治三方面均实现了一定程度的转型。

#### 1. 农村经济转型

农村经济转型主要表现在三个方面：第一，农村实现了从计划经济向市场经济的初步转型。改革 30 年来，农村的生产要素和产品逐步由计划定价转为市场定价，农村经济主体呈现多元化格局，农村非农产业集体经济所有制转化为多元经济共同发展的混合型经济所有制。第二，农村产业结构发生了巨变，进而引发农村劳动力的就业结构和收入结构的变化。改革以来，农村第一产业增加值占农村 GDP 比重由 1978 年的 78.9% 降低到 2006 年的 29.6%，农村第二产业增加值占农村 GDP 比重由 1978 年的 11.7% 增加到 2006 年的 54.8%，在农村产值结构急剧变化的同时，农村非农产业劳动力占整个农村劳动力的比重也迅速上升，由 1978 年的 8% 增加到 2006 年的 42.7%。第三，农民的收入结构也发生了巨变，农民纯收入中来自家庭经营的比重由 1983 年的 73.5% 减少到 2009 年的 49%，而工资性收入由 1983 年的 18.6% 增加到 40%。与此相对应，农民的消费结构也发生了转变，食品消费支出比重即恩格尔系数由 69.6% 下降到 41%，非食品消费支出比重大大上升。[①]

---

① 资料来源：国家统计局：1990 年和 2008 年《中国统计摘要》，中国统计出版社 1990 年版和 2008 年版。

**2. 农村社会转型**

1978 年以来，以土地制度为主要内容的中国农村改革，实际上松动了计划经济时期对农村生产要素的禁锢政策，启动了中国农村资源和各类生产要素流动的阀门，农村资源的开发和生产要素的流动导致了农村经济结构、社会结构不同程度的裂变，最终促进农村社会的转型。

农村社会转型大致有两种模式：（1）农村劳动力资源利用型。这种类型主要体现在我国中部和西部地区的农村。由于农民外出打工，使当地农村人口对土地形成的压力得到缓解。打工收入汇入家乡，成为当地经济增长的资金来源。落后地区的农村农民生活水平、生活方式、交往方式、思想观念从传统向现代转化，促成农村社会的封闭性不同程度地被打破，带动了我国欠发达地区农村实现了不同程度的社会转型。（2）农村集体土地等资源利用型。农村许多地区以土地的出租和出让等方式招商引资，以及利用当地特色资源来兴办乡镇企业；通过乡镇企业的发展，在农村原有僵化的、以种植业为主的经济结构中"嵌入"农村工业；农村工业的发展对原有农村经济结构进行了改造，促成传统农业社会向现代工业社会的转型。在农村社会转型的过程中，农村社会的自由度和开放度增强，社会流动日趋频繁，农村人口迁移和流动成为常态，农民正在从"生存型"向"发展型"转变。[①]

**3. 农村政治转型**

家庭联产承包制重塑了农村微观经济主体，直接引发了农村政治结构的转型。农村政治结构转型主要表现在以下几个方面。

第一，农村治理模式的转型，即从人民公社时期"党政合一、政社合一"的村庄统治模式转型为"乡政村治"的治理模式。20 世纪 80 年代初，家庭联产承包责任制的兴起直接动摇了人民公社体制存在的基础，这就要求有一种新的治理模式来填补农村的权力真空。村民自治作为农民自发的创造在经过短暂的实践后，迅速被官方认可。从法律规定来看，有关村民自治的制度是一个不断完善的过程。但从三个主要相关法律规定来看，都规定了村委会的性质是基层群众性自治组织，明确指出不是行政系统的附属物，对村委会的产生和工作机制都作了相应的规定。特别是在 1998 年，明确指出中国共产党对村委会的领导关系，同时规定乡镇政府对村委会的指导关系。这些制度对于规范村民自治，推进基层民主发展，促进农村治理模式的转型具有重要意义。

---

① 世界银行：《2008 年世界发展报告》，清华大学出版社 2008 年版，第 2 页。

第二，农村政治文化正由村民文化向公民文化转型。随着农村治理模式的转型以及市场经济的发展，民主、法治、平等、开放等现代政治观念持续地冲击着中国在自给自足的小农经济和宗法血缘基础上发展起来的传统文化，农民的公民意识、公平意识正在觉醒。

第三，农村政治角色的多元化以及政治角色任务的变化。在农村，由于乡镇企业的发展以及传统宗族势力的复苏等影响，农村的人口性质和结构发生了重要变化，原来的干部—群众关系转变为干部—第二阶层①—群众。在政治角色多元化的同时，政治角色的任务也发生了变化。对于村干部来说，在人民公社时期，村干部兼有上级政权的"代理人"和村庄的"当家人"的双重身份。而随着改革开放以后的社会变化，村干部的责任也已经超越了只是维持其"代理人"和"当家人"这两种角色平衡的作用，人们更加期待他们作为"经营者"和"服务者"的作为。其典型特点是村干部通过其组织领导能力、技术与上级关系等途径亲自兴办和经营村有企业，以确保集体财源。对于一般村民来说，在法律的支撑下，通过各种途径参与村政并发挥一定的影响力已经成为可能。

第四，县乡政府由经济管理型政府向公共服务型政府的转型。自农村税费改革以来，县乡政府与农民的关系已经从"三要"（要粮—农业税、要钱—三提五统、要命—计划生育）转变为"三送"（送钱、送物、送政策）。县乡政府正由经济管理型政府向公共服务型政府转变。

## 二、进一步转型面临的挑战

自农村实行家庭承包经营制以来，农村经济社会结构逐渐转型。在转型过程中，伴随着工业化和城市化进程的加快，经济社会中出现了一系列亟待解决的问题，这些问题交织在一起，正严重阻碍着农村经济社会结构的进一步转型。

### （一）城乡收入差距扩大

改革开放以来，城乡收入差距呈波动性上升趋势。与收入差距最小的 1983 年相比，2009 年城乡居民收入比由 1.82 ∶ 1 不断扩大到 3.333 ∶ 1，绝对差距

---

① 第二阶层指非治理精英、特权者和非管理能人等，如企业家为了获得个人经济利益、获得地位和获得与上级政府取得联系的机会而参政；宗族势力和其他有影响力的村民，如当过村民小组干部或村里的党员（田原史起，2008）。

从 254.8 元扩大到 12021 元。城乡收入差距的扩大主要表现为农民收入增长缓慢，而农民增收缓慢的根本原因，在于农村人口比重的下降明显滞后于农业在GDP 中比重的下降。2009 年，第一产业生产总值占 GDP 的比重为 10.6%，但从业人员占 38.1%。农村人口占全国总人口的 53.4%，这个大结构决定了农民收入的增长必然低于城镇居民。农村人口比重的下降之所以明显滞后于农业在GDP 中比重的下降，主要是制度化障碍，农民无法真正分享到城市化的成果。实行社会主义市场经济体制之后，土地资源大量从农业流入到非农业领域和城镇建设方面，但是，由于城镇户籍制度以及社会保障制度改革严重滞后，导致进城打工农民落户难、改变身份难，这使得劳动力结构和人口结构转变明显慢于经济结构。结果是较多农村人口只占有较少的收入份额，而城镇是较少的人口占有较多的收入份额。

收入差距的扩大带来了一系列负面的效应。首先，收入差距的扩大会侵蚀社会公正，增加社会不稳定因素，损害经济可持续发展的基础。其次，由于农民收入水平过低，消费能力低，使得我国经济增长结构严重失衡，不利于经济的可持续发展。同时，由于农民消费能力低，使得农村工商业发展缓慢，不利于农村经济结构转型。

**（二）城乡公共服务不均等**

长期以来，由于公共财政"重城市、轻农村"，一方面导致农业、农村基础设施建设严重滞后，形成农民行路难、用电难、饮水难和燃料短缺。另一方面，由于教育资源、公共卫生资源、社会保障资源和社会救助资源等在城乡配置上存在明显差距，农民在上学、看病、养老和贫困救济等方面存在的问题仍然没有从制度上得到解决。城乡公共服务的不均等产生了以下负面效应：第一，城乡公共服务的不平等加大了城乡收入差距，进一步加深了城乡社会的两极分化，加大了中国社会转型的成本；第二，农村人力资本发展缓慢。表现在农村孩子教育、农村医疗和农民健康方面以及农民发展环境方面，难以享受到与城镇居民相同的公共资源。农村人力资本的不足进一步阻碍了农村劳动力向城镇的转移和农村各项产业的发展，最终不利于农村经济社会结构转型。

**（三）农村市场机制发育不健全**

改革开放以来，尽管市场在配置农村资源方面的作用不断增强。但由于各种原因，农村市场机制发育仍然比较滞后，主要表现在以下几个方面：

第一，城乡之间劳动力资源配置存在制度障碍。首先，户籍制度是妨碍劳动力流动的最大制度障碍。城乡户籍制度分割，就业市场不统一，上学、医保、低保、养老保险以及住房等福利方面，城乡存在着明显的不同待遇。在这些制度限制下，农民即使是进了城，也很难"化"为市民，成了工业化和城镇化过程中的边缘群体。这部分人被拖欠工资，缺乏最基本的社会保障，存在着明显的"四难四贵"问题（上学难、上学贵；看病难、看病贵；买房难、买房贵；养老难、养老贵）。其次，农村土地制度不利于劳动力转移。从世界发达国家的工业化、城市化经验看，由于土地是私有制，土地交易完全按市场化进行，随着工业和城镇扩张，农民将增值的土地卖出后，携带土地收益进入城镇变成有产者。而在我国，农村集体所有的土地不能进入一、二级市场，土地交易的收益大部分不归农民所有，宅基地及地上资产不能跨社区交易、不能抵押，这样农民就很难通过土地增值和市场交易转变为城镇居民。由于户籍制度、土地制度等限制，严重制约了农村劳动力向城市转移的彻底性，从而造成了许多社会问题，如春运紧张、留守儿童多、农民工子女上学难和农村空心化等问题。

第二，农村金融制度不健全。农村金融制度不健全主要体现在政策性金融严重缺位，商业性金融退位，合作性金融不到位，民间金融没有法律地位。由此引发的后果是农村金融结构不合理，农民和农村中小企业贷款难，农村资金通过金融渠道大量外流。目前，中国正处于"工业反哺农业，城市反哺农村"的阶段，需要加快农村金融体制的改革步伐，为金融资源从非农产业和城市向农业和农村的流动构造机制、疏通渠道，为资金在农村实现有效的配置创造条件。

第三，土地市场机制发育严重滞后。土地市场机制发育严重滞后的根源是现行的土地管理制度，表现在如下几个方面：一是土地增值收益分配的不合理使得农民无法分享到土地增值带来的好处，在土地由农用地转变为建设用地的过程中，大量土地增值收益从农村转移到城市；二是土地流转制度体系的不配套影响到农业的适度规模经营以及农业生产方式的转型；三是土地无法用于抵押的法律限制使得农村金融发展失去了一个重要的抵押平台；四是土地市场机制发育的滞后使得进城农民无法处置自己的土地，导致宅基地闲置，农村空心化等问题。

**（四）农业生产方式转型步履维艰**

农村要实现经济社会转型，其中的一个关键环节是农业生产方式转型，即由小农的生产方式转型为规模化、现代化和集约化的现代农业生产方式。因为只有当农业实现了集约化经营之后，农产品才能真正成为商品；只有成了商品，农产品才真正需要大市场、大流通来支持。这时，市场的建设和发展也就真正拥有了基础，城镇各行各业，特别是服务业才能得到发展，城镇也才有了真正存在和发展的基础。

当前，农业生产方式转型面临如下挑战：第一，由于农产品市场价格形成机制不合理，从事农业比较效益低，农业产业无法吸引足够的资金和人才进入，农业生产方式转型缺少推动力；第二，土地不能实现适度规模经营，这既取决于当前的土地管理制度，又取决于城镇容纳农民的管理制度；第三，农民的组织化程度低下。农民组织化程度既影响到现代农业服务体系的发展，即为农业生产提供产前、产中和产后等服务机构的发展，又影响到其从现代农业生产方式中获益的程度。

**（五）农村政治转型面临挑战**

农村政治转型涉及两个层面：一是村民自治；二是县乡政府行政管理体制的转型。目前，这两个层面都存在着一些需要关注的问题。

村民自治在当前实践中主要存在四个问题：第一，乡镇政府与村委会之间的关系问题。按照村委会组织法的规定：村委会是基层群众自治性组织，乡镇政府是一级政府，乡镇政府与村委会的关系是指导和被指导的关系。而我国村民自治所依托的国家体制环境是"乡政村治"模式，即乡镇政府所代表的行政系统通过村民自治系统去实现农村事务的管理，也就是说，国家行政系统通过村级自治组织去延伸政府的行政能力。这样，村委会在实际上扮演着既处理政务又处理村务的双重角色，而这双重角色又不可能总是相互协调；因而村委会和乡镇政府存在着内在的紧张关系，乡镇政府过多干涉村务，就会使村民自治性质发生嬗变，从而影响基层民主建设的顺利发展。第二，村党支部与村民委员会之间的关系问题。村委会与村党支部的关系，其实质是村民自治与党的领导关系。按照村委会组织法的规定，村委会是基层群众自治的组织载体，负有村级集体经济保值增值、社会稳定的职责，享有办理农村公共事务和公益事业的权力。党组织是村级各级组织的领导核心，在村民自治过程中享有指导、支持各项自治事业的权力。村党支部对村委会的领导关系，往往表现为对村级公共事务拥有决定权上。但是，村党支部过多地决定村级公共事务，又使村委会的职能难以发挥作用。村党支部与村委会之间的这种关系，已成为制约村民自治发展的重要因素。第三，农民对于村民自治参与的积极性不高。从当前村民自治的实践来看，农民对国家和社会事务参与程度较低，参与的积极性和自觉性普遍不高。表现在真正出于自主意识自愿参加国家政治生活的村民所占的比例不高，有相当数量的村民参与行为具有盲目的从众性和消极的被动性；村民普遍缺乏政治主体意识，认识不清自己的权利和义务，也不知道如何正确行使自己的权利和义务。第四，村民自治在许多地方被宗族势力和黑恶势力控制。从村民自治实践来看，家族和黑恶势力操纵村民直选现象在不少地方有蔓延之势，党组织在农村的社会地位受到动摇。另外，贿选也比较普遍。这不仅对村民自治产生负面影响，而且阻碍农村民主政治改革的进程。

对于县乡行政管理体制的转型，目前挑战更大。因为在现有行政管理体制模式下，县乡政府由于处于行政管理体系的末梢，在上级行政管理体制未能向服务型政府转型的背景下，上级政府的各种指令最终会传递到县乡政府，县乡政府的行为模式很难脱离现有体制，实现向服务型政府的成功转型，从而为农民提供更多、效率更高的公共服务。

## 三、农村的发展趋势与再转型思路

从长期趋势分析，中国的工业化和城市化还远未完成，由工业化和城市化带来的农村社会经济结构转换也远未结束。实质上，工业化是一个国家由农业国转向工业国的过程。在这个过程中，经济结构由以农业为主转变为以工业为主，要素投入结构不断向工业和服务业倾斜，产业结构中农业比重不断下降，工业以及第二产业比重不断上升，就业结构中农业就业比重不断下降，而工业和服务业的就业比重不断上升。同工业化相联系，城市化是在地域空间上各种要素不断向城市集聚的结果。在城市化过程中，农村人口由增长转为不断减少，城市人口不断增加；同时，城市化还将现代经济关系和生活方式广泛地渗透到农村，引起农村生产生活方式发生变化。因此，工业化和城市化是衡量一个国家经济和社会发达程度的重要标志，也是国家实力强或弱的重要象征。毫无疑问，在继续推进工业化和城市化过程中，中国农业、农村社会经济结构还将发生深刻变化。

### （一）经济增长与结构变化

根据我们预测，从 2007 年到 2020 年，如果国内生产总值年均增长速度保持在 7% 的水平，中国国内生产总值将达到 60.1 万亿元人民币；如果国内生产总值年均增长速度保持 6%，国内生产总值将达到 52.2 万亿元人民币。届时按照联合国人口署预测中国人口达到 14.5 亿人，人均国内生产总值为

35940—41440 元人民币；如果届时人民币对美元汇率为 5∶1，则中国人均国内生产总值折合美元为 7188—8288 美元。在此增长前提下，中国的产业结构和就业结构还将进一步变化。首先，农业增加值占国内生产总值的比重进一步下降。过去 30 年里，中国国内生产总值年均增长 9.8%，农业增加值占国内生产总值的比重从 1978 年 28.2% 下降到 2007 年 11.3%，下降了 16.9 个百分点，平均每年下降 0.58 个百分点。今后 13 年里，按照国内生产总值年均增长 6%—7% 计算，农业增加值将降低到 6% 左右。其次，农业在三大产业中的就业比重不断下降。过去 30 年里，中国农业劳动就业在绝对量上先增长后下降，在劳动就业比重上从 1978 年占三次产业份额 70.5% 下降到 40.8%。今后 13 年，农业部门的劳动力就业数量将持续下降，占三次产业比重将会降到 27% 左右。届时，无论是社会劳动就业存量还是增量，都将主要由非农产业吸纳。

**（二）城市化与农村人口变化**

1978 年以来，中国的城市化率由 17.9% 提高到 2007 年 44.9%，平均每年提升 0.93 个百分点。特别是 1995 年以后城市化有加快的趋势，城市化率平均每年提升 1.2 个百分点以上。到 2020 年，如果城市化率平均每年提高一个百分点，届时中国的城市化率将接近 60%。以城市化 60% 率计算，到 2020 年中国城镇人口将达到 8.7 亿人，农村人口将下降到 5.8 亿人。届时，农村人口比 2007 年减少 1.465 亿人。中国城市化水平的不断提高，意味着农村将有相当一部分存量人口和增量人口要流向城镇。这种流动既不断改变着中国城镇社会经济结构，也不断改变着农村社会经济结构。就农村而言，大量人口的流出，使得农村人口与资源的紧张关系会有明显缓解，农村居民在土地经营规模、水资源使用、公共服务享用等方面的条件将会得到明显改善。但是，由于大量年轻劳动力和人口流向城镇，农村人口老龄化、空心化趋势可能会进一步加剧，这给政府管理农村、进行基础设施建设和提供公共服务带来了压力。

**（三）农业经营方式的变化**

受工业化、城市化以及人口增长的影响，农业将经历一个前所未有的转型时期。在耕地资源不断减少、劳动力不断流出的压力下，政府对农业投入大幅度增加，农业现代化步伐加快，农业迅速向适度规模化和集约化经营方向转变。科技进步对农业发展的贡献作用上升，在农业技术研发和集成创新方面，转基因生物技术、良种培育、丰产栽培、节水节能、疫病防治、防灾减灾等领域将获得新的突破；农业机械化水平明显提高，农业机械向自动化、智能化和多功能方向发展，水稻、小麦、玉米、大豆等主要农产品生产将实现全程机械化，棉花、蔬菜、水果和畜牧水产养殖等机械化水平也将有大的提高；农业信息化在全国农村范围全面展开，信息技术在农业领域的应用范围不断扩大，从产前、产中到产后，农业的信息化程度都将有明显的提升；以农田水利为重点的农业基础设施条件将得到很大改善，大规模土地整治、中低产田改造、大江大河大湖治理、大中型水利骨干工程建设、病险水库除险加固、小型农田水利设施建设和小流域综合治理等等都将取得重大进展。所有这些都会使中国农业更加具有现代性，也将大大提高农业的综合生产能力。

**（四）农村基础设施建设和公共服务**

围绕建设社会主义新农村的战略任务，以水、电、路、气（能源）为重点的农村基础设施建设步伐加快；农村饮水安全问题得到解决，各地乡镇、行政村普遍实现通柏油（水泥）路，洁净能源使用基本覆盖农村，农村环境得到基本改造，生产生活条件有较大改善。在公共服务方面，九年制义务教育得到巩固，高中阶段教育加快普及，农村职业教育迅速发展，农村劳动力技能培训范围进一步扩大，农民文化素质将有明显提高；新型农村合作医疗制度实现全覆盖，筹资标准和财政补助水平不断提高，县、乡、村三级医疗卫生服务网络得到健全和完善；农村最低生活保障制度进一步完善，对低收入人口基本做到应保尽保，保障标准不断提高。农村养老保障由"家庭型"向"社会型"顺利转型，新型农村社会养老保险制度基本建立，"个人缴费、集体补助、政府补贴"的筹资机制基本形成。另外，贫困救助、失地农民生活保障等制度将得到进一步完善。基础设施条件改善和公共服务能力的增强，必将持续降低农民的生产、生活成本，促进农村经济社会结构的进一步转型。

**（五）农村改革的深化路径**

面对当前中国农村发展问题和未来发展的可能趋势，必须继续深化农村改革，进一步明确今后农村改革的方向和路径。众所周知，30 年来，中国农村改革方向和路径是有鲜明阶段特点的，20 世纪 70 年代末 80 年代初，围绕土地使用权改革，推行农村家庭承包经营制，其实质是对农民"放权"；80 年中期到 90 年代进行的农村市场化改革，其实质是对农民的"开放"；而进入新世纪以来，以农村税费制度为中心的农村改革，其实质是对农民的"让利"。就总体而言，30 年来农村改革是为了解决农民贫困和温饱问题起步的，改革的方向和路径是正确的，改革目标已经实现。当前和今后，中国农村发展面临的问题已与 30 年前有了很大的不同，农村急需解决的矛盾是发展而不是以前的温饱问题，农民急需解决的矛盾是公平分享改革发展成果而不是以往的"开放"市场和免税减负问题。因此，我们认为，当前和今后，要将农业、农村、农民问题放到工业化和城市化进程中来考虑，深化农村改革的方向是逐步打破城乡二元体制，建立实现城乡经济社会发展一体化的体制机制；改革的重点是在工业化和城市化快速推进过程中，农民有充分的权力能公平分享改革发展成果，获得宽松的发展环境，享受城乡均等化的公共服务；改革的路径是采取"从上到下、上下结合、以难带易"的路线。当前和今后，中国农村面临的问题很难像当年"大包干"那样，通过"从下到上"的改革推进就能得到迅速解决，其中诸如户籍制度、土地利用制度、农村行政管理制度、农村社会保障制度等许多方面改革，都与城市乃至全国体制整体改革相交织，牵一发而动全身，必须通过"从上向下、上下结合"的改革路径取得成功。还有，经过30年的改革，农村领域留给我们的改革项目几乎都是难题，基本都涉及上层建筑和全国整体改革，选择从易到难的改革路径也解决不了根本问题，只有选准改革难题进行重点突破，才能带动农村全局改革发展。

　　当前和今后，是深化中国农村改革的最好时机，这一时期中国既有充分的理论准备和实践基础，又有很好的经济条件。首先，30多年来中国农村改革的成功实践为进一步推进改革提供了宝贵经验，也有了充足的理论储备。其次，目前中国非农产业产值占国内生产总值总值比重达到89.4%，非农产业劳动力就业占社会就业比重达到61.9%，城市化水平也达到46.6%，这表明中国工业化和城市化到了不必依赖农业、农村的原始资本积累实现快速发展，而且还完全有能力通过"以工促农、以城带乡"形式，支持农村改革发展。再次，从国家实力看，进入21世纪以来，中国财政收入保持持续快速增长的态势，国家财政收入从2000年的13395.2亿元快速增加到2009年的68476.9亿元，增加了4.1倍，年均增长19.9%。特别是2005年至2009年期间，每年分别以5000亿、7000亿、10000亿元的巨额增幅高速增长。[①]这说明国家公共财政支持农村改革发展的实力明显增强。另外，从社会氛围看，中国社会经济发展得益于农村改革，从城市到农村、从市民到农民都支持农村改革，这为进一步推进农村社会结构转型、实现农村社会再造创造了宏观条件。因此，当前和今后一个时期，深化农村改革，促进农村社会经济结构转型，中国要付出的社会成本和经济成本相对较小。错过这个时机，农村改革和社会转型成本将会大大增加。

---

① 资料来源：国家统计局：《中国统计摘要》，中国统计出版社 2009 年版。

## 四、促进农村转型的重要策略

深化农村改革、促进农村社会经济结构进一步转型是一项极为复杂的系统工程，它包括经济、政治、文化、社会方方面面，必然是一个渐进的过程。当前和今后，要围绕农村改革的方向、重点和路径，采取切实有力的措施，推进农村改革，实现农村社会经济结构进一步转型。

### （一）促进劳动力流动和转移

在农村社会经济结构转型过程中，劳动力流动和转移是最活跃的要素。如何从制度安排上促进农村劳动力的转移，并使他们实现从农民到产业工人和市民的转变，这既关系到中国城市化能否顺利完成，也关系到农村社会制度变迁和现代化方向问题。众所周知，一个农村人口比重占多数的国家是很难实现现代化的。因此，中国要想实现现代化梦想，就必须顺应世界潮流，推进农村劳动力转移，引导农民有序转变为市民。

第一，坚持统筹城乡就业，加快建立城乡统一的就业市场。统筹城乡就业，要把农民就业问题放在更加重要的位置；解决农民就业问题更要把向外转移和进城就业作为重点。无论是推进农村社会经济结构转型、发展农业农村经济，还是实现工业化、城市化，都不可忽视农村劳动力这支力量。中国农村丰富的人力资源是工业化和城市化过程中的一笔巨大财富，要充分利用这个优势，最大限度地转移农村劳动力，促进农民充分就业。要尽快打破城乡、地区以及行业之间的就业壁垒，建立跨城乡、跨地区和跨行业的全国统一的劳动就业市场，消除城乡就业身份歧视，实行城乡劳动者平等的就业制度。为了促进农村劳动力外出就业，一方面要加强对农民进行劳动技能培训，增加政府"农村劳动力转移培训阳光工程"投入规模，提高培训补助标准，扩大培训范围；另一方面要改善就业服务，保障农民工权益。要改变以往各级政府对进城务工农民重管理、轻服务的做法，将为进城务工农民服务作为重点，取消一些不合理的收费项目，缩小合法收费范围，降低合法收费标准，为农民提供技能培训、法律政策咨询、就业信息、就业指导、职业介绍等服务。同时，要按照《劳动合同法》的要求，规范用工企业与农民工的劳动合同，在工伤保险、健康卫生、工资待遇等方面维护他们的权益。

第二，改革城乡户籍管理制度，推动进城务工农民有序转变为城镇居民。当前，城乡分割的二元户籍制度是影响中国农民改变身份、转换成市民的主要制度障碍。必须下决心改变这一制度，建立以户籍登记为主的城乡一体化的户籍管理制度。目前，中国已有不少省份取消了"农业户口"和"非农业户口"的划分，实行"常住人口"和"暂住人口"划分的人口管理制度。这是城乡管理制度改革的基本方向，今后户籍制度改革要与身份、地位脱钩，根据职业、居住地确定当事人的"户籍"。要放宽城市落户条件，凡是在城镇有稳定就业、并有稳定居住条件的农民，应允许和支持他们转变为城市居民。在农民转变为市民过程中，不应该简单地要求农民以放弃对集体土地权利的分享为代价。进城农民是否放弃土地或者怎样放弃土地的权利，应让市场去决定，他可以采取多种形式将土地流转出去，也可以自己经营。

第三，改革城镇社会保障体系，解决进城农民社会保障问题。在户籍制度制约农民进城务工的背后，是养老保险、失业保险、最低生活保障、医疗保险、子女教育、住房租购等一系列社会福利待遇。这些福利政策不改革，农民进城的门槛和成本必将大大提高。另外，大量进城农民工以低廉的劳动成本为城市现代化积累财富，但却不能享受与市民同等的社会福利待遇，显然这是不公平的。今后，在推进城乡户籍制度改革的同时，对城镇社会福利制度也要进行相应改革，要将农民工作为市民管理，凡是有稳定职业和稳定居住条件的进城务工农民，在转变为市民户籍后，他们在养老保险、失业保险、最低生活保障、医疗保险、子女教育、住房租购等方面，应与城镇居民享有同等待遇。从制度上保障农民工能进得来，留得住。考虑到改革的渐进性和各级地方的财政承受能力，各地在改革起步阶段，应该允许农民工与市民在社会福利待遇上存在差别，但差别要尽可能小，制度上要接轨，最终进城农民工与市民在社会福利待遇上要取消差别待遇。另外，为促进农村劳动力有序流动和转移，还要加快改革社会保险跨区域转移接续政策，对养老保险和医疗保险关系等区际转移要尽快制定与实施可行的办法，争取在较短时间内制定和实施全国统一的农民工保险关系转移接续办法。

### (二) 改革土地利用制度

新中国成立以来，中国土地利用制度经历了三次大的变革：一是在20世纪40年代末50年代初实行了土地改革，将封建地主土地所有制变为农民土地个人私有制，实现了"耕者有其田"；二是20世纪50年代中期将农民土地个人私有制改造为土地集体所有制；三是20世纪70年代末以来，在不改变土地集体所有制性质的前提下，将土地的使用权承包给农民，实行以家庭承包经营为基础、统分结合的双层经营体制。面对当前农村土地经营存在的问题，社会各界提出了不同的改革主张：有国有化主张的，有私有化主张的，也有主张保持现有土地集体所有产权不变的前提下，进一步强化农民的土地承包权利。不少主张国有化的研究者认为，土地所有权收归国有，并使土地所有权纯粹形式化，在此产权架构下实行"国有民营"，明确界定土地所有者和土地经营者的不同权益。他们认为，实行土地国有民营，可以有效防止土地兼并，使耕者有其田；还可以为国土统一整治和利用提供制度保障。在土地国有民营制度下，只要土地租赁期限长，经营者就不会因为没有土地所有权而在经营上受到限制。主张土地私有化的人认为，目前世界上有100多个国家实行土地私有制，土地私有制在世界历史上并没有影响工业化和国家建设，也没有造成农村的动荡。回顾中国历史，土地私有制也是中国社会发展的主流。土地私有化会加剧贫富分化、造成社会不安定的说法是不合逻辑的。如果土地私有化了，农民将成为自由民，若农民要弃农进城或从事他业，可以卖掉土地，不但有一笔收入，而且也是一笔资本，因此他进城时就是有钱人，而不是盲流。土地私有化不但对经济发展有重大意义，而且对减少社会纠纷、安定社会、稳定地方财政也有重要意义。主张保持现有土地集体所有权不变的人认为，土地集体所有已经实行了很长时间，若改为私有，不仅受到政治经济制度和社会意识形态的刚性制约，而且即使实行了土地私有，也无法有效解决当前土地经营中存在的诸多难题。持这种观点的人认为，土地改革必须进一步强化农民的土地权利，赋予农民明确的、永久的、完整的土地物权。

当前和今后一个时期内，土地利用制度改革的核心问题是保障农民对土地有更加充分的权利。尽管现有法律和政策对保障农民土地承包经营权有了很大的进步，但在土地征占用、土地流转、宅基地及其房产等方面还留下需要改革探索的空间。我们认为，今后在现有土地承包关系保持稳定并长久不变的基础上，土地利用制度改革应重点围绕以下几方面展开：一是改革土地征占用办法。严格界定公益性和非公益性用地界限，在缩小公益性征地范围的同时，公益性征地也要按市场价格补偿农民。为保障农民的土地权益，要积极探讨农民集体建设用地直接参与土地市场交易的办法。无论是公益性还是非公益性土地交易产生的收益应大部分归农民享有。二是进一步完善土地流转政策。随着农村劳动力和人口大量流向城镇，按照依法自愿有偿原则，既要允许也应鼓励农民以转包、出租、互换、转让、股份合作等形式流转土地承包经营权。同时，在完善荒地、林地使用抵押制度的基础上，还要探索耕地、草地承包经营权的抵押办法，允许承包经营权进行抵押，将极大地提高农村土地的价值，农民以土地承包经营权抵押获得银行贷款，能增加对土地的长期投资，提高土地产出率和劳动生产率。三是改革农村宅基地制度。在工业化和城市化过程中，随着农村人口的减少和社会保障制度的建立和完善，在对农民实行"一户一宅"政策的基础上，可考虑从法律上实行农村宅基地私有化，并允许农村宅基地及其建筑物依法自愿有偿转让、出租、互换、继承、抵押等，使农村宅基地及其建筑物真正市场化。农村宅基地及其建筑物的市场化，如果农民进城就业，就可以依法将自己的房产和宅基地卖掉，获得一笔资金，将其作为进城的资本，在城市购买房产，拉动城市经济发展。四是建立健全土地市场体系。市场是配置资源最有效的一种机制。促进土地承包经营权流转、建设用地交易等，最有效的办法是培育土地市场，政府的作用是健全土地法规，支持发育中介服务组织，加强监督和监管，维护土地市场的公正和公平性。

**（三）改革农村金融制度**

在农村经济发展和社会结构转型过程中，资金作为一个关键要素起着举足轻重的作用。要改变农村金融发展滞后的问题，必须从制度改革入手，根据农村社会经济发展需要，重建农村金融体系，从制度上解决农民贷款难的问题。今后，要以合作金融为重点、商业性金融为基础，政策性金融为支撑，构建新型农村金融体系。一是放宽农村金融准入政策，鼓励金融制度创新。自从银监发〔2006〕90 号文件公布以后，在部分省区开展放宽农村金融准入试点，引导各类资本到农村地区投资设立村镇银行、贷款公司和农村资金互助社，到 2008 年底预计全国有 172 个试点。2008 年央行、银监会又发布银发〔2008〕295 号文件，提出加快推进农村金融产品和服务方式创新的意见，在中部 6 省和东北 3 省各选择 2—3 个有条件的县（市）开展试点方案，主要试点内容是大力推广农户小额信贷和农户联保贷款；创新贷款担保方式，扩大有效担保范围；探索发展基于订单与保单的金融工具；探索发行涉农中小企业集合债券，拓宽涉农企业融资渠道。这些改革试点方向是正确的，对促进农村金融发展意义重大。但是，面对全国 35500 多个乡镇、640000 多行政村，目前这两个改革试点范围过小，进程太慢，根本无法满足农村经济社会发展的需要。因此，加快农村金融改革试点步伐，扩大试点范围，将试点范围扩大到 31 个省（市、区）的所有农村地区，让金融改革政策尽快惠及至所有农民。二是要鼓励和支持城市金融机构下乡入村，为农民开展贷款业务，贷款利息可参照农村信用社的政策执行。三是对民间借贷的合法性进行研究，探讨民间金融组织合法化的途径和监管办法，以此推动农村金融的发展。四是尽快建立和完善政策性农业保险制度，支持民间建立互助性农业保险，鼓励和引导商业保险机构进入农村保险市场，加快建立农业再保险和巨额风险分散机制。五是完善政府支持农村金融政策，充分运用财税杠杆和货币政策工具，定向实行税收减免和费用补贴，引导各类金融机构延伸和发展对农村的金融服务。通过税收优惠、财政贴息、担保、财政补助等多种手段，引导和改善农村金融资源配置；通过存款准备金、支农再贷款、利率等货币政策鼓励农村金融持续发展。

**（四）改革城乡分割的公共服务体制**

受城乡二元结构的长期影响，政府在向居民提供公共服务上往往是"先城后乡、城多乡少、城优乡差"。今后，改革城乡分割的公共服务体制，重点和难点都在农村，核心是按照城乡经济社会发展一体化的要求，为农村居民提供最基本的均等化公共服务。所谓公共服务均等化，就是今后政府在为居民提供公共服务上，不论城市居民还是农村居民，都应该在数量和质量上享受平等的待遇。当前，在基础设施建设、教育、医疗卫生、养老、最低生活保障、社会救济等公共服务方面，受传统观念、各地财力的影响，城乡之间不可能立即实现均等化。但必须制定阶段目标，分步骤实施。比如，第一阶段，政府为城镇提供的所有基本公共服务，农民并不一定能平等分享，但要实现"有"的目标。第二阶段，随着经济发展和财力的增长，政府为农村居民提供的基本公共服务，数量要增加，标准要提高，与城市居民的差距要不断缩小。第三阶段，在 2020 年左右，要基本实现城乡居民享受的基本公共服务均等化。

就近中期而言，一是对于农村公共基础设施建设，要尽快由以农民投入为主、政府补助为辅向由以政府投入为主、农民投入为辅转变。为此要加大各级政府对农村公共基础设施建设投入，从体制上解决农村路、水、电、气（燃料）等问题。二是对于农村教育制度，重点解决城乡教育不平衡问题，初步实现城乡教育公平。面向农村的义务教育要尽快实行真正的免费教育，保障农村教育经费投入，增加优质教育资源的配置，改善农村教育基础设施条件，从政策上鼓励和支持优质师资力量向农村流动。同时，还要加强农村职业教育的发展。今后，面对农村新增劳动力数量呈现不断下降的趋势，发展农村职业教育、不断提高农村劳动者素质就显得尤为重要。发展农村职业教育，一方面要不断增加政府投入，大力发展农村中等职业教育并初步实行免费；另一方面要支持和引导社会力量，兴办农村职业学校和培训机构，政府既可以在财政补贴、税收、审批以及信贷等方面给予优惠政策。也可以通过购买培训服务的方式，调动社会资本参与农民职业教育培训。三是对于农村公共医疗卫生服务，在农村新型合作医疗制度实现全覆盖的条件下，政府要继续增加财政投入，不断提高中央和省级政府的补助标准，为农民大病住院提供保障，同时兼顾农民门诊医疗保障。四是对于农村最低生活保障制度，在做到应保尽保、不断提高保障标准的基础上，可考虑城乡接轨，实行统一的最低生活保障制度和标准。五是对于即将建立的农村社会养老保障制度，鉴于当前许多地区农村集体经济组织已经没有能力支持和补助当地农民参加新型农村社会养老保险制度，可适当提高中央政府和省级政府对农民的养老补贴标准，以支持农民建立农村社会养老账户。建立新型农村社会养老保险制度，这是一项重大改革，也是在中国社会经济发展进入新阶段的重大突破，中央政府和省级政府一定要组织力量认真制定规划，审慎推出实施方案，另外，各地还要创造条件积极探索城乡养老保险制度有效接续办法，选择适当时机实现城乡一体化的养老保险制度。

**（五）改革农村行政管理体制**

未来一个时期，随着交通的迅速发展和信息化进程的加快，农村经济社会发展的空间距离将会变得越来越小；随着农村劳动力和人口不断向城镇流动，农村人口绝对数量也将会变得越来越少。今后，农村行政管理体制改革要适应这种变化，改革的主要目标是建立一个层级合理、服务高效的管理体制，为实现新时期农村社会经济结构转型创造条件。在当前和今后农村社会经济结构转型过程中，中国农村行政管理机构的主要职能定位是，执行国家的经济社会发展政策，为农民提供均等化的公共服务，维护社会秩序，化解各种矛盾冲突等。为此，中国应加快省直接管理县的体制改革步伐，体制改革的方向是弱化地市一级的行政职能，强化县一级的行政职能，将乡镇一级变成县政府的派出机构，在条件成熟时，可取消地市一级行政机构，最终将我国现行五级行政管理体制变成三级行政管理体制框架。从发达国家经验管理架构来看，三级式的扁平化行政管理制度，可使管理更直接，信息传递更快，中间损耗更少，公共全力和公共资源配置效率更高。在三级行政体制框架下，现有乡镇可根据人口结构和管理空间变化，进行相应的合并，以此降低行政管理成本，并提高服务效率。与此同时，为了提高县乡两级的行政管理和公共服务能力，中央和省级政府要建立对县一级一般财政转移支付的规范制度，增加一般财政转移支付，支持县乡机构建设和职能的完善。对于村级自治组织，要进一步优化组织结构，在做好规划的前提下，要支持和引导农民在居住空间上适当集聚，村落适当合并。在村民自治方面，要坚持村级自治组织民主选举、民主决策、民主管理、民主监督，推动村民自治制度化、规范化、程序化，通过制度建设防止农村宗族和黑恶势力利用村民自治干预农村公共事务。

    农村治理结构的完善，离不开农民自组织的发育成长。要扶持农民自组织的发育成长，从法律、政策上支持农民形成以自我服务、自我管理、自我维权为目的的民间组织。农民自组织，作为农民进行政治参与、表达自身利益的新型途径，是抗御市场风险，有效协调政府与农民关系的中介，其地位和作用是不可忽视的。在农村社会经济结构转型过程中，必须高度重视农民自组织建设和发育问题，积极采取新的战略措施，完善村民代表大会制度，支持农民专业协会、合作经济组织的发展。另外，在中国经济社会发展进入新阶段后，农村社会经济结构进一步转型，不可避免地会出现一些矛盾和纠纷，要建立和完善化解社会矛盾和冲突的机制，为不同利益诉求的社会群体提供反映自己要求的正常渠道，并将社会经济转型过程中出现的矛盾和纠纷及时化解，避免累计成严重后果，对社会稳定造成威胁。对此，应拓宽农民利益表达渠道，完善农民依法进行利益表达的途径和政府依法有效回应农民利益表达的机制，改革和完善人民代表选举制度，大幅度增加农民代表的人数和比例，特别要扩大农民在县乡人大代表中的比例，让他们能够直接表达自己的切身利益，及时反映他们的心声，并在政府决策中体现他们的要求。

**参考文献：**

杜润生：《杜润生自述：中国农村体制变革重大决策纪实》，人民出版社 2005 年版。

韩俊：《中国经济改革 30 年》（农村经济卷），重庆出版社 2008 年版。

吴敬琏：《当代中国经济改革：战略与实施》，上海远东出版社 1999 年版。

蔡昉：《中国农村改革三十年 —— 制度经济学的分析》，《中国社会科学》2008 年第 6 期。

宋宏远主编：《中国农村改革三十年》，中国农业出版社 2008 年版。

李培林主编：《农民工：中国进城农民工的经济社会分析》，社会文献出版社 2003 年版。

马晓河、黄汉权、蓝海涛：《我国农村改革 30 年成就、问题与今后改革思路》，《宏观经济研究》2008 年第 11 期。

农业部课题组：《新时期农村发展战略研究》，中国农业出版社 2005 年版。

世界银行：《2008 年世界发展报告：以农业促发展》，清华大学出版社 2008 年版。

田原史起：《中国农村的政治参与》，武萌、张琼琼摘译，《国外理论动态》2008 年第 7 期。

# 第十章　中国农村的制度变迁及前景

新中国成立以来，农村始终是整个中国制度变迁的始点和动力，农村的制度变迁不但决定了自身经济和社会的发展进程，也对国家的工业化、城镇化乃至现代化带来了深刻影响。分析 60 年来中国农村的制度变迁，总结其发展经验，对进一步推进中国的改革发展具有重要的指导意义。

## 一、从"耕者有其田"到人民公社：强制性制度变迁

### （一）土地改革的成功：农业合作化的制度条件

土地是农业的主要生产资料，也是传统社会农民赖以生存的基本保障。在旧中国，封建的土地所有制长期居于统治地位，占农村人口不到 10% 的地主和富农，占有 70—80% 的土地和大部分耕畜、农具，而占农村人口 90% 以上的贫农、雇农、中农和其他劳动者，只占有 20—30% 的土地。[1] 由于无地可耕，广大贫苦农民为了养家糊口，不得不租佃土地，并向地主支付高额地租。同时，各种苛捐杂税和高利贷，也压得贫苦农民抬不起头来。因此，这种封建的土地生产关系已严重制约了农业生产的发展。为了解放农业生产力，解救贫苦农民，就必须进行土地改革，彻底推翻封建的土地所有制。

根据新中国成立前中国共产党在解放区土地改革的经验，并结合新中国成立后的新情况，中央人民政府于 1950 年 6 月颁布了《中华人民共和国土地改革法》，[2] 决定在全国范围内开展大规模的土地改革运动。土地改革的核心是剥夺地主的土地、房屋、牲畜等财产，分给无地或少地的农民，使农民"耕者有其田"。到 1952 年底，除了西藏、新疆等少数民族集聚的地区外，基本完成了土地改革任务。

经过大规模的土地改革，全国 3 亿多无地或少地的农民获得了 75000 万亩

---

① 农业部产业政策与法规司：《中国农村 50 年》，中原农民出版社 1999 年版，第 2 页。
② 中国人民大学农业经济系资料室：《农村政策文献选编》，第 18 页。

土地和大量房屋、农具等生产资料，<sup>①</sup>这标志着旧中国封建土地所有制的彻底消亡和农民个体土地私有制的产生。土地生产关系的变革，极大地释放出了制度潜能，农民的生产积极性空前高涨，农业生产得到迅速发展。据统计，1952年全国农业总产值比1949年增长了48.3%，粮食产量增长了44.8%，棉花和油料分别增长了193.4%和168.1%。受此影响，农民收入也有了显著增长。土地改革的成功和农业的大发展，为后来的农业合作化准备了制度条件和物质基础。

**（二）农业合作化：人民公社制度的前奏**

农民获得土地后，产生了前所未有的生产积极性，大多数农民的生活也由此得到改善。但是，在生产过程中也产生了一些问题。例如，在人多地少的地区，一家一户生产经营规模小，生产分散，不能合理利用土地、劳动力、牲畜以及农具，也无力采取新技术，抵御自然灾害能力弱，劳动生产率明显不高；在土地相对较多的地区，由于耕种、收获季节集中，人畜以及农具利用矛盾突出，一家一户生产经常延误农时，影响土地生产率。在此情况下，为了克服上述矛盾，全国许多地区的农民自发组织起来，开展各种互组合作活动，一些地方农民临时联合起来共同插秧、打谷；一些地方农民实行临时变工换工，合用牲畜和农具；有些地方农民索性成立了常年固定性质的互助组织，共同制定劳动、生产资料互换和互助计划，并定期记工算账。为了指导农民的互助合作，党中央于1951年9月召开了第一次关于互助合作的会议，并制定了《中共中央关于农业生产互助合作的决议（草案）》，支持农业广泛开展互助合作运动。在把农业互助合作"当作一件大事去做"的思想指导下，农业互助合作运动在全国迅速推开。1952年全国参加互助组的农户4536.4万户，占农户总数的39.9%，到1955年参加互助组的农户上升到6038.9万户，占农户总数的50.7%。<sup>②</sup>

互助组是在生产资料私有基础上产生和发展起来的。它以自愿互利为原则，实行共同劳动、互换互用生产资料，是具有集体性质的劳动组织。这种组织，解决了许多农户在农业生产中的困难，使农民获得了互助合作的好处，同时也积累了集体协作劳动的经验。但是，互助组在发展过程中也暴露了一些问题，比如劳动力有弱有强，耕畜农具有多有少、有好有坏，使得变工换工不对

---

① 中华人民共和国农业部政策法规司、中华人民共和国国家统计局农村司：《中国农村40年》，中原农民出版社1989年版，第4页。
② 农业部农业政策研究会：《毛泽东与中国农业》，新华出版社1995年版，第108—111页。

等；耕作和收获时间比较集中，而变工换工有先有后。这些都成了产生矛盾的焦点所在。

为了解决互助组中个体经营与集体劳动之间的矛盾，东北、华北、安徽等地区农村出现了初级农业合作社。这些初级合作社与互助组不同，合作社将农民的土地、耕畜、大型农具等折价入股，统一经营，收入按劳动和土地等生产资料分配。起初，初级农业合作社基本上是由农民自愿、渐进式组织起来的，发展过程比较健康，效果比较好。但从1953年下半年特别是1955年开始，农业互助合作运动出现了急躁冒进、强制命令的倾向。1953年6月，毛泽东在中央政治局会议上提出过渡时期总路线，即要在一个相当长的时期内，初步实现国家的社会主义工业化，并初步实现对农业、对手工业和对资本主义工商业的社会主义改造。1953年10月，中央召开第三次互助合作会议，发布了《中共中央关于发展农业生产合作社的决议》，提出中国农业要走由初级社到集体所有的高级农业生产合作社的路子。[1]1955年7月，在全国省、市、自治区党委书记会议上，毛泽东批判农业合作化运动中的"右倾机会主义"，并将其比作"小脚女人"，把党内在农业合作化速度问题上的不同意见争论说成是"一场阶级斗争"。1956年10月召开的党的七届六中全会上，中央又作出了加速发展农业合作化的决议。在这一系列会议精神和文件决议指导下，农业生产合作社的发展高速推进，各地在初级社立足未稳的情况下纷纷向高级社过渡。高级农业合作社实行土地集体所有，耕畜和大农具也作价归公，收入按劳动分配。在从初级社到高级社过渡进程中，许多地区农村违背农民意愿，采取强制命令、哄吓或体罚的做法，逼迫农民加入高级社。[2]在当时的政治环境下，全国农村高级合作社发展速度出人意料。1956年上半年，北京、天津、上海、河北等12个省市加入高级社的农户占本地农户总数的比重高达90%—95%；同年下半年，湖南、湖北、安徽3省加入高级社的农户占全省农户的比重分别达到90%、94%和97%以上；江苏、浙江、内蒙古等省区的比重也在80%以上。1955年，全国参加高级社的农户占农户总数的比重只有14.2%，而到了1956年11月全国加入高级社的农户比重已经达到96%。[3]到此为止，我国农村基本实现了由半社会主义性质的初级社向完全社

① 农业部产业政策与法规司：《中国农村50年》，中原农民出版社1999年版，第6页。
② 王耕今：《乡村三十年》，农村读物出版社1989年版，第80页。
③ 陈吉元、韩俊：《人口大国的农业增长》，上海远东出版社1996年版，第6页。

会主义性质的高级社的转变。

土地改革后，从互助组到初级合作社再到高级合作社，实质上是中国农业由私有制向公有制的转变。起初，这种转变是自发自愿的、渐进式的，带有诱致性特征；但在向高级合作社过渡中，违反自愿原则，搞行政命令，强迫农民迅速加入高级社，这种带有明显强制性特征的制度变迁，严重剥夺和侵犯了农民的利益，偏离了农业发展的正常轨道。

**（三）人民公社的诞生和演变：农村集体所有制的形成**

农业合作化刚完成不久，中国农村制度变迁又进行了一次不切实际的大冒进，这就是人民公社化运动。1958年，我国进入第二个五年计划时期。这年初，中央提出要用15年或20—30年时间，在工业生产和经济上"超英赶美"。当年5月，在党的第八次全国代表大会第二次会议上，通过了"鼓足干劲，力争上游，多快好省地建设社会主义"的总路线，提出"大跃进"，认为全国社会主义建设高潮已经到来。在此背景下，农业合作社又发生了一些新变化。1958年初，有些地区农村在农田基本建设和抗旱、抢种抢收过程中，打破原有合作社的界限开展联合协作，同时有不少地方还把小社并成规模大、集体化程度高的综合性合作社，这些综合性合作社包括农工商学等方面。各地合并起来的大社名称各不相同，有的叫"集体农庄"，有的叫"社会主义大院"或"社会主义大家庭"，有的叫"共产主义农场"也有的叫"公社"。[1] 河南省有些地方将这些综合性合作社叫"人民公社"。1958年8月6日，毛泽东在考察河南新乡七里营人民公社时，充分肯定了这种组织和名称，指出"人民公社好"。同年8月29日，中央政治局通过了《中共中央关于农村建立人民公社问题的决议》。文件指出，"几十户、几百户的单一农业合作社已不能适应形势发展的要求"，"人民公社是形势发展的必然趋势"，"小社并大社，转为人民公社，是当前广大群众的共同要求"，"建立人民公社首先是为了加快社会主义建设的速度，而建设社会主义是为了过渡到共产主义积极地做好准备。……我们应该积极地运用人民公社的形式，摸索出一条过渡到共产主义的具体途径"。[2] 在这个决议指导下，各地农村从高级合作社向人民公社加快过渡，人民公社化的浪潮很快就席卷全国。

---

① 罗平汉：《农村人民公社史》，福建人民出版社2003年版，第18—19页。
② 中国人民大学农业经济系资料室：《中共中央关于农村建立人民公社问题的决议》（1958年8月29日），《农村政策文件选编》（二），第72—76页。

同合作化运动相比，人民公社运动的发展速度更快。1958年9月底，全国已建立起人民公社23384个，加入的农户1.12亿户，占全国农户总数的90.4%。同年11月参加人民公社的农户数达到1.27亿户，占全国农户总数的比重高达99.1%。短短几个月，我国农村就实现了人民公社化。

当时，人民公社的明显特征是"一大、二公、三拉平"。"大"就是盲目的追求大规模，人多、地大、生产规模大，各种事业也大，农林牧副渔、工农兵商学等各行各业都包括在内，认为公社规模越大越有优越性。"公"就是把一切生产资料乃至生活资料收归公有，由公社统一经营、统一核算。"拉平"就是否认差别，在国家和公社之间、公社和公社之间任意搞平调；在公社内部则用行政办法，将穷队与富队、穷村与富村、穷区与富区的财产拉平，否定等价交换的商品经济原则。此外，人民公社实行准军事化管理，将公社社员按军事化的形式组织起来，搞供给制，集体出工劳动，集体吃饭，对公社以内的行政事务搞行政命令和瞎指挥。在"左"的错误思想指导下，脱离实际的人民公社化，加上当时的"大跃进"和"共产风"，大大伤害了农民的感情，严重破坏了农村生产力，给农业发展带来了灾难性后果。1959年，全国粮食产量比上年减产15%，1960年又减产10%，由此，全国许多地区发生了"大饥荒"，造成了成千上万人的死亡。

面对人民公社化过程中出现的问题，在1958年11月毛泽东主持召开的第一次郑州会议上曾进行过纠正，但"左"倾偏向还在继续，"共产风"仍在刮，人民公社依然混乱。真正对人民公社重大方向性问题作出整顿的是1959年2月的郑州会议。当年2月27日至3月5日，中央在郑州召开了政治局扩大会议，即历史上著名的第二次郑州会议，会议起草了《关于人民公社管理体制的若干规定（草案）》。草案对人民公社实行统一领导、分级管理的制度作了界定和概括，提出人民公社应"统一领导，队为基础；分级管理，权力下放；三级核算，各计盈亏；分配计划，由社决定；适当积累，合理调剂；物资劳动，等价交换；按劳分配，承认差别"。[①]紧接着在同年4月份，中央又在上海召开了政治局扩大会议，通过了《关于人民公社的十八个问题》（会议纪要），对人民公社存在的一系列具体问题作了原则性规定。在中央的努力下，一些地方对"一平二调"的"共产风"和其他错误确实进行了纠正。但全国

---

[①] 中国人民大学农业经济系资料室：中共中央文件《关于人民公社管理体制的若干规定（草案）》（1959年3月3日），《农村政策文件选编》（二），第137页。

大部分地区纠正不彻底，加之 1959 年以后的连续三年减产，使得形势异常严峻。为此，1960 年 11 月中央发出了《中共中央关于农村人民公社当前政策问题的紧急指示信》（农业十二条）；1961 年 3 月广州会议制定了《农村人民公社工作条例（草案）》；1962 年 9 月党的八届十中全会正式通过了《农村人民公社工作条例修正草案》，简称人民公社《六十条》。[①] 通过上述努力调整，首先在我国基本确立了"三级所有，队为基础"的人民公社制度；其次坚决纠正了"一平二调"的"共产风"，对无偿调拨的物资财产进行了退赔补偿；第三对人民公社实行商品等价交换原则，取消工资制和供给制，解散公共食堂，实行按劳分配；第四恢复农民的自留地和家庭副业，允许社员拥有小型农具等生产资料；第五恢复和开放农村集贸市场，允许公社、大队、生产小队和社员个人在完成国家规定的交售任务后，将其生产的除粮棉油等主要农产品以外的农副产品拿到集市上交易。

经过多次调整后所形成的人民公社制度，虽然比过去要接近于农村实际，对农业生产也起到了一定的积极作用。但由于这种制度选择偏离了农民的意愿，脱离了农业发展的需要，这些调整无法从本质上革除人民公社制度本身的弊端。

**（四）农村强制性制度变迁的成因分析**

人民公社是决策者把农村合作化中的个别现象当成发展趋势，而强加在农民头上进行的制度变迁。这种制度变迁有着深刻的国家工业化历史背景。在新中国成立之初，中国选择了优先发展重工业的工业化战略，如何才能保证这种工业化所需要的一切资源呢？如前所述，新中国成立初期，因资本供给严重不足而劳动力极为丰富，如果经由市场机制决定资本和劳动价格，其结果是资本价格（利率水平）会相当高，而劳动力价格又相当便宜。按照市场机制，发展资本密集程度高的重工业，无疑会支付高昂的成本，面对高昂的资本品价格和低廉的劳动力价格，用市场力量很难将资本引入到重工业部门，还极有可能诱导以劳动密集型为特征的轻工业部门优先发展，这同我国的战略选择大相径庭。为了确保将社会经济资源快速、集中投向工业，进而又重点投入重工业，实现国家既定的工业化目标，我国建立了起一套可集中动员和配置资源的计划经济体制。

应当指出的是，当时我国是一个典型的农业大国，创造社会财富的主要

---

[①] 陈吉元、韩俊：《人口大国的农业增长》，上海远东出版社 1996 年版，第 12 页。

产业是农业。所以，从农业部门筹集国家工业化建设所需要的资金，就成为计划经济体制的必然选择。毛泽东曾多次指出"为了完成国家工业化……所需要的大量资金，其中有一个相当大的部分是要从农业方面积累起来的。""如果没有足够的粮食和其他生活必需品，首先就不能养活工人，还谈什么发展重工业？"发展农业"可以更快地增加资金的积累，因而可以更多更好地发展重工业"。① 因此，为了有效地增加农产品供给，确保能将农业剩余吸收转化为工业化的资本积累，国家对农业和农村进行强制制度安排就成为必然选择。

这些安排主要包括三个方面：首先，对分散的小农经济实行社会主义集体化改造，采取行政强制手段将农业初级社迅速发展成高级社进而快速过渡到人民公社，这为国家工业化能从农业中顺利获得低廉的农产品供给和原始资本积累提供了组织制度保障。其次，对粮棉油等主要农产品实行统购统销政策，以购销制度控制农产品供求。随着工业化的快速推进和非农业人口的不断扩张，社会对农产品特别是粮食的需求迅速增长。为了保证国家工业化建设所需要的粮食，稳定粮价，消灭粮食投机，1953 年至 1955 年国家先后颁布了《政务院关于实行粮食的计划收购和计划供应的命令》、《粮食市场管理暂行办法》②、《农村粮食统购统销暂行办法》和《市镇粮食定量供应暂行办法》等政策和办法③，形成了一套完全脱离市场机制的粮食供求体系。同时，国务院又于 1953 年至 1957 年对油料、棉花实行统购统销政策。④ 之后，又将烤烟、黄洋麻、苎麻、大麻、甘蔗、家蚕茧、茶叶、生猪等农林产品和 38 种重要中药材，以及供应出口的苹果、柑橘、水产品都一一纳入到国家统一收购的范围。⑤ 到 1961 年，国家正式将农产品分为一、二、三类，实行严格的分类管理。对一、二类农产品，国家实行严格的计划管理，其收购任务由国家指定的国营商品部门和供销合作社执行，其他单位或个人都不准到农村去收购。至 20 世纪 70 年代末期由

① 马晓河：《结构转换与农业发展》，商务印书馆 2004 年版，第 61 页。
② 中国人民大学农业经济系资料室：《政务院关于实行粮食的计划收购和计划供应的命令》，1953 年 11 月 19 日，《农村政策选编》（一），第 174—178 页。
③ 中国人民大学农业经济系资料室：《农村粮食统购统销暂行办法》和《市镇粮食定量供应暂行办法》(1955 年 8 月 25 日)，《农村政策文件选编》，第 283—291 页，第 295—303 页。
④ 中国人民大学农业经济系资料室：《中共中央关于在全国实行计划收购油料的决定》和《政务院关于实行棉花计划收购的命令》，《农村政策文件选编》，第 171—173 页，第 222—223 页。
⑤ 中国人民大学农业经济系资料室：《国务院关于由国家计划收购（统购）和统一收购的农产品和其他物资不准进入自由市场的规定》，《农村政策文件选编》，第 533—536 页。

国家统购派购的农产品已增加到 230 多种。对于农产品消费，国家实行定点凭证供给的统销政策。对农产品实行统购统销政策，实质上是国家超越和替代市场职能，垄断农产品的购销经营权，既从生产来源上控制农产品的供给总量，又从最终消费上控制农产品的需求总量。

实行城乡高度分割的二元户籍制度，限制农村人口和劳动力向非农产业和城市流动。虽然，将个体小农经济改造为人民公社制度，扫除了工业化的制度障碍，降低了工业化从农业汲取剩余产品和资本积累的成本。但是，在储蓄不足、资金短缺的条件下，面对农村大量剩余劳动力，如果按照市场经济制度，任由城乡劳动力自由流动，必然会出现大量乡村低收入人口涌向城市和工业部门。低收入人口的大量进入，不但会加剧城市化与工业化在资源配置上的矛盾，而且还会大大降低工业部门的资本有机构成，阻碍重工业优先发展。因此，设立一个门槛，限制农村劳动力和人口向城市以及工业部门流动，就成为又一制度选择。新中国成立初期，劳动力流动和人口迁徙是自由的，大规模工业化吸引了许多农民进城。据统计，从 1949 年到 1957 年，全国城市人口由 5765 万人增加到 9949 万人，增长了 72.6%。这远快于同期的全国人口平均增长速度（19.35%）。针对此种情况，政府于二十世纪 50 年代初就开始限制农民向城市流动。早在 1953 年前，政务院就发出了《关于劝止农村人口盲目外流的指示》；1958 年，国务院又颁布了《中华人民共和国户口管理登记条例》。[①] 此后，我国以户口制度为基础，又先后制定了与其相配套的一系列制度安排。例如，粮食、副食品和燃料等生活资料供给制度、住房分配制度、医疗制度、教育制度、就业制度、劳动保护制度、养老保障制度、婚姻制度、生育制度和兵役制度等。这些制度安排构筑起了"一堵墙"，把城市人和农村人分成了两个不同的二元"世界"和两种不同身份。只有城市人才能享有上学、就业、分房、公费医疗、凭票购粮等十几种福利"特权"，而农村人则被这些制度排斥在城市文明之外，挡在工业化之外，仅成为为国家工业化提供食品、原料和原始积累的劳动机器。城乡分割的户籍制度形成与实施，不仅阻挡了农村人口向城市迁移，同时它还为政府从城市向农村排放"过剩"人口提供制度保障。[②]

---

[①] 陈吉元、韩俊：《人口大国的农业增长》，上海远东出版社 1996 年版，第 233 页。

[②] 1960 年代初，国家为了缓解城市食品供应紧张的矛盾，让 2600 万城市人返回农村；20世纪 70 年代，国家号召城市知识青年"上山下乡"，又让 3000 万城市人口迁往农村。如此大规模地调整人口流向，确保社会资源能集中用于重工业化发展目标，这在市场经济制度下是无法想象的。

　　垄断和控制生产要素配置权，限定农村产业发展方向。有了完善的城乡户籍分割制度，可以有效地限制农村人口向城市和国家大工业流动。但是，如果不限制农民在农村的产业发展方向，任由他们自由支配手中的生产要素，他们完全可以利用一切机会，在农村大力发展工业以及服务业。这样就必然会造成农民与国家工业化争夺资源的矛盾。为了控制工业化资源，国家还相继垄断和控制了主要生产资料的配置权。一方面，政府对用于非农产业的生产资料和资金，实行严格的计划分配政策，只有纳入国家计划轨道的企业，才能申请或得到所需要的物质和资金，而农民要想放弃农业转而发展工业以及其他非农产业，是无法获取所需要的资金和生产资料的。另一方面，政府还对用于农业生产的资金、化肥、农药、农业机械和塑料薄膜等，根据需求量和供给能力，进行计划管理和分配，农民只能按照农业生产计划获得上述生产资料和流动资金。于是，被限制在农村的农民，在无法转产发展非农产业的条件下，只能以经营农业为主。

　　至此，一整套服务于国家工业化战略，并能为重工业优先发展提供粮食、原料和资本积累的农村计划体制形成了。由此可以看出，我国农村的制度变迁，完全是在国家行政力量支配下，为了服从和服务于工业化战略，迫使农民进行的多次被动选择。这种强制性制度选择，使国家付出了沉重代价，农业农村发展受到极大的抑制，农民受到极大的伤害。正因如此，在20世纪70年代末期，当国民经济已走向崩溃的边缘时，长期受到压抑的农民，在农村又掀起了一场惊心动魄的制度变革。

## 二、从家庭承包经营到新的管理体制：诱致性制度变迁

### （一）家庭承包经营的产生与推广

　　中国的改革发端于农村，农村的改革首先在农业中开始。农业改革的核心是家庭承包经营责任制，这是迄今为止中国农村一项最成功的制度变迁。

　　家庭承包经营责任制就是通常所说的包产到户（包括包干到户）。早在20世纪50年代和60年代初期，我国农村局部地区就曾三次兴起包产到户。第一次是合作化运动时期，浙江、四川等一些地区农村出现了包产到户的做法；第二次是1959年，河南、湖北、陕西等省农村又搞起了包产到户；第三次是1960年代初期，面对三年困难时期，为了实行自救，安徽、河南、四川、甘肃和广东等省农民自发搞起了包产到户。但是，这些包产到户最终都被当作"闹单

干"、"破坏集体所有制"、"走资本主义道路"加以批判和压制下来。然而，顺应民意、符合生产力发展需要的制度始终是有生命力的。在党的十一届三中全会召开前夕，中国发生了两件值得记载的历史事件。

一件是 1978 年 12 月 13 日，邓小平在党中央工作会议上作了《解放思想，实事求是，团结一致向前看》的重要讲话。他指出，我国经济体制管理权力过于集中，应有计划的大胆下放，在经济计划、财政和外贸等方面给地方更多的自主权，最迫切的是要扩大厂矿企业和生产队的自主权；在政策上允许一部分地区、一部分企业、一部分工人农民，由于辛勤努力成绩大而收入先多一些，生活先好起来，由此产生极大的示范力量。[1] 这个讲话实际上成为即将召开的十一届三中全会的主要基调。

另一件是发生在 1978 年 12 月 16 日，安徽省凤阳县小岗村 18 户农民为摆脱贫困，冒着"坐牢"的风险，自发在一张合约上按下了 21 个手印，偷偷摸摸将集体耕地包干到户。自此，中国农村拉开了以家庭承包经营责任制为主的经营体制改革的序幕。1978 年 12 月 18 日至 22 日，党的十一届三中全会在北京召开，大会决定将全党的工作重点转移到社会主义现代化建设上来，会议通过了《中共中央关于加快农业发展若干问题的决定（草案）》。《决定》总结了 20 多年农业发展的经验教训，提出了发展农业的二十五项政策和措施，明确指出"人民公社的基本核算单位有权因地制宜进行种植，有权决定增产措施，有权决定经营管理方式，有权分配自己的产品和资金，有权抵制任何领导机关和领导人的瞎指挥。"[2] 十一届三中全会的召开，为农村经济体制改革创造了政治条件。

率先实行包干到户的小岗村，在 1979 年春将全队 517 亩耕地按人分包到户，10 头耕牛评好价，两户一头，国家农副产品交售任务、公共积累等也按人包干到户。包干任务完成后，剩余部分全归自己。结果当年农业夺得大丰收，全村粮食产量达到 66185 公斤，相当于 1966—1970 年粮食产量总和；油料产量 17600 公斤，是过去 20 年的产量之和；生猪饲养量也达到 135 头，超过历史上任何一年。小岗村的成功，在周围产生了强烈的示范效应。当年秋种时节，许多地方农村采取"瞒上不瞒下"的办法，一夜之间就把田地、耕牛划分到户，搞起了以包干到户为主的家庭承包经营责任制。[3]

---

① 郑韶：《中国经济体制改革二十年大事记》，上海辞书出版社 1998 年版，第 1 页。
② 马晓河：《结构转换与农业发展》，商务印书馆 2004 年版，第 111 页。
③ 王耕今：《乡村三十年》（下），农村读物出版社 1989 年版。

在安徽省农民发起了包干到户的同时，全国各地农村也相继实行了各种形式的联系农产品产量的责任制形式。有田间管理包工到组，田头估产，评定奖惩；有田间管理责任到人，联系产量，评定奖惩；也有当年包工包产到组，耕牛和大农具包给作业组管理使用等。进入 1980 年，中共中央开始支持并推动以包产到户为主要形式的家庭承包经营责任制。1980 年 5 月 31 日，邓小平同志与中共中央负责同志谈农村政策问题时指出，"农村政策放宽后，一些适宜搞包产到户的地方搞了包产到户，效果很好，变化很大。安徽省肥西县大多数生产队搞了包产到户，增产幅度很大。'凤阳花鼓'中唱的那个凤阳县，绝大多数生产队搞了大包干，也是一年翻身，改变面貌。有的同志担心，这样搞会不会影响集体经济。我看这种担心是不必要的。"①

1980 年 9 月 14 日至 22 日，中央召开省、市、自治区党委第一书记座谈会，讨论加强和完善农业生产责任制的问题，并以会议纪要形式印发全国。在印发的《关于进一步加强和完善农业生产责任制的几个问题》纪要中，中央首次以文件形式，明确肯定十一届三中全会以来农民群众创造的，以包产到户为代表的生产责任制的新形式。《纪要》指出，"在社会主义工业、社会主义商业和集体农业占绝对优势的情况下，在生产队的领导下实行包产到户是依存社会主义经济，而不会脱离社会主义轨道的，没有什么复辟资本主义的危险，因而并不可怕。"② 这个文件受到广大农村干部群众的热烈欢迎，长期套在人们头上的意识形态紧箍咒随之消除了。包产到户在皖、浙、赣、苏、鲁、蒙、川、贵等省区农村迅速扩展开来。1980 年 11 月初，全国农村实行包产到户的生产队比重占到 15%，1982 年 6 月末该比重上升到了 67%。

1982 年 9 月，党的十二大对以包产到户为主要形式的农业生产责任制改革再次给予肯定。胡耀邦同志在《全面开创社会主义现代化建设的新局面》的报告中指出，"这几年在农村建立的多种形式的生产责任制，进一步解放了生产力，必须长期坚持下去，只能在总结群众实践经验的基础上加以完善，决不能违背群众的意愿轻易变动，绝不能走回头路。"③1983 年 1 月 2 日，党中央颁发了《当前农村经济政策若干问题》的文件，高度评价了包产到户为主的家庭承

---

① 郑韶：《中国经济体制改革 20 年大事记（1978—1998）》，上海辞书出版社 1998 年版，第 24—25 页。

② 中共中央文献研究室、国务院发展研究中心：《新时期农业和农村工作重要文献选编》，中央文献出版社 1992 年版，第 60—61 页。

③ 陈吉元、韩俊：《人口大国的农业增长》，上海远东出版社 1996 年版，第 16 页。

包经营责任制。指出"党的十一届三中全会以来，我国发生了许多重大变化。其中，影响最深远的是，普遍实行了多种形式的农业生产责任制，而联产承包责任制又越来越成为重要形式。联产承包责任制采取了统一经营与分散相结合的原则，使集体优越性和个人积极性同时得到发挥。"[①] 在党中央的领导和支持下，在强烈的示范效应作用下，包产到户从南到北、从东到西进一步发展。到1983 年末，全国已有 1.75 亿农户实行了包产到户，包产到户在所有责任制中的比重达到 97.8%；1984 年末又进一步上升到 98.9%。[②]

在分析中国的经济体制改革为什么首先在农村开始，并在很短的时间内让"包产到户"席卷全国，吴敬琏教授做出了这样的解释，他认为，旧体制已经无法维持，农民为捍卫自己的利益要求制度创新；包租土地的做法易于为农民所接受；向家庭承包经营转化没有严格的社会障碍。[③] 在全国农村实行以包产到户为主的家庭承包经营责任制，并相应建立新的农村管理体制，其决定意义是调动了广大农民的积极性，解决了农业发展动力不足的问题。

认真分析这次改革，它实质上是一种社会结构的调整和利益分配结构的重新安排。通过农业经营体制的创新，农民获得了土地、耕畜以及农具等生产资料的自主经营权。根据这种权力，农业生产者可以根据自己的意愿配置生产要素，生产农产品。完成生产后，农民在"交足国家的，留够集体的"之后，对剩余农产品有完全的支配权和处置权。因此，家庭承包经营将农民同国家、集体之间的权、责、利关系分得清清楚楚。同农业生产队相比，以农户为基本单位的家庭承包经营，有很高的激励和很低的监督成本。因为家庭承包经营制，在制度安排上具有内在性质，[④] 它的特有经营方式和分配机制，满足了农民的既有心理习惯和追求物质的欲望，很好地适应了生产空间分散，生产周期长的农业生产。在家庭这个组织经营单位里，劳动成员之间互相信任，分工比较理性，生产经营过程无须高额的协调成本和监督成本，而且由于他们能获取其劳动的全部所得，于是每个劳动成员都在努力增加有效劳动，提高劳动的生产效率，这样，在新制度安排下，那种偷懒和投机行为已不复存在。

---

① 中共中央文献研究室、国务院发展研究中心:《新时期农业和农村工作重要文献选编》，中央文献出版社 1992 年版，第 165 页。
② 张红宇:《中国农民与农村经济发展》，贵州人民出版社 1994 年版，第 25 页。
③ 吴敬琏:《当代中国经济改革:战略与实施》，上海远东出版社 1999 年版，第 121 页。
④ 林毅夫:《制度、技术与中国农业发展》，上海三联书店 1992 年版，第 44—69 页。

## （二）人民公社解体与新制度的形成

随着包产到户的兴起和迅速发展，为传统经济体制配套的人民公社制度弊端日益凸现出来。许多地区的社队机构及领导班子陷于瘫痪或半瘫痪状态，很多工作无人负责，也无法承担政治和经济管理职能。因此，家庭承包经营责任制需要有新的农村管理体制。这样，改革政社合一的人民公社体制便提上议事日程。1979年，四川广汉县向阳公社，开始启动了人民公社政社分离的改革[①]。1983年1月，江苏省江宁县进行政社分开试点，全县26个公社先后成立了乡（镇）政府，公社党委也改为乡党委。与此同时，北京、江苏、新疆等15个省、市、自治区的69个县、市辖区的部分公社，也进行了政社分开、建立乡政权的试点工作。同年10月12日，中共中央、国务院正式发出《关于实行政社分开，建立乡政府的通知》，要求改革政社合一的人民公社体制，在农村建立乡政府。此项工作要求在1984年底完成。全国政社分开、建立乡政府的改革进展顺利。到1984年末，全国共建乡84340个，建制镇7280多个，新建村民委员会82.2万个。[②]乡镇政权的建立和村民委员会的形成，标志着农村人民公社制度的最终解体和新的农村管理体制的产生。

在农村实行家庭承包经营制之后，国家利用行政干预，强加在农民头上的计划经济体制动摇了，从农业强制提取工业化原始资本积累的制度流程受到了强烈冲击。首先，原有人民公社制度解体后，农民在以家庭承包经营制为基础的制度安排条件下，人身是自由的。他们可以自由地支配自己的劳动，在承包的土地上可以自主地安排生产，生产什么，生产多少，何时出工，何时收工，完全由自己说了算。在这种新制度安排下，要想把农民牢牢地限制在土地上按照政府意愿去发展农业生产，已经完全不可能了。其次，在家庭承包经营制下，除了国家规定的合同收购产品数量之外，农民对自己的劳动产品有处置权和收益权。这意味着，在国家收购合同之外，农民可以将自己生产的农产品进行自由处置，或留或卖，是卖给国家还是卖向市场都由农民自己决定，任何人不得干涉。面对这种变化，国家要像以往那样，以远低于市场均衡价格，将农民手中的全部农业剩余产品集中到国营部门手中，已经失去了制度基础，也缺

---

① 陈锡文：《中国农村改革：回顾与展望》，转引自吴敬琏：《当代中国经济改革：战略与实施》，上海远东出版社1999年版，第104页。

② 郑韶：《中国经济体制改革20年大事记（1978—1998）》，上海辞书出版社1998年版，第74页、90页。

乏政策依据。因此，支持工业化，促进产业结构转换，就必须重新调整工业与农业、城镇与乡村之间的交换关系。这主要表现在以下几个方面。

第一，改革农产品流通体制，实现农产品购销的市场化。1978 年后，为了刺激农业发展，国家连续多次大幅度提高农产品的收购价格，不断压缩低价收购农产品的品种和数量，扩大议价收购农产品的品种和数量，并鼓励发展农村集贸市场。1985 年，中央确定引入市场调节机制，取消农产品统购派购制度，改为合同订购，同时初步放开粮棉油等以外的农产品市场。从 1992 年开始，全国各省市区先后改革粮食统销制度，放开了粮食销售市场，同时改革棉花流通体制，尝试实行市场调节为主的新体制。1993 年，在全国范围内取消了实行 40 年的口粮定量供应办法，粮票正式退出历史舞台。2001 年在粮食主销区全面放开粮食购销，走市场化的路子；2004 年在全国范围内全面放开粮食收购和销售市场，实行购销多渠道经营。到此为止，我国农产品全部实现了市场化。以市场机制为基础交换农产品，动摇和打破了长期支持国家工业化的重要原始资本积累体制。面对这种制度变迁，工业以及城镇要想获得较多较好的农产品原料和食品供给，只能转向市场，按照等价交换原则从农民手中收购。

第二，逐渐实行市场化的资源配置方式，积极推进农村非农产业的发展。在改革农产品流通体制的同时，国家对化肥、农药、农膜、种子、农机具以及资金等生产要素也进行了市场化取向的改革，初步形成了按市场化配置资源要素的发展方式。资源要素配置方式的变革，为农民跳出农业发展非农产业提供了制度条件。另外，农业经营管理体制改革取得成功后，还为农村发展非农产业创造了两方面的条件。一是实行家庭承包经营责任制使得农业劳动力从隐性剩余转向显性剩余。如前所述，传统的计划经济体制在农村导致偷懒、怠工现象极为普遍，无效和低效劳动掩盖了农业劳动力的剩余，使得农业劳动力剩余完全处于隐性状态。改革后，由于取消了人民公社制度，农民在自己的承包地上，能够获得他们劳动的全部所得。所以，当农民获得了土地使用权后，在劳动资源配置上的第一反应就是减少劳动的无效投入，提高农业的劳动生产率。于是，以往隐蔽在农业领域中的剩余劳动力就显现出来。这里，我们从农村大规模实行包产到户的 1981 年开始，考察我国主要农产品生产每亩实际投入的劳动用工量变化，结果发现自 1981 年到 1990 年，全国六种粮食、三种油料、两种糖料和棉花、烟叶等，每亩用工量分别减少了 34%、18.1%、20.4%、18.3% 和 25.7%。同 1981 年相比，1990 年这几种农产品生产实际减少了 4909

万个劳动力需求。[①]农业劳动力剩余从隐性变为显性状态之后，产生了数以千万计的剩余劳动力，需要在农业外寻找新的就业门路。可以说，家庭承包经营责任制使农业剩余劳动力显性化，并产生了向外转移的强大推动力。二是伴随着农业增产增收，农民手中开始出现并逐渐积累起了大量的剩余资金。据统计资料显示，1978年全国农村居民储蓄总额仅55.7亿元，1985年增加到564.8亿元，1990年又进一步达到1841.6亿元。[②]面对手中出现的剩余资金，农民也需要寻找新的投资空间。

同农业相比，工业以及服务业是获利较高的产业。当农业出现了剩余劳动力和剩余资金之后，在资源要素配置逐渐实现市场化的条件下，面对当时国内市场全面短缺的环境，大量农民利用刚刚获得的人身自由，携带着剩余资金，抬起双腿迈出农业门槛，轰轰烈烈办起了乡镇企业。在20世纪80年代里，就像家庭承包责任制一样，以农村工业为代表的乡镇企业发展十分迅速。从企业数量上看，乡镇企业数从1980年到1990年间增长了12.2倍，其中20世纪80年代的前5年增长最快，平均每年增加216万个，其中90%以上都属于个体办企业。这些企业完全依靠市场力量，自筹资金，自我发展。从企业固定资产投资来看，这一期间仅乡村两级企业固定资产原值就翻了5.8倍。从劳动就业数量看，在这10年时间里，乡镇企业新增加了就业人数6262.3万人，平均每年增加就业人数626万人。再从乡镇企业创造的财富看，从1980年到1990年，乡镇企业创造的农村非农产业总产值从869.5亿元上升到8957.1亿元，按可比价格计算增长了4.4倍，年平均增长18.3%。[③]到2007年，全国乡镇企业就业人数9329万人，创造的工业增加值为41447亿元，占全国工业增加值的37%。[④]

当乡镇企业以勃勃生机迅速兴起，并取得令人瞩目的发展成就时，过去那种由传统战略及其体制造就的城市搞工业和农村搞农业的二元经济结构格局被彻底打破了。在国家打造的工业化体系之外，产生了一个新的工业化系统，即农村工业化。由此，我国形成了一种新的经济发展格局，从地域分布上看，出现了城市工业与农村工业并存发展的双重工业化格局。

第三，从限制农村劳动力流动到引导促进流动，积极推进城镇化。在改革

① 马晓河:《结构转换与农业发展》，商务印书馆2004年版，第128页。
② 国家统计局:《中国统计年鉴》，1991年，第275页。
③ 马晓河:《结构转换与农业发展》，商务印书馆2004年版，第132页。
④ 农业部2008年《中国农业发展报告》和国家统计局2009年《中国统计摘要》。

开放初期，尽管农村经营管理体制改革使得农业剩余劳动力显性化，但是，当时由于城市户籍管理严格，商品粮及副食品供应能力较低，大量知青返城就业安置压力大，导致国家对农村劳动力向城市转移仍然采取严格的限制政策。此时，农业剩余劳动力只能在农村内部向两个领域转移，一是从种植业部门向林牧副渔业部门转移，二是向农村非农产业转移。

进入 20 世纪 80 年代中期，随着改革的重心转向城市，城镇企业经营自主权不断扩大、劳动用工制度逐渐搞活，企业财税制度的改革、多种所有制企业的发展，为农村劳动力向城镇流动创造了机会和空间。此时国家出台了许多政策，允许农村劳动力向城镇流动。从 1988 年到 1991 年，我国开始了为期三年的治理整顿，由于压缩投资规模、实行从紧的财政和货币政策，许多建设项目下马或停建，有一部分企业也开工不足。在此情况下，城镇就业形势恶化，大量农民工被清退返乡。为了缓解城镇就业压力，国家要求控制农民工盲目外出，强调农村剩余劳动力转移"离土不离乡"，实现就地消化转移，同时还严格控制"农转非"的过快增长。[①] 进入 20 世纪 90 年代，国家对农村劳动力流动采取积极引导政策。这一时期，提出规范农村劳动力有序流动的各种措施，建立和完善流动就业的有效证件；探索户籍制度改革的突破口，明确了农民工进入小城镇务工落户的条件和规定；同时还建立了农村劳动力就业培训和服务制度，加强劳动力市场建设等。21 世纪初以来，国家对农村劳动力流动采取的是促进政策，对进城务工农民实行"公平对待、合理引导、完善管理、搞好服务"的十六字方针。[②] 这一时期，为了促进农村剩余劳动力转移，拓宽农民增收渠道，国家采取了以下政策措施，一是取消各种针对农民外出务工的不合理收费；二是加强和支持对农民工的培训工作；三是全面解决农民工进城难题，从制度政策层面解决拖欠和克扣农民工工资、改善农民工生产生活条件、解决农民工子女就学、稳妥解决农民工的社会保障等问题。在 2008 年 10 月召开的党的十七届三中全会上，中央提出了更加积极的政策，《中共中央关于推进农村改革发展若干重大问题的决定》指出，要统筹城乡劳动就业，加快建立城乡统一的人力资源市场，初步实现农民工劳动报酬、子女就学、公共卫生、住房租购等与城镇居民同等待遇；改善农民工劳动条件，保障生产安全，扩大农民

---

① 宋洪远主编：《中国农村改革三十年》，中国农业出版社 2008 年版，第 485 页。
②《中共中央国务院关于做好 2002 年农业和农村工作的意见》，中发［2002］号，2002 年 1 月 10 日。

工工伤、医疗、养老保险覆盖面，尽快制定和实施农民工养老保险关系转移接续办法；推进户籍制度改革，放宽农民工进入中小城市的落户条件，使在城镇稳定就业和居住的农民有序转变为城镇居民。[①]

农村劳动力流动政策从限制到促进的转变，大大推动了农村剩余劳动力的转移。改革开放初期，农村劳动力外出数量很小，大约在 200 万人左右，1989 年增加到 3000 多万人。在 1992 年邓小平南巡之后，中国出现了农村劳动力大规模跨区域转移。1993 年农村劳动力出乡就业数量达到 6200 万人，2006 年上升到 1.32 亿人，2008 年高达 1.4 亿人。农村劳动力大规模转移，不但促进了国民经济持续快速发展，也大大加快了中国的城镇化进程。1978 年，我国城市化率仅为 17.92%，1990 年为 26.41%，2000 年 36.22%，2008 年达到 45.68%。改革开放 30 年来，全国总人口增长了 37.96%，而城镇人口增长了 251.8%，从 17245 万人增加到 60667 万人；乡村人口减少了 8.7%，从 79014 万人下降到 72135 万人。这是由改革开放引起的，是农村劳动力大流动的结果。[②]

**（三）取消农业税与建立农村公共服务体系**

从人民公社转变为乡镇政府后，各地乡镇政府按照经济社会发展需要从管理职能、行政编制等重新构建了一套复杂的政府组织管理体制。在 1980 年代中期推行财政包干政策和 1994 年实行分税制以后，面对财权上收和事权不断下放，乡镇政府的财政支出压力越来越大。为维持乡镇政府的正常运行并为农村提供必要的公共服务，基层政府开始以各种名义向农民收取名目繁多的税费。据不完全统计，农村税费改革前，全国涉及农民负担的税费项目共八大类 100 项以上。[③] 尽管从 1985 年以来中央出台了一系列要求减轻农民负担的文件，但农民的负担却越来越重。比如，从 1990 年到 2000 年，农民承担的税费总额由 469 亿元迅速增长到 1359 亿元，增长了 189.8%；人均税费负担由 55.8 元上升到 168.4 元，增长了 201.8%；[④] 而同期内全国农民人均纯收入仅增长了 55.3%。[⑤] 农民除了承担所规定的负担外，还要负担乱集资、乱摊派、乱收费项目。因此，农民不堪重负，各地由负担问题引起的恶性事件不断发生，改革农

---

① 《中共中央关于推进农村改革发展若干重大问题的决定》，人民出版社 2008 年版，第 18 页。
② 资料来源：国家统计局：2009 年《中国统计摘要》，中国统计出版社 2009 年版。
③ 韩俊：《中国经济改革 30 年》（农村经济卷），重庆出版社 2008 年版，第 108 页。
④ 韩俊：《中国经济改革 30 年》（农村经济卷），重庆出版社 2008 年版，第 109 页。
⑤ 资料来源：国家统计局：2009 年《中国统计摘要》，中国统计出版社 2009 年版。

村税费体制势在必行。

从 2000 年 3 月开始，旨在减轻农民负担的农村税费改革首先在安徽省试点，接着于 2001 年 2 月开始又在 20 多个省、107 个县推进农村税费改革试点方案。国务院办公厅于 2002 年 3 月 27 日又发出〔2002〕25 号文件，确定河北、内蒙古、黑龙江、吉林、江西、山东、河南、湖北、湖南、重庆、四川、贵州、陕西、甘肃、青海和宁夏等 16 省（自治区、直辖市）为扩大农村税费改革试点省。到 2002 年末，包括自费进行改革的江苏、浙江、上海等省市在内，全国已有 20 多个省市进行了大面积的农村税费改革工作，涉及农村人口 7 亿人。税费改革的主要思路是"三项取消"、"两项调整"和"一项改革"，即取消乡统筹费①、农村教育筹资等；取消屠宰税和统一规定的劳动积累工和义务工；调整农业税和农业特产税（即农业以 1998 年前 5 年农作物的平均产量确定常年产量，实行最高不要超过 7% 的差别税率；农业特产税按照与农业税不重复征收的原则，以略高于农业税的税率因地制宜地征收，并尽可能在一个环节征收）；改革村提留②征收使用办法（凡是由农民上缴村提留开支的，采用新的农业税附加方式统一收取，农业税附加比例最高的不超过农业税的 20%，实行乡管村用）。③ 为了切实减轻农民负担，2004 年中央 1 号文件提出，当年农业税税率总体上要降低 1 个百分点。同时确定在吉林、黑龙江两省进行免征农业税试点，河北、内蒙古等 11 省（区）农业税税率降低 3 个百分点。2005 年中央 1 号文件又提出进一步扩大农业税免征范围，加大农业税减征力度，在国家扶贫开发重点县实行免征农业税试点，在牧区开展取消牧业税试点。当年，全国已有 28 个省（市区）分别宣布取消农业税。2006 年中央 1 号文件宣布在全国范围取消农业税，终结了 2600 多年农民种地缴纳"皇粮国税"的历史。农业税的取消使农民每年减轻负担 1335 亿元，由此保障了农村稳定，增加了农民的收入。

在推进农村税费改革、取消农业税的同时，农村公共服务管理体制改革也全面展开。一是 2000 年以来全国各地纷纷开展乡村撤并工作，并通过"减人、减事、减支"推进乡镇机构精简和职能转化。二是改革农村义务教育体

---

① 乡统筹是指由乡（镇）政府收取的五项统筹费，包括乡村教育费、计划生育费、民兵训练费、乡村道路建设费和优抚费。
② 村提留是指三项村提留的简称，具体包括公积金、公益金和管理费。
③ 黄汉权：《农村税费改革研究》，国家计委宏观经济研究 2001 年度院管课题，第 4 页。

制，对农村义务教育阶段学生实行"两免一补"①政策，解决农民孩子上学难的问题。2005 年国家安排专项资金对 592 个国定贫困县的贫困家庭学生实行"两免一补"，2006 年在西部地区农村全部实行这一政策，2007 年全国农村普遍实行该项政策。三是积极推进新型农村合作医疗制度，解决农民看病贵的问题。2002 年 10 月中央明确指出，要初步建立以大病统筹为主的新型农村合作医疗制度。2003 年新型农村合作医疗制度在一些省份开始试点，到 2005 年底全国有 678 个县（市）开展了新型农村合作医疗制度试点工作，参加新型农村合作医疗制度的农民 17879.66 万人。到 2007 年底，全国有 2451 个县（市）开展了新型农村合作医疗制度试点工作，占全国县市总数的 83.5%，参加新型农村合作医疗制度的农民 72623.7 万人，参合率为 86.2%。②到 2008 年全国普遍建立了新型农村合作医疗制度。为了推进新型农村合作医疗制度的顺利开展，中央和地方政府对参合农民实行补助政策，并多次提高补助标准。四是探索建立农村低保和社会养老保障制度，从制度上解决农村贫困和农民养老难问题。20 世纪 90 年代，山西、上海等一些地方开始建立农村最低生活保障制度的试点，到 1999 年全国实行农村最低生活保障的县市有 1935 个，2003 年达到 2037 个，到 2006 年末全国有 24 个省 2400 多个县市建立了农村最低生活保障制度③。2007 年中央 1 号文件提出，在全国范围内建立农村最低生活保障制度，中央财政对财政困难地区给予适当补助。进入 21 世纪以来，探索建立农村社会养老保障，是从经济发达地区为失地农民建立社会保障开始的。江苏、浙江、北京、上海等省市为解决失地农民的权益保障问题，尝试以土地换保障，帮助农民就业和一次性进入城镇社会保障体系。许多地区还积极探索将农民工社会保障纳入城镇社会保障体系的有效办法。2006 年中央 1 号文件提出，要探索建立与农村经济发展水平相适应、与其他保障措施相配套的农村养老保险制度。2008 年 10 月党的十七届三中全会指出，按照个人缴费、集体补助、政府补贴相结合的要求，建立新型农村社会养老保险制度。按照《关于开展新型农村社会养老保险试点的指导意见（征求意见稿）》，2009 年开始试点，2020 年基本实现全覆盖。

---

① "两免一补"指免除所有学生的学杂费，免除贫困家庭学生的书本费，并补助困难家庭学生寄宿生活费。
② 韩俊：《中国经济改革 30 年》（农村经济卷），重庆出版社 2008 年版，第 259—262 页。
③ 宋洪远主编：《中国农村改革三十年》，中国农业出版社 2008 年版，第 441 页。

· 111 ·

伴随农村税费体制改革，为了加强农业发展和改善农民生产生活环境，国家还健全农业投入保障制度，大幅度增加财政投入，加强农业、农村基础设施建设；健全农业补贴制度，逐年大幅度增加农民种粮补贴、良种补贴、农资综合补贴、农机具购置补贴；健全农产品价格保护制度，稳步提高粮食最低收购价，保护种粮农民收益等等。

至此，一整套新的农村管理制度形成了。和改革前的体制变迁相比，改革开放以来我国农村制度变革，具有诱致性制度变迁特点，完全是农民进行自主选择的结果。在这种制度选择过程中，政府充分尊重农民意愿，顺应市场经济发展需要，在保护促进农业和农村制度创新的同时，相应建立了一套受农民欢迎的公共服务体系。正是有了这种诱致性制度变迁，农村生产力才得到解放，农民生产积极性得以提高，农产品供给日益丰富，农民收入大幅度增长，农村经济社会愈加繁荣。

## 三、农村制度变迁的前景分析

虽然，1978 年以来的制度变迁促进了农村经济社会的巨大发展，农村面貌发生了令人瞩目的变化。但是，由于城乡二元结构所累积的深层次矛盾突出，造成工农业发展差距不断拉大，农业发展滞后；城乡居民收入差距持续扩大，农民收入增长相对缓慢；城乡公共资源分配失衡，农村公共事业发展明显不足。为了解决这些矛盾，必须进一步深化农村改革，积极推进制度创新，切实破除城乡二元结构造成的制度壁垒，促进城乡经济社会向一体化方向发展。

从当前和今后情况看，农村以致全国的整体改革需要着重解决以下几个问题。

### （一）进一步推进农村剩余劳动力转移

当前，"三农"的最根本问题就是农村人口过多与资源财富拥有过少的矛盾。形成这一矛盾的最直接原因，一是在经济结构转变过程中，产业结构转变始终快于就业结构的转变，农业增加值在国内生产总值占比迅速下降时，农业剩余劳动力向外转移缓慢，导致营农收益远低于非农产业的收益；二是在城乡经济结构转换过程中，公共资源、生产要素向城镇流动较快，农村劳动力向城镇流动较慢，形成城市经济发展快，农村经济发展滞后的局面，最终导致城镇居民占有的财富远远高于农村居民。显然，解决这种矛盾的根本办法，就是要加快推进农业剩余劳动力向非农产业转移，推动农村劳动力向城镇转移。

影响农村劳动力在产业、地区和城乡间顺畅转移的主要障碍是城乡二元户籍制度以及依附于户籍制度上的种种社会福利政策。有了城市户籍象征着一种"优越"的社会身份，从就业工资、低保、医保、养老保险、住房租购、到子女上学就业等方面，都优越于农民。农民即使是进城打工，由于不是城市居民户口，根本就无法平等享受城市公共服务，工资水平低，参加社会保障难，即使能参保也远低于城镇居民的水平，子女上学就业也不能享受城镇居民的待遇。从长期发展趋势看，不论是实现工业化、城市化，还是实现国家现代化，必须彻底改革现行城乡分割的二元户籍制度及其社会福利政策，实行城乡统一的户籍制度，建立无差别、无歧视的社会保障体系，让进城农民能充分享受自由迁徙的权利，拥有与城镇居民一样的国民待遇。只有这样，农村劳动力才能向外顺利转移，农民转变为市民的渠道才能没有制度障碍。

**（二）土地利用制度问题**

从 60 年农村制度变迁可以看出，我国土地利用制度经历了三次大的变革：一是在 20 世纪 40 年代末 50 年代初实行了土地改革，将封建地主土地所有制变为农民土地个人私有制；二是 20 世纪 50 年代中期将农民土地个人私有制改造为土地集体所有制；三是 20 世纪 70 年代末以来，在不改变土地集体所有制性质的前提下，将土地的使用权承包给农民，实行家庭承包经营体制。同第二次土地利用制度改革相比，改革开放以来的土地制度变迁基本适应了生产力发展的需要。但是，在现有的土地制度安排下，农民的土地权利仍然不能得到充分体现，农民还没有完全地土地使用权、交易权、收益权。在土地的征占用方面，农村集体所有土地必须通过国家征用转为国有才能进入一级市场，农民根本无法进入土地交易市场。在土地的征占用过程中，政府征地范围过宽，征地补偿标准过低，对失地农民安置人数过少，而土地收益大部分流入各级政府和开发商手中，农民所得只有很少一部分。这样的结果是，大量农民失地后，一方面在城乡二元户籍制度阻碍下难以顺利转化为市民，另一方面又难以获得应有的土地损失补偿，使这部分人变成真正的"三无农民"[①]。在农村土地流转方面，宅基地及地上资产不能跨社区交易，承包地以及宅基地也不能抵押，一些地方乡镇政府和村集体组织违背农民意愿，随意变更甚至撤销农民的土地承包合同，为了招商引资还强制推行土地流转。

面对当前农村土地利用存在的问题，社会各界提出了不同的改革主张。有

---

① 无地、无业、无社会保障。

的主张国有化，有的主张私有化，也有的主张在保持现有土地集体所有制不变的前提下，进一步强化农民的土地承包权利。当前和今后一个时期内，土地利用制度改革的核心问题是保障农民对土地有更加充分的权利。尽管现有法律和政策对保障农民土地承包经营权有了很大的进步，但在土地征占用、土地流转、宅基地及其房产等方面还留下了需要改革探索的空间。笔者认为，今后在现有土地承包关系保持稳定并长久不变的基础上，土地利用制度改革应重点围绕以下几方面展开：一是改革土地征占用办法。严格界定公益性和非公益性用地界限，在不断缩小公益性征地范围的同时，公益性征地也要按市场价格补偿农民。为保障农民的土地交易权，要积极探讨农民集体建设用地直接参与土地市场交易的办法，在建设用地市场交易中，要将农民作为市场交易的重要主体，进行重点培育。无论是公益性还是非公益性土地交易产生的收益应大部分归农民享有。二是进一步完善土地流转政策。随着农村劳动力和人口大量流向城镇，按照依法自愿有偿原则，既要允许也应鼓励农民以转包、出租、互换、转让、股份合作等形式流转土地承包经营权。同时，在完善荒地、林地使用抵押制度的基础上，还要探索耕地、草地承包经营权的抵押办法。三是改革农村宅基地制度。随着农村人口的减少和社会保障制度的建立和完善，在对农民实行"一户一宅"政策的基础上，可考虑从法律上实行农村宅基地私有化，并允许农村宅基地及其建筑物依法自愿有偿转让、出租、互换、继承、抵押等，使农村宅基地及其建筑物逐步市场化。四是建立健全土地市场体系。市场是配置资源最有效的一种机制。促进土地承包经营权流转、建设用地交易等，最有效的办法是培育土地市场，政府的作用是健全土地法规，引导和支持中介服务组织，加强监督和监管，维护土地市场的公正和公平性。

**(三) 农村公共服务体系的建设**

进入新世纪以来，随着农村改革的深入推进和国家财力的增强，农村基本公共服务的覆盖面不断扩大，水平也不断提高。但是，受城乡二元结构的影响，政府在向居民提供公共服务上长期实行"先城后乡、城多乡少、城优乡差"的政策，使得农村社会公共事业既不能适应农村经济社会发展需要，也与城市发展差距越来越大。主要表现是，农村公共服务供给主题缺位，基本公共服务项目缺失严重；农业农村基础设施建设投入不够，路水电气（燃料）等基本设施供给难以满足农民的需要；农村"普九"教育质量较低，农村人口难以享受优质教育资源；农民享受公共卫生资源水平过低，农村医疗卫生公共服务严重不足，农民看病难、看病贵的问题仍未根本解决；农村最低生活保障标准偏低、享受人口过少；农村社会养老保险制度推进缓慢，覆盖面过窄，与城市差距太大。今后，实现城乡统筹发展，改革城乡分割的公共服务体制，重点和难点都在农村，核心是要按照城乡经济社会发展一体化的要求，为农村居民提供最基本的均等化公共服务。所谓公共服务均等化，就是今后政府在为居民提供公共服务上，不论城市居民还是农村居民，都应该在数量和质量上平等相待。就基础设施建设、教育、医疗卫生、养老、最低生活保障、社会救济等公共服务而言，受传统观念和各地财力的制约，城乡之间尚不可能立即实现均等化；但必须制定阶段目标，分步骤实施。比如，在第一阶段政府为城镇提供的基本公共服务农民不一定平等分享，但要实现"有"和广覆盖的目标。第二阶段，随着经济发展和财力的增长，政府为农村居民提供的基本公共服务数量要增加，标准要提高，与城市居民的差距要不断缩小。到第三阶段，要在 2020 年左右基本实现城乡居民享受的基本公共服务均等化。

**参考文献：**

吴敬琏：《当代中国经济改革：战略与实施》，上海远东出版社 1999 年版。

罗汉平：《农村人民公社史》，福建人民出版社 2003 年版。

马晓河：《结构转换与农业发展》，商务印书馆 2004 年版。

黄小虎：《土地与社会主义市场经济》，中国财政经济出版社 2008 年版。

韩俊：《中国经济改革 30 年》（农村经济卷 1978—2008），重庆大学出版社 2008 年版。

宋洪远主编：《中国农村改革三十年》，中国农业出版社 2008 年版。

孙政才主编：《农业农村改革发展 30 年》，中国农业出版社 2008 年版。

马晓河主编：《我国农村税费改革研究》，中国计划出版社 2002 年版。

马晓河主编：《中国的新农村建设与韩国的新村运动》，中国计划出版社 2008 年版。

中共中央宣传部理论局：《纪念党的十一届三中全会召开 30 周年理论研讨会文集》，学习出版社 2009 年版。

农业部产业政策与法规司：《中国农村 50 年》，中原农民出版社 1999 年版。

# 第十一章　工业反哺农业的政策调整思路

进入20世纪90年代中期以后，在进一步对外开放和国民经济持续、健康、快速发展的条件下，我国城乡结构以及工农关系开始发生转折性变化。面对这种态势，胡锦涛总书记在中共十六届四中全会和2004年中央经济工作会议上提出了"两个趋向"的重要论断。为了加深对"两个趋向"的科学认识，有必要考察国际上主要国家和地区工农关系的转换阶段及其政策经验，由此来准确判断目前我国工农业关系所处的阶段，借鉴国际经验，提出政策调整思路，将对全面实现小康社会的战略目标具有重要意义。本文的"工业"和"农业"都是广义的，前者包括非农业部门和城市，后者则包含农业和农村。

## 一、从国际经验看工业反哺农业的阶段界定

一般而言，对一国工业化进程的划分有三阶段、四阶段、六阶段等观点，但国际上通行的是工业化前期、中期和后期"三阶段"论。关于一国工业化进程中工农业关系的演变，国内有的学者将其划分为以农补工、工农自补、以工补农三个阶段[①]，但国际上并无此种划分。工业与农业平等发展的自补阶段，只是一种理论概括，相当于生产者补贴等值（PSE）为零的阶段，现实当中很难找到，即使有，也是短暂的。况且，在工业化过程中，很难找到哪个国家或地区既不反哺又不剥夺农业的中性政策案例。因此，根据工业化国家的实践和我们的研究，本文认为工业化进程中的工农业关系只宜划分为以农补工和以工补农两大阶段。以农补工出现在工业化前期，以工补农始于工业化中期，并向工业化后期延续。

---

[①] 李溦：《农业剩余与工业化资本资本积累》，云南人民出版社1993年版，第239—241页；冯海发：《经济发展与反哺农业》，《学习与探索》1995年第6期，第8—9页；冯海发：《反哺农业的国际经验及其我国的选择》，《经济问题》1996年第4期，第38—39页。

**（一）主要国家工业反哺农业的阶段划分**

工业反哺农业比较典型的国家和地区主要有美国、英国、法国、德国、日本、韩国和中国台湾省。从工业化进程的先后来看，英国、法国、美国、德国和日本为先行工业化国家，而韩国和中国台湾省为新兴工业化国家和地区。其中，美国为资源富裕型国家的代表，其他则为资源短缺型国家和地区。它们进入工业化中期阶段后，便开始调整剥夺农业的政策。在工业化中期阶段，各国反哺农业的政策随着经济的不断发展，都在不断进行调整，由此可划分为转折期和大规模反哺期。到了工业化后期，工业反哺农业进入高级阶段，政策目标、手段、力度和范围都发生了质的变化。

转折期的始点就是刚跨入工业化中期阶段的时间。以钱纳里和赛尔昆等设计的标准国家模式为基准，按照从最不发达国家到最发达国家变化过程完成 1/3 时界定为进入工业化中期阶段，这时国民经济结构的"阈值"为：人均 GNP 超过 200 美元[①]；人口城市化率超过 30.5%；国内生产总值产业结构比重：农业低于 39%，工业超过 21%，服务业超过 32.9%；就业结构：农业低于 52%，工业超过 17.5%，服务业超过 30%；初级产品出口占 GDP 比重低于 10.5%，制成品出口占 GDP 比重超过 5.1%。按照这一标准模式及内含的国民经济结构的定性特征，一些国家和地区大致在以下年代就已进入工业化中期阶段：美国 1900 年、德国 1913 年、日本 1936 年、韩国 1970 年、台湾 1968 年[②]。它们跨入工业化中期阶段后，政策就逐步由以农补工向以工补农转换，期间的一些经济结构值反映了工业化中期阶段的特征（见表 1）。

大规模反哺期主要以各国的社会经济活动和反哺农业政策的突出变化为标志进行大致区分。这是因为国民经济在不断发展过程中，经济结构发生显著变化，多数国家的反哺农业政策也往往会做出明显调整。美国 1929 年发生经济大危机，于 1933 年出台了"1933 年农业调整法案"；二战西欧经济复苏后，英国 1947 年颁布了第一个农业法，德国 1953 年制定"15—20 年农业结构改革规划"，法国 1954 年进入农业机械化时期；战后日本经济的复苏和快速增长，促使政府 1961 年出台"农业基本法"；韩国 1980 年后较大幅度调整了农业政

---

[①] 为 1964 年按汇率换算的美元。

[②] 马晓河、蓝海涛：《工业化中期阶段的农业发展政策研究》，《农业经济问题》1999 年第 8 期，第 15—19 页；台湾的判断见同名的课题研究报告。英国和法国为研究人员目前所作的判断。

表1 工业化中期阶段主要国家和地区转折期的国民经济结构

| 国别 | 时间 | 人均 GNP 美元／人 | 工农 GDP 之比 | 农业劳动力 比例% | 人口城市 化率% |
|---|---|---|---|---|---|
| 美国 | 1900 | 1640 [a] | >60 : 40 [b] | 35 [c] | >40 |
| 德国 | 1913 | n.a | 66 : 34 | 34.6 | n.a |
| 日本 | 1940 | n.a | 68 : 32 | 44.3 | 37.7 |
| 台湾 | 1968 | 210 [d] | 60 : 40 | 40 | 47 |
| 韩国 | 1970 | 289 | 50 : 50 | 50.5 | 41.2 |

资料来源：张赛：《国际统计年鉴（1996 年）》，中国统计出版社 1996 年版；《主要资本主义国家经济统计资料集（1840—1960 年）》；马晓河、蓝海涛：《工业化中期阶段的农业发展政策研究》，《农业经济问题》1999 年第 8 期；麦迪森：《世界经济二百年回顾》，改革出版社 1997 年版；李澂：《农业剩余与工业化资本资本积累》，云南人民出版社 1993 年版；日本农林金库综合研究所：《日本的都市化发展历史及要因——以人口变化为中心》（日中共同研讨会报告），2005 年 2 月。

注：美国、台湾地区的人均 GNP 为 1964 年美元，韩国为 1971 年美元；

a：美国 1899 年当年价格的人均 GNP 为 205 美元，1900 年又高于前者，故作此推断。这时的 205 美元相当于 1964 年的 1640 美元；

b：根据李澂的资料，1890 年代末，美国工农业结构之比 59 : 41，故推测 1900 年应超过 60 : 40；

c：按照 1870 年美国农业就业比重 50%，1913 年 27.5%，进行内插推算而得；

d：根据李澂的资料，推测 1968 年人均 GNP300 美元左右，再按 GDP 指数折算成 1964 年的 210 美元；台湾其他数据为大概数，引自李澂的资料。

策[①]，台湾地区 1974 年实行稻米保证价格制度[②] 等。因此，这些国家和地区进入大规模反哺农业期大致在这些标志性时间前后，它们分别为：美国 1933 年、英国 1947 年、德国 1953 年、法国 1954 年、日本 1961 年、韩国 1980 年、台湾 1974 年。这些国家和地区大规模反哺期的国民经济结构见表 2。

　　表 2 显示，在以工补农的大规模反哺期，主要国家和地区工业反哺农业政策发生了明显变化，此时国民经济结构具有以下特征：一是人均 GDP 在欧美先行工业化国家，在 5000—7000 美元（购买力平价，下同）之间，而在亚洲先行工业化国家和新兴工业化国家或地区则在 3500—4500 美元之间。二是农

---

① 王为农：《先行工业化国家农业发展及其政策比较》，选自马晓河主持的"工业化中期阶段的农业发展政策研究"课题，第 24 页、28 页；黄汉权：《后期工业化国家农业发展及其政策比较》，选自马晓河主持的同一课题，第 38 页、43 页、46 页。以后的相关内容，除特别注明外，均参见马晓河主持的《工业化中期阶段的农业发展政策研究》课题的有关内容。

② 李澂：《农业剩余与工业化资本资本积累》，云南人民出版社 1993 年版，第 260 页。

表2　工业化中期阶段主要国家和地区大规模反哺期的国民经济结构

| 国别 | 时间 | 人均GDP 美元/人** | 农业GDP 比例% | 工农GDP 之比 | 农业就业 比例% | 人口城市 化率% |
|---|---|---|---|---|---|---|
| 美国 | 1929* | 6907 | 9.5 | 74:26 | 21 | >50 |
| 英国 | 1947 | 6306 | 6[a] | 88:12[a] | 5.7[b] | 77.9[a] |
| 德国 | 1953 | 5438 | 9[d] | 84:16[d] | 18.5[c] | 72.6[d] |
| 法国 | 1954 | 5963 | 12[e] | 77:23[e] | 27 | 58.2[e] |
| 日本 | 1961 | 4307 | 13[f] | 75:25 | 31.2 | 63.5[f] |
| 台湾 | 1974 | 3645 | 14.1[g] | 76:24[g] | 30[h] | 66.9[i] |
| 韩国 | 1980 | 4103 | 14.5 | 74:26 | 34 | 57.3 |

资料来源：《主要资本主义国家经济统计资料集（1840—1960年）》；麦迪森：《世界经济二百年回顾》，改革出版社1997年版；冯海发：《经济发展与反哺农业》，《学习与探索》1995年第6期；国家计委统计组：《国外统计资料（1949—1972）》，1973年；《国外经济统计资料（1949—1976）》，中国财政经济出版社1979年版；范爱军：《台湾经济研究》，经济出版社1995年版；李国鼎：《台湾经济高速发展的经验》，东南大学出版社1993年版。

注：* 由于美国1929—1932年爆发经济大危机，国民经济受到重创，虽然1933年出台了农业调整法案，但国民经济结构尚未恢复到危机发生前的正常水平，故在此列出1929年的经济结构值；

** 人均GDP是以货币购买力平价和商品国际平均价格为基础，按照盖里-凯米斯多边比较法得出的1990年美元。

a：1950年数据；b：1949年数据；c：1955年数据；d：用1950—1960年内插法推算的1953年数据；e：按1950—1960年数据内插推算的1954年数值；f：1960年数据；g：1973年数据；h：1975年数据；i：1977年数据。

业GDP的比重在欧美国家一般低于10%（法国例外），而在亚洲国家则低于15%。三是工农业的GDP比重一般在3：1左右。四是农业就业比重在欧美先行工业化国家一般低于27%，而在亚洲先行工业化国家和新兴工业化国家或地区则在30%以上。五是人口城市化率一般在50%以上。

亚洲工业化国家和地区与欧美相比，在人均GDP、农业GDP比重、农业就业比重、工农业GDP比重等指标上存在明显差距。主要原因可能有三点：一是亚洲国家和地区的工业化道路是追随欧美模式的，政府对经济的控制力强，具有赶超意识，故在较落后条件下提前调整了工业反哺农业的政策；二是亚洲国家和地区的人均耕地等农业资源明显低于欧美国家，具有典型的小农经济特征。它们的农业劳动力转移时间晚于欧美，受先行工业化国家技术进步引发的资本替代劳动力的影响，农业剩余劳动力向外转移的速度较慢；三是西欧国家工业化起步早，后被美国赶超，又逢二战拖累，大规模反哺期延迟，导致农业GDP 比重低，工农业 GDP 比例高①。因此，在农业劳动力和农业 GDP 比重较高，而人均 GDP 较低的情形下，亚洲国家和地区大规模反哺农业期会比欧美国家的进程相对提前。

有关研究将生产者补贴等值大于零界定为以工补农阶段；反之，则为以农补工阶段。1986 年印度、泰国、韩国、巴西和澳大利亚的农业 GDP 比重分别为 32%、17%、12%、11% 和 3.9%，各国的生产者补贴等值相应为14%、11%、52%、15% 和 16%，都已跨入工业反哺农业阶段。但在同时，巴基斯坦、阿根廷、墨西哥的农业 GDP 比重依次为 24%、13% 和 9%，按一般经验似乎工业应该反哺农业了。但是，这些国家的生产者补贴等值都为负值，分别为 -20%、-16% 和 -6%②，表明它们还处于以农补工阶段。可见，农业 GDP 结构类似的国家因国情不同却采取了相反的政策或者力度明显不同的政策。资源富裕的澳大利亚农业 GDP 比重为资源短缺的韩国的 1/3，但其生产者补贴等值却不到韩国的 1/3。说明工业是否反哺农业以及反哺到何种程度，不仅与农业 GDP 比重有关，而且与各国的农业资源禀赋和制度环境等因素密切相关。

由此可知，工业反哺农业转折点的国民经济结构特征并没有一个严格、统一、清晰、放之四海而皆准的客观国际标准。只能从工业化比较成功的主要国家和地区，总结出一些带有普遍性的经验值作参考。决定一国工业是否反哺农业、以何种方式反哺、反哺到何种程度，除了参考国民经济结构特征外，还取决于国家的社会经济环境、农业资源禀赋、政策路径依赖、决策层政策偏好、城乡利益集团的力量格局等因素。

**（二）主要国家工业反哺农业的政策选择**

**1. 转折期**

1900—1933 年，美国的农业政策旨在促进农业生产力发展，提高农业生产率。例如，1914 年美国会通过了"史密斯—利弗合作推广法"，规定联邦政府向接受该法的州提供资金；1916 年又通过了"联邦农业信贷法"，决定由联邦政府提供部分资金，成立联邦土地银行，专门为农场主长期贷款；在一战期

---

① 尽管与英国、德国相比，法国的农业 GDP 比重偏高、工农业 GDP 比例偏低，但这与法国属于西欧农业资源相对富裕型的国家有关。

② 冯海发：《经济发展与反哺农业》，《学习与探索》1995 年第 6 期，第 5 页。

间首次对小麦、猪肉两种农产品实行最低保证价格。这一期间，为了农业生产力的发展，联邦政府支持农业的政策重点，主要是建立农业科技推广体系，扩大低息农业生产信贷支持，增加农业教育和技术改造投资，实行对关键农产品的最低保证价格。

一战期间，英国谷物自给率低，把草地、牧场改为耕地，廉价提供农业机械，保证小麦、土豆最低价格。20世纪30年代，政府为了恢复一战后衰落的农业，主要采取重新补贴和保护农业政策；对英帝国自治领地和殖民地谷物进口之外的其他国家农产品进口，一律征收关税并规定进口限制；对大地主征收庄园税和限制租佃金额。二战期间，政府采取一系列支持谷物和农业生产的措施，以缓解食品短缺矛盾。

1913—1945年，德国主要推行"小土地所有制"，实行工农产品价格剪刀差政策。但在二战结束后到20世纪50年代初，为缓解食品短缺的压力，开始加大对农业的投入和支持，重点是增产以保证食品等农产品供应。

二战期间日本为稳定和扩大农业生产，实现粮食自给自足，主要制定自耕农创设计划，向农民发放低息贷款；收购未开垦土地；禁止提高地租，减免高额地租；禁止收回耕地，保护佃农耕作权；实行大米奖售制度等。二战后日本又着手改革农地制度，将征购的地主土地出售给佃农和自耕农，将实物地租改为货币地租；增加开垦和改良土地的投融资；政府一方面压低关键农产品价格并统购统销，另一方面又对其他重要农产品采取最低保证价格；在1950后，改革全国税制，大幅度减轻农业税负；对统购农产品超产奖励。

从1968年到1977年韩国为增加农产品特别粮食供给，对大米、大麦、小麦、大豆和玉米先后都实行了高价收购政策，还普及水稻高产新品种。同时，为了改善农村居住条件、生活环境和生产条件，1970年开始推行大规模的"新农村运动"，政府投入大量资金，改善农村道路、房屋和自来水设施等；这一时期，政府还支持农协向农民提供信贷等服务；鼓励多种经营，因地制宜地建立蔬菜、水果和畜产基地；推广农业机械，对农民购买农机具给予补贴；投资农村基础设施，修建水库、防潮堤、扬水站和引水渠，兴修乡间公路，发展农村电气化。

1968—1974年台湾地区逐步调整以农补工的政策，以促进农业发展。主要是降低化肥销售价格，废除肥料换谷制度；取消"田赋附征教育捐"；放宽农民贷款条件；改善农产品运销制度；加速农村公共投资；推广综合栽培技术；设立农业生产专业区；加强农业试验研究和推广；鼓励在农村设立工厂等。

**2．大规模反哺期**

美国经历大危机后，以 1933 年农业调整法为标志，开始较大规模实施工业反哺农业的政策。主要实行农产品价格补贴和农业生产休耕补贴，提供农产品储存信贷和农业生产信贷，鼓励农产品出口，救济穷人，保护农业资源，有节制地保障农场主收入。

英国二战后大范围实施多种多样的反哺农业政策。加大农业基础设施投资和补贴力度；实行最低保证价格，提高进口关税；购买农机具可得到短期贷款，购买牲畜、土地和农场建筑等可获得中长期贷款；奖励小农场合并，补助退出农业的农场主，补贴鼓励性农业生产项目和改善生产条件的活动费用；设立专门机构推动农业科研、教育和推广工作；大力提高农业机械、作物育种、农用化学、灌溉排水和畜牧品种改良水平等。

德国二战后为推进农业现代化，一是实行土地整理，改善农业结构。依法强制整理土地，将零散土地连接成片；以低息贷款鼓励农户购买相邻地块，促进农户规模升级；资助农户迁往人烟稀少地区建立大规模新农场；鼓励农业劳动力改行或者提前退休。二是提供强有力的农业财政、税收和信贷支持。向农民购买化肥、燃料发放补贴，给予大农场生产投资补贴，政府按"保证价格"收购农民销不动的农产品；提供农业生产信贷支持；给予农林食品业税收优惠。三是增加农业投资。

日本 1961 年推出"农业基本法"后，政府支持农业的范围扩大、力度明显增强了，主要措施是两类：一类是价格支持政策，包括成本与收入补偿、最低保护价、价格稳定带、价格差额补贴和价格平准基金等制度；另一类是投入补贴，包括水利建设补贴、农地整治补贴、机械设备补贴、基础设施补贴、农贷利息补贴等。

韩国 20 世纪 80 年代后，工业化、城市化发展迅速，耕地面积锐减，粮价补贴高昂，国际社会要求开放农产品市场压力增大，这时政府明显调整了反哺农业的政策方式和力度。主要是完善价格支持手段，减少农产品补贴，逐步扩大进口；以关税保护农民利益，积极发展农村工业基地、土特产基地和乡村旅游；向农渔业接班人及专业农民提供资金、技术和信息支持；整治土地，废除耕地所有上限，放宽土地买卖的商业性技术开发，引导农民科学种田；大力发展蔬菜、水果一条龙流通机构和粮食综合加工部门，加快农产品批发和直销市场建设；扶持农产品深加工；拨款支持农村建设现代化生活设施和农业生产基础设施。

台湾地区 1974 年后，以稻米政策为核心的反哺农业政策也出现了转折性变化。首先，1973—1976 年农业政策目标为提高稻米自给率，增加农民收入。主要是设置粮食平准基金，按保证价收购稻米，向稻农提供无息贷款；继续实施农地重划，扩大土地经营规模；制订"农业发展条例"，颁布"农产品交易法"，修订"农会法"。其次，稻米政策从增产转向限产。先实施稻谷限量收购，后改为稻田收购；停办公教人员稻米配售制，并以配售饲料米方式处理过多存粮；补贴稻田转作，按保证价收购转作产品。再次，1976—1981 年继续调整反哺农业政策。主要是限制农地资源转作它用，新建和扩建果菜、家畜市场，开发大都会区卫星新市镇，扩展大中型乡村邮电设施，修建渔港、建设渔村社区，新建乡镇简易自来水厂等。

### 3. 反哺农业政策的共同特征

从上述国家或地区的实践经验看，先行工业化和新兴工业化国家或地区在转折期工业反哺农业具有以下共同特征：一是政策目标以增加农产品产量为中心，粮食安全地位重要。特别是资源短缺型国家高度关注粮食安全目标，目的在于确保快速工业化过程中所需的粮食等农产品供应。二是反哺力度不大、范围较小，形成点状支持。这一时期因国家和地区财力所限，抽取农业剩余和反哺农业并存，有"予"有"取"。尽管需要支持的农业生产领域很多，但有限的资金只能集中用于重点领域，增强主要环节的生产能力。三是政策手段的中心为生产领域支持，兼用稳定价格和关税保护。主要国家和地区都努力提高农业生产能力，投资农业基础设施，给予生产资金支持和投入品补贴，鼓励使用农业机械，促进农业技术研究和推广。采取最低保证价格措施，稳定农业生产。有的国家调整土地资源配置，促进农业生产者和土地有效结合。农产品缺乏竞争力的资源短缺国家，往往利用关税保护等边境措施保护本国农业生产者。四是新兴工业化国家和地区比先行工业化国家提前启动某些农业支持政策。新兴工业化国家和地区进入工业化中期阶段时间晚，但持续时间短。农业发展面临的国际竞争压力大，具有后发优势，因此转折期反哺农业政策的支持点较多、范围较宽，先行国家某些在大规模反哺期实施的政策已提前使用。例如韩国和台湾大量的农业基础设施和农村公共设施投资，都是在工业反哺农业的转折时期开始的，而一般先行工业化国家是在大规模反哺期才开始启动的。

到了大规模反哺期后，主要国家和地区的反哺农业政策主要特征为：一是政策目标以提高长效性的农业生产能力为主，兼顾增加农民收入和保护环境。各国和地区都调整了国家财政收入分配结构，大幅度增加农业和农村基础设施投资或投入补贴力度，整治土地，提高农业机械化水平，目的就是增强长效性的农业生产能力。而各种价格支持政策，一方面刺激农业生产，稳定农产品产量；另一方面又能增加农民收入。一些国家的休耕、转行、退出农业的补贴和保护农业资源政策，既增强了农业生产能力，又避免了农民收入下降和保护了自然环境。二是工业反哺农业的政策种类开始增多、力度加大、范围得到拓展，形成扇面支持特点。各国和地区的反哺政策已从农业生产领域向农产品流通甚至加工领域延伸，资金注入的规模越来越大，各领域的支持政策名目繁多，支持的范围不断扩大，已形成由点到面的扇面形反哺格局。三是政策手段以土地等基础设施投入、农用生产资料补贴、信贷服务和价格支持为主，提升农业现代化水平。大规模反哺期的突出表现就是各国和地区政府大规模投资农业和农村基础设施，改善农业生产和农民生活条件。以农用生产资料补贴方式，降低农业生产成本，提高生产积极性。充分发挥低息贷款的资金威力，缓解农户自有资金短缺的矛盾。策略性地用好价格支持手段，达到刺激生产和稳定农民收入的双重目标。四是资源短缺型国家和地区努力提高土地经营规模，资源富裕型国家开始保护生产能力。像资源短缺型的英国、德国、日本和台湾地区，借城市化加速后农村人口下降的良机，都不约而同地下大力气整治土地，提高土地经营规模。相反，资源富裕型的美国为避免生产过剩，采取休耕补贴等措施，来保护土地生产力。

总之，在工业化中期阶段，尽管从分析角度可分为转折期和大规模反哺期，但在政策实际运行中，工业反哺农业的政策一般都是循序渐进、由点到面、逐步加大力度，只是在到了一定经济发展水平上才会明显加快反哺农业的步伐。总体上看，工业化中期阶段主要国家和地区反哺农业的政策目标是以生产性支持为主，增加农民收入为辅，其中资源短缺国家更加注重粮食安全目标。只有到了工业化后期的发达经济阶段，反哺农业的政策走向稳定与规范，政策目标转向了以增加农民收入和保护自然环境为主。因此，工业化中期阶段的目标决定了工业反哺农业从转折期步入大规模反哺期，政策手段只能以增强农业生产能力的生产环节支持为主，以增加农民收入、改善生活质量和保护环境的政策措施为辅。

## 二、中国经济发展已进入工业反哺农业的阶段

改革开放以来，特别是进入 20 世纪 90 年代以来，我国经济保持持续快速

**表3　改革开放以来我国经济结构变化及国际比较**

| 指标 | 1978 | 1997 | 2003 | 转折期的国际参照值[c] | 大规模反哺期的国际参照值 |
|---|---|---|---|---|---|
| 人均 GDP（美元） | 221 | 737(3570)[a] | 1090(4390)[b] | 200[d] | 3600—6900 |
| 农业 GDP 比重（%） | 28.1 | 19.1 | 14.6 | <39 | 9.5—15 |
| 工农业 GDP 之比 | 1.6∶1 | 2.3∶1 | 3.1∶1 | 1∶1.9 | 3.0∶1 |
| 农业就业比重（%） | 70.5 | 49.9 | 49.1 | <52 | 5.1—32.7 |
| 人口城市化率（%） | 17.9 | 31.9 | 40.5 | >30.5 | 50—79 |
| 城镇恩格尔系数（%） | 57.7 | 46.6 | 37.1 | n.a | n.a |
| 农业各税占财政收入比重[e] | 5% | 5% | 4% | n.a | n.a |
| 初级产品出口占 GDP 比重（%） | 7.4 | 2.7 | 2.5 | <10.5 | n.a |
| 工业制成品出口占 GDP 比重（%） | 7.3(1980) | 17.6 | 28.4 | >5.1 | n.a |

资料来源:《2004 中国统计年鉴》，n.a 为无数据。

a. 括号外数据系按汇率计算而得，括号内数据引自世界银行按购买力平价方法计算的结果（1998 年/1999 世界发展报告，世界银行）；

b. 括号外数据系按官方汇率计算而得，括号内数据为 2002 年数数据，引自世界银行按购买力平价方法计算的结果（《2004 年世界发展报告》，世界银行）；

c. 转折期是指经济发展进入工业反哺农业的转折时期；

d.1964 年美元；

e. 农业各税包括农业税、牧业税、耕地占用税、农业特产税和契税。

增长，社会经济结构发生了很大的变化，并于 1997 年前后进入工业化中期阶段[①]。根据国际经验，在这个阶段，随着工业化的进一步推进，工农关系将发生转折性变化，经济发展也将进入工业反哺农业阶段。通过对 2003 年我国人均 GDP、农业 GDP 比重、产业结构、就业结构、城镇化率、恩格尔系数、农业税占财政收入比重等主要指标的测算，并与国际上可比的参照指标进行比较，表明我国经济发展已经进入了工业反哺农业阶段（见表 3）。

---

[①] 马晓河、蓝海涛:《工业化中期阶段的农业发展政策研究》,《农业经济问题》1999 年第 8 期；王岳平:《中国工业结构调整与升级:理论、实证和政策》,中国计划出版社 2001 年版。

从表3可以看出，2003年我国的人均GDP、农业GDP比重、工农业GDP之比、产值结构、就业结构、城市化率、初级产品和工业制成品出口占GDP比重等基本指标，都已经超过工业反哺农业转折期的国际参照值。进一步把上述指标与大规模反哺期的国际参照值进行比较后发现，已有人均GDP[①]、农业GDP比重、工农业GDP之比、初级产品和工业制成品出口占GDP比重[②]等多数指标，达到大规模反哺期的国际参照值，而就业结构、城市化率等少数指标与参照值相比还有一定差距。这说明我国经济发展还没有完全进入大规模反哺期。

判断我国进入工业反哺农业阶段的主要依据，在于当前经济发展和结构变化具有以下特征。

（1）人均GDP已经超过1000美元，进入中等收入国家行列。按现价和官方汇率计算，2003年我国人均GDP达到1090美元，相当于中等收入国家的水平，许多东部沿海省市已经超过3000美元，个别省市还超过了5000美元。若按照国际货币基金组织的购买力平价方法计算，2002年我国人均GDP已经达到4390美元。这表明我国已从经济总量规模上具备了工业反哺农业的能力。

（2）国家财政收入保持快速增长，财政能力不断增强。进入20世纪90年代以来，除个别年度（1991年）外，国家财政收入保持两位数的年均增长幅度，高于GDP增长速度，从而使国家财政实力不断增强。2003年我国财政总收入达到2.17万亿元，比上年增加2800亿元。2004年财政总收入上升到2.6万亿元，比2003年增加5500亿元。值得注意的是，到2003年农业税在全国各项税收中所占比重已经降到4.4%以下，2004年的比重更低。这表明在历史上对我国工业化曾做出重大贡献的农业税，对目前的工业化和国民经济的作用已经可以忽略不计。

（3）农业在GDP中的份额逐年下降，二、三产业在GDP的比重已占主导地位。20世纪90年代以来，农业在GDP中的份额呈现加速下降的趋势。1991年—2003年的12年间，农业在GDP中的份额下降了9.9个百分点，而相同时间间隔的1978年—1990年，农业在GDP中的份额只下降了1个百分点。

---

① 如果按照世界银行购买力平价方法衡量我国的人均GDP水平，那么该项指标也处于达到国际参照值。

② 尽管大规模反哺期的国际参照值缺乏这两项指标，但由于我国工业制成品出口比重已经达到较高水平，因此，有理由判断2003年我国此两项指标已经达到大规模反哺期的国际参照值。

目前，我国农业在 GDP 中的比重只有 14.6%，二、三产业在 GDP 中的比重高达 85.4%，占主导地位。农业份额的加速下降，是我国进入以工补农阶段的主要象征之一。

（4）非农产业就业持续增长，农业就业比重发生了转折性变化。1997 年，我国农业部门就业的劳动力占全社会就业的比重首次下降到 50% 以下，2003 年为 49.1%。这表明了我国就业结构开始发生转折性变化，标志着非农产业取代了农业成为就业的主体。

（5）城镇化进程不断加快，城镇人口比重大幅度提高。分阶段看，1978 年—1997 年，我国城镇人口比重从 17.9% 提高到 31.9%，年均提高 0.7 个百分点；1998 年—2003 年，城镇人口比重从 33.4% 提高到 40.5%，年均提高 1.4 个百分点，增长幅度是前者的 1 倍，说明我国城镇化已经进入快速成长时期，以城镇化和城市经济带动农业、农村经济发展的阶段已经到来。

（6）恩格尔系数大幅度下降，城乡居民消费结构进一步升级。1991 年—2003 年，城镇居民的恩格尔系数从 53.8% 下降到 37.1%，下降了 16.7 个百分点；农村居民的恩格尔系数从 57.6% 下降到 45.6%，下降了 12 个百分点。恩格尔系数大幅度下降，反映了城乡居民生活质量的提高，消费结构的明显升级，这为制造业和服务业的进一步发展提供了更大的需求空间，也为农业劳动力转移和农业现代化创造了条件。

（7）工业制成品出口比重大幅度提高，工业竞争力不断增强。1978 年—2003 年，工业制成品出口比重由 49.9% 提高到 92%，而初级产品出口比重则由 50.1% 下降到 8%。工业制成品出口份额的上升表明我国工业竞争力得到提高，工业化的继续推进对初级产品出口的依赖已经大大减少，说明农业对工业化的外汇贡献已微不足道。

综上所述，我们可以得出这样的判断：现阶段我国经济发展已经跨过工业反哺农业的转折时期，正在逐步进入大规模反哺期，但距离全面、大规模反哺农业期还有一定差距。从总量指标和结构指标特征看，我国总体上已经具备了工业反哺农业的条件和能力。因此，在这个时期从农业少取、多予是一种大趋势。

## 三、相应的政策调整建议

随着我国经济发展进入工业反哺农业阶段，国民经济和社会发展的相关政策措施也应进行相应调整。实际上，从近年国家对农业实行"两免、三补"，增加对农业和农村公共品的财政投入等做法来看，我国的政策已经出现了工业反哺农业的趋向。为了从政策层面更好地处理国民经济与"三农"的关系，试提出以下几点思路和建议供参考。

**（一）以工补农的政策调整**

（1）进一步提高认识，从思想上高度重视农业这个弱势产业和农民这个弱势群体。从国际经验看，国民经济由农业哺育工业阶段进入工业反哺农业阶段后，既是社会经济结构快速转型时期，也是一个容易忽视"三农"问题、导致各种矛盾凸显的时期。在这个特殊时期，如果不能处理好"三农"问题，工农差距、城乡差距的趋势得不到有效遏制，导致农民在工业化进程中被"边缘化"，不仅会妨碍社会经济结构的转型，甚至会影响到社会的稳定。我国是世界上最大的二元结构经济体，由于工农差距、城乡差距所导致的不稳定隐患要比其他国家大得多。农民是社会稳定的重要力量，农业是稳民心、安天下的战略产业。我们必须从思想认识上高度重视农民群体和农业发展，从落实科学发展观、构筑和谐社会的要求出发，真正把"三农"问题作为各级党委和政府工作的重中之重，从宏观政策上全面落实对农业多予、少取的政策，努力改善农民的生产和生活环境，使他们和城镇居民一样拥有平等的生存权和发展权，真正成为工业化、城市化的积极参与者和成果享有者。

（2）适度调整国民收入分配结构，加大财政对农业投入的力度。工业反哺农业是一种政府行为。实现工业反哺农业，必然要求增加国家财政对农业、农村的投入。为此，应该积极合理地调整国民收入分配结构，加大对"三农"的投入力度，建立国家对农业投入的稳定增长机制。不过，需要提醒的是，由于我国经济发展刚跨越了工业反哺农业的转折时期，正在向大规模反哺农业时期过渡，现阶段国民收入分配结构的调整应该是一种渐进式调整，即工业反哺农业需要量力而行，逐步增加，实现可持续性增长。切忌忽视经济发展阶段，超越政府财政承受能力，对三农实施过度补贴。从国际经验看，发达国家在工业反哺农业阶段，对农业的补贴也不是一步到位，而是经历一个从少到多、由点到面逐步增加的过程。

（3）循序渐进，有重点地实施对农业的补贴。国际经验表明，不同国家因资源禀赋差异，在经济发展进入工业反哺农业阶段后的不同时期，对农业补贴目标是不一样的。以资源短缺型国家为例，在经济发展刚刚进入工业反哺农业阶段，农业补贴的主要目标是增强农业生产力，即通过有重点、有选择的补贴，支持农业产业发展，为迅速增长的工业提供食品和原料，促进经济结构快速转换，保证工业化的顺利进行。而在工业化中后期或工业化基本完成时期，农业补贴的目标为产业目标和收入目标并重，即通过全面、大规模的补贴，促进农业产业发展，缩小城乡收入差距，实现工农和城乡协调发展。

我国是一个资源短缺型国家，目前的经济发展水平决定了现阶段农业补贴的目标主要是以保障粮食（农业）安全为主，并以安全目标带动农民收入目标。补贴的力度只能是有重点的逐步增加补贴，即对重点品种（小麦、玉米、稻谷、大豆）、重点地区（粮食主产区）和重点人群（种粮农民）进行补贴。在此基础上，如果财力允许，还可进一步加大对农村公共品的财政支出，给农民提供更多的公共服务产品，特别是提高对落后地区和弱势人群基本公共品的供给水平（水电路、教育、卫生、社保），满足他们最基本的生存和发展需要。当工业化进入到后期阶段，随着国家经济实力的进一步加强和农村人口的大幅度减少，农业补贴的目标即可转为农业发展和农民收入多重目标，补贴的力度可以做强，范围可以做大，面可以做广。

**（二）加强制度建设的若干建议**

制度建设的目标是为工业反哺农业和国民经济结构调整提供制度保障。工业反哺农业不仅仅是增加财政投入，还包括改革和消除所有歧视农民和不利于农业发展的政策，建立公平合理的制度，平等地对待农民，确实保护农民的合法权益。现阶段要落实好工业反哺农业，必须重点抓好以下制度建设。

（1）改革户籍管理制度。要按照公平的原则，以降低农民进城门槛、加强农民工权益保护为重点，改革户籍制度及其与之挂钩的上学、就业、住房、医疗和社会保障等一系列福利体制，使城乡居民都能够享受同样的权利和福利，促进劳动力要素在城乡之间合理自由流动，加快工业化、城镇化进程，用以城带乡解决三农问题。

（2）深化农村金融体制改革。要调整现行城市偏向的金融制度和资金供给政策，建立与工业反哺农业阶段相配套的金融制度和政策安排，改善农村金融服务普遍供给不足的状况，缓解农民贷款难问题。主要思路：一是降低农村金融市场的准入条件，积极引导商业银行进入农村开展金融服务；二是进一步深化和完善农村信用社改革，积极探索适合当地发展的农村信用社改革新模式；三是积极稳妥地支持民间金融、特别是非正规金融市场的发展，形成正规金融和非正规金融相结合的有序竞争格局。

（3）完善农村土地征占用制度。低价强制征占用农民耕地是我国工业化阶段工业抽取农业资源的一种形式，它虽然大大降低了工业化和城市化的成本，但也对农民的权益造成了极大的侵害。当前，工业反哺农业体现在"少取"方面，就是要少用低价强制方式征占用农民耕地，多用合理的土地价格补偿农民。若不这样，就不会有真正的工业反哺农业。为此，必须加快改革土地征占用制度，保护失地农民的合法权益。第一，要明确界定政府的土地征用权和征用范围，并严格区分公益性和经营性用地；第二，提高公益性用地的补偿标准，搞好"以土地换保障"工作，同时还要建立经营性用地的市场定价机制；第三，引入听证制度，强化社会监督机制，提高土地征用市场的公开性和透明性；第四，完善土地占用审批管理制度，废除土地占用审批权与土地占用费收益挂钩的做法，打破批地越多、预算外收益越多的不合理机制。

（4）改革城乡社会保障制度。根据工业化进程，分两步走改革城乡社会保障制度：一是目前按照低水平、广覆盖、有保障的原则，初步构建最基本的农村基本养老保障、基本医疗保障、最低生活保障和规范化的政府救济制度，使农村社会保障从"无"到"有"。二是到工业化中后期，可逐步提高农村社会保障标准，缩小城乡社会保障差距，形成一体化的城乡社会保障制度，实现从"有"到"城乡一体化"的过渡。

（5）因地制宜，合理划分各级政府在工业反哺农业中的职责。工业反哺农业不仅仅是中央政府的责任，地方政府也有义不容辞的义务。要根据财权、事权相匹配和外部性大小的原则，合理界定中央、省、市、县各级政府的职责，发挥各级政府在工业反哺农业中的作用。当然，不同地区的经济发展条件和水平不同，其反哺农业的职责也应有所区别。对于少数经济发达的东部沿海省市，不仅要明确省市政府承担省市财政反哺农业的主体（相对于中央政府而言，地方政府是"反哺"政策的直接受益者），而且还要强化它们通过横向转移支付补贴落后地区反哺农业的责任。理由是：东部沿海省市大都处于下游地区，是中西部地区劳动力转移的接收地，是义务教育外溢和中上游地区生态环境建设的受益者，应该对中西部地区义务教育和生态环境建设承担一定的责任。对于经济落后、财政比较困难的地区，要通过垂直转移支付，加大中央财政对地方财政的支持力度，有效地支持这些地区的政府履行好反哺农业的职责。

**参考文献：**

李溦：《农业剩余与工业化资本资本积累》，云南人民出版社 1993 年版。

冯海发：《经济发展与反哺农业》，《学习与探索》1995 年第 6 期。

冯海发：《反哺农业的国际经验及其我国的选择》，《经济问题》1996 年第 4 期。

马晓河、蓝海涛：《工业化中期阶段的农业发展政策研究》，《农业经济问题》1999 年第 8 期。

王为农：《先行工业化国家农业发展及其政策比较》，选自马晓河主持的《工业化中期阶段的农业发展政策研究》课题。

黄汉权：《后期工业化国家农业发展及其政策比较》，选自马晓河主持的《工业化中期阶段的农业发展政策研究》课题。

王岳平：《中国工业结构调整与升级：理论、实证和政策》，中国计划出版社 2001 年版。

马晓河：《结构转换与农业发展》，商务印书馆 2004 年版。

霍利斯·钱纳里等：《发展的格局 1950—1970》，中国财经出版社 1989 年版。

H·钱纳里等：《工业化和经济增长的比较研究》，上海三联出版社 1996 年版。

麦迪森：《世界经济二百年回顾》，改革出版社 1997 年版。

《日本的都市化发展历史及要因——以人口变化为中心》（日中共同研讨会报告），2005 年 2 月。

# 第十二章　该如何发展现代农业

2006 年中央一号文件指出，"十一时期是社会主义新农村建设打下基础的关键时期，是推进现代农业建设迈出重大步伐的关键时期，也是农村全面建设小康加速推进的关键时期"。2007 年的中央一号文件指出，"发展现代农业是社会主义新农村建设的首要任务，是以科学发展观统领农村工作的必然要求"。如何深刻领会现代农业的内涵，准确把握发展现代农业与开展社会主义新农村建设的关系，正确分析发展现代农业面临的问题，并将中央的部署落到实处。对此，试提出以下看法和认识。

## 一、中国需要走什么样的农业现代化道路

现代农业是相对传统农业而言的，它是工业化达到一定阶段后的必然产物。现代农业是以资本、物质和技术等先进要素为基础，对传统农业进行改造，以工业化的生产手段装备农业，以先进的科学技术提升农业，以社会化的服务体系支持农业，以科学的经营理念管理农业，最终推动农业增长方式转变。从现代农业的发展过程看，现代农业建设就是要实现科学化、集约化、市场化和产业化。从现代农业的发展结果看，现代农业发展就是要实现农业的高产、优质、高效、生态、安全和可持续发展。

现代农业发展是一个动态过程，现代要素替代传统要素也是在不断变化的。每一次产业革命内容不同，现代要素替代传统要素的内容也不尽相同。就当代而言，现代要素替代传统要素就是要用像化肥、农药、农膜、灌溉、良种、农机、电力和生物技术、信息技术，甚至是航天航空技术等要素，替代以畜力、人力以及半机械手段等为主的传统要素，改变农业的"低投入、低产出"和自给半自给自足状态，在种植业、养殖业、农产品加工及流通业和其他相关领域，进行现代化的生产和经营方式改造，以提高劳动生产率，提高土地生产率，增加农民收入。

发展现代农业是一个历史趋势，也是世界的一个潮流。从世界发达国家的实践经验看，由于各国的资源禀赋不同，发展现代农业的模式也不相同。

　　比如像美国、加拿大、澳大利亚等国家，经济发达，资源丰富，劳动力短缺。这些国家发展现代农业，实现农业现代化，都走了一条用资本技术替代劳动，提高劳动生产率，实现规模化经营的道路。相反，对于人多地少、农业资源相对短缺的国家或地区，比如荷兰、以色列、日本、韩国和我国的台湾地区，在经济发展取得成功之后，一般都以资本技术替代土地、水等稀缺资源，提高资源利用效率，走集约化经营的道路。世界发达国家或地区实现农业现代化的两种模式告诉我们，发展现代农业，不但能适应大农场、大规模的农业，而且也能适应家庭小规模农业。对中国而言，全国绝大部分地区人口众多，农村劳动力相对富余，而土地、水等资源高度稀缺。要想在有限的资源空间上增加产出，提高农民收入，就必须将有限的资本、技术投入用到提高土地的产出率和水资源的集约利用方面，而不是用来替代劳动投入，使农业劳动力更加剩余。因此，我们只能选择用资本技术替代土地、水等稀缺资源，走资源集约化为主的道路。

　　在中国，积极发展现代农业既有客观必然性，也具备了现实条件。目前，我国农业正处于从传统生产方式向现代生产方式转变的关键时期，面对工业化和城市化的强大需求，在资源和环境的双重约束下，我们只有加快农业生产手段、生产方式和经营理念的现代化，才能突破资源和环境的瓶颈，既能提高土地的生产效率，生产出量大质优健康的农产品，保障工业化和城镇化所需要的粮食以及食品安全；又能提高资源利用效率和可持续发展能力，为社会提供多功能产品；同时还能实现农业的优质化和高效生产，保证农民增加收入。现阶段，我国已经具备了加快现代农业建设的基本条件和能力。一是我国工业化已经进入中期阶段，人均 GDP 达到 2010 美元，从经济规模上已具备了加快现代农业建设的能力。2006 年，全国非农产业占 GDP 的比重已上升到 88.3%，非农业劳动就业份额达到 57.4%，城市化水平 2006 年也达到 43.9%，这些结构性指标反映出，我国工业化和城镇化已经到了不但不依赖于农业的积累实现快速发展，而且还完全可以用“以工促农、以城带乡”的形式，反过来支持农业转变增长方式，进行现代农业建设。二是 20 世纪 90 年代中期以来，我国的财政收入保持着持续快速的增长趋势，特别是近年来财政收入每年以 5000 亿元的增加幅度向上增长，2005 年全国财政收入达到 3.16 万亿元，2006 年 3.87 万亿元。今年前 7 个月全国财政增收月月超过 1000 亿元，年底财政总收入有望突破达到 5 万亿元。这说明国家公共财政支持现代农业建设的能力在明显增强。三是目前我国已从“双缺口”进入到明显的“双过剩”时期，外汇储备超过万亿美元，达到 13850 亿美元，人民币储蓄存款超过 37 万亿，存差接近 12 万亿元。社会资金的剩余，表明我国完全可以利用金融资本市场推进现代农业的建设。

## 二、发展现代农业与新农村建设的关系是什么

党的十六届五中全会提出了建设社会主义新农村的 20 个字 5 句话，前两句是生产发展、生活富裕。在新农村建设中要想实现生产发展、生活富裕，首先就要推进现代农业的发展。在现阶段，农业既要为经济社会发展提供越来越多、越来越好的食品，又要满足工业化对农产品原料的需求，既要向社会承担生态保护、观光休闲和历史文化传承等功能，又要为农民就业和增收提供必要的保障。发展现代农业就是要又好又快地实现粮食增产、农民增收和多功能发展的目标。这是实现生活宽裕的重要途径，是实现乡村文明、村容整洁、民主管理的关键所在和重要物质基础。可以说，现代农业建设进程快慢、成果大小，都决定着新农村建设的进程和成效。因此，积极发展现代农业是新农村建设中的主体内容，也是新农村建设的首要任务。没有现代农业发展就谈不上新农村建设，没有现代农业建设，新农村建设也就失去了重要的产业支撑。

社会主义新农村建设的核心是要解决中国的"三农"问题，而农业发展始终是我国"三农"问题中的重中之重。通过现代农业建设，在农业领域不断引入先进的物质技术要素和现代人力资本，对既有的生产方式和组织方式进行变革，就是要从根本上解决农业发展滞后，难以适应工业化和城镇化的需要。在现阶段，大力推进新农村建设，就是要按照科学发展观的要求，实行城乡统筹、工业和农业统筹发展。因为，在今后几十年里，中国经济要想继续保持又好又快的发展，要想实现全国的现代化，仅仅依靠工业的现代化和城市的现代化是远远不够的，还必须实现农业和农村的现代化。没有农业和农村的现代化作为支撑，工业和城市的现代化就缺乏牢固的物质基础，经济也很难实现又好又快的发展。因此，发展现代农业不但是新农村建设的主体内容，也是统筹工农、城乡发展的基本前提和物质保障。从现在起，必须从宏观战略上重视工业与农业、城镇与农村的发展关系，适度加快现代农业建设步伐。只有这样，才能将社会主义新农村建设乃至统筹城乡发展落到实处。

## 三、发展现代农业需要注意哪些问题

目前，中国农业实现现代化有以下几个问题应引起重视：一是制约农业现代化的最大因素是农村剩余劳动力转移和增加农民收入问题。从国际经验看，一个国家或地区只有将农业部门的大量剩余劳动力转移出去，农业才有条件实现现代化。但是，当前我国农业还存在着一亿多的剩余劳动力，在城市和工业无法吸纳这些劳动力的条件下，面对滞留在农村的剩余劳动力，农业是无法实现现代化的。此外，实现现代化需要大量资金投入，而由于农业部门劳动力过多，人均占有资源过少，农民的收入水平也无法提高，农民没有能力购买现代物质技术要素，农业现代化将无从谈起。

二是现代化有可能引起农业的高投入、高成本和高价格，从而降低中国农产品的比较优势。实现农业现代化，最根本的一条是要用现代物质要素和技术要素去替代传统要素。但是在人多地少的情况下，这种较高的现代要素投入替代必然会引起生产成本的不断提高，最终会迫使农产品价格也跟着上涨。可想而知，当农产品价格水平上涨超过国际市场水平时，我国农业的竞争优势就会随之消失。因此，在今后的现代化过程中，怎样避免高投入引起的高成本进而造成高价格，这是一个需要认真研究的难题。

三是农业现代化要循序渐进，不能搞行政命令。现代化是一个动态过程，这个过程需要农业内部和外部不断积累条件去实现要素的替代。如前所述，只有工业化达到一定阶段后，大规模的农业现代化才能开始，而目前我国农民人均纯收入水平每天刚刚超过 2 美元[1]，用联合国的标准衡量刚越过贫困阶段。在这种收入水平下，中国农业没有条件全面实现现代化。如果人为过早地大范围推进现代化，还可能会加重农民负担。因此，当前中国农业现代化应从重点领域和部分地区开始。比如，现代化可以从农业的基础设施和服务体系现代化开始，以此带动农业整体的现代化；还有在农民收入水平还不高的情况下，可由政府引导推动粮、棉、油以及规模养殖等方面的现代化。分地区看，我国确实有少部分省市已经具备了农业基本现代化的条件，比如 2009 年全国人均GDP3730 美元，而上海达到 11450 美元、北京 10070 美元、天津 9130 美元、浙江 6490 美元、江苏 6470 美元、广东 5960 美元以上。这些地区完全有条件优先推进农业现代化，这有利于为其他地区乃至全国农业现代化提供经验和示

---

[1] 2009 年全国农村居民人均纯收入 5153 元，折合 755 美元。

范。从地区空间资源优势看，东北、西北和南部地区的农业现代化推进模式恐怕是不一样的。

四是农业现代化所需要的大量投入，不能错误地认为应该全部由农民自己支出。在农业现代化过程中，有许多投入是公共品，按照著名经济学家舒尔茨的观点，这些公共品投入成本要远大于收益，任何私人企业一般都不愿进行投资，此时政府应该担负起农业公共品投入的责任，帮助农民办一些他们没有能力或不愿意干的公益事业。

五是在农业现代化过程中，用现代要素替代传统要素，要注意生态环境保护和农业的多功能性。毫无疑问，传统投入、传统生产方式产量低，效益不高，难以适应市场化的需要。但是，并不是所有的现代投入和生产方式对社会经济发展都有利。一个极端的例子，比如瘦肉精、性激素、膨胀剂、色素等都属于现代投入，可是这些投入使用不当会污染环境、损害人身健康；最具现代要素代表特征的化肥、农药、薄膜等，合理科学地使用可提高农产品产量，但使用过量就会污染土地，造成农产品中农药、硝酸盐等残留严重超标。因此，农业现代化和农业的可持续发展之间的关系，并不总是正相关关系，有时还有负效应。在进行农业现代化过程中，一定要处理好两者关系，避免因现代化对农业资源的可持续利用带来任何损害，造成农业功能过度单一的恶果。

## 四、如何把现代农业建设落到实处

现代农业建设是一项系统工程，涉及方方面面的工作。因此，在今年的一号文件中，中央已经作出了重大部署。全国各地一定要坚决贯彻落实中央一号文件精神，积极发展现代农业，扎实推进社会主义新农村建设。

首先，要加大农业投入，科学整合财政公共资源，为现代农业建设提供资金支持。现代农业是以高投入、高产出和高效率为特征的。增加农业投入是发展现代农业、强化基础设施建设的迫切需要。必须坚决执行今年中央一号文件提出的"三个继续高于"和"一个主要用于"的投入政策。2007 年，中央规定财政支农投入的增量要继续高于上年，国家固定资产投资用于农村的增量要继续高于上年，土地出让收入用于农村建设的增量要继续高于上年。建设用地税费提高后新增收入主要用于"三农"。在"三农"投入增加后，要重视增加现代农业建设的投入，加强农业基础设施建设。各级地方政府还要充分利用近几年财政收入增长幅度快、社会资金剩余量大的形势，开辟增加农业投入的新渠道，鼓励社会力量和农民积极参与现代农业建设。对于资金使用分散问题，要科学合理地整合投资，提高资金使用效率。向农业投资时，各涉农部门要上下加强通气、互相协调，根据统一的部署安排资金；资金到达基层后，要组织专门机构，将资金集中整合起来，依据现代农业建设规划，对农业基础设施进行集中连片改造和建设，防止"天女散花"；在开展现代农业建设中，国家可以采取灵活多样的支持方式，比如实行以物代资、以奖代补和先建后补的方法，支持农民开展农田水利基本建设。

其次，要不断提高农业科技研发能力，增加农业科技推广的支持力度，为现代农业建设提供技术支撑。在大幅度增加农业科技投入的前提下，重建农业科技创新体系，加强国家基地、区域性农业科研中心的建设。可以设立和不断增加现代农业科研专项，支持重大现代农业的科技项目。同时，还要继续增加农业科技成果转化和推广资金，建立乡村级农民技术员队伍，树立科技示范农户，组织培训农民，引导农业科技新成果进村入户。开展现代农业建设，要针对我国国情，高度重视土地、水以及环境等资源节约型技术的推广利用，充分借助生物技术、信息技术、航天航空技术和电子机械化设施技术，大力支持节地、节水、节能、节肥、节药和环境保护技术的应用，走农业的高产、优质、高效和可持续发展道路。

再次，要继续加强农业基础设施建设，为现代农业发展提供牢靠的物质基础。加强基础设施建设，不断改善农业的设施装备条件，是发展现代农业的首要内容。农业投入增加后，要首先将资金重点投向基础设施领域，搞好大型农田水利设施的新建、续建和配套工程建设，支持中小型农田水利设施建设；进一步搞好农业综合开发，积极支持土地平整、土壤肥力改造和高标准农田建设。同时，还要鼓励农民积极发展现代设施农业、生态农业、休闲农业、生物质产业和新型农产品加工业；利用公共财政，调集社会力量，建设现代流通设施和新型流通业态，努力发展和完善农产品市场，积极培育农村要素市场，推进现代农业发展。

最后，构建现代农业服务体系，为现代农业建设提供组织保障。在发展现代农业过程中，政府有计划有步骤地建立农业公共服务体系，为农业、农民提供必要的公共产品，无疑是重要的。同时，发展农业专业合作经济组织和行业协会，也是现代农业建设的一项重要工作。积极鼓励和支持农民发展合作经济组织和行业协会，有利于提高农业的组织化程度，提高农业的市场竞争力，还能保护农民的合法权益。各地一定要认真贯彻农业专业合作社法，从培训、登记、财会制度、财政、税收以及金融政策等方面，扶持农民按照自愿参加、共同经营、民主管理和收益返还的原则，自主发展生产合作、营销合作、信息服务、技术培训等专业合作经济组织，以更好地为现代农业发展服务。

# 第十三章　"三农"政策变化与新农村建设

## 一、当前中国的"三农"政策及农村形势变化

进入 21 世纪以来，中国在处理农业、农村和农民问题上，视角已从微观转向了宏观，手段从单向转向全面系统，政策对象从农业转向"三农"。总结近几年来政府在三农方面采取的政策，可以概括为五个字：调、减、投、改、转。

### （一）调：积极支持农民调整农业生产结构

在加入 WTO 时，中国政府在农业及农产品市场准入方面的承诺是很大的，比如：减让农产品进口关税；逐步扩大小麦、玉米、大米、棉花、豆油、糖、棕榈油、菜籽油和羊毛（含毛条）等大宗农产品的市场准入量；降低国营企业对大宗农产品的贸易比例，不断提高非国营企业的贸易比例；取消出口补贴；限定国内农业支持政策；允许外资外商进入农业服务领域等等。[①] 为了防止加入 WTO 对农业和农民带来冲击和影响，政府鼓励和支持农民调整农业结构，这主要表现在几个方面：一是号召农民发展优质、专用农产品生产，支持农民建立优质农产品生产基地；二是鼓励农民发展农业产业化经营，支持农产品加工业和流通服务业的发展；三是实施了大面积的退耕还林还牧政策，支持退耕还林 900 万公顷，荒山荒地造林 1227 万公顷，支持保护了 9333 万公顷天然林等。

### （二）减：减轻农民负担，取消农业税

从 2000 年 3 月开始，旨在减轻农民负担的农村税费改革在安徽省试点，接着于 2001 年 2 月开始又在 20 多个省、107 个县推进农村税费改革试点方案。2002 年 3 月 27 日国务院办公厅发出〔2002〕25 号文件，又确定在河北、内蒙古、黑龙江、吉林、江西、山东、河南、湖北、湖南、重庆、四川、贵州、陕西、甘肃、青海和宁夏等 16 省（自治区、直辖市）为农村税费改革试点省。到 2005 年末，全国 31 个省市区全部实施了农村税费改革试点。

---

① 马晓河：《结构转换与农业发展》，商务印书馆 2004 年版，第 220 页。

中央确定的主要改革思路是，三取消（乡统筹费①、农村教育筹资等，专门面向农民征收的行政事业性收费和政府性基金、集资；取消屠宰税，取消统一规定的劳动积累工和义务工）、两调整（调整农业税和农业特产税）、一改革（改革村提留②征收使用办法）。2004 年，国家确定在吉林、黑龙江两省进行免征农业税试点，河北、内蒙古等 11 省（区）农业税税率降低 3 个百分点，其余省（市区）农业税税率降低 1 个百分点，2005 年全国 28 省（市区）免征农业税，2006 年 1 月全国各地农村全部取消了农业税及其农业税附加。

2006 年取消农业税后，与 1999 年相比，农民每年减轻负担 1250 亿元，人均减负 140 元。为保障农村税费改革进行，中央财政从 2000 年到 2005 年累计转移支付资金 1830 亿元，2006 年又将安排 780 亿元（地方财政安排 250 亿）。

**（三）投：大幅度增加"三农"投入**

近几年，中央大幅度地增加了"三农"投入。从 2003 年到 2005 年，中央财政和国债资金用于"三农"的资金投入由 2141 亿元增加到 2975 亿元，增长了 39%。2006 年，中央财政用于三农的资金达 3397 亿元，比上年增加 422 亿元。在这些投入中，有些直接改善了农民生产生活条件。比如"六小工程"，中央政府用于节水灌溉、人畜饮水、乡村道路、农村沼气、农村水电、草场围栏等方面的预算内固定资产和国债资金，从 2001 年的 150 亿元增加到 2005 年 288 亿元。有些直接降低了农民的生存成本。为了从根本上解决农村行路难和饮水难的问题，"十一五"期间，国家将分别投资 1000 亿元和 200 亿元，2006 年分别投资 175 亿和 40 亿。为了支持农民增加收入，从 2004 年开始中央财政从粮食风险基金中拿出 116 亿元，对种粮农民直接补贴。2005 年补贴资金增加到 132 亿元，今年又增加到 142 亿元。为了应对农业生产资料价格上涨，2006 年中央财政拿出 124 亿元对农民实行补贴。另外，中央财政还安排资金 70.9 亿元，对农民购买良种和购置农机具进行专项补贴。在农村公共服务方面，重点解决农民上学难、看病难问题。2005 年中央和地方政府安排专项资金 70 亿，对 592 个贫困县的贫困家庭学生实行"两免一补"（免除学杂费、书本费，补助寄宿生活费），2006 年西部地区农村全部实行这一政策。另外，到 2006 年 3 月，由中央支持的新型农村合作医疗制度试点范围达到 1369 个

---

① 乡统筹是指由乡（镇）政府收取的五项统筹费,包括乡村教育费、计划生育费、民兵训练费、乡村道路建设费和优抚费。
② 村提留是指三项村提留的简称,具体包括公积金、公益金和管理费。

县（市、区），占全国47.83%，覆盖人口4.7亿人，占全国农村人口53.44%。2006年中央投入50亿元用于该项试点，中央财政给予中西部地区（市辖区以外）参加合作医疗的农民每人每年补助标准由上年的10元提高到20元，地方政府也相应从10元增加到20元，农民个人出10元不变。

**（四）改：改革制约农业农村发展的体制**

主要在三方面进行了改革：一是进一步改革完善了粮食流通体制。2004年全面放开了主产区的粮食收购市场，并对稻谷实行最低收购价政策。二是为配合农村税费体制改革，也对农村基层管理体制进行了改革。为了减轻税费改革后基层政府财政支出的压力，一方面许多省（区）实行了撤乡并镇甚至并村的改革，从2000年到2004年全国乡镇数由43735个减少到36952个，行政村由734715个减少到652718个；另一方面对乡镇政府进行了合并机构、压缩编制、裁减冗员的改革。三是加快了农村金融体制的改革。首先对农村信用社按照按三种产权制度（股份制、股份合作制和合作制）、四种形式（股份制银行、县级信用联社、县乡镇各为联社和兼并重组方式）进行了大面积的改造；其次从政策上承认和支持民间金融组织存在，并鼓励农村金融多元化。还有，中央政府支持在部分省份开展农业政策性保险试点工作。

**（五）转：支持农村剩余劳动力向外转移**

为了促进农村剩余劳动力转移，国家采取了三方面的政策：一是鼓励有稳定职业、稳定收入来源和固定住所的进城农民转为市民，将一部分失地农民转为市民。受此政策的鼓励，2000年以来，农业劳动力从36043万人降到35269万人，占全部劳动力比重也由50%下降到46.9%，城镇人口也由45906万增加到54283万人，城市化率由2000年的36.2%上升到2004年的41.8%。二是设立"阳光工程"，建立支持农民进城打工培训的长效机制。从2004年开始，由中央和地方政府共同出资补助，实施农村劳动力转移培训阳光工程，2004—2005年培训500万人，2006—2010年计划培训3000万人，2006年中央政府安排6亿，补助农民工培训350万人。三是从法律和政策上保障务工农民的合法权益。主要政策是，清理和取消各种针对务工农民流动和进城就业的歧视性规定和不合理限制；建立和健全城乡就业公共服务网络；严格执行最低工资保障制度，建立工资保障金制度；完善劳动合同制度，加强务工农民的职业安全保护；逐步建立务工农民社会保障制度，依法保障他们的基本权利。

面对近几年的宏观经济形势大背景，在上述一系列"三农"政策积极作用下，中国农业、农村经济形势发展出现了三个转机。主要是：一是粮食产量从2004年开始出现恢复性增长，两年增产量超过1000亿斤，这在历史上是少有的。2005年粮食产量由上年的9380亿斤增产到9680亿斤，加上520亿斤的大豆进口，2006年全国的粮食供给量会超过10000亿斤。不考虑库存，如果中国粮食超过10000亿斤供给，供给总量就会超过需求量，粮食安全程度大大提高。二是农民收入大幅度增长。农民收入增幅从1996年达到9%以后，一直在2—4%之间徘徊，到了2004年农民人均纯收入增幅跃升到6.8%，2005年是6.2%。三是受农民收入不断增加的影响，农村市场开始回暖。目前中国的消费品市场里，农村消费增长很快，与城市增长差距在缩小。2004年全国县及县以下社会消费品零售总额为18376.9亿元，比上年增加了2312亿元，增长了10.7%，2005年县及县以下社会消费品零售总额达到22082.3亿元，比上年增加了3705亿元，增长了11.5%，城乡增幅差距由2004年的4个百分点缩小到2.1个百分点。在每年的社会消费品零售总额增加量中，县及县以下的贡献近两年有所上升。2003年，县及县以下消费增加量占全社会消费增加量的比重为26.8%，2005年达到28%。

但是，由于中国的城乡二元结构制度长期固化，特别受近几年的经济社会结构加快转换的影响，导致城乡之间积累了一些问题，同时出现一些新的矛盾。比如，城乡公共基础设施建设差距大，农村基础设施供给严重不足；城乡教育、文化、医疗卫生、社会保障等社会事业发展不平衡，农村公共服务极为缺乏；工农业发展差距不断扩大，粮食安全隐患增加；农村土地、资金等要素流出快，而农村劳动力转移缓慢；城乡居民收入差距仍在不断拉大，农民的消费能力仍然十分低下。目前城乡暴露的一些问题，用传统的办法、传统的政策是很难解决的。另外从当前看，我国从20世纪末以来，利用国债持续大量投资形成的一些产能也相继进入生产期，许多产品开始出现过剩，如钢材、水泥、电解铝、部分化工产品，甚至汽车、彩电、冰箱、洗衣机以及纺织品等都出现不同程度的过剩。2006年3月份全国的工业品库存占压资金超过1.25万亿元，就是说，在目前现有的GDP中，约有10%的产品是积压品在库存里。面对这些矛盾，国家推出了统筹城乡发展的战略，要在全国开展社会主义新农村建设。实现统筹城乡发展，开展新农村建设，对解决当前经济社会发展问题有着重大的战略意义。通过统筹城乡发展和新农村建设，不但可以尽快改善农村的生产生活条件，提高农民收入水平，缩小城乡发展差距；同时还可以刺激农村消费，消化产能过剩，拉动内需，推进中国的现代化进程。

## 二、准确理解社会主义新农村建设

党的十六大根据我国经济社会发展的阶段特点，明确提出了解决"三农"问题必须统筹城乡经济社会发展；党的十六届三中全会通过的《中共中央关于完善社会主义市场经济体制若干问题的决定》中，第一次正式提出了"统筹城乡发展"的思想，而且还将统筹城乡发展放在"五个统筹"之首；在党的十六届四中全会上，胡锦涛总书记提出了著名的"两个趋向"论断，并指出我国已经进入了以工促农、以城带乡的阶段；紧接着在党的十六届五中全会，又提出建设社会主义新农村。从统筹城乡发展的提出到"两个趋向"论断，再到建设社会主义新农村，可以清楚地看出党和国家调整城乡关系、解决"三农"问题的脉络。我以为，上述三者之间具有明显的逻辑联系，是一个从战略思路到具体决策的演绎过程。统筹城乡发展是党和国家调整城乡关系的战略性思路，以工补农、以城带乡是调整城乡关系的一种战略取向，而社会主义新农村建设是落实统筹城乡发展，实施以工补农、以城带乡战略的具体举措。即社会主义新农村建设是对战略思路、战略取向的进一步具体化。

在现阶段，社会主义新农村建设与全面建设小康社会是一种什么关系？我认为，全面建设小康社会是一个静态目标，它规定了到 2020 年全国要实现的具体目标。而新农村建设与全面建设小康社会有所不同，一是新农村建设是针对农村而言的，不包括城镇。二是新农村建设的目标是动态的不是静态的。不同地区经济发展水平不同，新农村建设的内容和标准不同，要达到的目标也不同。另外，在不同的经济发展阶段，新农村建设的内容、目标也会有所变化。比如，目前的新农村建设，可以围绕农民行路难、饮水难、上学难、看病难、养老难和增收难等问题展开；待到 2020 年全面实现小康社会目标后，社会主义新农村完全可以按照新的目标和标准，开展新的建设。因此，新农村建设在时间上要比全面建设小康社会长。不过，在 2020 年以前要实现全面小康，特别是在农村全面建设小康社会，必须通过新农村建设来实现，新农村建设也是全面实现小康社会目标的主要途径和重要手段。

新农村建设的概念内涵是什么？这是社会各界都十分关注的问题。有的人提出，建设社会主义新农村，是不是国家要放弃以往的"三农"政策，另起炉灶实行新的"三农"政策。实际不是这样的，新农村建设是一个承前启后的综合概念，它不但继承和涵盖了以往国家在"三农"方面的政策，而且还赋予其新时期的内容，具有鲜明的时代特征。

理解社会主义新农村建设的概念，需要从"新"和"建"两个方面来把握，新是关键，建是重点。"新"体现在新背景、新理念、新目标上。新背景，就是我国开展的新农村建设所处的环境大背景不同，当前我国已经进入了"以工促农、以城带乡"的阶段，从人均 GDP、产业结构、公共财政能力和城市化水平等方面，都具备了支持农村经济社会全面发展的条件；新理念，就是这次新农村建设是在科学发展观的思想指导下提出的，它强调的既是物质与精神、经济与社会的全面发展，也强调的是节约型和可持续性的发展。新目标，就是通过推进社会主义新农村建设，在我国农村形成五个新，即新农民、新产业、新组织、新设施、新风貌。

"建"是重点，体现在新农村建设是经济建设、政治建设、文化建设、社会建设四位一体，是新时期党和国家在解决"三农"问题上的一个综合的、完整的概念。按照"生产发展、生活富裕、乡村文明、村容整洁、管理民主"20个字的理解，新农村建设既包括了农村基础设施和社会公共事业的建设，也包括了农村产业能力的建设；既包括了村容村貌环境整治，也包括了以村民自治为主要内容的制度创新。经过多年的重点建设，最终要把我国农村建设成为生产力得到明显发展、生活水平得到明显提高、基础设施得到明显改善、社会公共事业得到明显加强、基层民主政治建设得到明显推进的社会。

## 三、新农村建设要坚持的重点和原则

新农村建设范围广、内容庞大、建设时期长，一定要有阶段和重点。我认为，新农村建设应该分三个阶段进行。第一阶段为试点阶段。可用两年时间，全国以及各地先统一搞好规划，然后在发达地区、欠发达地区和贫困地区，分别选择具有代表性的地区进行新农村建设试点工作。第二阶段为推广普及阶段。这一阶段可用 10 年时间，在认真总结各地试点经验教训的基础上，将试点成功的做法和经验进一步完善后，制定详尽的实施方案和路线图，由点向面上初步推广。第三阶段为完善提高阶段。可再用 10 年时间，对推广普及新农村建设的成果进行完善，并根据经济发展水平进一步提高新农村建设的标准，全部实现社会主义新农村建设的目标，缩小城乡发展差距，在一些发达地区实现城乡一体化。

新农村建设是一项惠及亿万农民的世纪工程，要考虑农民的真实需求，重点解决的问题不是政府给农民什么，而是要解决农民需要什么的问题。因此，新农村建设不能搞成政治运动，也不能搞成形象工程和政绩工程。我以为，新农村建设的重点内容从总体上应该是为农民提供最基本的公共产品和公共服务，满足他们生存和发展的需要。主要包括五个重点内容：一是为农民提供最基本的基础设施。包括加强道路、安全饮水、洁净燃料、用电、通讯、广播电视等设施的建设；同时改造中小学校舍、改造卫生所，并帮助农民改厕所、改厨房、改圈舍；另外在农村还要建设必要的公共活动场所，建设必需的垃圾处理场所。二是为农民提供最基本的公共服务。包括加强义务教育、公共卫生、贫困救助、基本社会保障等制度建设，解决农民上学难、看病难、看病贵和养老难等问题。三是帮助农民培育农村支撑产业，积极推进农业产业化经营，大力发展农村非农产业，为农民增加收入提供基本保证。新农村建设，发展生产是根本，只有生产发展了，农民收入提高了，新农村建设才有可持续性，各级政府必须想尽一切办法，通过财政、金融、税收、产业等政策，全力支持和帮助农民发展生产，培育农村特色产业，开展一乡一业、一村一品活动。四是深化农村改革，完善乡村治理结构，健全农村自治机制。新农村建设中组织制度是保障，必须加强农村基层组织建设，按照"亲民、爱民、富民"的标准配备好党支部、村委会，以农民意愿选择好干部，同时要大力支持农村合作经济组织、专业协会的发展。五是培育新型农民。新农村建设，不单单是发展生产，加强农村基础设施建设，还要提高农民的综合素质。今后，要对农民积极开展三方面的培训工作：首先是劳动技能培训，在农村开展农业技能培训、非农产业技能培训、进城打工培训。通过这些培训，为农民提供一门劳动致富的技能。其次是精神文明道德和新风尚的培训，新农村建设需要农民有新的和向上的精神面貌，必须对农民开展精神文明和社会道德方面的教育，培养农民自立、自强和互助精神，让农民爱家乡、爱社会、既尊老也爱幼，形成和谐美好的社会。另外是法律知识的培训，要培训农民知法、懂法，遵纪守法。

应该说，要完成上述五个方面的重点建设内容，需要几十年的努力。就近期来看，新农村建设的重点内容应根据农民的真实需求有所选择。从华中师范大学2005年6月对湖北咸安1000户农民的问卷调查结果看，当前农民对基层政府的公共需求排序是：有53.4%的农户要求政府帮助发展经济，有48.6的农户要求建设乡村道路及农田水利等基础设施，有41.9％的农户要求提供农业技术和信息，有35.6%的农户要求政府搞好社会治安与公共安全，有35.1%要求政府提供文化卫生教育等公共服务，还有34.3%的农户要求政府保障他们民主权利与经济利益。由此分析，我认为近期新农村建设的重点内容应该是"六通、五改、两建设、一提高"。"六通"即通路、通水、通气（燃料）、通电、通讯、通广播电视，"五改"即改厕、改厨、改圈舍、改校舍、改卫生所；"两建"即建公共活动场所、建集中垃圾处理站；"一提高"发展新产业，提高农民收入。

新农村建设也是一项历史性战略工程。面对诸多新农村建设内容，一定要坚持六项原则：统一规划，突出重点；因地制宜，区别对待；以点为主，相对集中；量力而行，逐步推进；政府引导，农民自愿；典型示范，以点带面。

## 四、推进新农村建设要把握的政策问题

为了搞好社会主义新农村建设，有以下几个政策问题需要认真对待。

第一，搞好宣传，提高认识。十六届五中全会以后，社会上对开展新农村建设的认识并不一致。主要表现在两个方面：第一，大部分农民对新农村建设概念认识模糊，部分农民对新农村建设持观望甚至排斥态度。针对新农村建设问题，我们对河南济源市五村26户农民进行了访谈，结果是全部农民都知道国家要进行新农村建设，但自称知道新农村建设内容的只有10户，占访谈户的38.5%；实际能比较准确理解新农村建设内容的只有3户，占11.5%。在对江西赣州、四川泸州调查时我们还发现，大部分农民认为新农村建设是好事，持完全认可的态度。但是，在新农村建设的好处还未显现以前，部分农民有误解和惧怕心理，担心政府"雷声大，雨点小"，担心会从他们收钱，增加他们的负担。我们在江西赣州调查中看到，新农村建设农民确实是要出钱的，比如建一个三格式厕所要投资800到1000元，其中政府补助1/3；建一个沼气池需要投资2000元，政府最多补助800—1000元。这对于一年只有2000多元收入的农民来说，持排斥态度是可以理解的。通过对四川泸州100户农民的调查结果分析表明，目前有67%的农民对新农村建设认为是好事，11%的农民认为一般，另有12%的农民持不理睬和反对态度。

同时，有少数经济学家和部分机关干部对新农村建设缺乏理解。有经济学家提出，本届政府过度关注三农，是"重农主义"，目前不应该给农民钱，而应让农民破产，逼迫他们离开土地进城；有些人认为新农村建设提得过早了；有些人担心目前城市就业压力巨大，下岗工人这么多，把大量公共资源投向农村，是否会影响城市人的利益；还有些人担心，政府将大量公共资源投向农村基础设施建设，等到农村人口城市化后，会形成公共资源的浪费。

出现上述担忧是正常的，关键是在提出新农村建设之后，我们应该利用应有的理论储备，采取多种形式进行及时、广泛宣传，宣传形式可以灵活多样。宣传目的就一个，让各阶层提高对开展社会主义新农村建设的认知程度，让老百姓能明白，当前必须尽快进行新农村建设。我国还有那么多农村人口，连最基本的基础设施和公共服务都享受不到，他们的生存和生活条件，同我国目前的经济社会发展情况格格不入，现行的工业化、城市化给他们带来了许多不公平。因此，新农村建设恰逢其时。推进新农村建设可以稳定农村社会，换取民心，缩小城乡差距，为实现全面小康社会、构建社会和谐提供重要物质基础。因此现阶段，我国必须用新农村建设统领"三农"工作。

第二，筹集资金，增加新农村建设的投入。我们到四川针对新农村建设问题对 100 户农民进行了问卷调查，结果发现，其中 26% 的农民完全愿意搞新农村建设，另有 68% 的农民表示只要自己不出钱他们就愿意搞新农村建设。因此，新农村建设中，各级政府必须增加财政公共投入，加大对农村公共产品领域的投资力度。

根据 2007 年 10 月我们对江西赣州市、四川泸州市、宁夏吴忠市和贵州麻江县等 25 个村的调查，要开展新农村建设需要大量的资金投入。当前开展新农村建设，按照一定标准要满足农村道路、安全饮水、沼气（燃料）、用电、通讯、广播电视等建设，并对农村厕所、厨房、圈舍、中小学校舍和卫生所进行改造，另外在农村建设必要的公共活动场所和垃圾处理场所，扣除掉已经建设完成的投资项目，全国平均每位农民需要投资大约为 1700 元到 4900 元，其中贫困山区、丘陵和一般地区投资需求较大，而城市近郊投资需要较低，中西部地区平均每户 8265 元，农民希望政府补助的资金比例为 50.3%，补助金额4158 元。按照此标准数测算，全国农村完成上述"六通、五改、两建设"等十三个项目，总共需要投资 2.05 万亿元；若参照 50.3% 的比例分配，政府投资额度为 1.03 万亿元，农民自筹部分为 1.02 万亿元；其中，中西部地区需要投资1.26 万亿元，意味着需要政府投资 6330 亿元，农民自筹资金 6270 亿元。

新农村建设对资金需求量如此之大，钱从哪里来？对此，中央 1 号文件明确指出，要加快建立以工促农、以城带乡的长效机制，调整国民收入分配结构，国家财政支出、预算内固定资产投资和信贷投放，要按照存量适度调整、增量重点倾斜的原则，不断增加对农业和农村的投入。2006 年实行"三个高于"投入政策，把国家对基础设施建设投入的重点转向农村。温家宝总理在省部级主要领导干部建设主义新农村专题研讨班上，也明确提出了"三个主要用于",就是今后要做到财政新增教育、卫生、文化等事业经费主要用于农村,国家基本建设资金增量主要用于农村,政府征用土地出让收益主要用于农村。各级政府必须认真贯彻落实1号文件精神,坚决执行"三个高于"和"三个主要用于"的支农政策。同时,为了今后新农村建设有稳定的资金来源,本文建议尽快设立新农村建设专项资金。专项资金由三个渠道组成:一是从财政每年增收部分中切出一块,若将其中的10%用于新农村建设,就是600多亿元;二是每年专门发行一笔新农村建设国债,比如每年发行600亿元;三是从每年政府征用土地出让收益中提取60%的比例用于新农村建设。

第三,因地制宜,选准新农村建设的切入点。在新农村建设过程中,一定要根据各地农村的实际情况,瞄准不同地区农民的需求,按照不同建设标准进行综合建设。目前,各地在开展新农村建设方面,已有了一些成功的做法,比如贵州遵义的"五通三改三建"、江西赣州的"三清三改"、江苏的"六清六建"、河北的"三清三化"、辽宁的"六项整治、八项建设"、四川的"三清四改五通"、北京的"108项折子工程"等等。这些做法有一个共同点,就是各地在开展新农村建设时,都将农民最急需的基础设施建设放在第一位,优先解决农村道路、电力、给排水、改厕、垃圾、燃料等问题,改善农民的生产生活条件。

经济发展水平不同,农民对新农村建设的需求标准是不相同的。对于中西部地区,新农村建设的重点是解决农民生产生活等基础设施从无到有的问题,例如有路走、有水喝、有电用、有学上,然后才是走好路、喝好水、上好学的问题。对于这些事关农民生产生活条件改善的基础设施,建设标准不能过低,要实用实惠,经久耐用,要避免出现刚建成就不好用的现象。

就发达地区来讲,农村生产生活设施建设已基本解决了从无到有的问题,当前主要问题是对农村基础设施进一步配套、完善、提高,同时还要积极稳妥地开展村庄整治和环境治理工作。但是,需要指出的是,发达地区新农村建设的标准不能脱离实际,刻意追求豪华,以避免造成人为浪费。

第四,制定规划,有步骤推进新农村建设。新农村建设是一项综合工程,为了避免在新农村建设中不顾各地实际和农民承受能力,一哄而上,各地必须科学地制定新农村建设总体规划,做到"规划先行、科学指导"。搞好新农村建设规划,县一级最为重要。新农村建设规划,既要与当地经济社会发展总体规划相配套,也要与当地城镇发展规划统筹协调。新农村建设规划本身要以人为本、与自然和谐,能体现民族传统文化,保持乡村独特风貌,不能搞千篇一律的规划模式。在编制规划时，既要有前瞻性，充分考虑城镇化进程和人口变动趋势，防止出现"空心村"，形成不必要的公共资源浪费；也要防止脱离实际、贪大求洋，搞形象工程，劳民伤财。

新农村建设内容很多，既有硬件建设，也有软件建设；既有产业发展、基础设施建设等经济建设，也有教育文化卫生等公共服务和制度建设等社会体制方面的建设，这就要求规划有整体性，各项建设内容应相互衔接、相互协调。从已有实践看，开展新农村建设，有规划与无规划效果大不一样，凡有规划的，新农村建设井然有序，村容整洁，环境优美；而无规划的，脏乱差现象比较严重，常常会出现"有新房无新村"的现象。在规划方面，全国各地都积累了一些好的经验，比如江苏、江西、福建、吉林等省各有一些好的做法。各地在进行新农村建设规划时，要充分吸收兄弟省市的经验，做到规划先行，心中有数。

第五，加快体制创新，改革政府支持方式。新农村建设不但需要大量的投入，还会形成大量的固定基础设施，因此必须进行管理体制的创新。一是要对投入"三农"的资金要从来源上进行整合，集中使用，以提高使用效率；二是要改变国家财政支持新村建设的支持方式，实行以奖代补、以物抵资、先建后补等支持形式；三是要采取灵活多样的方式，调动各方面的积极性，吸引社会广泛参与新农村建设；四是要在将农村公路等公益性基础设施管护纳入到国家支持范围的基础上，对农村小型基础设施产权制度进行改革，在投入、建设和运营中积极引进市场机制，实行"谁投资、谁拥有、谁受益、谁负责"的建设维护机制。具体来讲，对于由国家补助、农民自建、仅使单个农户受益的设施项目，要明确产权归农民个人所有；对于受益人口多、产权难以分割的设施项目，可实行共建共有共管，可采取承包、租赁、股份制，也可以拍卖。

第六，分清责任，落实各级政府在新农村建设中的职责。在新农村建设中，对于外部性强的纯公共品，中央政府应承担更大的供给责任：东部地区新农村建设，主要由地方政府负责；中西部地区新农村建设，中央和地方政府各承担相应责任。对于纯公共产品和部分准公共产品，中央承担重要责任。对于大部分准公共品和俱乐部产品，地方政府要承担重要责任。对于落后地区的新农村建设，由于带有很大的扶贫性质，中央政府则应承担较多的责任。

第七，加强组织引导，推动新农村建设有序、健康、可持续发展。各级政府要高度重视新农村建设，加强组织领导，指定专门部门负责。在开展新农村建设中，还要加强农村基层管理体制创新，实行村委会加理事会加协会的"三加"模式。一是按照"四民"原则（民主选举、民主决策、民主管理、民主监督），公推民选村委会，充分发挥农村党支部、村委会、村民小组在实施新农村建设的组织领导和协调作用。二是在村委会领导下，建立由农民选举产生的理事会，将村中德高望重、有奉献意识、组织能力强的"五老"（老党员、老干部、老劳模、老军人、老教师）吸收到理事会中，让农民实现自我组织管理、自我教育服务、自我监督建设。三是积极鼓励支持农民发展各种形式的民间合作经济组织和专业协会。通过这些中介组织，将千家万户的农民的积极性调动起来和联系起来，鼓励他们发展生产，积极调整农村经济结构，增强农村自我发展能力，最终为提高农民生活富裕创造条件。

**参考文献：**

金人庆：《扩大公共财政覆盖农村范围 建立支农资金稳定增长机制》，《中国财经报》2006年4月18日。

马晓河：《新农村建设不能天女散花，独立完成》，《中国改革报》2006年2月6日。

马晓河：《结构转换与农业发展》，商务印书馆2004年版。

马晓河、方松海：《我国农村公共品供给现状、问题与对策》，《农业经济问题》2005年4月。

袁方成、项继权等：《构建需求导向的农村公共服务体系——对湖北咸安农民公共需求的调查与分析》，《研究咨询报告》2006年3月。

董忠堂主编：《建设社会主义新农村论纲》，人民日报出版社2005年版。

农业部课题组：《建设社会主义新农村若干问题研究》，中国农业出版社2005年版。

《中华人民共和国国民经济和社会发展第十一个五年规划纲要》，人民出版社2006年版。

《建设社会主义新农村》，中共中央党校出版社2006年版。

# 第十四章　农村税费改革的方向与政策选择

## 一、农村税费改革现状

目前，我国农村税费改革主要通过两个阶段进行。第一阶段是从 2000 年到 2003 年，改革内容是取消针对农民的一切收费项目，调整农业税税率，实行农业税及农业税附加的政策；第二阶段是从 2004 年开始，改革内容是取消农业特产税，逐年降低农业税率，用 5 年时间取消农业税。

从 2000 年 3 月开始，旨在减轻农民负担的农村税费改革先在安徽省试点，2001 年 2 月起在 20 多个省的 107 个县推进农村税费改革试点方案。接着，国务院办公厅于 2002 年 3 月 27 日发出〔2002〕25 号文件，确定河北、内蒙古、黑龙江、吉林、江西、山东、河南、湖北、湖南、重庆、四川、贵州、陕西、甘肃、青海和宁夏等 16 省（自治区、直辖市）为 2002 年扩大农村税费改革试点省，当年包括自费进行改革的江苏、浙江、上海等省市在内，全国已有 20 多个省市进行了大面积的农村税费改革工作，涉及农村人口 7 亿人。到 2003 年，农村税费改革进一步扩大到全国各地农村，每一个农民都享受到了此项改革的好处。

中央确定的农村税费主要改革思路是，"三项取消"、"两项调整"和"一项改革"，即取消乡统筹费①、农村教育筹资等专门面向农民征收的行政事业性收费和政府性基金、集资，取消屠宰税，取消统一规定的劳动积累工和义务工；调整农业税和农业特产税（即农业以 1998 年前 5 年农作物的平均产量确定常年产量，实行最高不要超过 7% 的差别税率；农业特产税按照与农业税不重复征收的原则，以略高于农业税的税率因地制宜地征收，并尽可能在一个环节征收）；改革村提留②征收使用办法（即凡是由农民上缴村提留开支的，采用新的农业税附加方式统一收取，农业税附加比例最高的不超过农业税的

---

① 乡统筹是指由乡（镇）政府收取的五项统筹费，包括乡村教育费、计划生育费、民兵训练费、乡村道路建设费和优抚费。
② 村提留是指三项村提留的简称，具体包括公积金、公益金和管理费。

20%，实行乡管村用）[1]。为了保证农村税费改革试点的成功进行，防止农民负担的反弹，中央财政向由中央认定的农村税费改革试点省市区连续进行财政转移支付，例如 2000 年中央财政向安徽省补助 11 亿元，2001 年中央财政转移支付 80 亿元，2002 年 245 亿元，2003 年转移支付 305 亿元。全国各地的改革实践已经证明，我国农村税费改革是富有成效的，农村税费改革大大减轻了农民的负担。从安徽省改革试点的经验看，通过税费改革农民每亩耕地税费负担由 101 元减少到 79.1 元，减负率为 21.7%；加上负担卡外收费，农民实际减负率超过了 41%[2]。江苏省农民负担人均减轻 77 元，减负率达 50%。河南省农民负担减负率 37.9%。自费实行农村税费改革的浙江省，农民人均负担在 2002 年减少了 63%。根据 2002 年对 20 个农村税费改革试点省市区的统计数据调查，1999 年农民承担的农牧业税及附加为 152.1 亿元，农业特产税及附加 85 亿元，屠宰税 25 亿元，乡统筹村提留 423.9 亿元，农村教育集资 62.3 亿元，合计 774.5 亿元；农民人均负担 112.6 元。实行税费改革后，农民承担的农牧业税 306.8 亿元，农业特产税 40.1 亿元，农牧业税和农业特产税的附加 72.6 亿元，合计 419.5 亿元，农民人均负担 61 元，比税费改革前减轻了负担 45.8%[3]。

2004 年，国务院又决定取消农业特产税，5 年内取消农业税；当年对黑龙江、吉林两省先行免征农业税改革试点；河北、内蒙古、辽宁、江苏、安徽、江西、山东、河南、湖北、湖南、四川等 11 个粮食主产省、区农业税税率降低 3 个百分点，其余省份农业税税率降低 1 个百分点，农业税附加同步降低；沿海及其他有条件的地区，可以进行免征农业税试点。另外，中央还规定从 2004 年开始取消农业特产税。对于免征农业税的省份，农业特产税不再改征农业税。对于降低农业税的省份，在农业税计税土地上生产农业特产品的，改征农业税；在非农业税计税土地上生产特产品的，既不征农业税，也不征特产税[4]。为了支持当年农村税费改革的实施，中央又将对地方的财政转移支付增加到 510 亿元。2004 年实行取消农业特产税、免征农业税、降低农业税税率政策

---

① 马晓河：《结构转换与农业发展》，商务印书馆 2004 年版，第 227 页。
② 马晓河：《结构转换与农业发展》，商务印书馆 2004 年版，第 227 页。
③ 朱守银、张海印：《农村税费改革试点新的进展与成效》，农业部农村经济研究中心《农村动态反映》2003 年 1 月 23 日第 11 期（原文 1999 年数字计算似有误，现合计数为 748.3 亿元）。
④ 王保安：《积极稳妥推进深化农村税费改革试点工作》，《中国财政》2004 年第 10 期。

后，全国农民由此又减轻负担 294 亿元。

概括地讲，当前农村税费改革的政治、经济影响不亚于当年的农村实行家庭承包经营，它从制度上开始打破了由传统计划经济体制造就的城乡二元结构的基础，其政治和经济意义都是空前的。

## 二、农村税费改革中的问题分析

农村税费改革确实减轻了农民负担，但也暴露出一些问题。这些问题既有历史遗留问题，也有改革中出现的新问题。

一是乡村两级收入减少而支出不变甚至还有增加，使得基层组织运转面临着困难。在实行农村税费改革以后，尽管有中央财政的巨大转移支付，但不足以弥补乡村财政因改革引起的收支缺口。在行政经费支出压力下，个别已经实行了税费改革的农村地区，又向农民征收新的税费，例如从农民开征"白肉销售税"①，向农民分摊"企业所得税"；有的地区擅自抬高农村小学生和初中生的学费标准，重新加重农民负担；还有的地区在税费改革后的"明白卡"之外，以"工程款、共同生产费、水费和四五普法"等名义向农民收费。今年农村税费改革进一步加大力度，又使一些地区基层地方政府财政收支压力增大，财政收支缺口扩大。因此，个别地区为了填补财政漏洞，维持基层政权的日常运转，仍以各种隐性方式变相向农民收费，重新加重农民负担。例如，有的地方政府，无论农民建房是在新宅基地上，还是在旧宅基地上，每建一间房屋都要收取 1000 元；有的地方借畜禽防疫之机，超标准收取防疫费用；有的地方县政府规定抗旱服务队为农民浇地每天收取服务费 8 元，而实际上从农民收取的服务费变为每小时 8 元；还有的地方尽管经济发展水平落后，但从农民收取的一事一议费用达到 50 元甚至 150 元，远远超过农民的承受能力。在计划生育罚款方面，西部个别地区农村对每个超生户罚款 8000 元，对外出打工育龄妇女还收取计划生育押金 200 元；中部地区某省农村对未按规定做结扎手术的农户强行收取 2000 元押金，还有的地区向农民收取非法同居罚款、打架斗殴罚款、农用车违章拉人罚款等等；华北地区某省农村从农民收取的农业税附加是农业税的 1.5 倍。所有这些都说明农民减负的基础并不牢固，防止农民负担反弹的政策机制亟待完善。个别地区顶风向农民收费，严重损害了农民利益，干扰了

---

① 南方一些农村地区习惯上将猪肉称为"白肉"。

党中央农村税费改革政策的顺利实行，影响了农业税收减免政策的实际效果，造成新的干群关系紧张。

二是乡村两级长期形成的沉重债务难以消化。当前我国乡村两级的债务主要是由过去农村九年制义务教育达标、农村道路建设、农田水利基础设施建设、举办乡镇企业、小康村达标等积累起来的。改革前，这些集体债务大多通过"三提五统"和向农民摊派来偿还，而现在乡村两级不得再向农民乱收费，历史沉淀下的集体债务都落到了乡村两级政权身上。根据农业部调查，2001年我国乡级债务已经达到1776亿元，平均每个乡镇债务达400万元，典型乡镇超过1000万元，村级债务规模平均每个行政村从1990年到2002年累计超过100万元。①据调查，降低农业税率后，乡镇的财政收支压力进一步加大，为了"保税收上交、保稳定、保基层政府正常运行"，乡镇政府甚至村委会又借新债，导致债务继续膨胀。如此庞大的历史债务沉淀，既是农村税费进一步改革的障碍，也是乡村管理机构改革的难题。

三是农村公共物品的供给出现了严重缺位。农村税费改革以前，农村基础设施建设主要依靠"三提五统"经费和对农民的集资摊派来解决，尽管这加重了农民的负担，但农村公共物品供给还有来源。税费改革以后，取消"三提五统"，实行一事一议制度，进一步免征或降低农业税，使得农村教育、卫生、文化、乡村道路、饮水、通讯等基础设施建设缺乏资金的保障。由谁负责农村公共物品的供给，是当前农村急需解决的重大问题。

四是农村税费改革缺乏相关配套改革的有力支撑，使得其在改革进程中没有牢固的制度基础。例如，县乡机构膨胀，就像一口永远填不满的"老虎机"，在不断吞食着农村仅有的经济资源。从1994年到2000年，全国县乡财政供养人员增加了708万人，总人数达到2959万人，73.5万个村民委员会的300多万基层干部还未计算在内。很显然，如果乡村机构和冗员减不下来，农村税费改革的成果就很难保得住。还有，2002年全国县级事业单位有39.5万个，职工1712万人，庞大的事业单位无论从机构数量还是从从业人员看，都是现行财政收支体制难以支撑的。这些单位随时都有向农民收费的强大动力，不对这些单位进行改革，农民负担就始终有反弹的危险。

---

① 梁朋等：《乡镇债务：比金融风险更凶猛》，《瞭望东方周刊》2004年第40期；宋洪远等：《乡村债务的规模、结构、风险及效应分析》，《农业经济问题》2004年第6期。

## 三、进一步改革农村税费体制的政策思路

农村税费改革要想取得彻底成功，既要依赖自身改革的不断完善和深化，也要有其他改革措施的配套。当前，农村改革已经到了必须进行综合配套改革的阶段，任何单项改革的"单兵作战"，都很难取得预期效果。

一是必须坚持继续降低农业税率的政策。在搞好黑龙江、吉林两省免征农业税的试点工作基础上，明年应全部取消对农业税。今年，实行免征或降低农业税、取消农业特产税已经使农业税（含特产税）减少了290多亿元，按照2003年的两税总额计算，还剩130多亿元，再加上80多亿元的农业税附加，总计约220亿元，我国完全有条件全部取消农业税。

二是合理调整国民收入分配结构和政策，进一步加强农村基础设施建设，改善农民的生产和生活环境。今后一段时间内，我国要进一步落实对农业、农村"多予、少取、放活"的方针，将国民收入分配向农业和农村倾斜，通过调整财政资金和国债资金投资重点，大力增加农村公共基础设施投入。增加的农村基础设施投入主要用于四个方面，第一加大对农业的投入力度，建立和健全对农业的支持和保护体系，继续完善科技推广服务体系、信息服务体系、植物病虫害防治和动物检疫防疫体系建设，增加对农民的直接补贴和生产资料的补贴，加强农田水利基本建设，保障国家粮食安全；第二加大对乡村道路、人畜饮水、通讯通电、医疗卫生设施、中小学校舍和教学设施以及生态环境建设等方面的投入，逐步改善农民行路难、饮水难、通讯难、上学难和看病难的问题。第三加大扶贫开发力度，集中改善贫困地区农民生产和生活条件；第四加大对生态环境的投入，推进对自然资源的科学持续利用，保证国家的生态安全。从长期来看，国家要彻底改革目前城乡二元的公共物品供给政策，把农村公共基础设施建设从以农民为主逐渐变成以各级政府财政为主，让农民在公共物品享用上能够获得最基本的国民待遇。

三是进一步巩固和完善以县级政府管理为主的农村义务教育管理体制。农村义务教育上收到县一级后，对于农村义务教育办公经费和教师工资，要纳入到财政预算之内，要保障经费来源，中央和省级政府必须增加对农村义务教育、公共卫生服务等方面的专项转移支付，以确保税费改革后农村义务教育和公共医疗卫生运行不受影响。

四是加快推进县乡行政管理体制的改革步伐，切实精简县乡以及农村的管理机构和财政供养人员。当前我国许多地区正在进行的县机构改革，在精简

机构、裁减冗员、撤乡并镇等方面取得了成功的经验。对这些经验和做法要及时总结，迅速推广。在积极推进县乡行政管理体制改革的基础上，还要认真研究我国现行行政管理层级过多的问题，寻找改革途径和办法，减少行政管理层级，提高政府办事效率。有条件的地区可学习浙江省的经验，改"市管县"为省直管，下一步先让市级层次弱化，然后再来取消市级政府层次。与此同时，也要搞好乡村两级减机构、减事和减人、减支出的改革。必须尽快改革乡镇政府，取消乡镇级政府机构，取消乡镇级财政设置，将财权和事权上划到县，压缩编制，裁减工作人员，让其改称乡镇公所，使其成为县级的派出机构。鉴于我国地区差异比较大的特点，东部地区县可以划小，中西部地区可以根据实情将县扩大或缩小。村级基层组织也要改革，能合并的合并，不能合并的压缩村委会成员。这样可以减少管理环节，节约财政成本，并从体制上避免基层政府向农民加重各种税费负担。

五是清理乡村债务，解决历史遗留问题。乡村债务是由政府公共物品供给缺位造成的，中央和省级政府应承担更大的清偿责任。按照锁定旧债、制止新债、划分责任、分类处理的思路解决乡村债务问题。对于历年修县乡道路、人畜饮水工程、低压线路改造、安装程控电话、广播村村通、农村学校改造等集资形成的债务，应由国家分级负责偿还。对于一些由上级或本级政府搞的形象工程、达标工程、借债办企业等形成的债务，应由上级或本级政府负责偿还。只有合理科学地解决好乡村债务问题，才能为进一步农村税费改革扫清障碍。

六是坚持中央财政继续向农村税费改革地区转移支付政策，并不断加大转移支付力度。乡村财源不足，债务沉重是影响农村税费改革的主要矛盾。特别是在中西部地区此矛盾更加突出。为了保证税费改革能尽快推广，其成果又不被侵蚀，中央应该重点增加中西部地区的财政转移支付资金，并从制度上保障中央财政资金不被地方政府截留。同时，中央要相应减少东部地区的转移支付，而东部沿海地区省级政府要向基层政府增加财政转移支付，以缓解这些地方政府财源不足的矛盾，给农村税费改革创造宽松的外部条件。

众所周知，我国现行农业税收制度是计划经济体制时代延续下来的，带有明显的城乡二元结构特征，不管是税费改革前还是改革后，对农民征税都同城市居民所采取的政策是不同的。从协调城乡关系的角度看，我国农村税费制度改革应和城市的税制改革统筹考虑，最终目标是消除城乡二元税制结构，实行城乡统一的税收制度。以此目标衡量，在取消农牧业税后，我国农村税费改革的第三阶段内容，应该是实行城乡统一税制。农民同城镇居民一样，按城乡统一标准征收个人所得税、增值税和财产税。至于对农民如何征税，今后应该在城乡统筹的框架下研究可行的方案。不过，我认为在今后相当长的时间里，对农业、农民都应实行免税和零税政策，待农民真正富裕起来达到全面小康生活水平后，再考虑按城乡统一税制向农民征税的问题。总之，对城乡居民实行公平税费和公平负担，是在农民负担减轻后农村税费进一步改革的主要目标。

# 第十五章　我国农村公共品的供给分析

当前和今后一段时间内，统筹城乡发展是中国社会经济发展中的一个重要议题。统筹城乡发展，农村是难点和重点，而在农业、农村发展中农村公共品供给又是重中之重。如何界定农村公共品，农村公共品的供给现状和问题是什么，怎样从城乡统筹的角度解决农村公共品供给问题，是本章研究的主要内容。

## 一、中国农村公共品的现状及问题

本报告的农村公共品是指在农村地域范畴内具有非排他性、非竞争性的社会产品或服务。这些社会产品或服务会使农村受益，但其中有些社会产品或服务的受益范围又不仅仅局限于农村地区。[①]

公共品按竞争性和排他性程度分为纯公共品和准公共品[②]。农村公共品中的纯公共品包括如农村基层政府行政服务、社会治安、农村计划生育、农业基础科研、农村环境保护、农村义务教育、农村公共卫生、社会救济等[③]。准公共品包括各种灌溉工程、农村道路建设、农村电网建设、农村医疗、农村社会保险、农村高中教育、职业教育及成人教育、农业科技成果推广、农村自来水供应等。

按公共品对农村社会、经济所起的作用来划分，农村公共品包括：（1）可持续发展类公共品。如污染防治、治理水土流失及土地沙化、防护林建设，生

---

[①] 熊巍（2002）的观点基本与此相当；也有学者将农村公共品定义为用于满足农村公共需要的产品或服务（陶勇，2001；王国华、李克强，2003；陈小梅，2004等），但这种观点把产生于农村地域范围内具有外溢性的公共品排除在外，并不全面。

[②] 也称非纯公共品或混合公共品。

[③] 赵丙奇（2002）、陶勇（2001）把农村公共卫生、农村义务教育归为准公共品。我们认为公共卫生和义务教育是国家为公民提供的最基本的生存和发展保障，这种最基本保障从供给机制上就必须满足所有公民的需求，不应该因为需求人数的变化而产生任何竞争性和排他性。而且这种基本的生存和发展保障产生的社会效益将同样没有任何竞争性、排他性地惠及社会的每一个成员。从这两个层面的意义上看，公共卫生和义务教育都应该属于社会纯公共品，不管是城市的还是农村的。

态保护、计划生育、基础教育等①。（2）农村经济发展类公共品。如道路、水利设施、病虫害防治、农业技术推广、农业信息平台建设、行政服务、治安等。（3）农村社会基础设施类公共品。如饮水、文化设施、广播电视、用电、通讯、卫生防疫等。

**（一）中国现行公共品供给政策**

长期以来，中国在公共品供给上实行城乡两套政策，城市所需要的水、电、路、通讯、学校、医院、图书馆等公共基础设施由国家提供，而农村的公共基础设施主要靠农民自身解决，国家仅给予适当补助。

**1.税费改革以前**

在税费改革前，乡镇一级的办学、计划生育、优抚、民兵训练和交通等五项公共事业所需费用可在全乡"统筹"中解决。也就是说，这五项公共品的成本分摊，没有纳入公共收支制度即财政收支制度范畴。村级组织可对农民收取三项"提留"，即公积金、公益金和管理费。公积金用于农田水利基本建设，购置生产性固定资产，兴办集体企业等；公益金用于"五保户"供养、对特别困难户的补助以及其他集体福利事业支出；管理费用于干部报酬和管理开支。从政策规定的用途来看，这三项"提留"属于村级组织提供的公共品的成本分摊。乡、村两级除向农民分摊公共品的货币成本（用于物质费用和大部分人力费用）以外，还以活劳动的形式向农民分摊公共品的部分人力成本，即所谓的义务工和劳动积累工。每个农村劳动力每年承担 5—10 个义务工，10—20 个劳动积累工。义务工主要用于植树造林、防汛抢险、公路建筑、修缮学校等。劳动积累工主要用于农田水利基本建设。

长期以来，这种"制度外筹资方式"，在农村公共资源的筹集中占据着重要的地位。在这种制度框架下，乡镇范围内的部分公共事业和村范围内的全部公共事业均属制度外公共品。这些不管是具有很强外部性的纯公共品，还是社区内部的准公共品，通过乡统筹、村提留、义务工和积累工的形式，由农民承担着绝大部分的供给责任。

这种制度外筹资方式，把许多本该由政府完全承担和该由政府和个人共同承担的农村公共品供给责任全部推给了农民，加重了农民的生存和发展成本。在教育制度上，城市中小学教育全部由国家投资，而农村中小学教育则以摊派的方式由农民掏腰包解决。1985 年国家财政取消了对农村每个中学生 31.5 元、

---

① 计划生育和基础教育也可以归入农村经济发展类公共品。

小学生 22.5 元的教育拨款，改由农民在集体提留中提取。义务教育由政府的主要责任变为农民的主要义务；在社会保障制度上，国家每年要为城市居民提供数以百亿计的各类社会保障，而农民的生老病死伤残就只能自己解决，不仅如此，农民还要为政府分担补助救济农村五保户和烈军属。

虽然，农民为农村的公共品提供着最主要的经费支撑，但对其区域内的公共品供给却没有自主决策权，公共品的决策权力集中在政府设立的相关行政事业单位，由此形成了"钱由农民出，事由国家定"的供给体制。在此体制下，基层政府为了达到其目标，指令性地决定农村社区制度外公共品的供给，供给的依据是基层政府的行政目标而不是乡、村社区的内部需求。这就形成了所谓的"自上而下的制度外公共品供给决策机制"。农村公共品所对应的制度外资源筹集方式和自上而下的决策程序，成了农民负担不断加重的一个制度根源。

### 2. 农村税费改革以后

农村税费改革的第一步开始于 2000 年，主要内容是取消了乡统筹费、农村教育集资等专门面向农民征收的行政事业性收费和政府性基金、集资，取消了统一规定的劳动积累工和义务工，改革了村提留征收使用办法。取消了上述收费后，政府只对农民统一征收 7% 的农业税和 1.4% 的附加税。

税费改革在完成了第一步的正税清费、治理"三乱"、取消"三提五统"[①]、减轻过重的农民负担之后，第二步开始于 2004 年。中央政府决定取消农业特产税，5 年内取消农业税，当年对黑龙江、吉林两省先行免征农业税改革试点，河北、内蒙古、辽宁、江苏、安徽、江西、山东、河南、湖北、湖南、四川等 11 个粮食主产省、区农业税税率降低 3 个百分点，其余省份农业税税率降低 1 个百分点，农业税附加同步降低。到 2006 年 1 月 1 日，中国 31 个省市区全部免征了农业税。

结合税费改革，中央政府从 2001 年开始每年对地方财政追加转移支付。2001 年转移支付 80 亿元，2002 年转移支付 245 亿，2003 年 305 亿，2004 年 510 亿，2005 年 670 亿，2006 年 780 亿。由此弥补农业税减免税后地方财政收

---

① "三乱"是指向农民乱集资、乱摊派、乱收费；"三提五统"中，"三提"是指由村级组织向农民收取三项"提留"，即公积金、公益金和管理费。公积金用于农田水利基本建设、购置生产性固定资产，兴办集体企业等；公益金用于"五保户"供养、对特别困难户的补助以及其他集体福利事业支出；管理费用于干部报酬和管理开支。"五统"指"五统筹"，是由乡政府向农民收取农村办学、计划生育、优抚、民兵训练和交通等五项公共事业所需费用。

入的减少。同时，中央政府还加大了对农村公共品的投资，比如在农村道路、饮水、沼气、电网、农田水利、教育、卫生等方面都不同程度地增加了财政投资。这改善了农村公共品供给不足，缓解了农民行路难、饮水难、用电难、上学难、看病难等的矛盾。

**（二）中国目前农村公共品的水平**

农村税费改革后，由农民承担制度外公共品供给的负担得到了很大的改变，他们除了按政府规定通过"一事一议"①每年交不超过 15 元的公共事业建设费用之外，再不要交任何集资摊派费用。但是，"三提五统"和农业税取消后，由于各级政府对农村公共投资严重不足，使得农村公共品供给的整体水平，既远远落后于城市，也无法满足农民生产生活的需要。主要表现在以下几个方面。

**1. 农业生产基础设施薄弱**

一是农田水利设施建设严重滞后。现有的农田水利设施相当一部分超期运行，老化失修，设施不配套。主灌区骨干建筑物的完好率不足 40%，配套率不足 70%，难以发挥应有的作用。二是农业科技支撑不足，科技装备能力差。2005 年中国农业科技投入只占农业投入的 0.2%。农业科研设备比较落后，科技研发和创新能力不强，技术集成度不足，成果转化率低。科技进步对农业的贡献率只有 40% 多，大大低于发达国家 70% — 80% 的平均水平。三是动植物防疫体系不健全。农村基层防疫力量相当薄弱，部分基础设施落后，分站（所）房屋破旧、设备简陋，相当部分乡镇兽医站缺乏必要的仪器设备和交通工具，防疫工作仍停留在感官检验的水平上，无法及时发现、及时处置动物疫情。

**2. 农民生活条件较差**

一是农民生活饮水困难。中国 2/3 的乡镇无供水站，86% 的村庄没有自来水厂或供水设施，83% 的村不通自来水，3 亿多农村人口饮水未达到安全标准，其中 80% 分布在中西部地区。饮用水质不达标人口 2.2 亿，其中氟砷含量超过生活饮用水卫生标准的有 5000 多万人，饮用苦咸水的近 4000 万人，因污染和自然原因饮用微生物含量严重超标水的有 1.3 亿人。

二是农村交通道路条件差。在中国 104.3 万公里的沙石路面、土路面及无

---

① "一事一议"是指农村社区因某一项公共事业建设，由于缺乏投资，但又必须投资建设，经村民代表大会表决通过，每年可向每位农民收取不超过 15 元的经费，用于该项公共事业建设。

路面土路中，农村占 88.5%。截至 2004 年底，在中国 3.7 万个农村乡镇机构、65 万个行政村中，还有 145 个乡镇、50124 个行政村不通公路；近 1 万个乡镇、30 多万个建制村不通沥青路和水泥路；农村公路中沙石路占 70%，缺桥少涵的问题比较普遍。

三是乡村医疗卫生保障弱。截至 2005 年，农村居民拥有病床床位和卫生技术人员分别仅占中国总拥有量的 23.4% 和 23.2%。国家用于农村卫生医疗方面的投入比例还不到卫生医疗总投入的 20%。乡镇卫生院在中国目前的卫生体系中承担了大量的公共卫生职能，但是由于投入不足，公共服务的能力受到严重制约。

四是社会保障低。中国农村社会保障覆盖率仅有 3%，城乡社会保障覆盖率的比例为 22：1，城乡人均社会保障费的比例为 24：1，农村得到最低生活保障的农民仅占应保人数的 25%。中国老年人口的 75% 在农村，绝大部分没有养老退休金。目前 1.2 亿左右的农民工也未被纳入到城市养老保险体系中。

五是教育基础薄。2005 年中国农村人口占总人口的 57%，农村劳动力中文盲和半文盲约占 1/3 左右。农村中小学设施设备条件差，目前农村中小学现有危房面积 3670 万平方米，占中国中小学危房面积的 81%。农村义务教育投入不足 30%，农民平均只能享受城镇居民 60% 的国家义务教育经费支持。

六是文化设施弱。截至 2004 年 7 月，在中国农村 38240 个乡镇中，有 23678 个乡镇文化站需要新建和改建，2.3 万多个乡镇没有文化站或设施简陋、面积狭小。许多县图书馆、文化馆和乡镇文化站面积狭小、年久失修、设施陈旧落后，活动器材和设备奇缺。2004 年，中国农村文化事业费仅占中国文化事业费的 26.5%；近 4000 个乡镇没有文化站等公共文化设施，约有 5000 多万农民因缺少设备，无法收看广播电视节目；部分农村虽然通了广播电视，但只能收看到三四个电视节目，村一级文化设施更是严重不足。

七是清洁能源缺乏。目前农村能源消费以煤、秸秆和薪柴为主，其中以秸秆和薪柴为主的比例高达 55%，沼气、太阳能等清洁能源的比重还相当低。广大农村地区尤其是中西部地区的电力设施还比较落后，中国仍有 2000 万农村人口用不上电，相当一部分农村仍未实现城乡同网同价。

**3. 农村生态环境较差**

据建设部对 9 省 43 个县 74 个村的典型调查推算，中国每年产生的 1.2 亿吨农村生活垃圾大多数在露天堆放，每年产生的 2500 万吨农村生活污水几乎全部直排，使居民点周围的环境质量严重恶化。另外，工业的废水、废渣、废气也没有得到有效的治理，对某些农村地区生态环境也造成了负面影响。

## 二、中国农村公共品供给中的问题

### （一）不合理的供给体制导致供给严重不足

#### 1. 政府回避了对农村公共品的供给责任

在现行公共品供给体制下，政府把大量的公共资源投到了城市，农村中本来该由政府提供或由政府与农民共同承担的公共品成本，却完全由农民自己承担；本来该由上级政府提供的公共品却通过政府权威转移事权交由下级政府提供，最终落到基层政府和农民头上。典型的有基础教育、计划生育和公共卫生等，这些典型的全国性公共品事权都下放到乡镇，其后果是乡镇政府事权大于财权，乡镇的负担最终也只能转嫁到农民身上。这种"重城市轻农村"的政府政策导向是导致农村公共品诸多问题的直接根源。

#### 2. 农民缺乏担负供给责任的能力

通过供给责任的层层推卸，农村公共品供给的财政重担最终大部分落在了农民的肩上。但是，由于农民收入低，他们根本就没有能力承担农村公共品供给的责任。①

#### 3. 第三方缺乏参与机会

在供给过程中，政府已经把财政负担最终转嫁给了农民；而且在对公共品的实际提供中，政府在无能力包揽一切的情况下，也限制别人进入。这种单一的供给体制，使得企业、个人、社会团体等第三方都很难参与农村公共品的供给。

### （二）自上而下的决策机制导致结构失调

对农村公共品供给起主要作用的不是农村社区内部的需求，而是来自社区外部自上而下的行政指令，甚至是为了满足政府部门中某些决策者的"政绩"和"利益"需要。决策者此类行为特征的主要表现有：（1）不顾农村的客观条件，热衷于投资一些见效快、易出政绩的短期公共项目，如各类达标升级活动、小康工程等，而规避那些见效慢、期限长、却具有战略价值的纯公共品。

---

① 即使农民的收入水平提高了，从公平和公共品本身特性的角度看，农民也没有负担起社会纯公共品实际供给的义务。

（2）热衷于投资新建公共项目，而不愿投资维修存量公共项目。（3）热衷于提供看得见、摸得着的"硬"公共品，而不愿提供农业科技推广、农业发展的综合规划和信息系统等"软"公共品。（4）重视"准公共品"的提供，轻视"纯公共品"的提供。一些贫困落后地区大力修建农贸市场、休闲广场、歌舞剧院、高档宾馆等，还冠之提高农民生活条件的美名，而实际上这些公共设施并不是农民最急需的，因利用效率低下而浪费了大量公共资源。

现行自上而下的公共品供给决策机制，一方面无法及时满足现有的公共品需求，另一方面还在提供着不少脱离现实生活的过时"公共品"。我们在对农村公共事业单位的调查中发现，有些地区为农村服务的行政事业单位并没有随社会经济的变迁调整职能。比如有的农村地区已经没有人养鱼，也没有人养蚕，但是在当地提供公共服务的事业单位中，却还保留着渔业研究所、桑蚕研究所。这种改革的迟滞进一步浪费了公共资源。

**（三）监管和监督不到位致使管理过程混乱**

目前中国农村公共服务的监管上存在问题。一是过度监管。成立服务机构（例如开办门诊所、学校、农民协会）的审批、许可的条件苛刻、程序繁琐。在实际上不需要的情况下，人为地设置进入门槛，制造一个又一个权力环节寻租。二是监管不足。一些政府部门只管收费、发证，而不管后续监管；对于如何保证非营利机构申请时承诺的性质、落实"不分配利润"，没有必要的监管机制。

在公共品供给过程中，管理制度不科学，资金使用不透明，滥用、挪用公共资金现象严重，农村公共品的生产与提供过程中的很多问题与此有关。（1）政府对农村公共品资金的筹措、管理、使用缺乏规范的监督。无论是国家的支农资金，还是地方政府中制度内与制度外公共支出资金，都没有实行专门统一的管理，经常被挪用，造成了公共资源的管理混乱。（2）政府提供农村公共品的中间环节较多，公共资金被一层一层"过滤"，公共品被层层加价。（3）政府部门的逐利行为难以改变，在生产和提供农村公共品的过程中，地区之间、部门之间出现竞相攀比的现象。这些因素的综合作用，往往导致农村公共资源和公共品供给效率低下和增长无序，增加了对农村公共资源的筹集需求，明显推高了农村公共品的供给成本。

从中国农村的改革经验看，虽然家庭责任制取代集体化制度为促进农业生产的高速增长提供了很强的激励机制，虽然农村税费改革为减轻农民负担提供了长期的制度保障，但两次改革却没有为农村公共品"生产"提供有效的制度安排[①]。落后于时代变迁的不合理的公共品供给体制是上述问题的根源所在。

## 三、解决农村公共品供给问题的政策思路

要从根本上解决农村公共品供给不足的问题，今后必须实行两个改变：一是要尽快改变公共品供给"重城市轻农村"的"一国两策"的倾向，二是改变农村公共品供给"以农民为主"的政策思路，转向以政府为主。要从统筹城乡发展的高度，解决农村公共品供给问题。

### （一）改善农村公共品供给的思路

#### 1. 明确政府在公共服务领域应该承担的责任

对市场和公平问题的考虑是政府介入公共服务领域的主要理由。从市场考虑，由于纯公共品具有利益不可分割的外部性，加上信息不对称和自然垄断等因素，市场不能有效地提供相适宜的公共服务。从公平考虑，政府也应该在公共服务领域进行必要的干预。作为公共服务供给的干预者，政府必须着眼于全体公民、全部社区，而不是仅仅把目光锁定在城市居民和城市地区。农村居民与城市居民一样，拥有相同的发展权和生存权，政府应该承担起农村社区最起码的公共品供给，把公共品真正地、公平地分摊于城市和农村。

为此，我们应当重新界定中央政府、省级政府与县、乡基层政府的事权范围，合理划分各级政府的财政职能[②]。凡属于诸如计划生育、国防开支、大型农业设施建设、农业基础科学研究、义务教育等全国性的农村"纯公共品"，以及部分外部性极强、接近于纯公共品的"准公共品"，都该由中央和省级政府财政负担。在制度安排上，事权可以下放到县级政府，但财权必须由具有更高财政能力的上级政府统筹解决。

---

① 张军、何寒熙：《中国农村的公共产品供给：改革后的变迁》，1996 年。

② 根据公共品理论，在多级政府之间配置公共经济责权需要依据一些基本的原则。第一，由于基层政权机构更接近于服务对象，更易于获得有关公民偏好和降低成本等方面的信息，也更便于公民监督，所以公共品提供的责权应该优先配置于基层政权机构。第二，防止成本和收益外溢。公共经济责权的纵向划分要尽量使承担提供公共品责权的政权层级与该公共品受益群体的范围相一致。第三，公共经济责权纵向配置要考虑规模经济的要求。公共品生产也存在规模效益问题，规模过大或太小都将增加生产成本，降低资源配置效率。但是公共品的最佳规模与按照受益辖区划分公共经济责权之间往往不吻合。这需要对行政辖区进行调整或将相应的公共经济责权集中到上一级政权或由上一级政府给以资助。第四，不同地区居民应该能够享受大体公平的公共服务。

### 2. 分清农村公共品的属性再决策

对于不同类型的公共品，政府承担着不同程度和性质的供给责任。对纯公共品，中央、省级政府要负起完全责任；对准公共品，如农村道路建设、农村医疗乃至自来水供应，中央、省级政府要对贫困地区的供给负起责任。政府必须利用公共资源保证不同地区、城乡不同社区之间的公平性。而各级政府对其区域范围内的居民有保证其获得公共品供应的责任。政府的供给绝不能是漫无边际、随心所欲的。什么样的公共品是纯公共品、什么样的公共品是准公共品、什么是涉及社会可持续发展的公共品、什么是保证农业生产所必需的公共品，对这些问题，决策者在做出供给决策前必须有个清晰的判断，才能保证有限的公共资源能够得到比较合理的利用。

## (二) 相关政策探讨

### 1. 改革政府的公共品供给体制

一是统筹城乡供给，要将重点放在农村。当前的税费改革一定程度上减少了"制度外财政"的来源，也在一定程度上奠定了城乡公共财政一体化的基础。改革还需进一步深化。从统筹城乡发展的角度，城乡不同社区应该获取大体相当的公共资源。但基于农村当前公共品严重短缺的现实，政府应该把公共资源的分配重点放在农村，缩减城市"锦上添花"的公共开支，把更多的公共财政资源投向农村地区的公共品供给方面。

二是重点保障财政拨款"专项转移支付"制度。税费改革以后，中央加大了对地方的财政转移支付力度。我们认为在增加"一般性的财政转移支付"的同时，必须对涉及农村重要公共品供给的"专项转移支付"资金从制度上进行保障，使资金与服务一一配套（如教育专项资金、卫生专项资金、道路建设专项资金等），最大限度地减少公共资金挪用的可能。

三是推进农村公共品供给主体改革。对承担着农村公共品供给主要职责的国有事业单位进行彻底改革，必须剥离其过时的或不符合需要的机构和职能。行政管理职能划归行政部门，以赢利为目的的机构要推向市场，与当前农村形势不相适应的单位应该撤销。同时，应该采用相关措施，支持鼓励提供公共品的民间机构的成长发育。

### 2. 建立社区内准公共品供给科学的决策机制

"自上而下"的农村公共品投资决策程序没有反映农民的真实需求，从而造成了有限的公共资源的浪费，投资效益低下，并导致了农村公共品的无序供给或供给缺失，加重了农民负担。所以，对于不产生外溢效应的农村社区内公共品，必须改变当前"自上而下"的决策机制，改由社区内居民民主决定。

完全有必要与农村基层民主制度建设相结合，建立需求表达机制，使一个村或一个乡范围内多数居民对公共品的需求偏好得以表达。对于范围涉及县或地区的较大型农村公共品供给，应建立专家听证制度，并在此基础上由本级人民代表大会投票决定。

### 3. 借市场之力解决农村公共品供给问题

公共品的供给政府负有完全或部分的责任，但政府的责任并不等于政府的直接供给。对于大部分公共品，政府可以通过委托、购买、代理等方式，把公共服务的供给转移给企业、民间团体来运作，政府的责任在于通过合适的方式提供资金并对供给部门进行监管。通过招投标机制的设计，政府可以把辖区内的城市和农村社区结合起来，借助市场之力弥合城乡在公共品问题上的差距。

在应由政府付费的公共服务中，可以选择向服务提供者付费，也可以选择向服务的消费者提供补贴。对机构的支持取决于其所提供的服务类型。如果这种服务容易监控，则可以选择向机构补贴，购买其服务或合同外包等方式；否则，对服务的消费者进行补贴更为合适。在信息不对称为特征的现实社会中，道德危害很可能使结果与政府的本意背道而驰。在这种情况下，通过对消费者的补贴（如"代金券"模式）、由消费者"用脚投票"的机制效果可能更好。

### 4. 完善农村公共品供给监管和监督制度

可以通过多元化供给主体的制度设计、公开招标等方式，在公共品供给中引入竞争机制，以减少寻租可能；在公共资源的筹集、使用过程中，实行财务公开制，定期向辖区群众公布收支情况，增加资金使用透明度；发挥人民代表大会、审计部门及新闻媒体的监察、监督作用，保证公共资源不被滥用。

健全有效的监管体系，既是农村公共品供给体制改革的主要目标，也是实现公共品供给方式改变的必要手段。在向多元化、多样性的农村公共品供给结构转换过程中，必须构建必要、高效的监管体系，建立完善的法律法规，并要有精干的监管组织做保障，对农村公共品供给、使用全过程进行全面监管，严惩那些违法违规事件。

**参考文献：**

陈小梅:《论农村公共产品供给的现状与改革》,《南方农村》2004 年第 2 期。

高新军:《从中国农村税费改革看乡镇政府公共产品的供给》,《理论导刊》2003 年10 月。

何乘材:《农村公共品、农民国民待遇与农业发展》,《农业经济导刊》2003年第4期,原载《中央财经大学学报》2002年第11期。

蒋佳林:《创新农村公共品供给机制是统筹城乡发展的关键》,《上饶师范学院学报》2004年4月,第24卷第2期。

林万龙:《乡村社区公共产品的制度外筹资:历史、现状及改革》,《农业经济导刊》2002年11月,原载《中国农村经济》2002年7月。

刘兵:《公共风险与农村公共产品供给:另一个角度看农民增收》,《农业经济问题》2004年第5期。

刘鸿渊:《农村税费改革与农村公共产品供给机制》,《求实》2004年2月。

马晓河:《农村公共品应由政府提供》,《中国经济时报》2002年11月7日。

马晓河:《统筹城乡发展要解决五大失衡问题》,《宏观经济研究》2004年第4期。

陶勇:《农村公共产品供给体制与减轻农民负担》,《北京科技大学学报》(社科版)2003年6月。

王蓉:《中国县级政府教育财政预算行为:一个案例研究》,《北京大学教育评论》2004年4月。

熊巍:《中国农村公共产品供给分析与模式选择》,《中国农村经济》2002年7月。

叶兴庆:《论农村公共产品供给体制的改革》,《经济研究》1997年第6期。

邓有高、王为民:《略论中国农村公共品的政府供给》,《农村经济》2003年第10期。

雷晓康、贾明德:《有效解决中国农村公共品供给问题的对策研究》,《农业经济导刊》2003年6月,原载《华中农业大学学报》(社科版)2003年第1期。

李秉龙、张立承、乔娟、曹洪民等:《中国农村贫困、公共财政与公共品》,中国农业出版社2004年2月第1版第1次印刷。

李秉龙、张立承等:《中国贫困地区县乡财政不平衡对农村公共品供给影响程度研究》,《中国农村观察》2003年1月。

林霞、刘鸿渊:《试论农村税费改革对农村公共产品供给的影响》,《农村经济》2004年第3期。

宋洪远、谢子平:《乡村债务与公共支出——中国乡村债务形成原因和机理探讨》,《中国农业经济评论》2004/Vol.2/ No.1。

文启湘、陶伟军:《农村公共消费品供给不足的原因及影响》,《宁夏党校学报》2001年11月。

吴朝阳、万方:《农村税费改革与农村公共产品供给体制的转变》,《中央财经大学学报》2004年第5期。

杨震林、吴毅:《转型期中国农村公共品供给体制创新》,《中州学刊》2004 年 1 月。

徐洁、韩莉:《加大农村公共产品供给促进二元经济结构转化 —— 韩国新村运动对中国农村经济发展的启示》,《北京联合大学学报》2003 年第 6 期。

"农村基础教育的公共投入政策研究"课题组:《农村基础教育的公共投入政策研究》,《东北财经大学发展研究参考》2004 年第 10 期。

国家发改委产业所课题组:《中国农村事业单位改革研究》( 世行课题 ),《中国农村事业单位改革研究》2005 年 2 月。

〔英〕安东尼·B.阿特金森、〔美〕约瑟夫·E.斯蒂格利茨:《公共经济学》,蔡江南等译,上海三联书店、上海人民出版社,1994 年 9 月第 1 版,1995 年 4 月第 2 次印刷。

〔英〕加雷斯·D.迈尔斯（Gareth D. Myles）:《公共经济学（Public Economics）》,匡小平译,中国人民大学出版社 2001 年 9 月第 1 版,2003 年 1 月第 2 次印刷。

# 第十六章　新时期我国需要新的粮食安全制度安排

在多年的农业政策支持下，我国粮食生产获得了连续十二年的好成绩，粮食供给空前充裕，安全程度大大提高。但是，在粮食供给充裕背景下，原有粮食支持政策的弊端也越来越明显。在新形势下，必须对现有政策制度进行改革和调整，以适应变化了的形势需要。

## 一、我国粮食供求市场存在"三多一低"现象

当前，我国粮食供求市场出现了"三多一低"的怪现象，就是粮食生产量越来越多，进口量越来越多，库存量越来越多，但粮食自给率却越来越低。

第一，生产量多。多年来，我国通过增加投入、财政补贴、价格支持等政策刺激粮食生产，使得粮食取得了连续十一年的骄人成绩。从 2003 年到 2014 年，全国粮食年产量由 43070 万吨增长提高到 60703 万吨，十一年间产能增加了 17633 万吨，增长了 40.9%。粮食生产中最大特点是生产集中度越来越高，主要表现在两个方面。一方面，粮食生产在向谷物集中（见表 1）。过去 11 年谷物增产了 18312 万吨，对粮食增产贡献率 103.9%，豆类、薯类减产了 680 万吨，对粮食增产贡献率 -3.9%。2015 年全国粮食产量达到 62143 万吨，其中谷物产量为 57225 万吨，占粮食产量的比重从 2003 年的 86.9% 上升到 92.1%。在谷物中，玉米增产幅度最大，11 年间玉米增产 9982 万吨，对粮食增产贡献率 56.6%。

另一方面，粮食生产在向主产区集中。表 2 是 2003 年以来粮食生产区域结构变化情况。从中可以看出，2003 年以来我国 13 个主产区产出粮食占全国粮食产量比重由 71% 上升到 75.81%，过去 11 年间我国粮食增加的产量中，有 87.6% 的增产部分来自主产区的贡献。

第二，进口量多。2003 年以来，我国粮食净进口规模越来越大（见表 3）。2003 年粮食净进口 61 万吨，2010 年 5931 万吨，2014 年 8999 万吨，改变中

### 表1　2000－2014年粮食产量及品种结构变化情况

| 年份 | 单位 | 粮食 | 谷物 | 稻谷 | 小麦 | 玉米 | 豆类 | 薯类 |
|---|---|---|---|---|---|---|---|---|
| 2000 | 万吨 | 46217.5 | 40522.2 | 18790.8 | 9963.6 | 10600.0 | 2010.0 | 3685.2 |
| | % | 100 | 87.7 | 40.7 | 21.6 | 22.9 | 4.4 | 8.0 |
| 2003 | 万吨 | 43069.5 | 37428.7 | 16065.6 | 8648.8 | 11583.0 | 2127.5 | 3513.3 |
| | % | 100 | 86.9 | 37.3 | 20.1 | 26.9 | 4.9 | 8.2 |
| 2005 | 万吨 | 48402.2 | 42776.0 | 18058.8 | 9744.5 | 13936.5 | 2157.7 | 3468.5 |
| | % | 100 | 88.4 | 37.3 | 20.1 | 28.8 | 4.5 | 7.2 |
| 2010 | 万吨 | 54647.7 | 49637.1 | 19576.1 | 11518.1 | 17724.5 | 1896.5 | 3114.1 |
| | % | 100 | 90.8 | 35.8 | 21.1 | 32.4 | 3.5 | 5.7 |
| 2014 | 万吨 | 60702.6 | 55740.7 | 20650.7 | 12620.8 | 21564.6 | 1625.5 | 3336.4 |
| | % | 100 | 91.8 | 34.0 | 20.8 | 35.5 | 2.7 | 5.5 |

资料来源：中华人民共和国国家统计局：2014年、2005年《中国统计年鉴》。

### 表2　2003－2014年粮食生产区域结构变化　万吨

| 项目 | 2003年 | | 2009年 | | 2014年 | | 2003/2014 |
|---|---|---|---|---|---|---|---|
| 总量 | 43069.5 | 100 | 53082.1 | 100 | 60702.6 | 100 | 1.409 |
| 主产区 | 30578.5 | 71.0 | 39710.0 | 74.81 | 46021.3 | 75.81 | 1.505 |
| 平衡区 | 9073.5 | 21.07 | 10011.1 | 18.86 | 11360.6 | 18.72 | 1.252 |
| 主销区 | 3417.7 | 7.93 | 3361.0 | 6.33 | 3320.7 | 5.47 | 0.972 |

资料来源：中华人民共和国国家统计局：2014年、2005年《中国统计年鉴》。

### 表3　2003－2013年粮食进出口结构变化　万吨

| 项目 | 2003年 | | | 2014年 | | |
|---|---|---|---|---|---|---|
| | 进口 | 出口 | 净出口 | 进口 | 出口 | 净出口 |
| 谷物 | 208 | 2194 | 1968 | 1951 | 71 | -1880 |
| 大米 | 26 | 262 | 288 | 258 | 42 | -216 |
| 小麦 | 45 | | -45 | 300 | | -300 |
| 玉米 | | 1640 | 1640 | | 2 | 2 |
| 大豆 | 2074 | 27 | -2047 | 7140 | 21 | -7138 |
| 合计 | 2282 | 2221 | -61 | 9091 | 92 | -8999 |

资料来源：中华人民共和国国家统计局：2014年、2005年《中国统计年鉴》。

国进出口结构的主要品种是大豆，2003 年我国进口 2074 万吨，2014 年 7140 万吨，11 年大豆净进口增长了 2.44 倍，2014 年大豆进口对粮食净进口贡献为 74.2%。

第三，库存储备量多。随着粮食综合生产能力的提高，粮食年生产量在 11 年间先从 4.3 亿吨跨上 5 亿吨，进而又迈上 6 亿吨的台阶。粮食连年大幅度增产，市场出现了阶段性供过于求。为了保护粮农的利益，政府在最低收购价政策之外又出台了临时收储政策，从农民手中大量收购粮食。比如 2005 年国家按最低收购价从农民收购了 250 多亿斤粮食，到 2014 年国家按最低收购价和临时收储政策从农民收购了 2893 亿斤，不足 10 年收购量增加了 10.3 倍。收购量越来越多，库存量也在快速增长。2004 年末全国粮食商品库存总量 3094 亿斤，到 2015 年 7 月我国的粮食库存总量超 9000 亿斤，到年末库存更是突破一万亿斤。目前，我国粮食储备率已经超过 80%，大大超过世界粮农组织规定的 17—18% 的安全储备率水平。

第四，自给率水平降低。在生产量、进口量和储备量越来越多的情况下，我国粮食的供求关系确实得到了根本性改变，过去是紧平衡，现在是供大于求，并出现了阶段性过剩。以 2015 年为例，年初粮食库存 8000 多亿斤，全年粮食生产量 12429 亿斤。粮食进口量中，大豆 1805 亿斤，谷物进口假定 350 亿，扣掉出口因素，净进口约在 1950 亿斤，由此可以测算出 2015 年全国粮食供给总量为 22379 亿斤。而我国全社会粮食消费总量也就是 12500 多亿斤。显然，2015 年我国有超出市场需求近一万亿斤的粮食，恰恰是我们用行政干预从市场退出的供给部分。这些粮食假定不过期陈化的话，可供城镇户籍居民十年口粮还有余，可供城乡居民口粮三年还要多，根本不存在所谓粮食供给偏紧的安全问题。

按道理，粮食连续十多年增产后，我国粮食自给率应该上升而不是降低，但事实恰恰相反。2005 年以来，我国的粮食自给率不断走低，2005 年粮食自给率 100.9%，2010 年 90.21%，2013 年 88.68%，2014 年 87.09%（见表 4），已经远低于国家粮食安全中长期规划纲要（2008—2020）保障自给率在 95% 以上的要求。

造成粮食供给空前充裕、而自给率却连年下降的原因主要有两条：一条是将大豆统计在了粮食之内，进口量很高的大豆降低了粮食总体的自给率。严格来讲，大豆并不是真正意义上的粮食，是油料作物，是各种豆制品的原料。如果排除大豆，仅按谷物自给率计算，2001 年以来我国的自给率一直在 96%

表 4　2000—2014 年粮食自给率变化情况　　万吨、%

| 年份 | 2000 | 2005 | 2010 | 2012 | 2013 | 2014 |
|---|---|---|---|---|---|---|
| 总产量 | 46218 | 48402 | 54647 | 58985 | 60194 | 60703 |
| 净进口 | -208 | -427 | 5931 | 7108 | 7680 | 8999 |
| 自给率 | 100.5 | 100.9 | 90.21 | 89.25 | 88.68 | 87.09 |

资料来源：中华人民共和国国家统计局：2001 年和 2015 年《中国统计年鉴》。

表 5　2001—2014 年谷物自给率变化情况　　万吨、%

| 年份 | 2001 | 2005 | 2010 | 2012 | 2013 | 2014 |
|---|---|---|---|---|---|---|
| 谷物产量 | 40522 | 42776 | 49637 | 53934 | 55269 | 55741 |
| 净进口 | -532 | -387 | -451 | 1302 | 1363 | 1880 |
| 自给率 | 100.33 | 100.91 | 100.10 | 97.64 | 97.59 | 96.73 |

资料来源：中华人民共和国国家统计局：2001 年和 2015 年《中国统计年鉴》。

以上，2014 年为 96.73%（见表 5）。二是我们将大量粮食以最低收购价和临时收储政策收到仓库里变成储备，造成市场实际供给量减少了。一旦储备粮投放减少、减慢，国内用粮企业便会迅速用便宜的进口粮食进行替代，造成进口快速增长，自给率随之下降的结果。可以说，我国粮食自给率的下降，是伴随着谷物储备率迅速上升而发生的。当前，我国的粮食供给其实是历史上最充裕的时期。

## 二、粮食安全的主要问题是过度生产和超额储备

中国是人多地少，水资源短缺国家。在这种情况下，持续生产超越国内市场需求的粮食产品并将其储存起来，形成越来越多的超额储备，这在经济学意义上是典型的过度生产和过度储备。如前所述，我国的粮食储备率已经超过 80%，继续增产粮食，储备率还将继续上升。这种过度生产和过度储备会带来以下诸多问题。

一是导致财政多头投入全程补贴，负担越来越重。多年来，为了保持粮食连年增产，在生产环节，国家投入大量资金强化农业基础设施建设，不断增加对粮农的补贴，以鼓励和支持农民生产粮食。在流通环节，当粮食连年增产

出现"卖难"后，国家又以高价收购农民的粮食；随着收购量越来越多，在仓容爆满情况下，又被迫投入巨资新建或改建大量仓储设施。同时，为了维护这些超出市场需求的粮食，财政还得支出两笔数额巨大的资金，一笔补贴粮食存储，另一笔支持存储企业定期到市场上轮换库存粮食。2014年国家对农民的种粮直接补贴、良种补贴、农机具购置补贴和农业生产资料价格综合补贴四项合计约1700亿元，当年用于粮食最低收购和临时收储的资金达到3555.7亿元，还有新建一千亿斤粮食仓储设施的投入。另外，为维护好这些储备粮，目前还需要约500亿元左右的保管费用。可见，我国粮食从生产到流通是全程补贴的，国家财政至少支出了五笔巨额资金。如果我们生产的粮食都是必要的，储备的粮食是必需的，财政资金支出项目再多也是应该的。问题是长期生产超出市场需要的粮食，只能作为储存沉淀起来，并为此支出巨额资金，其实是对公共资源的浪费。

二是过度耗费土地和水资源，加大了生态环境压力。我国本来就是土地、水资源极度稀缺的国家，要保持粮食连年增产，势必加大对土地、水资源的利用强度。农民为了增加产量，不惜超量使用化肥、农药，严重超采地下水资源。有数据显示，我国每亩化肥施用量是发达国家的3倍左右，而利用率只有30%左右，比发达国家低20多个百分点。由于农药使用不当，有1.4亿亩耕地遭受农药污染，目前我国耕地污染超标面积高达3.5亿亩，污染率为19.4%。

三是过度生产带来了生产成本的大幅度增加。农民为了增加粮食产量，在有限的土地空间上，不断加大资源利用强度，追加物质和劳动投入，最终导致生产成本增加快于单位面积产量的提高。表6是2004年到2014年我国谷物生产成本收益变化情况。过去10年间，我国小麦、稻谷、玉米三种粮食每亩生产成本由395.5元提高到1068.57元，名义增长率为170.2%，其中物质成本增长率为108.8%；而同期三种粮食亩均产量只增长了16.34%，亩收益率由33.2%下降到10.46%。

四是扭曲了市场供求关系，市场价格信号基本失灵。按道理，农业基础设施投入的不断增加，提高了粮食的产出能力，增加农业补贴也提高了农民种粮积极性，在此政策激励下粮食生产必然会增加，市场供给量也会随之增长，由此市场价格必然会随着市场供给量增长而下降。但是，过去十一年里，我国是粮食越增产，粮价越上涨，市场没有反映出粮食供给在不断增加的信号。原因很简单，我们连续多年持续不断提高粮食最低收购价和临时收储价格，使增产的大部分粮食从农民手中收购后退出市场，增产的粮食仅表现为库存增加。到

表6　2004年至2014年三种粮食每亩生产成本收益变化

| 项目 | 单位 | 2004 | 2007 | 2010 | 2014 |
|------|------|------|------|------|------|
| 产量 | 公斤 | 404.8 | 410.8 | 423.5 | 470.93 |
| 产值 | 元 | 592.0 | 666.2 | 899.8 | 1193.35 |
| 成本 | 元 | 395.5 | 481.1 | 672.7 | 1068.57 |
| 物质费 | 元 | 200.12 | 239.87 | 312.49 | 417.88 |
| 人工费 | 元 | 141.26 | 159.55 | 226.9 | 446.75 |
| 纯收益 | 元 | 196.5 | 185.2 | 227.2 | 124.78 |
| 收益率 | % | 33.2 | 27.8 | 25.25 | 10.46 |

资料来源：国家发展改革委价格司2009年和2015年《全国农产品成本收益资料汇编》。
注：表中物质费包括了服务费。

此为止，我国的粮食市场供求关系被扭曲了，市场配置资源的决定性作用被干预掉了，以最低收购价和临时收储价格为代表的"政策价"替代了正常的市场价格，在年复一年不断地引导和左右着粮食生产。

总之，粮食连年增产确实保证了我国的粮食安全，但在新的形势下，国家却面临着"收不起、储不起、补不起"的困境。笔者以为，这是新常态下一种新的粮食不安全。

## 三、新的粮食不安全需要新的政策制度

面对新的粮食不安全挑战，国内学者提出了不同的解决方案。第一种方案是实行目标价格制度。该方案的核心内容是，取消目前对粮食的最低收购价和临时收储价的制度安排，在对棉花、大豆实行目标价格政策的基础上，对小麦、稻谷、玉米也实行目标价格制度。对粮食实行目标价格，可减少市场扭曲，让粮食价格由市场决定；这有利于保护粮农利益，稳定粮食生产，还可大大减少流通环节的财政补贴和建设投资。其缺点有三：一是期初的实际操作成本高，测量面积、统计产量或销量、核定生产成本及收益、确定目标价格与市场价格之间的差价补贴等需要大量工作成本；另外，我国种粮农户接近1.9亿户，还有数以万计的不同所有制收购企业和粮食加工厂，无论是按面积、产量还是按商品粮发放补贴，都需要详细复杂的组织配套制度建设。二是在粮食供

求关系紧张价格上涨时，政府有可能从市场上收不到粮食，粮食安全储备受到威胁。三是市场波动风险加大。实行目标价格制度后，粮价由政策定价转为市场定价，在连续十二年粮食丰收条件下，可能会出现粮价较大幅度下滑，此时已经习惯了托市收购的农民又会出现"卖粮难"，粮食周期性波动将会再现。

第二种方案是对现有最低收购价和临储收购制度进行渐进式改进。该方案的核心内容是：在现阶段，将最低收购价特别是临储价格逐年渐进式降低，逐渐引导粮农适度调整生产量。该方案的优点是：政策连续稳定，操作成本低，轻车熟路，粮食安全有较高保障。缺点是市场扭曲仍然存在；收储数量近期还要增加，财政补贴也不会减少。

笔者提出第三个方案，即取消现有粮食的最低收购价和临时收储价制度安排，实行粮食安全目标储备制度条件下的高价收购制度。具体内容如下：

一是确定国家储备规模。国家储备粮不是越多越安全，应该有个科学界限。国际粮农组织有一个粮食安全标准界限得到广泛认同，即一个国家粮食储量占消费总量的17—18%，保证这个比例的储备粮就是安全的。考虑到我国市场不太成熟，还有很多交通不发达地区影响粮食运输，也有体制因素制约粮食流通，我国粮食储备量可以高于国际标准，安全储备量设定为不超过消费总量的30%比较适宜。其中战略应急储备17—18%，商业调节储备12—13%。储备粮中，小麦、稻谷的储备比例可相应高一些，玉米的储备比例可调低一些。从数量上设定，目前我国每年保持粮食储备总量在3500—4000亿斤比较适宜。按照三年轮换一次计算，国家每年要从农民收购1000多亿斤粮食。

二是根据国家粮食安全目标储备数量，始终以高于市场价格的水平从农民收购粮食。在粮食安全目标储备量之内，国家每年收购储备或轮换所需要的粮食。在取消粮食最低收购价和临时收储价以后，为了防止国家从市场上收不到粮食，政府可参考韩国经验，以高于市场价格水平从粮农定量收购。韩国政府曾经每年从农民收购稻谷产量的10%，收购价格高于市场价35%左右，收购指标分配到种植户并允许转让；农协每年向稻农收购产量的20%，价格高出市场价格20%左右。我国完全可以借鉴这种方法收购国家所需要的粮食，比如国家每年从粮农收购的粮食价格可始终高于市场价格20%或30%，并将收购量指标公平分配到主产区种植户。由于政府储备粮收购价格明显高于市场价格，所以农民都会主动售粮。即便有些农民因特殊原因不愿或不能售粮的，拥有售粮指标的农户还可以把指标转让给其他农户。这里可以看到，政府的粮食收购价与市场价始终保持在一个恒定比例，高则更高，低则也高。因此，在实际操作过程中，政府收购粮并不干扰市场价格的形成，市场对粮食供求就起了决定性作用。

三是继续保留对粮食生产领域的补贴。有人担心取消粮食最低收购价和临时收储价制度安排后会出现粮食大减产，笔者以为出现粮食周期波动是必然的，但出现大幅度减产可能性很小。因为我们还保留着种粮直补、良种补贴、农机具购置补贴、农业生产资料价格综合补贴等1700多亿的生产补贴，对于这些补贴，可以做些针对性调整，补贴对象要瞄准种粮农户，特别是种粮大户。这样会将粮食生产托在一定的水平线上。因为，如果有人放弃粮食生产，将会丧失政策补贴的机会。另外，即使是大幅度减产也没有什么可怕的，我们还有8亿亩高标准农田作支撑，半年就能调节回来。

四是要下决心建设一批高标准农田。这些农田标准化建设的投入主要由中央政府投入，承包权和使用权属不变，建成后不能随意改变土地性质，但有权自由选择种植农作物，一旦粮食减产，国家可以用政策动员和引导农民在高标准农田种植粮食。

五是及时消化超过国家安全目标储备规模的粮食，随之削减粮食流通领域的补贴，并将流通领域节省出来的补贴转而用于耕地保护。要限期消化超规模库存粮，这些粮食可以用于耕地轮作休耕，也可向食品加工业投放一部分，向生物质能投放一部分，对外援助一部分，还可以投向饲料加工业以替代进口。超规模库存粮消化后，节省出来的保管费和取消最低收购价和临时收储价制度节约出的财政补贴部分，建议主要用于对农民耕地保护的补贴，比如对耕地进行轮作休耕补贴。这既有利于保护有限的耕地资源，又能增加农民收入。

六是实施新的粮食安全制度还需要更新粮食安全观念。要调整原有粮食安全概念内涵，将粮食中豆类、薯类剔除在外，形成新的粮食安全概念。新的粮食安全概念应考虑以下几方面：从安全形式上考虑，主要是不断增强和储备粮食综合生产能力，建设一批旱涝保收的高标准农田，保证资源安全；从品种上考虑，以谷物特别是稻谷、小麦安全为重点；从区域布局考虑，主要是重点支持主产区粮食生产；从食品消费结构考虑，主要保障口粮安全。同时，中国的粮食安全制度安排要有开放视角，在保障我国口粮基本自给（自给率95%）前提下，要充分利用国际国内两个市场、两种资源，调整农业结构，置换农业资源，发挥比较优势，大力发展劳动密集和技术密集型农产品，不断增强国际市场竞争力。要适度增加土地、水等资源密集型产品进口量，或利用国内农业资本"走出去"开发国外农业资源，以缓解国内资源环境压力。

# 第十七章　当今中国利用了多少国际农业资源

随着经济增长和国内农产品需求结构变化，利用国际农产品市场和农业资源，成为中国农业告别短缺时代的基本策略，实际上也是在弥补我国土地与淡水资源日趋短缺的问题。我们的初步测算结果表明，2011 年我国净进口的农产品（谷物、油料、棉花和糖料等）约为我国节约了 5.7 亿亩的耕地面积，近年来这种土地节约的年平均增长速度达到了 13% 以上。

## 一、谷物

我国对谷物的自给率有明确要求，尤其是小麦和稻米。总体来看，谷物进口量相对有限。

### （一）稻米

我国稻米自给率较高，进口量一直维持在较低水平。2011 年是多年以来首次出现净进口。2011 年我国稻米进口 59.8 万吨，比 2010 年增长 53.3%；出口 52.6 万吨，比 2010 年下降 15.2%。我们用进口量除以单位面积产量近似得出我国"直接利用国外土地"的数量，用净进口量除以单位面积产量得到节约国内土地数量。典型年份的稻米进口量和土地资源折算量如表 1-1 所示。2011 年净进口的 7.2 万吨稻米按当年亩产 443 公斤测算，相当于为国内节约了 16 万亩的耕地面积。

### （二）玉米

作为畜禽产品饲料的主要原料，我国进口玉米已成常态，且进口量逐年加大。1997 — 2007 年间年均出口 720 万吨，年均进口仅 4.5 万吨；2010 年进口 157.3 万吨，超过 1996 — 2009 年进口总和近 50 万吨，是我国自 1997 年以来首次出现玉米净进口；2011 年进口 175.4 万吨，比上年增长 11.5%；出口 13.6 万吨，比上年增长 7%。

2004 — 2011 年我国玉米播种面积年均增长 3.8%。玉米的单位产量不断提高，从 2000 年的亩产 307 公斤增加到 2011 年的 371 公斤。同期，玉米进口以更快的速度增长，凸显了玉米市场的巨大需求。2011 年，我国玉米净进口 162

表1-1　我国稻米贸易与生产情况（1995—2011）

| 年份 | 1995 | 2000 | 2005 | 2010 | 2011 |
|---|---|---|---|---|---|
| 进口量（万吨） | 164 | 24 | 52 | 39 | 59.8 |
| 净进口量（万吨） | 159 | -271 | -17 | -23 | 7.2 |
| 播种面积（千公顷） | 30744 | 29962 | 28847 | 29873 | 30351 |
| 单位产量（公斤／亩） | 402 | 418 | 417 | 437 | 443 |
| 直接利用国外土地（万亩） | 408 | 58 | 125 | 89 | 135 |
| 节约国内土地（万亩） | 396 | -648 | -41 | -53 | 16 |

资料来源：稻米进出口数据引自国家海关总署，2011年进出口数据引自农业部信息中心；产量和播种面积数据引自《中国统计年鉴》各期。

注：直接利用国外土地数量为进口量与单产量的比值，节约国内土地数量为净进口量与单产量的比值。

表1-2　我国玉米贸易与生产情况（1995—2011）

| 年份 | 1995 | 2000 | 2005 | 2010 | 2011 |
|---|---|---|---|---|---|
| 进口量（万吨） | 526 | — | — | 157.3 | 175.4 |
| 净进口量（万吨） | 515 | -1050 | -864 | 145 | 162 |
| 播种面积（万亩） | 34164 | 34584 | 39537 | 48750 | 49725 |
| 单位产量（公斤／亩） | 328 | 307 | 352 | 364 | 371 |
| 直接利用国外土地（万亩） | 1605 | —[a] | — | 432 | 473 |
| 节约国内土地（万亩） | 1571 | -3420 | -2455 | 398 | 436 |

"—"表示进口量不足1个单位量。

注：直接利用国外土地数量为进口量与单产量的比值，节约国内土地数量为净进口量与单产量的比值。

资料来源：玉米进出口数据引自国家海关总署，2011年进出口数据引自农业部信息中心；产量和播种面积数据引自国家统计局，其中2011年的数据引自中国粮油信息中心。

万吨，以当年亩产371公斤测算，相当于为国内节约耕地436万亩（表1-2）。

**（三）小麦**

小麦是我国最重要的主粮之一，自给率较高，进口部分主要集中在一些特质、优质小麦上。1996年以前，由于供不应求，我国曾大量进口小麦。1996—2003年国产小麦连续丰收，进口量下降；2004—2005年小麦需求量大幅增加，进口弥补了部分消费缺口。2009年以来小麦进口量呈不断上升趋势，年均增幅达11.7%。2011年小麦进口125.8万吨，比上年增长2.3%；出口32.8

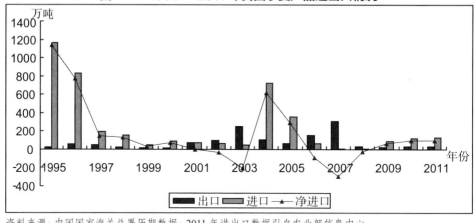

图1-1 1995—2011年我国小麦产品进出口情况

资料来源：中国国家海关总署历期数据；2011年进出口数据引自农业部信息中心。

表1-3 我国小麦贸易与生产情况（1995—2011）

| 年份 | 1995 | 2000 | 2005 | 2010 | 2011 |
|---|---|---|---|---|---|
| 进口量（万吨） | 1260 | 203 | 479 | 123 | 126 |
| 净进口量（万吨） | 1259 | 203 | 453 | 95 | 93 |
| 播种面积（万亩） | 43290 | 39980 | 34190 | 3639 | 36300 |
| 单位产量（公斤/亩） | 236 | 249 | 285 | 317 | 321 |
| 直接利用国外土地（万亩） | 5340 | 816 | 1681 | 389 | 391 |
| 节约国内土地（万亩） | 5335 | 815 | 1590 | 301 | 289 |

资料来源：小麦进出口数据引自国家海关总署，2011年进出口数据引自农业部信息中心；产量和播种面积数据引自国家统计局，其中2011年的数据引自中国粮油信息中心。

注：直接利用国外土地数量为进口量与单产量的比值，节约国内土地数量为净进口量与单产量的比值。

万吨，比上年增长18.4%。

表1-3显示，1995年我国小麦净进口1259万吨，按当年平均亩产236公斤测算，相当于节约耕地5335万亩，占当年全国小麦播种面积的12.3%。2009、2010和2011年，小麦年均净进口85万吨，按三年年均亩产318公斤测算，相当于节约国内耕地267万亩。

**（四）大麦**

大麦是制造啤酒的重要原料。我国是啤酒生产和消费大国，啤酒产业对

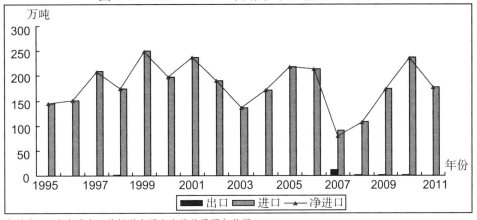

图1-2　1995—2011年我国大麦产品进出口情况

资料来源：大麦进出口数据引自国家海关总署历年数据。

表1-4　我国大麦贸易与生产情况（1995—2010）

| 年份 | 1995 | 2001 | 2005 | 2010 | 2011 |
|---|---|---|---|---|---|
| 进口量（万吨） | 145.5 | 236.8 | 217.9 | 236.8 | 178 |
| 净进口量（万吨） | 145.4 | 197.4 | 217.6 | 235.5 | 178 |
| 播种面积（万亩） | 2406 | 1155 | 1245 | 870 | 933 |
| 单位产量（公斤／亩） | 148 | 211 | 276 | 227 | 268 |
| 直接利用国外土地（万亩） | 983 | 1219 | 841 | 1043 | 664 |
| 节约国内土地（万亩） | 982 | 1218 | 841 | 1037 | 664 |

资料来源：大麦进出口数据引自国家海关总署；产量和播种面积数据来源于中国农业统计资料以及张宇萍、韩一军和程燕、李先德。其中2005年、2011年单位产量为推算值。

注：直接利用国外土地数量为进口量与单产的比值，节约国内土地数量为净进口量与单产的比值。

大麦的需求巨大。近年来，我国大麦进口快速增长，对外依存度越来越高。1995—2011年大麦一直处于净进口状态，年均进口180万吨以上，大部分年份满足国内啤酒生产需求的50%以上。2011年大麦进口177.6万吨，比上年下降25%；出口0.63万吨，比上一年下降51.5%。

表1-4显示，1995年我国大麦净进口145.4万吨，按当年平均亩产148公斤测算，相当于节约国内耕地982万亩，占当年大麦播种面积的40.9%。2010年大麦净进口235.5万吨，以当年平均亩产227公斤计算，至少需要1037万亩耕地。

## 二、大豆和豆油

加入 WTO 以来，我国大豆进口量连年激增，极大地缓解了我国油料生产压力，节约了大量的耕地资源。

### （一）大豆

2004 年我国进口大豆 2017.8 万吨，2010 年增加到 5478.6 万吨，年均增长 18%。其中，2010 年较 2009 年增长 28.8%，进口量和年增量均创历史新高。2011 年大豆进口 5264 万吨，仅比上年下降 3.9%，表明我国对进口大豆的需求依然强劲。

1995—2004 年我国大豆的播种面积呈增加趋势，最大值为 2004 年的 16512 万亩。2005—2011 年播种面积不断下降，近三年来种植面积更是逐年递减。2009 年为 13785 万亩，2010 年为 12774 万亩，2011 年预计为 11475 万亩。同时，大豆的单位产量并未出现大幅上升，年均亩产 113 公斤，2011 年较 2010 年单产上升 3.4%。国内大豆生产很难满足市场需求。

我国是全球第一大豆进口国，进口大豆为其他农作物提供了大量的种植空间。从 1996 年起，我国大豆一直处于净进口状态，累计净进口 35661 万吨，其中 1996—2003 年年均增长 55.7%，2004—2011 年年均增长 15%。如果按对应年份的平均单位产量计算，累计节约国内耕地 32 亿亩，是 1996—2011 年国

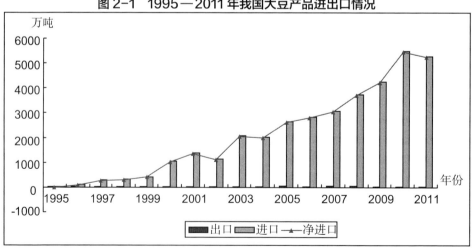

图 2-1　1995—2011 年我国大豆产品进出口情况

资料来源：中国国家海关总署，历年数据；2011 年进口数据来源农业部统计数据，出口数据来源于中国粮油信息网。

图 2-2　1995—2011 年我国大豆产量面积图

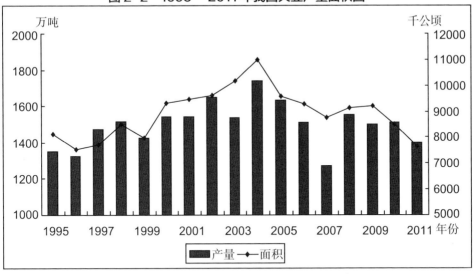

资料来源:《国家统计年鉴》历年数据。2011 年产量与面积为国家粮油信息中心预测值。

表 2-1　我国大豆贸易与生产情况（1995—2011）

| 年份 | 1995 | 2000 | 2005 | 2010 | 2011 |
|---|---|---|---|---|---|
| 进口量（万吨） | 30 | 1042 | 2659 | 5479 | 5264 |
| 净进口量（万吨） | -8 | 1020 | 2618 | 5461 | 5249 |
| 播种面积（万亩） | 12191 | 13958 | 14385 | 12774 | 11475 |
| 单位产量（公斤/亩） | 111 | 110 | 114 | 118 | 122 |
| 直接利用国外土地（万亩） | 270 | 9473 | 23325 | 46432 | 43148 |
| 节约国内土地（万亩） | -72 | 9273 | 22965 | 46280 | 43025 |

资料来源:大豆进出口数据引自国家海关总署,2011 年进出口数据引自农业部信息中心;产量和播种面积数据引自国家统计局,其中 2011 年的数据引自中国粮油信息中心 2012 年 3 月预测值。

注:直接利用国外土地数量为进口量与单产量的比值,节约国内土地数量为净进口量与单产量的比值。

内大豆播种面积的 1.4 倍。

**（二）豆油**

受长期食用油供给不足的影响,我国豆油一直保持净进口。1995—2011 年,净进口量呈先减后增的变化趋势,年均增长 113%。

2011 年我国豆油净进口 109 万吨,按国内大豆出油率 16% 计算,相当于

表2-2　我国豆油贸易与折合成国内大豆的生产情况（1995—2011）

| 年份 | 1995 | 2000 | 2005 | 2010 | 2011 |
|---|---|---|---|---|---|
| 进口量（万吨） | 145 | 6 | 152 | 132 | 114 |
| 净进口豆油量（万吨） | 138 | 2 | 141 | 120 | 109 |
| 进口豆油折合大豆量（万吨） | 903 | 38 | 948 | 825 | 713 |
| 净进口豆油折合大豆量（万吨） | 863 | 13 | 883 | 750 | 681 |
| 国内大豆单位产量（公斤／亩） | 111 | 110 | 114 | 118 | 122 |
| 直接利用国外土地（万亩） | 8155 | 340 | 8342 | 6992 | 5844 |
| 节约国内土地（万亩） | 7793 | 113 | 7763 | 6356 | 5582 |

资料来源：1995—2010年豆油进出口数据引自汇易粮油数据《中国豆油供需平衡表》，2011年进出口数据引自中经网统计数据；产量和播种面积数据引自国家统计局，其中2011年的数据引自中国粮油信息中心预测值。

注：直接利用国外土地数量为进口量与单产量的比值，节约国内土地数量为净进口量与单产量的比值。

进口681万吨大豆。以国内大豆年均亩产122公斤计算，相当于节约耕地5582万亩（表2-2）。1995年至今，我国累计净进口豆油2353万吨，相当于节约耕地12亿亩。

综上，1995—2011年我国累计净进口的大豆与豆油相当于节约国内耕地44亿亩，占农作物总播种面积的11.8%。

## 三、油菜籽及菜油

### （一）油菜籽

我国油菜籽产量占世界20%以上，是世界最大的油菜籽生产国，同时也是世界主要油菜籽进口国之一，长期处于净进口状态。2011年进口126.2万吨，比上年减少33.8万吨，下降21%。

1995年我国油菜籽净进口9万吨，以当年平均亩产94公斤测算，相当于节约耕地96万亩。2001—2011年年均净进口111万吨，以同期116.5公斤的年均单产测算，相当于每年节约耕地953万亩，累计节约耕地1亿亩，占总播种面积的9%。

### （二）菜油

菜油消费在我国居民食用油消费中仅次于豆油。1995—2010年，我国

表 3-1　我国油菜籽贸易与生产情况（1995—2011）

| 年份 | 1995 | 2000 | 2005 | 2010 | 2011 |
|---|---|---|---|---|---|
| 进口量（万吨） | 9 | 297 | 30 | 160 | 126 |
| 净进口量（万吨） | 9 | 297 | 30 | 160 | 126 |
| 播种面积（万亩） | 10361 | 11241 | 10917 | 11055 | 10650 |
| 单位产量（公斤/亩） | 94 | 101 | 120 | 118 | 117 |
| 直接利用国外土地（万亩） | 96 | 2941 | 250 | 2624 | 1077 |
| 节约国内土地（万亩） | 96 | 2941 | 250 | 1352 | 1077 |

资料来源：油菜籽进出口数据引自国家海关总署，2011年进出口数据引自农业部信息中心；产量和播种面积数据引自国家统计局，其中2011年的数据引自中国粮油信息中心2012年3月预测值。
注：直接利用国外土地数量为进口量与单产量的比值，节约国内土地数量为净进口量与单产量的比值。

菜油一直处于净进口状态，从1995年的47.7万吨波动上升到2010年98.5万吨。2011年我国进口菜油55.1万吨，较上年下降44.1%；出口0.3万吨，减少14.0%。

2011年我国菜油净进口54.8万吨，按国内油菜籽出油率30%计算，相当于进口183万吨的油菜籽，以国内油菜籽年均亩产117公斤测算，相当于节约国内耕地1564万亩（表3-2）。

综上，1995—2011年我国累计净进口498万吨菜油，折合油菜籽量1660万吨，相当于节约国内耕地累计达1.4亿亩。

图 3-1　1995—2011年我国菜油进出口情况

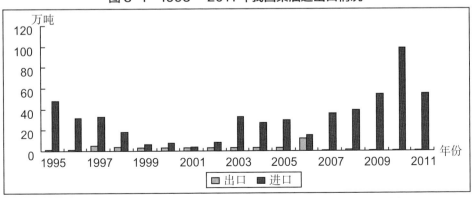

资料来源：国家海关总署，2011年进出口数据引自中国粮油信息中心2012年3月预测值。

表3-2　我国菜油贸易与折合成国内油菜籽的生产情况（1995—2011）

| 年份 | 1995 | 2000 | 2005 | 2010 | 2011 |
|---|---|---|---|---|---|
| 进口量（万吨） | 47.7 | 7.8 | 19 | 98.5 | 55.1 |
| 净进口量（万吨） | 46.4 | 4.8 | 15.9 | 98.1 | 54.8 |
| 进口菜油折合油菜籽量（万吨） | 159 | 26 | 63 | 328 | 184 |
| 净进口菜油折合油菜籽量（万吨） | 155 | 16 | 53 | 327 | 183 |
| 单位产量（公斤/亩） | 94 | 101 | 120 | 125 | 117 |
| 直接利用国外土地（万亩） | 1691 | 257 | 528 | 2627 | 1570 |
| 节约国内土地（万亩） | 1645 | 158 | 442 | 2616 | 1564 |

资料来源：1995—2010年豆油进出口数据引自汇易粮油数据《中国豆油供需平衡表》，2011年进出口数据引自国家海关总署初步统计数据；产量和播种面积数据引自国家统计局，其中2011年的数据引自中国粮油信息中心2012年3月预测值。

注：直接利用国外土地数量为进口量与单产量的比值，节约国内土地数量为净进口量与单产量的比值。

## 四、棉花

加入WTO以来，我国成为世界棉花最大的生产国、消费国和进口国。2001—2011年我国共进口棉花约2173万吨，出口约42万吨，净进口2132万吨，占消费量的24%。2011年棉花进口356.6万吨，比上年增加72.6万吨，增长25.6%。按单位产量87公斤计算，2011年棉花进口量相当于直接利用国外土地4099万亩，节约国内土地4069万亩（表4-1）。

以对应年份的单产进行测算，2001—2011年我国累计净进口棉花2132万吨，相当于为我国节约了耕地2.6亿亩，占棉花年均播种面积的33%。

## 五、食糖

受生产条件和种植面积的影响，我国甘蔗和甜菜生产无法满足快速增长的国内食糖消费需求。1995—2011年我国食糖一直处于净进口状态，累计净进口1710万吨，占食糖总消费量的9.7%。2008年以来，受天气和市场影响，国内糖料和食糖产量连续大幅下降，食糖供给偏紧，供需缺口加大，食糖进口大幅增加，年均增长55.2%。2011年，我国食糖进口292万吨，创十年来进口量新高（图5-1）。

表4-1　我国棉花贸易与生产情况（1995—2011）

| 年份 | 1995 | 2000 | 2005 | 2010 | 2011 |
|---|---|---|---|---|---|
| 进口量（万吨） | 74 | 5 | 257 | 284 | 357 |
| 净进口量（万吨） | 72 | -24 | 257 | 283 | 354 |
| 播种面积（万亩） | 8132 | 5588 | 7593 | 7273 | 7560 |
| 单位产量（公斤/亩） | 59 | 73 | 75 | 82 | 87 |
| 直接利用国外土地（万亩） | 1254 | 68 | 3427 | 3463 | 4099 |
| 节约国内土地（万亩） | 1220 | -329 | 3427 | 3451 | 4069 |

资料来源：棉花进出口数据引自国家海关总署，2011年进出口数据引自农业部信息中心；产量和播种面积数据引自国家统计局，其中2011年的数据引自中国粮油信息中心。

注：直接利用国外土地数量为进口量与单产量的比值，节约国内土地数量为净进口量与单产量的比值。

图5-1　1995—2011年我国食糖净进口量走势变化

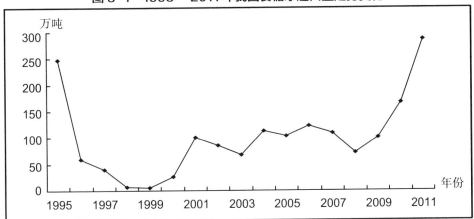

资料来源：中国海关总署历年数据；2011年数据来源中国贸易救济信息网。

　　1995—2011年我国甘蔗产量呈上升趋势，而甜菜的产量呈下降趋势（图5-2）。2010/11榨季，我国食糖总产量1045.4万吨，消费量约为1340万吨，近300万吨的供求缺口需要进口来满足。

　　2011年我国食糖进口292万吨，出口6万吨。按照国内甘蔗产量和甜菜产量比重分摊到甘蔗生产的食糖约有259万吨，国内甘蔗出糖率按13%计算，以甘蔗亩产4433公斤测算，相当于直接利用国外耕地449万亩，节约国内土

**图5-2　1995—2011年我国甘蔗和甜菜的产量面积图**

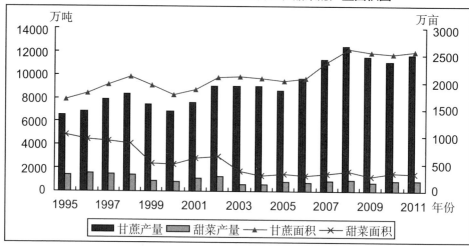

资料来源:《中国统计年鉴》历年数据,其中2011年数据引自中经网统计数据。

**表5-1　我国糖料贸易与生产情况(甘蔗生产)**

| 年份 | 1995 | 2000 | 2005 | 2010 | 2011 |
|---|---|---|---|---|---|
| 进口量(万吨) | 243 | 60 | 128 | 163 | 259 |
| 净进口量(万吨) | 204 | 23 | 95 | 154 | 254 |
| 甘蔗单位产量(公斤/亩) | 3194 | 3435 | 3910 | 4042 | 4433 |
| 甘蔗直接利用国外土地(万亩) | 585 | 134 | 251 | 310 | 449 |
| 甘蔗节约国内土地(万亩) | 491 | 52 | 187 | 293 | 441 |

资料来源:食糖进出口数据引自国家海关总署,2011年进出口数据引自农业部信息中心;产量和播种面积数据引自国家统计局,其中2011年的数据引自中经网数据中心。
注:直接利用国外土地数量为进口量与单产量的比值,节约国内土地数量为净进口量与单产量的比值。
(1)糖料蔗出糖率按13%计算;(2)2011年甘蔗种植面积和单位产量用2008年至2010年三年平均值代替;(3)进口量和净进口量根据甘蔗产量占糖料作物产量比重88.8%计算。

地441万亩(表5-1)。1995—2011年间,我国食糖累计净进口1710万吨,按产量比重分摊到甘蔗的食糖净进口量约有1518万吨,相当于节约使用国内耕地2635万亩。

　2011年,我国食糖进口按比重分摊到甜菜生产的食糖约有33万吨。按国内甜菜出糖率16%计算,相当于直接利用国外土地82万亩,节约国内耕地79

表 5-2　我国糖料贸易与生产情况（甜菜生产）

| 年份 | 1995 | 2000 | 2005 | 2010 | 2011 |
|---|---|---|---|---|---|
| 进口量（万吨） | 52 | 7 | 12 | 14 | 33 |
| 净进口量（万吨） | 44 | 3 | 9 | 13 | 32 |
| 单位产量（公斤/亩） | 1105 | 1463 | 2293 | 2611 | 2518 |
| 直接利用国外土地（万亩） | 294 | 30 | 35 | 34 | 82 |
| 节约国内土地（万亩） | 249 | 11 | 25 | 31 | 79 |

资料来源：食糖进出口数据引自国家海关总署，2011年进出口数据引自农业部信息中心；产量和播种面积数据引自国家统计局，其中2011年的数据引自中经网数据中心。

注：直接利用国外土地数量为进口量与单产量的比值，节约国内土地数量为净进口量与单产量的比值。（1）甜菜出糖率按16%计算；（2）2011年甜菜种植面积和单位产量用2008年至2010年三年平均值代替；（3）进口量和净进口量根据甜菜产量占糖料作物产量比重11.2%计算。

万亩（表5-2）。1995—2011年间，我国食糖累计净进口1710万吨，按产量比重分摊到甜菜生产的食糖有192万吨，相当于节约使用国内耕地477万亩。

## 六、结论

中国从2004年开始，农产品贸易由顺差转变为逆差，进口额度先后有几次大幅度增长。中国已经成为农产品净进口大国。适度进口国外农产品，合理利用世界农业资源，可以在一定程度上缓解国内农业资源短缺压力，对我国立足国内实现粮食基本自给，确保国家粮食安全有重要意义。而且，中国农产品进口总额50%以上是土地密集型的粮油产品。进口土地密集型农产品，不仅能够缓解国内消费快速增长的压力，还有利于促进农业生产结构转型。与此同时，也会造成粮油自给率下降，对进口的依赖程度提升等后果，对进口的总体数量进行监测和对进出口尺度的把握也就愈发重要。经过上述测算，本文得到表6-1所示的汇总数据。

从表6-1可知，中国因农产品净进口而相对节约的国内耕地总量已经从1995年的近2亿亩提升到2011年的5.7亿亩，总体增长幅度达185%。从品种结构看，1995年国内土地节约的数量主要源自谷物作物（42%）和油料（48%），两者的贡献水平相当。2000年以后谷物作物进口节约的土地比重下降明显，从2000年的14%下降到2011年的2%；而油料类进口对节约土地的贡

表6-1 1995—2011年中国农作物净进口节约土地数量 万亩

| | | 1995年 | 2000年 | 2005年 | 2010年 | 2011年 |
|---|---|---|---|---|---|---|
| 谷物 | | 8284 | 2033 | 2431 | 1736 | 1405 |
| 其中： | 稻米 | 396 | | | | 16 |
| | 玉米 | 1571 | | | 398 | 436 |
| | 小麦 | 5335 | 815 | 1590 | 301 | 289 |
| | 大麦 | 982* | 1218 | 841 | 1037 | 664 |
| 油料 | | 9534 | 12485 | 31420 | 56604 | 51248 |
| 其中： | 大豆 | | 9273 | 22965 | 46280 | 43025 |
| | 豆油 | 7793 | 113 | 7763 | 6356 | 5582 |
| | 油菜籽 | 96 | 2941 | 250 | 1352 | 1077 |
| | 菜油 | 1645 | 158 | 442 | 2616 | 1564 |
| 棉花 | | 1220 | | 3427 | 3451 | 4069 |
| 糖料 | | 740 | 63 | 212 | 324 | 520 |
| 其中： | 甘蔗 | 491 | 52 | 187 | 293 | 441 |
| | 甜菜 | 249 | 11 | 25 | 31 | 79 |
| 总计 | | 19778 | 14581 | 37490 | 62115 | 57242 |

* 大麦为2001年数据。

献度大幅度提升，2000年跃升为86%，2010年又进一步提升到91%；到2011年略有下降，下降幅度约一个百分点。

还可以做进一步推算：2000—2011年间我国主要农产品进口增长所节约的土地平均年增长率约为13.2%。若按此速度估计，11年来主要农产品净进口共为我国农业生产节约了38亿亩耕地。如果按照2011年的比重简单分摊，其中的90%，即大约34亿亩的土地节约源自油料和油料作物的进口；第二位是棉花，约占7%，即2.7亿亩；谷物类比重不足3%，仅为0.9亿亩。

可以看出，这十余年间我国通过农产品进口方式利用了相当可观的世界耕地资源，节约了宝贵的国内耕地。从对国际资源的依赖程度看，首当其冲的会是油料和油料作物，而不是谷物。

# 第十八章　中国农村劳动力到底剩余多少

## 一、为什么要关注农村剩余劳动力

农村存在大量剩余劳动力，生产率低下的农业部门和生产率较高的城市工业部门并存，这是大多数发展中国家的典型特征。劳动力从农业部门向现代工业部门转移，是经济发展过程中的普遍现象。从一定意义上说，农村剩余劳动力向非农产业转移是工业化和现代化的核心内容。只有农村劳动力大量转向非农产业，才能迅速发展现代部门，提高整个国民经济的效率；也只有农业劳动力大量转出，才有利于农业向大生产发展和集约化经营。

根据刘易斯的二元经济理论，正是因为农村有无限供给的剩余劳动力，工业部门才可以在工资略高于农业部门且维持其水平不变的情况下得到源源不断的劳动力。这无疑有利于增加资本积累、扩大生产规模，从而加速工业化的进程。然而，农村剩余劳动力被吸收完以后，工业部门再使用更多的劳动力，就会与农业部门产生竞争。这时，工业部门只有提高工资才能获得所需要的劳动力。费景汉和拉尼斯对刘易斯的模型进行了完善。他们认为，在经济增长初期，由于农业劳动力过剩，从农业向工业转移劳动力不会影响农业产出；但是，随着农业劳动力减少，如果农业生产率不能相应提高，农业总产出就会下降，食品等农产品价格就会上涨，这样，工业部门不得不提高劳动者工资，从而影响资本积累和工业扩张（费景汉，古斯塔夫·拉尼斯，1989）。可以看出，劳动力剩余状况是一个"信号"，反映了经济所处的发展阶段。

在中国这样一个人多地少的国家，农村剩余劳动力转移的影响十分显著。改革开放以来，已有2亿多农民从农业转向非农产业，塑造了劳动密集型制造业在国际上的竞争优势，加快了工业部门的资本积累和发展。农村剩余劳动力的转移也在一定程度上缓和了高度紧张的人地矛盾，改善了农业生产条件。在经济现实中，农村剩余劳动力并不会像刘易斯所假设的那样"无限"供给。经过二十多年的向外转移，中国农村劳动力剩余状况也发生了变化。准确地认识现实是正确制定未来战略的前提。但是，对于中国农村的劳动力剩余状况，学术界尚没有明确的认识。

学术界和决策部门有一种普遍的说法，就是农村约有 1.5 亿剩余劳动力，但这只是从总量角度做的估算，没有从结构角度进行分析，这个数据的时效性也有所欠缺。目前最新的且被引用较多的是劳动和社会保障部部长田成平对农村剩余劳动力数量的判断。田成平指出，中国农村有劳动力 4.97 亿，除去已经转移就业的 2 亿多人以及从事农业需要的 1.8 亿人，尚有 1 亿左右富余劳动力。章铮的《中年和已生育女性就业：乡村劳力转移新课题》一文对此进行了引证。蔡昉在研究农村剩余劳动力的数量和结构时指出，目前，农村只有不到 1.2 亿剩余劳动力，其中 50% 在 40 岁以上。蔡昉对农村剩余劳动力数量的判断源自章铮的上述文章，也是建立在田成平判断的基础上。遗憾的是，由于无法看到田成平的判断所依据的计算过程，人们无法对农村剩余劳动力的结构进行更加深入的分析。韩俊等人对农村剩余劳动力的数量和构成进行了估计。他们认为，现有生产水平下农业约需要 1.5 亿—1.8 亿人的常年劳动，农村约有 1 亿—1.2 亿富余劳动力，主要是中年以上的劳动力，并且多以农业剩余劳动时间的形式存在。这个估计与田成平的判断非常接近，但同样缺乏经验材料的支撑。

蔡昉提出，农村剩余劳动力的数量问题，归根结底是一个经验问题而非理论问题。本文将使用统计数据直接估算农村剩余劳动力的数量，分析其结构，并探讨它对经济发展的含义。

## 二、中国农村剩余劳动力状况分析

### （一）农村剩余劳动力数量的估算

本文假定农村剩余劳动力都集中在农业领域，非农产业不存在剩余劳动力。主要的理由是，在大多数情况下农村都有土地可以承包，劳动者只要想从事农业就可以去做，在非农产业就业不充分的情况下，他们也可以退回到农业中。在现实中，产业间劳动力的流动也基本上都是由农业转向非农产业。因此本文的假设是接近现实的。农村剩余劳动力的估算也就等同于农业剩余劳动力的估算。

需要指出，农业剩余劳动力主要是以农业剩余劳动时间的形式存在的，即对劳动时间的利用率过低，而不是这部分劳动力根本没有机会工作。农业吸纳劳动力的能力很强，在较长的生产周期内，人们总可以或多或少地找到一些事情做，例如，翻地翻得更深一些，拔草拔得更仔细一些。在劳动总量一定的情况下，劳动任务会在各个劳动力之间分摊。劳动力较少的时候，比如有人出打工，单位劳动力的劳动负担便重一些；劳动力较多的时候，每个劳动力的劳动负担便轻一些，但不会让某个人无事可做。正如人们通常说的那样，农业家庭不会解雇自己的家庭成员。农业剩余劳动时间也分摊在所有劳动力身上，人们无法明确指出哪些人是、哪些人不是剩余劳动力。另外，农业生产的季节性很强。农忙的时候劳动量很大，时间紧张，有时连老人和小孩都要帮忙，不会有劳动力剩余；但在农闲的时候，劳动力基本上都处于赋闲的状态。

鉴于此，本文的基本思路是把农民的农业剩余劳动时间折算成剩余劳动力来进行估算。首先，计算出在当前的生产条件下达到当前农业产出水平所需要的劳动工日。然后，给农业劳动力确定一个合理的工作负荷，即合理的年均工作日数，用农业生产所需要的劳动工日除以劳动力的合理工作负荷，就可以得到农业部门的劳动力需求数量。最后，用农业从业人员数量减去农业部门劳动力需求数量，就可以得到农业部门剩余劳动力的数量。根据《中国统计年鉴2007》，2006 年底中国乡村就业人员为 48090 万人；其中乡镇企业就业人员为 14680 万人，私营企业就业人员为 2632 万人，个体就业人员为 2147 万人。乡镇企业、私营企业和个体就业人员之和可视为由农业转向非农行业的农村劳动力，经计算可得，2006 年非农就业的农村劳动力为 19459 万人。乡村就业人员数量减去转向非农行业的农村劳动力的数量，即可视为农业从业人员数量。经计算可得，2006 年中国农业劳动力为 28631 万人。

《中国农村统计年鉴》和《全国农产品成本收益资料汇编》中有主要农产品产量、农产品种植（或养殖）面积、每核算单位（例如每亩茶、每头奶牛、每百只肉鸡等）主产品产量、每核算单位所需用工数量等方面的数据，所涉及的产品非常全面，主要农产品都已经覆盖到。因此，可以使用这些数据计算出农业的年劳动工日需求。在农业劳动力合理工作负荷的确定方面，工业部门年标准工作日数是 251 天，它形成了对农业部门标准工作日数的参考。对农业部门而言，理论界较为一致的意见是，农民的合理工作负荷确定在年平均 270 个工作日是较为合适的（王检贵、丁守海，2005）。例如，章铮（2005）在估算2003 年农林牧渔业实际使用的乡村劳动力数量的时候，就是按照乡村劳动力每年平均工作 270 个工日计算的。本文也将使用这个标准。这样可以计算出达到现在的农业产出水平所需要的劳动力数量。

笔者首先计算了 2006 年中国主要农产品所需工日，然后对各农产品所需工日进行了加总，得出 2006 年中国农业生产所需工日总数为 4646116.4 万个，折合劳动力 17207.84 万人。用农业从业人数减去该数字，可得 2006 年农业剩余劳动力人数为 11423.16 万。具体估算过程如表 1 所示。无论是农业生产所需

### 表1  2006年中国主要农产品用工情况

| | 稻谷 | 小麦 | 玉米 | 谷子 | 高粱 | 豆类 | 薯类 |
|---|---|---|---|---|---|---|---|
| 播种面积（千公顷） | 29295 | 22961 | 26971 | 865 | 566 | 12434 | 9929 |
| 每亩用工数量（日） | 10.37 | 7.01 | 8.67 | 8.37 | 6.31 | 4.65 | 14.59 |
| 所需工日（万日） | 455683.73 | 241434.92 | 350757.86 | 10860.08 | 5357.19 | 86727.15 | 217296.17 |
| | 棉花 | 红黄麻 | 苎麻 | 大麻 | 亚麻 | 花生 | 油菜籽 |
| 播种面积（千公顷） | 5409 | 31 | 142 | 19 | 87 | 4571 | 6888 |
| 每亩用工数量（日） | 25.04 | 12.09 | 38.55 | 25.32 | 25.32 | 11.75 | 9.04 |
| 所需工日（万日） | 203162.04 | 562.19 | 8211.15 | 721.62 | 3304.26 | 80563.88 | 93401.28 |
| | 芝麻 | 胡麻籽 | 向日葵 | 甘蔗 | 甜菜 | 烟叶 | 蔬菜、瓜类 |
| 播种面积（千公顷） | 568 | 354 | 988 | 1495 | 287 | 1338 | 20511 |
| 每亩用工数（日） | 10.40 | 10.40 | 10.40 | 20.04 | 9.32 | 38.03 | 44.30 |
| 所需工日（万日） | 8860.80 | 5522.40 | 15412.80 | 44939.70 | 4012.26 | 76326.21 | 1362956.00 |
| | 香蕉 | 苹果 | 柑橘 | 梨 | 葡萄 | 海水养殖 | 内陆养殖 |
| 种植（养殖）面积（千公顷） | 285.60 | 1898.90 | 1814.60 | 1087.10 | 418.70 | 1774.10 | 6018.40 |
| 每亩用工数（日） | 46.82 | 41.62 | 46.82 | 41.64 | 41.64 | 30.63 | 30.63 |
| 所需工日（万日） | 20057.69 | 118605.29 | 127439.36 | 67900.27 | 26152.00 | 81511.03 | 276515.39 |

续表

| | 红毛茶 | 绿毛茶 | 乌龙毛茶 | 紧压茶 | 蚕茧 | |
|---|---|---|---|---|---|---|
| 产量（吨） | 48340 | 763856 | 116214 | 28794 | 88.20 | |
| 每亩主产品产量（公斤） | 56.40 | 50.30 | 84.60 | 157.20 | 114.40 | |
| 种植面积（亩） | 857092.20 | 13543546 | 2060531.90 | 510531.91 | 7709790 | |
| 每亩用工数量（日） | 33.84 | 22.28 | 19.07 | 10.72 | 53.73 | |
| 所需工日（万日） | 2900.40 | 30175.02 | 3929.43 | 547.29 | 41424.70 | |
| 农产品类别 | 猪肉 | 牛肉 | 羊肉 | 禽肉 | 禽蛋 | 牛奶 |
| 产量（万吨） | 5197.20 | 750.00 | 469.70 | 1506.60 | 2945.60 | 3193.40 |
| 每头（只、百只）主产品产量（公斤） | 106.10 | 345.00 | 43.30 | 208.70 | 1561.20 | 5250.20 |
| 养殖规模（头、只、百只） | 489839774 | 21739130 | 108475751 | 72189746 | 18867538 | 6082435 |
| 每头（只、百只）用工数量（日） | 6.74 | 26.56 | 6.47 | 4.73 | 26.56 | 50.23 |
| 所需工日（万日） | 330152.01 | 57739.13 | 70183.81 | 34145.75 | 50112.18 | 30552.07 |

资料来源：根据《中国农村统计年鉴2007》和《全国农产品成本收益资料汇编—2007》中的数据计算而得。

注：① 根据《全国农产品成本收益资料汇编—2007》，"用工数量"以"标准劳动日"为计量单位，一个中等劳动力正常劳动8小时为一个标准劳动日；②由于数据的缺乏，"豆类"的用工数量用"大豆"的"每亩用工数量"近似替代，薯类、烟叶、蔬菜、瓜类的用工数量分别使用的是马铃薯、烤烟、蔬菜的用工数量，大麻和亚麻的用工数量使用的是红黄麻与苎麻用工数量的平均数，芝麻、胡麻籽和向日葵的用工数量使用的是花生与油菜籽用工数量的平均数，香蕉和柑橘的用工数量使用的都是柑与橘用工数量的平均数，梨和葡萄的用工数量都使用的是苹果的用工数量，海水养殖和内陆养殖的用工数量使用的是淡水鱼一般户精养与淡水鱼规模户精养的用工数量的平均数，蚕茧的用工数量使用的是桑蚕茧的用工数量。禽肉栏内对应的是肉鸡平均的主产品产量和用工数量，禽蛋栏内对应的是蛋鸡平均的主产品产量和用工数量。

劳动力的数量，还是农业剩余劳动力的数量，本文的估算结果都非常接近田成平给出的数字，从而与章铮、蔡昉的判断也很相符；与韩俊等人"现有生产水平下农业约需要1.5亿—1.8亿人的常年劳动，农村约有1亿—1.2亿富余劳动力"的估计也是吻合的。当然，本文的估算结果不可避免地存在一些误差。例如，由于数据的缺乏，计算过程中不少地方用近似数值进行了替代；"其他谷物"、"其他农作物"、"药材"以及林产品各个项目,由于缺乏相应的所需用工数字,生产这些产品所需要的劳动力数量未能包括进来,从而有可能高估了农业剩余劳动力的数量。然而,在目前的数据条件下,笔者无法计算出关于农村剩余劳动力数量的更为准确的数字。

**(二)农村剩余劳动力的结构**

劳动力存在异质性,不同类型的农村劳动力向非农产业转移的难易程度不同,在农业生产中发挥的作用也不同。仅仅从总量上考察农村剩余劳动力的数量是不够的,还需要从结构上进行分析。本文从年龄、性别和文化程度这三个方面来分析农村剩余劳动力的结构。需要指出的是,正如前面所讲到的,农村剩余劳动力分布在所有农业从业人员之中,农村剩余劳动力的结构与农业从业人员的结构是相同的。因此,对农村剩余劳动力结构的分析也就等同于对农业从业人员结构的分析。

1.农村剩余劳动力的年龄结构。由于统计数据的缺乏,笔者无法直接观察农业劳动者的年龄构成,只能间接地进行推算。蔡昉在《破解农村剩余劳动力之谜》一文中分析了2004年乡村从业人员的年龄构成,本文假设2006年乡村就业人员的年龄构成与2004年乡村从业人员的年龄构成相同,经计算,可得到2006年各个年龄段乡村就业人员的数量。国务院研究室课题组2006年的《中国农民工调研报告》中给出了2004年外出农民工的年龄构成,笔者以此来近似表示2006年农村非农就业人员的年龄构成。用各个年龄段乡村就业人员的数量减去相应的非农就业人员的数量即可得到各年龄段农业从业人员的数量。具体计算结果见表2。

从表2可以看出,正如蔡昉所强调的,农村剩余劳动力中40岁以上的占50%,而这个年龄段的劳动力在非农就业人员中仅占15.5%。非农就业人员中,16岁到30岁之间的占61.3%,而农村剩余劳动力中该年龄段的仅占19.3%。这些都表明,青壮年劳动力在向非农产业转移时占有优势,随着他们的持续转移,农村剩余劳动力的绝大部分都是中老年劳动力,这些剩余劳动力不易转向非农产业。这与笔者对农村的直观感受、调查经验和学术界的观点是一致的。国务院发展研究中心2006年对全国17个省2749个行政村进行的调查表明,74.3%的村庄认为,本村能够外出打工的青年劳动力都已经出去了,大部分的村庄对自己村庄青壮年劳动力的供给情况表示担忧,只有1/4的村庄认为本村还有青壮年劳动力可转移。一些典型调查也验证了宏观上的分析。对江苏大丰市的抽样调查表明,在调查的195个农业劳动力中,30岁以下的占比不到

表2　2006年农业从业人员年龄结构　单位：万人、%

| 年龄阶段 | 乡村就业人员 | | 非农就业人员 | | 农业从业人员 | |
|---|---|---|---|---|---|---|
| | 人数 | 百分比 | 人数 | 百分比 | 人数 | 百分比 |
| 16—20岁 | 6300 | 13.1 | 3561 | 18.3 | 2739 | 9.6 |
| 21—25岁 | 5530 | 11.5 | 5273 | 27.1 | 257 | 0.9 |
| 26—30岁 | 5627 | 11.7 | 3094 | 15.9 | 2533 | 8.8 |
| 31—40岁 | 13321 | 27.7 | 4515 | 23.2 | 8806 | 30.8 |
| 40岁以上 | 17312 | 36.0 | 3016 | 15.5 | 14296 | 50.0 |
| 总计 | 48090 | 100.0 | 19459 | 100.0 | 28631 | 100.0 |

资料来源：根据蔡昉（2007）、国务院研究室课题组（2006）中的数据计算而得。

3.1%，40岁以上的占到了75%。根据国家统计局山东调查总队在抽样调查基础上的分析，2006年底，山东省农业劳动力中30岁以下的仅占13.6%，46岁以上的占48.5%。

2.农村剩余劳动力的性别结构。根据《中国农村统计年鉴2007》，2005年乡村从业人员共有50387.3万人，其中男性有26930.6人，女性有23456.7人。男性和女性在从业人员中所占的比例分别为53.4%和46.6%。笔者用这个比例来近似代替2006年农村就业人员的性别比例，经计算可得，2006年农村就业人员中男性有25680.06万人，女性有22409.94万人。根据国务院研究室课题组（2006）《中国农民工调研报告》，2004年外出务工人员中男性占66.3%，女性占33.7%。笔者以此来近似表示2006年农村非农就业人员的性别比例，经计算可得，2006年农村非农就业人员中，男性有12901.32万人，女性有6557.68万人。从男性和女性农村就业人员中减去相应的农村非农就业人员的数量，可以得出，2006年留在农业的从业人员中，男性有12778.74万人，女性有15852.26万人，男性和女性农业劳动力的比例分别为44.63%和55.37%。这个计算结果也得到了典型调查的支持。上述江苏大丰市的抽样调查显示，所调查的农业劳动力中，男性占39.5%，女性占60.5%；国家统计局山东调查总队的抽样调查表明，2006年底，在山东农业劳动力中女性占57.6%。这些数据表明，女性在当前中国农村剩余劳动力中的比例高于男性。

3.农村剩余劳动力的文化水平结构。2006年农村居民家庭劳动力的文化程度可以从《中国农村统计年鉴2007》中得到。国务院研究室课题组（2006）

《中国农民工调研报告》中给出了 2004 年农村外出务工人员的文化程度状况，笔者以此来近似表示 2006 年农村非农就业劳动力的文化程度状况。经计算可得中国农业从业人员的文化水平结构（见表 3）。可以看出，中国农村剩余劳动力的文化程度普遍较低，文化程度在小学以下的占 42.96%，而非农就业人员中这一比例仅为 18.4%，这暗示着文化程度较低的劳动力难以转向非农产业。上述江苏大丰市的抽样调查显示，所调查的农业劳动力中半文盲的占 7.1%，小学文化程度的占 24.1%，初中文化程度的占 52.8%，高中及高中以上文化程度的占 16%；国家统计局山东调查总队（2007）的抽样调查显示，2006 年底，山东农业劳动力中，小学及以下文化程度的占 32.5%，初中及高中文化程度的占 65.3%，中专及以上文化程度的占 2.2%。虽然初中以上文化程度的比重较高，但与外出务工劳动力文化程度相比存有较大差异。外出务工劳动力中，小学及以下文化程度的占 7.6%，初中及高中文化程度的占 82.7%，中专及以上文化程度的占 9.7%。

表3  2006 年农业从业人员文化水平结构  单位：万人、%

| 文化水平 | 乡村就业人员 | | 非农就业人员 | | 农业从业人员 | |
|---|---|---|---|---|---|---|
| | 人数 | 百分比 | 人数 | 百分比 | 人数 | 百分比 |
| 不识字或识字很少 | 3198 | 6.65 | 389 | 2.0 | 2809 | 9.81 |
| 小学程度 | 12682 | 26.37 | 3191 | 16.4 | 9491 | 33.15 |
| 初中程度 | 25396 | 52.81 | 12746 | 65.5 | 12650 | 44.18 |
| 高中程度 | 5059 | 10.52 | 2238 | 11.5 | 2821 | 9.85 |
| 中专程度及以上 | 1755 | 3.65 | 895 | 4.6 | 860 | 3.00 |
| 总计 | 48090 | 100.00 | 19459 | 100.00 | 28631 | 100.00 |

资料来源：根据《中国统计年鉴2007》、《中国农村统计年鉴2007》和国务院研究室课题组（2006）中的数据计算而得。

## 三、农村劳动力剩余状况对经济发展的含义

随着农业劳动力不断地转向非农产业，农村剩余劳动力的状况也发生了变化。根据本文的估算和分析，虽然从数量上看目前中国的农村剩余劳动力仍有 1.1 亿多，但主要都是中老年劳动力，以女性为主，文化层次较低，不易满足

当前非农业生产的要求。这给建立在大量、廉价地使用青壮年劳动力基础上的劳动密集型制造业的比较优势提出了挑战。为了经济的持续健康发展，中国必须加快产业结构升级，由劳动密集型产业转向更多依赖资本、先进技术和高技能人才的产业。要充分挖掘劳动力供给的潜力，消除农村剩余劳动力向外转移过程中的各种障碍，加强对进城务工人员在子女教育、社会保障等方面的公共服务，给产业结构升级赢得时间；要大力发展职业教育，对进城务工人员参加职业培训进行补贴，引导企业对员工开展在职培训，为产业结构升级提供高素质的产业工人。

在农业领域，必须加快技术进步，提高农业劳动生产率，在农业产出不下降、甚至有所增加的情况下释放出更多的农业剩余劳动力，增加对工业部门的劳动供给，防止农业产出下降、食品价格上涨给工业发展造成损失。要加强对农业劳动力的培训，针对他们的特点因地制宜地开展各种文化和技术培训活动，提高他们从事农业生产的能力。在农业技术模式选择方面，不仅要注重采用节约土地的生物和化学技术，通过使用改良种子等提高单位面积产量，而且要注重采用节约劳动的机械技术，尤其是加快重要农时、重点作物、关键生产环节机械化技术的研发和推广，利用机械革新打破农业劳动力供给的季节性瓶颈，促进农业劳动力向非农产业转移。

**参考文献：**

蔡昉：《破解农村剩余劳动力之谜》，《中国人口科学》2007 年第 2 期。

杨竞寸：《谨防农村劳动力结构失调》，《中国老区建设》2006 年第 2 期。

章铮：《民工供给量的统计分析——兼论"民工荒"》，《中国农村经济》2005 年第 1 期。

章铮：《中年和已生育女性就业：乡村劳力转移新课题》，《第一财经日报》2006 年 12 月 1 日。

蔡昉主编：《中国人口与劳动问题报告 No.8：刘易斯转折点及其政策挑战》，社会科学文献出版社 2007 年版。

吴敬琏、李剑阁、丁宁宁：《试析我国当前发展阶段的基本矛盾》，《管理世界》1987 年第 1 期。

王检贵、丁守海：《中国究竟还有多少农业剩余劳动力》，《中国社会科学》2005 年第 5 期。

国务院研究室课题组：《中国农民工调研报告》，中国言实出版社 2006 年版。

国家统计局山东调查总队：《山东农业劳动力结构失衡问题不容忽视》，新浪网（www.

sina.com.cn），2007 年 8 月 27 日。

　　［美］阿瑟·刘易斯：《二元经济论》，北京经济学院出版社 1989 年版。

　　［美］费景汉、古斯塔夫·拉尼斯：《劳力剩余经济的发展》，华夏出版社 1989 年版。

# 第三篇
# 产业结构转型与制造业升级如何实现

 

 

 

30多年来，中国经济总量的快速增长不仅依赖于产业规模的扩张，更重要的还依赖于产业结构的转型升级。中国产业发展的典型特点是对大国制造模式的倚重，产业结构的演变具有阶段性，技术进步具有渐进性，品牌效应具有后起性。当前，中国产业发展尤其是制造业发展遇到的问题很多，落后的产业在淘汰，传统产业改造升级缓慢，新兴产业还在孕育期，新旧产业不能实现有效接续，这严重影响中国跨越"中等收入陷阱"，向发达的高收入国家迈进。笔者指出，中国必须对产业安全态势进行评估，选择适宜的产业政策，培育新的成长性产业，为未来经济发展形成支撑。

## 第十九章　我国产业结构与政策演变

一个国家的经济发展不仅表现为经济总量的增长，同时必然伴随着产业结构的逐步演进。特别是在工业化中期阶段，经济增长以结构的加速转换为重要特征。自改革开放以来，我国经济结构发生了巨大变化，产业结构日趋改善，但也存在一些问题，对我国经济持续增长产生了一定的影响。研究改革开放以来我国产业结构调整，有利于促进未来经济结构的进一步优化以及我国经济的持续稳定发展。本报告主要研究我国改革开放以来三次产业结构及其内部结构的演变过程，分析产业结构调整的影响因素及目前存在的问题，并在此基础上提出相应的政策建议。

## 一、改革开放 30 年产业结构的演变

改革开放近 30 年来，我国的经济发展取得了举世瞩目的成就，综合国力和人民生活水平不断提高。与国民经济持续快速增长相伴随，我国的产业结构发生了一系列意义深远的巨大变化。

### （一）三次产业结构的变动及特点

改革开放以来，我国的产业结构经历了比较大的变化。从长期的变动趋势来看，三大产业之间的比例关系有了明显的改善，产业结构正向合理化方向变化（图 1）。第一产业在 GDP 中的比重呈现持续下降的态势，同时内部结构逐步得到改善；第二产业的比重经历了不断波动的过程，但长期稳定保持在40%—50% 之间，工业内部结构得到升级，制造业增加值占全部商品增加值的比例由 1978 年的 30.5% 上升到 2005 年的 52%；第三产业在国民经济中的比重处于不断上升的过程，产值比重由 1979 年的 21.9% 大幅上升至 2006 年的 39.5%。

### 1. 产出结构变动

表 1 和图 1 分别显示了 1978 年到 2007 年我国三次产业结构的组成情况及其变动特点。

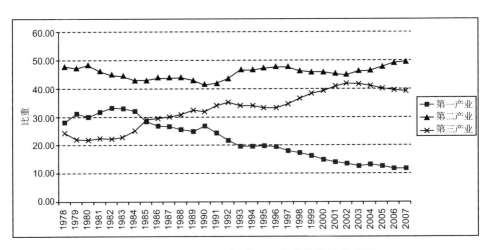

**图 1 1978—2007 年我国三次产业结构变动图**

资料来源：依据中国统计局官方网站数据整理得到。

注：2007 年数据为 1—3 季度数据。

表1　三次产业占GDP比重的结构变动　%

|  | 总计 | 第一产业 | 第二产业 | 第三产业 |
|---|---|---|---|---|
| 1978 | 100.00 | 27.94 | 47.88 | 24.19 |
| 1979 | 100.00 | 30.99 | 47.10 | 21.91 |
| 1980 | 100.00 | 29.91 | 48.22 | 21.87 |
| 1981 | 100.00 | 31.60 | 46.11 | 22.29 |
| 1982 | 100.00 | 33.09 | 44.77 | 22.14 |
| 1983 | 100.00 | 32.88 | 44.38 | 22.74 |
| 1984 | 100.00 | 31.85 | 43.09 | 25.07 |
| 1985 | 100.00 | 28.19 | 42.89 | 28.92 |
| 1986 | 100.00 | 26.90 | 43.72 | 29.38 |
| 1987 | 100.00 | 26.57 | 43.54 | 29.88 |
| 1988 | 100.00 | 25.47 | 43.79 | 30.74 |
| 1989 | 100.00 | 24.88 | 42.93 | 32.19 |
| 1990 | 100.00 | 26.88 | 41.34 | 31.78 |
| 1991 | 100.00 | 24.28 | 41.79 | 33.93 |
| 1992 | 100.00 | 21.54 | 43.45 | 35.00 |
| 1993 | 100.00 | 19.49 | 46.57 | 33.94 |
| 1994 | 100.00 | 19.64 | 46.57 | 33.78 |
| 1995 | 100.00 | 19.77 | 47.18 | 33.04 |
| 1996 | 100.00 | 19.51 | 47.54 | 32.95 |
| 1997 | 100.00 | 18.06 | 47.54 | 34.40 |
| 1998 | 100.00 | 17.32 | 46.21 | 36.47 |
| 1999 | 100.00 | 16.22 | 45.76 | 38.02 |
| 2000 | 100.00 | 14.83 | 45.92 | 39.25 |
| 2001 | 100.00 | 14.15 | 45.15 | 40.70 |
| 2002 | 100.00 | 13.49 | 44.79 | 41.72 |
| 2003 | 100.00 | 12.57 | 45.97 | 41.44 |
| 2004 | 100.00 | 13.11 | 46.23 | 40.67 |
| 2005 | 100.00 | 12.60 | 47.50 | 39.90 |
| 2006 | 100.00 | 11.70 | 48.90 | 39.40 |
| 2007 | 100.00 | 11.72 | 49.22 | 39.06 |

资料来源：国家统计局历年《中国统计年鉴》，2007年数据来自国家统计局《2007年统计公报》。

从总体上看，第一产业的比重呈不断下降的趋势。在改革开放初期，第一产业占全国 GDP 的比重约 30%，但是到 2007 年已经下降到 11.72%，降幅非常明显。需要注意的是，在改革开放初期到 20 世纪 80 年代中期以前，第一产业在国内生产总值的比重呈现上升趋势，到了 80 年代中期以后才转为下降，进入 90 年代以后，呈现出明显下降的趋势。第一产业在 80 年代中期以前的上升趋势，与当时在全国推广家庭联产承包责任制、极大地释放了农业生产力有关。由于制度性释放劳动生产率是一次性的，因此在 80 年代中期以后，第一产业在国内生产总值中所占的比重就呈现出不断下降的趋势。

第二产业在 GDP 中所占的比重呈现出先降后升的趋势，但总体上看，没有发生大幅度的变化。在 GDP 结构中，第二产业的比重从 1980 年的 48.22% 下降到 1990 年的 42.32%，到 2007 年，再次回升到 49.22%。从整体上看，第二产业始终在 GDP 结构中占据最重要的地位，自改革开放以来，第二产业在 GDP 中的比重没有发生大的变化。

第三产业占 GDP 的比重总体呈现出上升趋势，但是 2002 年以来，却呈现出缓慢下降的趋势。由表 1 和图 1 可以看出，自改革开放到 20 世纪 80 年代前期，第三产业在 GDP 结构中所占比重一直没有发生变化，而在 1983 年以后，第三产业的比重迅速上升，在 1985 年超过了第一产业。2002 年，第三产业和第二产业的差距最为微小，仅相差 3.07 个百分点，但是自 2002 年以后，第三产业在 GDP 结构中的比重却开始呈现下降的趋势，这种下降主要是由第二产业的过快增长引起的。

三次产业对经济增长的贡献率最大的是第二产业，其次是第三产业，农业增长贡献最低。从表 2 可以看出，改革开放特别 20 世纪 90 年代以来，第二产业对经济的增长贡献率都大大超过其他产业。从各年度看，国内生产总值增长中几乎有 50% 以上都来自于第二产业，30% 以上来自第三产业，只有不足 10% 的份额来自第一产业。从趋势上分析，国内生产总值越来越多地依赖二、三产业的增长，第一产业的贡献率不断下降。从二、三产业的贡献率变化看，20 世纪 90 年代以来，第二产业的增长贡献率有了下降的趋势，下降部分是第三产业贡献率上升部分替代的。

**2. 就业结构变动**

表 3 是改革开放以来三次产业就业人数和组成结构的变化趋势。从这张表中，我们可以清楚地看到下述特点。

就劳动力投入的变动趋势而言，和产业结构的变动趋势是基本一致的。第

表2　三次产业对经济增长的贡献率　%

| 年份 | 国内生产总值 | 第一产业 | 第二产业 | | 第三产业 |
| | | | 总计 | 其中工业 | |
| --- | --- | --- | --- | --- | --- |
| 1980 | 100.0 | 21.0 | 57.7 | 47.0 | 21.3 |
| 1985 | 100.0 | 13.7 | 42.1 | 36.5 | 44.2 |
| 1990 | 100.0 | 41.7 | 41.0 | 39.7 | 17.3 |
| 1991 | 100.0 | 7.1 | 62.8 | 58.0 | 30.1 |
| 1992 | 100.0 | 8.4 | 64.5 | 57.6 | 27.1 |
| 1993 | 100.0 | 7.9 | 65.5 | 59.1 | 26.6 |
| 1994 | 100.0 | 6.6 | 67.9 | 62.6 | 25.5 |
| 1995 | 100.0 | 9.1 | 64.3 | 58.5 | 26.6 |
| 1996 | 100.0 | 9.6 | 62.9 | 58.5 | 27.5 |
| 1997 | 100.0 | 6.8 | 59.7 | 58.3 | 23.5 |
| 1998 | 100.0 | 7.6 | 60.9 | 55.4 | 31.5 |
| 1999 | 100.0 | 6.0 | 57.8 | 55.0 | 36.2 |
| 2000 | 100.0 | 4.4 | 60.8 | 57.6 | 34.8 |
| 2001 | 100.0 | 5.1 | 46.7 | 42.1 | 48.2 |
| 2002 | 100.0 | 4.6 | 49.7 | 44.4 | 45.7 |
| 2003 | 100.0 | 3.4 | 58.5 | 51.9 | 38.1 |
| 2004 | 100.0 | 7.8 | 52.2 | 47.7 | 40.0 |
| 2005 | 100.0 | 6.1 | 53.6 | 47.0 | 40.3 |
| 2006 | 100.0 | 5.6 | 55.6 | 48.8 | 38.8 |

资料来源：根据《中国统计年鉴2007》整理。

一产业的劳动力占总劳动力的比重自改革开放以后就不断下降，从1978年超过70%下降到2006年42.6%；与之相对的，第二产业和第三产业的就业人员不断增加，分别从1978年的17.3%和12.2%提升到2006年的25.2%和32.2%。我国劳动力结构变动有两个转折点对经济社会发展产生了深远影响。第一个转折是从1992年开始，农业部门的劳动力数量由不断增加转向持续减少。从1992年到2006年，农业部门就业人数减少了6537万人，而二、三产

### 表3　三次产业就业人数及组成结构

| 年　份 | 实际人数（万人） | | | | | 比重构成（%） | | |
|---|---|---|---|---|---|---|---|---|
| | 经济活动参与人数 | 就业人数 | 第一产业 | 第二产业 | 第三产业 | 第一产业 | 第二产业 | 第三产业 |
| 1978 | 40682 | 40152 | 28318 | 6945 | 4890 | 70.5 | 17.3 | 12.2 |
| 1979 | 41592 | 41024 | 28634 | 7214 | 5177 | 69.8 | 17.6 | 12.6 |
| 1980 | 42903 | 42361 | 29122 | 7707 | 5532 | 68.7 | 18.2 | 13.1 |
| 1981 | 44165 | 43725 | 29777 | 8003 | 5945 | 68.1 | 18.3 | 13.6 |
| 1982 | 45674 | 45295 | 30859 | 8346 | 6090 | 68.1 | 18.4 | 13.5 |
| 1983 | 46707 | 46436 | 31151 | 8679 | 6606 | 67.1 | 18.7 | 14.2 |
| 1984 | 48433 | 48197 | 30868 | 9590 | 7739 | 64 | 19.9 | 16.1 |
| 1985 | 50112 | 49873 | 31130 | 10384 | 8359 | 62.4 | 20.8 | 16.8 |
| 1986 | 51546 | 51282 | 31254 | 11216 | 8811 | 60.9 | 21.9 | 17.2 |
| 1987 | 53060 | 52783 | 31663 | 11726 | 9395 | 60 | 22.2 | 17.8 |
| 1988 | 54630 | 54334 | 32249 | 12152 | 9933 | 59.3 | 22.4 | 18.3 |
| 1989 | 55707 | 55329 | 33225 | 11976 | 10129 | 60.1 | 21.6 | 18.3 |
| 1990 | 65323 | 64749 | 38914 | 13856 | 11979 | 60.1 | 21.4 | 18.5 |
| 1991 | 66091 | 65491 | 39098 | 14015 | 12378 | 59.7 | 21.4 | 18.9 |
| 1992 | 66782 | 66152 | 38699 | 14355 | 13098 | 58.5 | 21.7 | 19.8 |
| 1993 | 67468 | 66808 | 37680 | 14965 | 14163 | 56.4 | 22.4 | 21.2 |
| 1994 | 68135 | 67455 | 36628 | 15312 | 15515 | 54.3 | 22.7 | 23 |
| 1995 | 68855 | 68065 | 35530 | 15655 | 16880 | 52.2 | 23 | 24.8 |
| 1996 | 69765 | 68950 | 34820 | 16203 | 17927 | 50.5 | 23.5 | 26 |
| 1997 | 70800 | 69820 | 34840 | 16547 | 18432 | 49.9 | 23.7 | 26.4 |
| 1998 | 72087 | 70637 | 35177 | 16600 | 18860 | 49.8 | 23.5 | 26.7 |
| 1999 | 72791 | 71394 | 35768 | 16421 | 19205 | 50.1 | 23 | 26.9 |
| 2000 | 73992 | 72085 | 36043 | 16219 | 19823 | 50 | 22.5 | 27.5 |
| 2001 | 74432 | 73025 | 36513 | 16284 | 20228 | 50 | 22.3 | 27.7 |
| 2002 | 75360 | 73740 | 36870 | 15780 | 21090 | 50 | 21.4 | 28.6 |
| 2003 | 76075 | 74432 | 36546 | 16077 | 21809 | 49.1 | 21.6 | 29.3 |
| 2004 | 76823 | 75200 | 35269 | 16920 | 46.9 | 22.5 | 30.6 | 30.6 |

| 2005 | 77877 | 75825 | 33970 | 18084 | 44.8 | 23.8 | 31.4 | 31.4 |
| 2006 | 78244 | 76400 | 32561 | 19225 | 24614 | 42.6 | 25.2 | 32.2 |

资料来源：根据《中国统计年鉴 2007》整理。

业部门就业人数增加了 17446 万人，这意味着传统部门的劳动力已不再是无限供给。第二个转折点发生在 2002 年以后，农业部门的就业数量占三次产业的就业比重由 50% 以上持续下降到 50% 以下，到 2006 年农业部门就业比重已降到 42.6%。这意味着我国的就业结构已经实现了由以农业为主向以非农产业为主的转换。

　　虽然就业结构的变动和产出结构变动的方向是一致的，但两者仍然有巨大的差异。表 4 显示了这种对比性差异。第一产业在就业结构中所做出的贡献与在 GDP 中所占比重是不成比例的。即使考虑到第一产业的劳动生产率相对较低，这种反差也非常惊人。同时，还必须注意，我国第二产业产出远远高于第三产业，但就业贡献却低于第三产业。从 1990 年到 2006 年，在第二产业就业的劳动力数量增加了 5369 万人，而在第三产业的就业人数增加了 12635 万人，第三产业增加的就业人数是第二产业的 2.35 倍。无论是从 1978 年以后还是 20世纪 90 年代以来观察，我国就业结构变化都比产出结构变化要大得多。用结

**表4　三次产业占 GDP 比重的结构和劳动力投入结构的比较　单位：%**

| 年份 | 总值 | GDP 结构 | | | 劳动力投入结构 | | |
|---|---|---|---|---|---|---|---|
| | | 第一产业 | 第二产业 | 第三产业 | 第一产业 | 第二产业 | 第三产业 |
| 1978 | 100 | 27.94 | 47.88 | 24.19 | 70.5 | 17.3 | 12.2 |
| 1980 | 100 | 29.91 | 48.22 | 21.87 | 68.7 | 18.2 | 13.1 |
| 1985 | 100 | 28.19 | 42.89 | 28.92 | 62.4 | 20.8 | 16.8 |
| 1990 | 100 | 26.88 | 41.34 | 31.78 | 60.1 | 21.4 | 18.5 |
| 1995 | 100 | 19.77 | 47.18 | 33.04 | 52.2 | 23 | 24.8 |
| 2000 | 100 | 14.83 | 45.92 | 39.25 | 50 | 22.5 | 27.5 |
| 2006 | 100 | 11.70 | 48.90 | 39.40 | 42.6 | 25.2 | 32.2 |

资料来源：根据《中国统计年鉴 2007》整理。

构变化值指标分析，从 1978 年到 2006 年，产出结构变化值为 32.28，就业结构变化值为 55.8。从 1990 年到 2006 年，产出结构变化值和就业结构变化值分别为 30.17 和 35.0。这表明，改革开放以来我国劳动力结构进入了一个快速转换时期。

### 3. 劳动生产率变动

改革开放以来，我国整体经济效率不断提高。表 5 和图 2 显示了我国三次产业劳动生产率的变动趋势。改革开放以来，我国全社会的劳动生产率持续上升，由 1978 年的 917 元 / 人增加为 2005 年的 24246 元 / 人，尤其是 20 世纪 90 年代以后，全社会劳动生产率还出现了加快上升的趋势。

与此同时，三次产业之间的劳动生产效率差别呈现日益扩大的趋势。如图 2 所示，20 世纪 90 年代以前，三次产业的劳动生产率与全社会劳动生产率之间的差距不大，各自之间的差距也不突出，第三产业和第二产业的差距甚至呈现出缩小的趋势。从 1990 年开始，三次产业的劳动生产率差距呈全面扩大态势。1990 年，第一、二、三产业的劳动生产率差距比是 1∶4.28∶3.77，2006 年变

#### 表5 我国三次产业劳动生产率的变动 元 / 人

| | 全社会劳动生产率 | 第一产业 | 第二产业 | 第三产业 |
|---|---|---|---|---|
| 1978 | 917 | 353 | 2732 | 1938 |
| 1980 | 1084 | 471 | 2927 | 1813 |
| 1985 | 1828 | 820 | 3859 | 3183 |
| 1989 | 3099 | 1292 | 6033 | 5469 |
| 1990 | 3310 | 1493 | 6386 | 5622 |
| 1995 | 9408 | 3612 | 19927 | 12402 |
| 1997 | 11382 | 4095 | 22927 | 14943 |
| 2000 | 12566 | 3995 | 28414 | 15181 |
| 2001 | 13222 | 4027 | 30194 | 16107 |
| 2002 | 14211 | 4371 | 33929 | 16658 |
| 2004 | 18295 | 5784 | 43875 | 19509 |
| 2005 | 24246 | 6664 | 49735 | 31195 |
| 2006 | 27601 | 7597 | 53660 | 33709 |

资料来源：根据《中国统计年鉴》1996、2001—2007 整理得到。

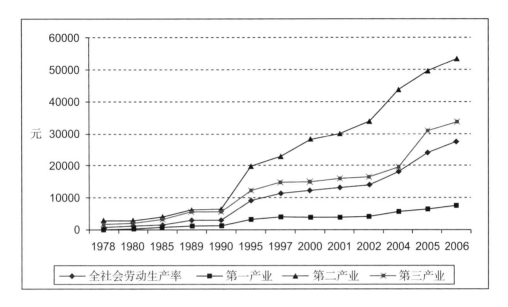

**图2　1978—2005年三次产业劳动生产率的变动趋势**

资料来源：根据《中国统计年鉴》1996、2001—2006整理得到。

为1：7.06：4.44，产业间劳动生产率差距不断扩大，增加了劳动力从传统部门向现代部门的转移动力，加速推进了劳动力从农业部门向非农产业部门的流动。

**4．从国际比较看我国的三次产业变动**

2006年，我国人均GDP突破了2000美元，达到了2042美元。结合以往的研究，可以看出，我国在人均GDP达到2000美元时所展现出的GDP结构和就业结构和以往的国际经验相比，有比较大的差异。表6显示了这种差异。钱纳里、艾金通和希姆斯的研究（以下简称1970模式）和塞尔奎因和钱纳里（以下简称1989模式）和中国的现实国情都有比较大的差别。在1970模式中，第一产业、第二产业和第三产业的劳动生产率是逐渐上升的；而1989模式中，第二产业的劳动生产率最高，但是第三产业无论是就业水平还是GDP构成都比中国现实情况要高。考虑到1970模式所研究的背景和1989模式研究的背景有巨大不同，人均GDP2000美元所代表的发展程度也有所降低。因此，1989模式明显比1970模式更接近工业化时期，而1970模式已经显示出后工业化倾向。与之相比，中国仍处于工业化高速发展的过程中，因此第二产业显示出了非常高的相对劳动生产率。相对来说，中国第一产业的相对劳

表6 三次产业占GDP比重的结构和劳动力投入结构的比较：
一般研究和中国现实 单位：%

| | | 钱纳里、艾金通和希姆斯模式（1970）人均GNP（1964美元） | 塞尔奎因和钱纳里模式（1989）人均GDP（1980美元） | 中国 |
|---|---|---|---|---|
| GDP结构 | 第一产业 | 16.3 | 15.4 | 11.7 |
| | 第二产业 | 33.2 | 43.4 | 48.9 |
| | 第三产业 | 49.5 | 41.2 | 39.4 |
| 劳动力投入结构 | 第一产业 | 23.7 | 38.1 | 44.8 |
| | 第二产业 | 33.2 | 25.6 | 23.8 |
| | 第三产业 | 43.1 | 36.3 | 31.4 |

资料来源：前两列见郭克莎、王延中：《中国产业结构变动趋势及政策研究》，经济管理出版社1999年版；第三列中国数据根据《中国统计年鉴2007》得到。

动生产率过于低下，这也是造成中国目前农民贫困和城乡收入差距扩大的重要原因。

**（二）第一产业内部结构的变动**

三次产业内部的结构变化也是非常显著的。改革开放以来，我国农业产值结构变动的总体趋势是农业比重下降，林业比重相对稳定，牧业和渔业比重上升。表7显示了1978年到2005年，农业、林业、牧业和渔业在第一产业内部的结构变化，图3则显示了这一变化的时间趋势。

表7 第一产业内部的变化趋势

| 年份 | 农林牧渔业总产值 | 实际产值（亿元） | | | | 比重结构（%） | | | |
|---|---|---|---|---|---|---|---|---|---|
| | | 农业 | 林业 | 牧业 | 渔业 | 农业 | 林业 | 牧业 | 渔业 |
| 1978 | 1397.0 | 1117.5 | 48.1 | 209.3 | 22.1 | 0.800 | 0.034 | 0.150 | 0.016 |
| 1980 | 1922.6 | 1454.1 | 81.4 | 354.2 | 32.9 | 0.756 | 0.042 | 0.184 | 0.017 |
| 1985 | 3619.5 | 2506.4 | 188.7 | 798.3 | 126.1 | 0.692 | 0.052 | 0.221 | 0.035 |
| 1990 | 7662.1 | 4954.3 | 330.3 | 1967.0 | 410.6 | 0.647 | 0.043 | 0.257 | 0.054 |
| 1991 | 8157.0 | 5146.4 | 367.9 | 2159.2 | 483.5 | 0.631 | 0.045 | 0.265 | 0.059 |
| 1992 | 9084.7 | 5588.0 | 422.6 | 2460.5 | 613.5 | 0.615 | 0.047 | 0.271 | 0.068 |
| 1993 | 10995.5 | 6605.1 | 494.0 | 3014.4 | 882.0 | 0.601 | 0.045 | 0.274 | 0.080 |

续表

| 1994 | 15750.5 | 9169.2 | 611.1 | 4672.0 | 1298.2 | 0.582 | 0.039 | 0.297 | 0.082 |
|------|---------|--------|-------|--------|--------|-------|-------|-------|-------|
| 1995 | 20340.9 | 11884.6 | 709.9 | 6045.0 | 1701.3 | 0.584 | 0.035 | 0.297 | 0.084 |
| 1996 | 22353.7 | 13539.8 | 778.0 | 6015.5 | 2020.4 | 0.606 | 0.035 | 0.269 | 0.090 |
| 1997 | 23788.4 | 13852.5 | 817.8 | 6835.4 | 2282.7 | 0.582 | 0.034 | 0.287 | 0.096 |
| 1998 | 24541.9 | 14241.9 | 851.3 | 7025.8 | 2422.9 | 0.580 | 0.035 | 0.286 | 0.099 |
| 1999 | 24519.1 | 14106.2 | 886.3 | 6997.6 | 2529.0 | 0.575 | 0.036 | 0.285 | 0.103 |
| 2000 | 24915.8 | 13873.6 | 936.5 | 7393.1 | 2712.6 | 0.557 | 0.038 | 0.297 | 0.109 |
| 2001 | 26179.6 | 14462.8 | 938.8 | 7963.1 | 2815.0 | 0.552 | 0.036 | 0.304 | 0.108 |
| 2002 | 27390.8 | 14931.5 | 1033.5 | 8454.6 | 2971.1 | 0.545 | 0.038 | 0.309 | 0.108 |
| 2003 | 29691.8 | 14870.1 | 1239.9 | 9538.8 | 3137.6 | 0.501 | 0.042 | 0.321 | 0.106 |
| 2004 | 36239.0 | 18138.4 | 1327.1 | 12173.8 | 3605.6 | 0.501 | 0.037 | 0.336 | 0.099 |
| 2005 | 39450.9 | 19613.4 | 1425.5 | 13310.8 | 4016.1 | 0.497 | 0.036 | 0.337 | 0.102 |
| 2006 | 42424.4 | 21549.1 | 1602.0 | 13640.2 | 4433.0 | 0.508 | 0.038 | 0.322 | 0.104 |

资料来源:《中国统计年鉴 2007》。

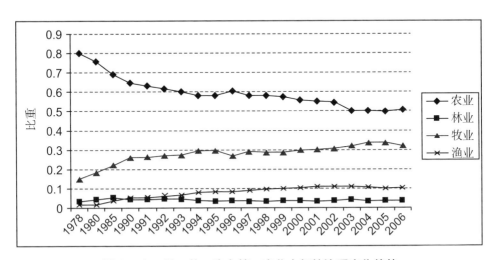

**图 3　农、林、牧、渔在第一产业内部的比重变化趋势**

资料来源：根据《中国统计年鉴 2006》整理。

在改革开放之前，种植业在第一产业中始终占据着最重要的地位。1978年，种植业占第一产业比重的80%，远远超过渔业、牧业和林业的总和。虽然种植业在第一产业中的比重始终处于下降趋势，但是直到2006年，种植业仍然占第一产业的50.8%。在农业内部结构方面，种植结构（产品和品种结构）的调整取得了较快进展，粮经比例不断优化，经济作物种植面积不断扩大，蔬菜生产大幅增长，品种结构不断得到优化，产品优质化程度不断提高，传统农业向现代农业转变的趋势增强。

林业在改革开放以后，绝对量虽然也在不断增长，但是在第一产业中所占的比重没有发生明显的变化。

在1978年以后，牧业和渔业发展非常迅速。以绝对值计算，2006年牧业的绝对产值相当于1978年的65.2倍，而2006年渔业的产值相当于1978年的200.6倍，在第一产业中的比重也分别从15%和1.6%提升到32.2%和10.4%。牧业和渔业在第一产业内部比重的迅速上升与国民收入的提高紧密相关。随着经济的快速发展，人民的生活水平不断得到改善，对肉类产品和鱼类产品的需求不断扩大，显著刺激了牧业和渔业的发展。同时，改革开放以后，我国的农产品逐渐进入国际市场，尤其是肉类、禽蛋类和水产品在农产品出口中占据了比较大的比重，这也是牧业和渔业迅速发展的重要原因。

值得注意的是，第一产业内的结构变化集中体现在20世纪90年代之前。由图3可以看出，在1990年以前，农业、牧业、渔业的变化幅度都比较大，但是在20世纪90年代以后，这种变化的趋势突然变得缓和下来，产业结构转换走过了一个拐点，步伐明显比以往要小。进入21世纪以后，种植业所占的比重有了进一步的下滑，而与之相对的是牧业在第一产业中所占比重上升。自20世纪90年代中期以后，渔业产值基本没有变化。

### （三）第二产业内部结构的变动

在工业化过程中，第二产业的增长对整个经济增长起着主要作用，而第二产业的迅速增长又与其内部结构的不断变动相联系。1978—2006年，我国第二产业增加值由1745.0亿元增至103162亿元，年平均增长速度达到11.4%，在GDP中的比重长期稳定在40—50%之间。在第二产业中，工业取得了较快发展，工业增加值由1607亿元上升至91310.9亿元，年平均增长速度达到11.5%，工业对国民经济的贡献率和拉动率在三次产业中均居首位。

#### 1. 工业结构的轻重比例变化

按照轻重工业比例关系的变化，可将工业结构的演变过程大致分为四个阶段。

　　第一阶段：1978 年至 20 世纪 80 年代前中期，矫正重工业倾斜发展战略，解决轻、重工业结构失衡问题。这一时期，采用扶持轻工业发展的"六优先"政策[①]，轻纺工业被放在经济发展的优先地位，轻工业比重在短短几年内从48.6% 上升到 59.4%，上升了 10.8 个百分点。轻纺工业和耐用消费品工业的发展在推动工业快速增长的同时，也改善了轻重工业的比例关系，工业内部结构趋于合理。与此同时，对重工业进行调整和改造，使重工业中为农业和消费品工业服务的机械工业有了较快的发展。

　　第二阶段：20 世纪 80 年代中后期，轻、重工业保持基本平衡的发展态势。在 80 年代初开始实施的促进轻工业发展的政策作用下，轻工业产值占全部工业产值比例连续上升，1990 年达到 49.4%，几乎与重工业形成"平分天下"的格局（图 4）。

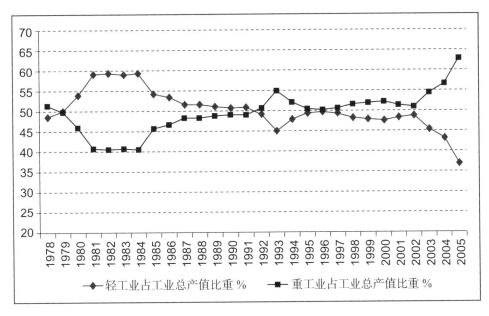

**图4　1978—2005 年我国轻重工业比例关系**

资料来源：根据《中国统计年鉴》和国家统计局官方网站数据整理。

注：1978—2003 年数据为轻重工业占工业总产值的比重，2004 和 2005 年数据为占工业增加值的比重。

---

[①] 六优先指原材料、燃料、电力供应优先，挖潜、革新、改造优先，基本建设优先，银行贷款优先，外汇和引进新技术优先，交通运输优先。

第三阶段：从 1992 年开始，随着人均收入水平提高，居民对耐用消费品的需求逐步增加，拉动了以家用电器为核心的机电工业迅速发展，与此同时，在基础设施和基础工业瓶颈制约下推动起来的基础建设投资拉动了基础工业的发展，我国工业结构中，重工业比重又有所上升。不过，在整个 20 世纪 90 年代，我国轻重工业在工业总产值中的比重总体稳定，重工业产值保持了稍高比重。

第四阶段：从 20 世纪末期开始，我国重新出现了新的重工业化趋势，重工业呈现快速增长势头，工业增长再次形成以重工业为主导的格局。2000 年以后，重工业在工业增加值中的比重迅速上升，1999 年的 50.8% 上升为 2005 年的 68.9%，轻工业则从 1999 年的 49.2% 回落为 2005 年的 31.1%。轻重工业的比例差距明显拉大，重工业化特征日益显著。

**2. 工业结构的行业构成变化**

从工业结构的行业构成变化来看，改革开放以来，我国一般加工工业制造业的比重相对稳定或有所下降，以电子及通信制造业为中心的技术密集型产业和高新技术产业迅速增长，带动了工业结构的升级。目前，我国工业结构正跨入以加工组装工业为中心的高加工度化阶段，正在从劳动密集型工业向资本密集型工业、技术密集型工业转换，工业的发展正在从数量扩张为主转向以素质提高为主阶段，工业结构调整的重点也由解决比例失调转向推进产业结构升级。

总体来看，我国煤炭采选业、食品加工业、纺织业、普通机械制造业四个行业的比重明显下降，其中纺织业下降的幅度最大。石油和天然气开采业、石油加工及炼焦业、交通运输设备制造业、电子及通信设备制造业、电力蒸汽热水生产供应业等五个行业的比重显著增加；其中电子及通信设备制造业的比重增幅最大，其在 2004 年工业总产值的比重达 10.73%，比 1985 年提高了 7.23%。除了上述下降和上升比较明显的九个行业之外，其他行业的比重变动幅度不大。（参见表 8）

2000—2005 年，我国工业结构进一步改善。2000 年，位于工业增加值比重前五位的行业分别为电力蒸汽热水生产供应业、石油和天然气开采业、电子及通信设备制造业、化学原料及制品制造业、交通运输设备制造业；而到 2005 年，位于工业增加值比重前五位的行业则变为电子及通信设备制造业、黑色金属冶炼及压延加工业、电力蒸汽热水生产供应业、化学原料及化学制品制造业、石油和天然气开采业。统计数据显示，"十五"期间以电力、煤炭、石油为主的能源工业明显加强，钢铁、纺织、建材等传统的原材料和加工工业有所压缩，以电子及通信设备制造业为主的信息产业迅速成长。信息产业的迅速崛

表8　我国工业行业构成变化表　单位: %

| 行业 | 1985 | 1990 | 1994 | 2000 | 2005 |
|---|---|---|---|---|---|
| 煤炭采选业 | 2.3 | 2.4 | 2.0 | 1.49 | 2.27 |
| 石油和天然气开采业 | 1.9 | 2.3 | 2.6 | 3.65 | 2.49 |
| 黑色金属矿采选业 | 0.2 | 0.2 | 0.2 | 0.19 | 0.39 |
| 有色金属矿采选业 | 0.4 | 0.6 | 0.1 | 0.47 | 0.45 |
| 非金属矿采选业 | 0.4 | 0.5 | 0.7 | 0.42 | 0.30 |
| 其他采矿业 | 0.2 | 0.0 | 0.0 | 0.00 | 0.00 |
| 食品加工业 | 11.3 | 11.6 | 10.4 | 4.35 | 4.22 |
| 食品制造业 | | | 1.5 | 1.68 | 1.50 |
| 饮料制造业 | | 2.1 | 1.8 | 2.05 | 1.23 |
| 烟草加工业 | | 2.8 | 1.7 | 1.69 | 1.13 |
| 纺织业 | 16.3 | 12.3 | 12.4 | 6.01 | 5.04 |
| 服装及其他纤维制品制造 | 2.4 | 2.2 | 2.6 | 2.67 | 1.98 |
| 皮革毛皮羽绒及其制品业 | 0.9 | 1.1 | 1.6 | 1.57 | 1.38 |
| 木材加工及竹藤棕草制品业 | 0.7 | 0.6 | 0.7 | 0.77 | 0.73 |
| 家具制造业 | 0.6 | 0.4 | 0.4 | 0.43 | 0.57 |
| 造纸及纸制品业 | 1.8 | 2.1 | 1.5 | 1.86 | 1.65 |
| 印刷业记录媒介的复制 | | 0.9 | 0.8 | 0.72 | 0.57 |
| 文教体育用品制造业 | | 1.5 | 0.6 | 0.72 | 0.59 |
| 石油加工及炼焦业 | 2.5 | 2.7 | 3.7 | 5.17 | 4.77 |
| 化学原料及制品制造业 | 6.6 | 8.0 | 6.2 | 6.71 | 6.50 |
| 医药制造业 | 1.7 | 1.9 | 1.7 | 2.08 | 1.69 |
| 化学纤维制造业 | 1.2 | 1.5 | 1.2 | 1.45 | 1.04 |
| 橡胶制品业 | 1.7 | 1.5 | 1.1 | 0.95 | 0.87 |
| 塑料制品业 | 1.9 | 1.9 | 1.8 | 2.22 | 2.01 |
| 非金属矿物制品业 | 4.5 | 4.8 | 5.8 | 4.31 | 3.65 |
| 黑色金属冶炼及压延加工业 | 5.2 | 6.9 | 8.1 | 5.52 | 8.53 |
| 有色金属冶炼及压延加工业 | 2.2 | 2.7 | 2.3 | 2.54 | 3.15 |
| 金属制品业 | 2.8 | 2.8 | 3.3 | 2.96 | 2.61 |
| 普通机械制造业 | 11.0 | 9.0 | 4.7 | 3.56 | 4.22 |

续表

| | | | | | |
|---|---|---|---|---|---|
| 专用设备制造业 | | | 3.5 | 2.56 | 2.42 |
| 交通运输设备制造业 | 4.3 | 3.8 | 6.2 | 6.26 | 6.25 |
| 电气机械及器材制造业 | 4.4 | 4.3 | 4.5 | 5.64 | 5.52 |
| 电子及通信设备制造业 | 3.5 | 3.1 | 3.9 | 8.81 | 10.73 |
| 仪器仪表文化办公用机械 | | 0.6 | 0.8 | 1.01 | 1.11 |
| 其他制造业 | | 1.4 | 1.5 | | 0.81 |
| 电力蒸汽热水生产供应业 | 3.3 | 3.6 | 3.9 | 5.38 | 7.07 |
| 煤气的生产和供应业 | | 0.1 | 0.1 | 0.20 | 0.20 |
| 自来水的生产和供应业 | | | 0.3 | 0.38 | 0.23 |

资料来源：1985、1990、1994、2000 年数据来自龙开元《改革开放后中国产业结构及其地区差异分析》,《科技部中国科技促进发展研究中心调研报告》2004 年第 77 期；2005 年数据来自《中国工业经济统计年鉴 2006》。

起，不仅打破了传统的行业生产格局，同时也为其他行业和领域提供了先进的技术和装备，促进了产业结构的优化升级进程。

**（四）第三产业内部结构的变动**

改革开放以来，由于国家对第三产业的发展日益重视，我国第三产业进入了一个新的发展时期。从 1978 年到 2006 年，第三产业的平均增长速度达到 10.7%，比同期国内生产总值 9.7% 的增长速度高 1 个百分点。第三产业的从业人员从 1978 年的 4890 万人增长到 2006 年的 24614 万人，占总就业人数的比率也从 12.2% 增加到了 32.2%。（参见图 5）

在第三产业占国民经济比重日趋增大的同时，第三产业内部结构也发生着变化。改革开放初期，我国的第三产业主要集中在商业、饮食、居民服务、交通运输、邮电等传统产业领域。经过 20 多年的发展，在传统服务业持续发展的同时，旅游、信息、咨询、科技服务、社区服务、金融保险、房地产、教育、文化等新兴行业也得到了较快发展。20 世纪 90 年代以来我国第三产业增加值构成的变化情况如表 9 所示。从几个大的服务行业来看，批发和零售贸易餐饮业比重有所下降，传统的交通运输仓储业比重大幅下降，邮电通信业发展迅速，在第三产业中的比重呈上升态势；归入"其他服务业"的"社会服务业"、"科学研究和综合技术服务业"、"教育和文化艺术及广播电影电视业"、

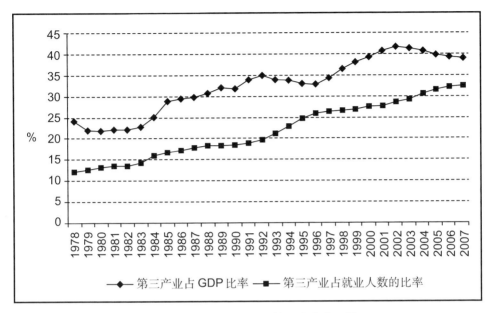

**图5　1978—2007我国第三产业发展情况**

资料来源：根据《中国统计年鉴2007》和中国统计局官方网站数据整理而得。

"卫生体育和社会福利"等新兴服务行业在第三产业中的比重明显上升，房地产业发展不断加快，在第三产业中的比重也有所上升。到2005年，按照国家统计局对第三产业14个行业划分的结构格局（表9），处于前7位的行业依次是批发和零售业、交通运输、仓储及邮政业、房地产业、公共管理和社会组织、金融业、教育、信息传输、计算机服务和软件业等，这七个行业2005年的增加值占第三产业的比重达到82.98%。

**（五）国家产业政策的演变及效果**

产业政策是调节产业间和产业内资源配置的一种政策手段。我国自新中国成立初期就已经开始实施具有产业政策特征的经济政策，但正式颁布实施产业政策是在1989年的《关于当前产业政策要点的决定》之后。改革开放以来，特别是20世界90年代以后，我国产业政策实践取得了很大进展。由于产业政策具有明显的历史阶段性，不同时期、不同体制环境下，产业政策的内容、范围及干预方式都有所不同。

新中国成立后的30多年中，我国的产业结构长期处于"农业比重偏高、工业结构畸形、第三产业落后"的不合理状态。到改革初期的1978年，农轻重关

表9    2005年第三产业增加值构成

| 行业 | 绝对值（亿元） | 构成（%） |
|---|---|---|
| 合计 | 73432.9 | 100.00 |
| 交通运输、仓储及邮政业 | 10835.7 | 14.76 |
| 信息传输、计算机服务和软件业 | 4768.0 | 6.50 |
| 批发和零售业 | 13534.5 | 24.90 |
| 住宿和餐饮业 | 4193.4 | 5.70 |
| 金融业 | 6307.2 | 8.59 |
| 房地产业 | 8243.8 | 11.23 |
| 租赁和商务服务业 | 2912.4 | 3.97 |
| 科学研究、技术服务业和地质勘查业 | 2050.6 | 2.79 |
| 水利、环境和公共设施管理业 | 849.9 | 1.16 |
| 居民和其他服务业 | 3129.4 | 4.26 |
| 教育 | 5656.3 | 7.70 |
| 卫生、社会保障和社会福利业 | 2934.5 | 4.00 |
| 文化、体育和娱乐业 | 1188.2 | 1.62 |
| 公共管理和社会组织 | 6828.8 | 9.30 |

资料来源：根据《中国统计年鉴2005》数据整理。

注：本表按当年价格计算。

系严重失调，第三产业发展受阻，产业结构失衡问题已经十分严重[1]。为了矫正畸形的产业结构，协调各产业部分的发展，三年调整和"六五"时期产业政策的重点是贯彻"调整、改革、整顿、提高"的八字方针，解决农轻重比例严重失调问题。20世纪80年代前期，政府一方面推行农村经济体制改革，大力发展农业；另一方面出台了轻纺工业优先发展的政策，同时对重工业进行调整和改造，促进"短线"基础设施和基础产业发展，限制"长线"加工工业发展，彩电、电冰箱、洗衣机均属于国家鼓励发展的行业，一批军工企业进入这些行

[1] 1978年，我国工农业产值比为72.1∶27.9；在工业总产值中，轻工业与重工业之比为43.1∶56.9，农轻重关系严重失调，第三产业发展受阻。

业中①。从这些政策实施的结果看，促进农业和轻纺工业发展的政策效果显著，对缓解产品短缺发挥了积极作用。这一时期，我国产业结构的严重畸形状况得到基本改善，农业得到较快发展，二次产业畸重的状况有所缓解，第三产业发展速度明显加快，三次产业之间的比例关系渐趋协调。

进入20世纪80年代中后期以后，由于加工业发展过快，出现了地区产业结构同构化，基础设施、原材料工业跟不上加工工艺发展速度，供求矛盾突出等新问题，"七五"时期的产业结构调整贯彻了以消费需求结构及变化为主导的方针。我国继续调整轻工业和重工业之间的关系，实行以能源、交通等基础性产业为重点的产业倾斜政策，并明确提出"有重点地开发知识密集和技术密集产品，努力开拓新的生产领域，有计划地促进新兴产业的形成和发展"及"运用新技术改造传统产业"。这一时期暂停了洗衣机、电冰箱进口，对过于分散的彩电工业进行了重组，产业结构重组推进了产业结构的合理化，高新技术产业和以流通、服务业为主体的第三产业得到一定发展，产业结构现代化的趋势加快，新兴产业的结构地位有所提高，劳动密集型和技术密集型产业的结构地位上升。但是，基础设施和基础产业的发展仍然滞后于国民经济的发展，其"瓶颈"状况未得到根本扭转；国家限制发展的生产能力过剩的加工工业不断以惊人的速度增长，而建立新兴产业和改造传统产业的进展却十分缓慢。到20世纪90年代初的时候，我国产业结构失衡问题依然严重。

从1992年开始，我国经济进入了高速增长阶段。"八五"期间，加强基础产业仍然被视为经济建设的重点，国家确立了汽车、电子、建筑、石化、机械等支柱产业，制定了各种倾斜政策。比如：明确提出了轿车生产布局的"三大三小"②战略，实行定点生产。受邓小平南巡讲话的鼓舞，全国掀起了新一轮的开发热潮，加工工业因其经济技术特性成为主要的投资领域，规模小、技术含量低的中小加工企业迅速大量涌现，进一步加重了业已存在的产业结构失衡、产业低度化和分散化等问题。面对这种情况，国家被迫运用行政手段对经济进行全面调整，以实现国民经济"软着陆"。

"九五"期间，我国推行外国资本与技术引进、工业制品对外输出、信息化和高新技术培育等一系列产业政策，明确提出要加快第三产业发展，使其增

---

① 按照当时的划分，彩电属于电子行业，电冰箱、洗衣机属于轻工业。
② 即国家只支持一汽、二汽和上汽三大轿车生产基地，北京、天津、广州三个轿车生产点，不再批准任何其他的生产点。

长速度高于第一、二产业。这使得产业结构得到改善，比例关系进一步趋于协调，第一产业的国内生产总值比重逐渐下降，第二产业和第三产业基本上呈现上升趋势，结构升级取得一定进展。突出表现为一般加工工业在制造业中的比重有所下降，而技术相对密集产业的比重有所上升，尤其是技术密集度高和具有高新技术产业特征的医药制造业、电气机械及器材制造业、电子及通信设备制造业的比重明显上升，轿车生产异军突起，家用电器成长为具有国际竞争力的行业。此外，资本规模大、技术含量高的大型跨国公司开始大规模进入我国的微电子业、汽车制造业等高层次产业，以及限制较少的房地产业。在国家积极财政政策的推动下，我国的基础设施、通信设施和交通运输状况都得到了较快发展。但是，行政手段依旧是20世纪90年代运用最多、最频繁的政策手段，由于受到体制性和政策性因素的约束，三次产业的结构性偏差仍然未得到有效调整。关税、进入限制和高价格等过度保护政策使得机械、电子、汽车、化工和建筑等国家指定的主导产业缺乏竞争的压力和提高产业集中度的动力，虽然得到了巨额财政资金和大量优惠政策的扶持，却未能成长为具有国际竞争力的产业。第三产业因受到政策性进入的限制，发展仍然相对滞后。此外，产业发展与科技发展的体制性分离、科技开发与运用的制度性问题，也制约着产业结构的快速升级。

我国"十五"计划和"十一五"计划都先后把产业结构优化升级列为重点目标，开展了新一轮的经济结构调整，从政策手段上也从行政干预向市场手段转换，以求扭转靠投资拉动、大量消耗能源、以牺牲资源环境为代价的粗放增长方式①，并取得了一些重要进展。农业特别是粮食生产出现重要转机，工业结构升级加快，能源、交通、重要原材料等基础产业和基础设施建设明显加快，高新技术产业得到较大发展。2006年高技术产业增加值达9649亿元，跃居世界第三位，占GDP的比重达到4.61%，信息、生物等高技术的广泛应用和渗透，促进了传统产业加速优化升级，高技术产业的带动作用日益增强，成为国民经济新的增长点。但是，随着我国耐用消费品市场需求转旺，各地先后出台了大量有利政策，导致汽车、钢铁为主的重化工业快速增长，我国三次产业的结构性偏差并未得到有效纠正；第二产业的比重依旧过高，且在"十五"期间

---

① 2005年，我国八个主要耗能行业的单位产品能耗平均比世界先进水平高47%，而这八个行业的能源消费占工业部门能源消费总量的73%。按此推算，与国际先进水平相比，我国的工业部门每年多用能源约2.3亿吨标准煤。

表现出不合理的持续回升趋势，第三产业的比重依旧过低，且上升困难。此阶段三次产业的结构升级缓慢，难以满足优化目标，与各级政府以 GDP 为导向和以工业品出口为导向的产业政策有着密切的关系。

产业政策的合理化是一个长期的复杂过程。在"七五"计划中，"产业政策"一词才第一次正式在我国的政府政策文件中提出，时间很短。目前我国的产业政策仍很不完善，对经济效益的促进作用有限。综观改革开放以来我国产业结构变动和政策调整的绩效，可以看到，除了改革开放初期产业结构政策效果比较显著外，在以后的各个时期，产业结构政策在推动结构调整和升级的过程中只起到了有限的作用。20 多年来，长期困扰我国的三次产业结构失衡问题一直没有得到根本解决，政府重点和着力扶持的主导产业仍然没有摆脱"幼稚"状态，企业规模小、产业集中度低、技术升级慢等问题依然存在。

## 二、我国产业结构的问题分析

### （一）通过国际比较暴露的问题

表 10 列出了世界上若干国家三次产业分布和演变的关系，其中包括转轨国家、发达国家以及部分与我国发展条件相似的亚洲国家。通过比较分析，可以看到我国的三次产业结构与这些国家相比有着明显的差异。

按照产业结构升级理论，在经济水平发展到一定程度以后，第二产业的主导地位应该逐渐向第三产业过渡。改革开放初期，我国第二产业在 GDP 中的比重不到 50%。此后的十年中，第二产业的比重不断下降，在 20 世纪 90 年代初一度下降到 41% 左右。但是随后，第二产业的比重开始回升，尤其是在"十五"期间持续上升。2007 年前三季度，第二产业在 GDP 中的比重突破了 50%。与其他国家的发展历程相比，目前我国第二产业的比重明显偏高。

相比于转型国家和拉美国家，我国表现出来的第二产业不断上升的趋势有明显的不合理因素。俄罗斯在实施休克疗法之前已经建立了完整的工业体系，虽然在经历政治剧变之后，其经济发展遭遇了严重的震荡，但是 2006 年其人均 GDP 超过了 8600 美元，依然属于中等发达国家水平。中国与俄罗斯虽同属转型国家，但经济基础的巨大差别使得直接比较两国的产业结构并不十分合适，但这并不妨碍我们比较两国产业结构变化的趋势。1990 年以后，俄罗斯的第二产业在 GDP 中的比重始终表现出下降趋势，而同时期，我国第二产业的比重却不断上升。相比之下，中国三次产业结构的发展路径确实不够合理。

表10 若干国家三次产业 GDP 结构变动趋势 单位：%

| | | 1980 | 1990 | 1995 | 1997 | 1998 | 1999 | 2000 | 2001 | 2002 | 2003 |
|---|---|---|---|---|---|---|---|---|---|---|---|
| 印度 | 第一产业 | 38.70 | 31.40 | 28.40 | 28.00 | 29.10 | 22.90 | 24.6 | 25.0 | 22.7 | 22.2 |
| | 第二产业 | 24.2 | 27.6 | 27.9 | 27.1 | 25.7 | 24.2 | 26.6 | 25.7 | 26.6 | 26.6 |
| | 第三产业 | 37.1 | 40.9 | 43.7 | 44.9 | 45.2 | 43.6 | 48.8 | 49.4 | 50.7 | 51.2 |
| 印度尼西亚 | 第一产业 | 24.00 | 19.40 | 17.10 | 16.10 | 17.60 | 17.20 | 17.2 | 17.0 | 17.5 | 16.6 |
| | 第二产业 | 41.7 | 39.1 | 41.8 | 44.3 | 44.9 | 43.2 | 46.1 | 45.6 | 44.5 | 43.6 |
| | 第三产业 | 34.3 | 41.5 | 41.1 | 39.6 | 37.5 | 39.6 | 36.7 | 37.5 | 38.1 | 39.9 |
| 日本 | 第一产业 | 3.70 | 2.50 | 1.90 | 1.70 | 1.70 | 1.60 | 1.4 | 1.4 | | 1.3 |
| | 第二产业 | 41.9 | 41.2 | 38.2 | 37.3 | 36.0 | 32.8 | 32.2 | 30.6 | | 30.4 |
| | 第三产业 | 54.4 | 56.3 | 59.9 | 61.0 | 62.3 | 65.5 | 66.4 | 68.1 | | 68.3 |
| 韩国 | 第一产业 | 14.40 | 8.50 | 6.20 | 5.40 | 4.90 | 5.70 | 4.3 | 4.3 | 4.0 | 3.2 |
| | 第二产业 | 39.9 | 43.1 | 43.2 | 43.1 | 43.8 | 43.8 | 36.2 | 42.0 | 40.9 | 34.6 |
| | 第三产业 | 45.7 | 48.4 | 50.6 | 51.6 | 51.2 | 50.5 | 59.5 | 53.7 | 55.1 | 62.2 |
| 马来西亚 | 第一产业 | 22.60 | 15.20 | 12.90 | 11.10 | 13.30 | 9.40 | 8.8 | 8.1 | 9.0 | 9.7 |
| | 第二产业 | 41.0 | 42.2 | 41.4 | 44.6 | 43.6 | 44.5 | 50.7 | 48.3 | 47.4 | 48.5 |
| | 第三产业 | 36.3 | 42.6 | 45.6 | 44.3 | 43.2 | 46.1 | 40.5 | 43.7 | 43.6 | 41.8 |
| 菲律宾 | 第一产业 | 25.10 | 21.90 | 21.60 | 18.90 | 17.40 | 20.10 | 15.8 | 14.9 | 14.7 | 14.5 |
| | 第二产业 | 38.8 | 34.5 | 32.1 | 32.1 | 31.3 | 34.3 | 32.3 | 32.4 | 32.5 | 32.3 |
| | 第三产业 | 36.1 | 43.6 | 46.3 | 49.0 | 51.3 | 45.6 | 52.0 | 52.6 | 52.8 | 53.2 |

续表

| | | | | | | | | | | | |
|---|---|---|---|---|---|---|---|---|---|---|---|
| 墨西哥 | 第一产业 | 9.00 | 7.80 | 5.50 | 5.50 | 5.20 | 5.40 | 4.2 | 4.1 | 4.0 | 4.0 |
| | 第二产业 | 33.6 | 28.4 | 27.9 | 28.6 | 28.5 | 26.5 | 28.0 | 27.1 | 26.6 | 26.4 |
| | 第三产业 | 57.4 | 63.7 | 66.6 | 65.9 | 66.3 | 60.1 | 67.8 | 68.7 | 69.4 | 69.6 |
| 巴西 | 第一产业 | 11.00 | 8.10 | 9.00 | 7.90 | 8.40 | 8.10 | 7.3 | 6.1 | 6.1 | 5.8 |
| | 第二产业 | 43.8 | 38.7 | 36.7 | 29.7 | 28.8 | 30.7 | 28.0 | 22.3 | 21.0 | 19.1 |
| | 第三产业 | 45.2 | 53.2 | 54.3 | 62.4 | 62.8 | 46.2 | 64.7 | 71.6 | 72.9 | 75.1 |
| 俄罗斯联邦 | 第一产业 | | 16.60 | 7.90 | 7.50 | 5.40 | 6.10 | 6.4 | 6.5 | 5.8 | 5.2 |
| | 第二产业 | | 48.4 | 39.0 | 34.1 | 36.4 | 32.2 | 37.9 | 35.6 | 33.8 | 34.2 |
| | 第三产业 | | 35.0 | 52.9 | 58.4 | 58.2 | 52.2 | 55.6 | 57.9 | 60.5 | 60.7 |
| 英国 | 第一产业 | | 1.70 | 1.60 | 1.30 | 26.00 | 1.50 | 1.1 | 1.0 | 1.0 | 1.0 |
| | 第二产业 | | 31.4 | 28.2 | 27.2 | 26.0 | 26.3 | 28.5 | 27.6 | 26.4 | 26.6 |
| | 第三产业 | | 66.9 | 70.2 | 71.4 | 72.9 | 61.2 | 70.5 | 71.5 | 72.6 | 72.4 |

资料来源：根据《国际统计年鉴1990》、《国际统计年鉴1995》、《国际统计年鉴》1998—2005整理所得。

　　再以印度为例。1991年，我国与印度处于同一发展水平；2006年，我国的人均GDP达到2018美元，印度仅为700多美元。我国的经济增长速度远远超过了印度。但是，我国经济的高速增长大部分来自工业，工业占我国GDP的比例从37.1%上升到43.3%。而在印度，工业占GDP的比例基本稳定在28%，服务业在GDP中的比例则从1990年的41%上升到2005年的54%，我国的这个比例仅为39.4%（2006年）。这在一定程度上说明我国产业结构的畸形发展。

　　巴西在1980年初达到了人均GDP2000美元，当年其三次产业在GDP中的比例关系为 11.0∶43.8∶45.2。2006 年，我国 GDP 中三次产业的结构关系为 11.8∶48.7∶39.5。两者对比，可以发现我国第二产业占 GDP 比重偏高的事实。相对而言，我国 2002 年的二、三产业占 GDP 比例关系（44.8∶41.7）与巴西 1980 年的结构关系更为接近，这进一步证明了我国在过去几年中第二产业不合理的升高这一事实。此外，印尼、菲律宾、马来西亚等亚洲发展中国家在其发展过程中都没有出现这种情况。

根据产业结构升级理论和国际经验，一旦经济步入起飞通道，第三产业在 GDP 中的比重应该逐步上升。改革开放以来，我国第三产业在 GDP 中的比例逐步升高。2002 年，第三产业占 GDP 的比重达到 41.72%，为历史最高，与第二产业占 GDP 比重（44.79%）差距缩到最小。但是，随后二者的比例关系却又逐渐拉大。2006 年，我国第三产业在国民经济中的比重有落到 40% 以下。

同样作为发展中国家的东南亚各国，其第三产业的比重在过去 20 至 30 年内基本保持上升趋势。除在某个特定年份有所浮动，总体上其占 GDP 的比重是不断上升的。巴西在 1980 年初实现人均 GDP2000 美元以后，第三产业在 GDP 结构中的比重不断增加，我们近邻的韩国也保持着同样的趋势。东南亚各国在金融危机中曾经遭受沉重打击，但第三产业的发展势头并没有衰退。而另一个转型大国俄罗斯，即便石油工业在过去十年中高速发展，其第三产业在 GDP 结构中的领先地位也没有被第二产业替代。

相比之下，我国在进入 21 世纪以后，第三产业的比重由升转降，各种原因在前文中已有所分析，其中最主要的因素是由于我国在相当长的时间内以增加 GDP 为导向、以鼓励工业品出口为导向发展经济，同时地方政府在现行财税体制支配下，趋向于发展投资大、见效快、能在短期内拉动 GDP 迅速上升的工业和建筑业，再加上我国能源产品价格严重扭曲，导致 20 世纪 90 年代以来，第二产业特别是工业持续快速增长，而第三产业发展相对缓慢。

**（二）三次产业内部结构仍需改善**

改革开放以来，我国三次产业结构演变总体上取得了进步。但是，我国农业基础薄弱，"三农"问题一直困扰着我国的现代化进程；同时，迅速成长的工业未能对农业提供应有的技术改造和服务；第三产业发展严重滞后，对第一、第二产业的制约作用也相当突出。根据国际三次产业结构变动的一般趋势，我国产业构成比例不合理，产业结构仍需改善。

**1. 农业内部结构有待优化**

改革开放以来，我国农业和农村经济取得了长足发展，农业产业结构经过不断调整形成了较好的格局。但是，目前的农业产业结构仍存在不少的问题。一是在农产品总量供给日益无法满足工业化需求的同时，农业结构特别是品种、品质结构尚待优化，农产品优质率较低。当前我国农业结构调整面临的问题是，一方面受土地、水资源的强烈约束，农产品生产从总量上越来越难以满足工业化提出的需要，这使得农业结构调整在资源空间上受到极大的限制；另一方面受技术进步滞后的影响，我国的农产品生产规模大，但品种不优、质量不高，难以满足城乡居民消费结构升级后对农产品提出的优质化需要。二是农产品加工业尚处在初级阶段，一方面农产品的加工比例低，目前我国农产品加工业产值与农业产值之比大都只有 0.43∶1，而发达国家大都在 2∶1 以上，特别是在农产品加工中，我国初级加工比重大，深加工不足；另一方面农产品保鲜、包装、贮运、销售体系发展滞后，也难以适应经济社会发展的需要。三是农产品区域布局不合理，各地没有充分发挥自身的地区比较优势，未能形成有鲜明特色的农产品区域布局结构。四是农业现代化进程缓慢，快速工业化并未能及时为农业提供足够的现代物质装备，农业基础设施落后，现代公共服务严重不足。

**2. 第二产业特别是工业大而不强**

第二产业总量规模扩张明显，但产业结构升级较慢，经济增长质量不高。主要表现在三个方面。

第一，中国仍处于全球价值链底端，产业升级面临困难。改革开放三十年，中国经济高速增长，批量化生产的成本优势使我国获得了"世界工厂"的称号。"无论是袜子还是半导体，中国的企业已经成为全球产品链条中关键的供应者和不可或缺的一环"，这是目前我国产业的真实写照，表明了我国具有强大的产业生产能力。例如，20 世纪 90 年代，所有向美国出口成衣的国家中，我国的出口增长最快；1998—2002 年，我国向法国出口鞋的总量增长超过 100%。

但是，尽管我国已经广泛融入全球经济体系中，然而我国总体仍然处于浅层工业化阶段[1]，在国际产业分工中将面临被锁定的风险。我国的比较优势在相当程度上是依靠廉价劳动力获得的，这导致行业的竞争优势主要体现在加工组装环节，处于"微笑型曲线"的中间[2]，而在技术、专利和品牌、服务等高附加

---

[1] 麻省理工学院中国问题专家斯坦菲尔德（Steinfeld）教授多次表达了这一观点。
[2] 对现代产业价值链的研究表明，产业链上不同企业创造的利润表现为 U 字形，处在前端的是研发、设计和标准制定，处在后端的是品牌、销售和服务，这两端的利润率很高，而处在中间的加工生产企业利润率很低。这种分布被宏碁集团董事长施振荣形象地描述为"微笑曲线"。

**表11  2003—2005年出口情况  单位: 亿美元**

| | | 出口总额 | 三来一补出口额 | 外资企业出口额 |
|---|---|---|---|---|
| 2003 | 出口额 | 4383.7 | 2418.5 | 2403.4 |
| | % | 100 | 55.2 | 54.8 |
| 2004 | 出口额 | 5933.7 | 3279.9 | 3386.1 |
| | % | 100 | 55.3 | 57.1 |
| 2005 | 出口额 | 7620 | 4164.8 | 4442.1 |
| | % | 100 | 54.7 | 58.3 |

资料来源: 中国商务部网站。

值环节不具备比较优势。由表11可以看出, 虽然我国的出口额保持强劲增长势头, 但其中外资企业所占份额超过了50%, 并且有逐年增加的趋势。在总出口额中, 加工贸易所占比重同样超过了50%。这表明, 即使是本土企业, 也严重依赖国外技术, 而不是依靠自主研发和自有产品来开拓国际市场。

第二, 产业研发投入不足, 技术创新能力差。目前, 制约我国产业特别是第二产业升级的关键因素是技术创新能力不足。首先是产业研发投入不足。我国制造业总量规模占全球的6%, 而研发投入仅占0.3%。再就是高端人才缺乏, 从事研发活动的科学家工程师数量相对较低。我国虽然科技人力资源总量居世界第一, 但由于人口众多, 相对水平较低。如, 2006年我国每万名劳动力中从事研发活动的科学家工程师为16.02人年, 约为2005年美国的18.5%、日本的15.9%、韩国的22.2%。更为严重的问题是, 我国缺乏高素质人才、缺乏尖子人才、企业人才短缺。还有就是企业自主创新能力薄弱, 创新动力不足。以高技术产业为例, 2006年我国高技术产业大中型企业研发经费支出占工业增加值的比重为5.73%, 而欧盟15国平均为24.19%（2002年）, 美国为29.01%（2003年）, 日本为25.74%（2003年）, 韩国为18.24%（2003年）。在进入2007年世界500强的高技术制造业企业中, 美国有31家, 日本9家, 英国、瑞士分别有3家, 韩国、法国、瑞典、荷兰各有2家, 芬兰、加拿大、新加坡各有1家, 而我国目前没有一家。企业是创新的主体, 企业自主创新能力不强, 动力不足, 必然会直接影响产业升级。最后是不掌握关键技术, 核心专利数量少。2006年, 我国论文、专利数量已居世界第4位, 但高水平的不多。据OECD统计, 2005年我国三方专利拥有量为433件, 占世界总量的0.82%, 约为美国的1/38,

日本的 1/35，德国的 1/14，韩国的 1/7。2006 年我国在世界知识产权组织申请的 PCT 专利为 3910 件，约为美国的 7.89%，日本的 14.5%。在产业技术方面，目前我国炼油工业 80% 的技术装备依靠进口，大型飞机、半导体和集成电路专用设备、大型科学仪器、大型医疗设备以及手机、DVD、数字电视等消费电子领域的芯片都长期依赖进口；高档数控系统国内市场占有率仅为 1.5%，国产系统软件和基础软件市场占有率仅为 5%，生物医药 95% 以上为仿制药。超大规模集成电路、高性能计算机等领域与国外先进水平差距更大。

另外，我国促进工业自主创新的体制机制不完善，国家财税政策对自主创新企业针对性不强，科技投入效率不高，金融服务缺位，国家战略性技术和产业共性技术研发及工程化的载体和平台弱化等等，所有这些都成为工业结构升级的"软肋"。

第三，产品结构不合理，一般产品相对过剩与技术含量高、附加值大的产品短缺同时并存。在主要工业品中，有 80% 以上的产品生产能力利用不足或严重不足，同时每年还要花大量外汇进口国内短缺产品。此外，我国生产的是完全模块化、编码化、非差异化的产品，在带来大量国际订单的同时，导致企业仅仅依靠短期内的成本优势从模块化、编码化的生产中获取微利，并形成路径依赖，从而削弱企业依靠创新发展技术含量高、附加值大的产业产品的动力。

### 3. 第三产业发展滞后，内部结构需进一步调整完善

虽然我国第三产业发展较快，但总量偏小和行业结构不合理问题很突出。从总量看，第三产业增加值在 GDP 中所占比重明显偏低（参见表 12）。目前，绝大部分发达国家的第三产业比重占 70% 左右，大部分发展中国家在 50% 左右，而我国的第三产业比重长期徘徊在 30%—40% 之间。

#### 表12　三次产业收入结构的国际比较（2003 年）　单位：%

| | 第一产业 | 第二产业 | 第三产业 |
|---|---|---|---|
| 低收入国家 | 24.8 | 25.1 | 50.1 |
| 中下收入国家 | 12 | 40.3 | 47.7 |
| 中上收入国家 | 7.9 | 32 | 61 |
| 高收入国家 | 2 | 28.5 | 69.5 |
| 中国 | 14.6 | 52.2 | 33.2 |

资料来源：徐平华：《资源环境约束下的中国产业政策选择》，《中共中央党校学报》2007 年 10 月。

从第三产业内部结构看，发达国家主要以信息、咨询、科技、金融等新兴产业为主，而我国的商业餐饮、交通运输等传统服务业比重较大，占 40% 以上；邮电通讯、金融保险等基础性服务业以及信息咨询、科研开发、旅游、新闻出版、广播电视等新兴服务业虽然发展较快，但比重还不高，发育仍然不足。此外，我国服务业产品创新少，服务品质和技术水平不高，在组织规模、管理水平与营销技术上与国外服务业都存在相当大的差距，难以适应激烈的国际竞争需要。

**（三）比较劳动生产率差距在扩大**

根据库兹涅茨的研究，随着人均收入水平的提高，第一产业的比较劳动生产率会趋于稳定，在进入较高收入水平后则明显上升；当第一产业的比较劳动生产率接近第二、第三产业的比较劳动生产率时，产业结构的总体效益水平较高。目前，我国第一产业的比较劳动生产率偏低，且近年来三次产业间的比较劳动生产率差距不断扩大，第二产业比较劳动生产率由 2000 年的 2.04 上升为 2005 年的 2.10 左右，第一产业和第三产业则分别由 0.3 和 1.43 下降为 0.26 和 1.32。这说明在工业快速增长的同时，工业对就业的吸纳能力大幅下降，农业剩余劳动力向第二产业转移受阻，有一部分转向了第三产业。这说明我国用大量的劳动力从事低水平的农业生产来支持其他产业的发展，资源配置极不合理，产业结构的总体效益还处于低水平阶段。

与劳动生产率密切相关的是就业问题。经济增长拉动就业增长的一个重要条件是劳动生产率的提高。只有在劳动生产率提高之后，多余的劳动力才会被释放到更细化的劳动分工中，在新产生的行业领域内找到新的职业。从世界经济的发展历程来看，劳动生产率的提高意味着社会分工的进一步分化，这样才能吸纳更多的劳动力。目前，由于我国工业"资本深化"引起就业能力下降，使得农业部门的剩余劳动力向第三产业过度转移，并使社会劳动力供给从隐性失业向显性失业转化。经济增长无法实现就业正常增长，是我国目前产业发展所面临的一个关键问题。

**（四）产业结构的能源效益差**

能源消费弹性系数反映 GDP 增长 1 个百分点能源消费所增长的百分比。能源消费弹性系数下降，说明能源产值率提高，能源利用率提高。在"七五"、"八五"、"九五"三个计划期，我国能源消费量年均增长速度分别是 6.5%、6.0%、-0.0%，能源消费弹性系数始终小于 1。而进入"十五"以后，我国能源

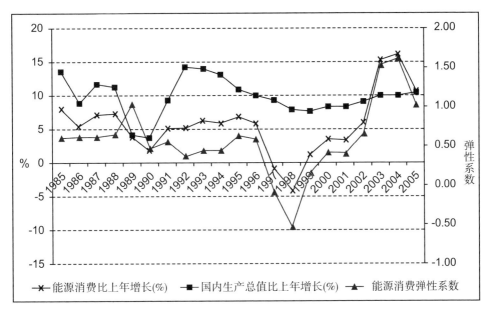

**图6　1985—2005 年我国能源消费**

资料来源：根据《中国统计年鉴 2006》整理。

消费速度开始加快，并且逐步超过同期国内生产总值的增长速度，平均能源消费增长速度和能源消费弹性分别达到 10% 和 1.03。尤其是 2003—2004 年，我国能源消费增长均超过 15%，远远高于我国 GDP 增长速度，能源消费弹性系数更是高达 1.53 和 1.59（参见图6）。

　　能源消耗增长速度超过 GDP 增长速度是不正常的。韩国 1980 年人均消耗能源是 1.2 吨标准煤，到 2003 年人均消耗达到 4.5 吨，翻了两番，年均增长率达到 7.5%。但自 1999 年至今，其能源消耗增长速度始终没有超过 GDP 增长速度，单位能源消耗一直维持在稳定水平。而从改革开放初期到 2005 年，我国能源消费弹性系数始终处于波动之中。2002 年之前，我国单位 GDP 产出中的能源消耗呈显著降低，其中 1997—1998 年间甚至表现出总能源消耗减少、能源产出增加的大好局面。而 2002 年以来，我国城镇建设飞速发展，钢铁、水泥、电解铝等高耗能产业迅速扩张，重工业投资加速，高耗能部门在国民生产总值增加值中占有的比例越来越大。

　　能源消费弹性系数超过 1，表明我国的经济高增长是建立在更高的能源消耗基础之上。冶金、建材、化工等高能耗产品产量大幅增长，拉动了能源需求，造成能源供需不平衡矛盾突出。目前，我国能源消耗主要集中在对煤炭、电力和原油的消费。其中，煤炭消费的主要行业是电力和制造业，原油消费居于首位的是交通运输行业，天然气主要用于化工；电力除了自用外，排在首位的是生活，其次是冶炼业和化工业。2006 年，全社会能源消耗总量 24.63 亿吨标煤，其中工业企业能耗 17.5 亿吨，占 71.1%；在工业中，钢铁、建材、化工、石油化工、有色金属五大行业又占工业全部能耗的 70% 左右。这种情况显示出我国产业结构中，高耗能产业比重过大、能源效益过低的矛盾突出，这不符合循环经济减量化的原则。

**（五）产业发展模式过于粗放**

我国的产业发展模式尚未根本改变，高物耗、高能耗直接带来了严重的环境污染问题，使得经济发展以牺牲环境福利为代价。目前，我国 70% 的江河水系受到污染，流经城市的河流 95% 以上受到严重污染；1/3 的国土被酸雨覆盖，世界上污染最严重的 20 个城市我国占了 16 个；4 亿城市人呼吸不到新鲜空气；每年 200 多万癌症病死者中，70% 跟环境污染有关；我国每年因环境污染造成的损失约占 GDP 的 10% 左右。大量使用化学物质的现代农业和重化工业的快速发展成为当前环境污染问题的主要源头，对原本就十分脆弱的生态环境造成了巨大压力。按照国际经验，一过经济发展带来的污染物质的变动与人均国民收入水平的变动之间存在着倒 U 关系，即环境污染程度随人均收入增长先增加，后下降。污染程度的峰值大约位于中等收入水平阶段。这就是著名的环境库兹涅茨曲线[①]。目前，我国正处于加速工业化和产业重型化的进程之中，人均收入水平恰位于中等收入水平阶段。在此阶段，随着工业化进程的加快，污染物排放的不断增加有其必然性。但是，第二产业比重过高，尤其是重化工业比重过大，明显地加剧了我国的环境污染矛盾，这给我国经济结构调整造成极大的挑战。能否实现以较低的能源需求和较少的环境污染，完成较高速的经济增长，在很大程度上取决于产业结构能否顺利实现升级。因此，控制高耗能、高污染产业，发展高科技产业和第三产业是未来一段时期我国产业结构

---

① 20 世纪 90 年代初，美国经济学家格鲁斯曼（Gene Grossman）等人，通过对 66 个国家不同地区内 14 种空气和水污染物质 12 年的变动情况研究发现，大多数污染物质的变动趋势与人均国民收入水平的变动趋势间呈倒 U 形关系。即随着人均收入的增长，环境污染程度会先升后降，污染程度的峰值大约位于中低收入水平阶段。据此，他们在 1995 年发表的文献中提出了环境库兹涅兹曲线假说，这是关于环境污染治理与经济发展关系的首次定量分析，许多发达国家的研究证明了这种假说是成立的。

调整的主攻方向和战略任务。

## 三、产业结构的变动趋势和政策建议

### （一）未来产业结构的变动趋势

#### 1. 农业比重持续下降，但基础地位不变

从未来产业结构变动趋势看，我国农业在 GDP 中的比重将持续下降，但其在国民经济中的重要性和基础地位不会改变。在改造传统农业过程中，农业基础设施建设会得到不断强化，传统农业比重将不断下降，现代农业比重将呈现不断上升趋势。在农业结构中，种植业比重将继续下降，渔业、畜牧业的贡献将会响应上升。在种植业内部，粮食作物的比例还会缓慢下降，经济作物、瓜菜作物和其他作物的比重也将持续上升。

但是，受土地、水等资源的限制，我国农产品国内生产从总量上将越来越难以满足国内需求增长。因此，未来时间里进口农产品从数量上将是增长趋势，从品种上也将是扩大趋势。

#### 2. 第三产业的地位将有所提高

随着工业化的推进，我国将进入城市化快速发展时期。城市的发展会带动第三产业部门投资的增长，尤其是会带来房地产、城市基础设施建设投资的增长；生产社会化对生产性服务业的需求也将不断扩大。同时，随着城乡居民收入水平的提高和消费结构的升级，居民用于交通通讯、文化娱乐、教育、住房、医疗卫生等方面的支出将不断增加。这些因素都将推动服务业快速发展，其中，文化、教育、旅游、电信、金融、保险、专业化的咨询和服务将得到快速发展，电子商务、新型物流将得到飞速发展，我国的经济格局将逐步从以工业经济为主向以服务经济为主转变。

#### 3. 工业仍处于扩张期，但内部结构将出现新的调整

目前我国仍然处于工业化中期阶段，工业还处在扩张时期。同时，受需求结构变动的影响，工业结构将面临大的调整。

一方面，重工业化阶段不可逾越。霍夫曼法则表明，工业化中后期阶段产业结构出现重工业化趋势，是许多国家工业化过程中的一个普遍规律。根据国际经验，人均国内生产总值从 1000 美元向 3000 美元攀升的时期，居民消费结构随之持续升级，即从吃饱穿暖、有耐用消费品可用、有屋可住，向吃好穿好、改善居住条件、提高耐用消费品质量、扩大服务消费转变。与之对应的是，汽车、住宅、建材、通信等行业将会有长足的发展，从而带动钢铁、机

械、建材、化工等重化工业和电子及通信设备制造业快速发展，重化工业发展是一个必然的趋势。

在资本深化趋势的作用下，随着我国工业化的推进和制造业技术水平的升级，资本品的投资比重也将逐步上升。2006年采掘业投资比上年增长28.9%，制造业投资比上年增长29.4%，电力、燃气及水的生产和供应业投资比上年增长12.5%。资本品需求的增长将继续推动重工业的发展。

20世纪90年代后半期以来，我国城市化速度明显加快。1995—2006年城镇化率由29%提高到43.9%，提高了14.9个百分点。城市化进程的加快将带来城市基础设施建设投资的增长，从而将带动钢铁、水泥等基础原材料产业的发展。

另一方面，信息产业将成为我国未来的主导产业。随着世界经济一体化程度的提高，在世界贸易格局上体现出各国出口商品结构的知识技术密集化和信息化。高技术产业正在逐步替代传统产业变为主导制造业的部门。据统计，1985—2003年，世界高技术产业出口年增长14.3%，比中低技术和低技术产业出口年增长速度高出5—6个百分点。世界各国都不约而同地将高新技术尤其是信息产业作为21世纪的主导产业加以重点扶持和发展。

我国是目前世界上最大的IT产品消费国家之一，同时也是当今世界参与信息产业制造业国际分工最多的国家。我国东部沿海地区已经集中了大量信息产业发展所必需的人力资本，同时，较低的劳动力成本使我国的IT产业制造业具有强大的国际竞争力。我国通过参与IT产业制造业的国际分工，既能实现充分就业，也能获得较高的比较利益，通过不间断的"干中学"和"用中学"，将逐渐积累起强大的IT产业技术开发能力。信息产业应该而且也能够成为我国未来的主导产业。

**（二）相关的政策建议**

产业结构是决定经济发展方式的重要因素，是衡量经济发展水平和体现国民经济整体素质的重要标志。因此，产业结构的战略性调整对于加快经济发展方式转变、推动产业结构优化升级、提高国际竞争力都具有重要的意义。基于前文所作分析，提出以下几项产业结构政策建议。

**1. 确立调整产业政策的基本思路**

在经济全球化和开放经济条件下，要制定科学的产业政策，既需要考虑我国现实的经济发展阶段，又需要正确分析国际经济环境和世界产业发展走向。从国内经济条件来看，我国经济发展整体处于工业化中期阶段，但发达国家工业化后期才迅速发展起来的电子信息技术等高新技术产业和金融、信息服务等现代第三产业在我国现阶段经济中也在快速发展。从国际经济环境来看，我国正在全方位地加入经济全球化进程，并且已经成为全球国际分工体系的重要组成部分。因此，我国必须调整传统的产业结构制定思路，从过去的支持投资、刺激生产、鼓励出口的产业政策，向利用两个市场、两种资源统筹内外发展转变，立足于国际产业分工，制定科学合理的产业政策，鼓励国内企业发展技术密集型的高端产业，在产业链条中向上下游环节延伸，促进我国产业结构的调整和升级。

### 2．着力提升产业层次和技术水平

强化企业在自主创新中的主体地位，在财税、金融、进出口等政策上加大对企业自主创新的支持，逐步建立以企业为主导，市场为导向，产学研相结合的自主创新体系，促进来料加工向研发与自主创新发展；完善自主创新的激励机制，实行支持企业创新的财税、金融和政府采购等政策；改善市场环境，发展创业风险投资，支持中小企业提升自主创新能力；发展高技术和新型技术产业，并在一些重要产业领域尽快掌握核心技术和提高系统集成能力，形成一批拥有自主知识产权的技术、产品和标准，提高我国的产业结构水平。

### 3．继续加大政府对农业的扶持力度

在促进产业结构调整和升级过程中，农业发展既是一切产业结构升级的基础，也是结构调整的本身内容。今后，我国应该继续加大政府对农业的扶持力度，不断增加财政投入，加强农业基础设施建设，支持农业科技创新，鼓励农民调整生产结构，完善各种农业补贴政策，强化农业的公共服务能力建设，比如在良种繁育、动植物疫病虫害防治、科技推广与农业技能培训、信息服务、农业保险等方面，为农业提供公共服务支持。

### 4．促进服务业加快发展

坚持市场化、产业化和社会化的方向，促进服务业加快发展。重点发展以升级为目标的服务业；加快对内开放垄断性行业，放开金融、电信、交通、教育、旅游等行业的进入限制，改变服务业部分领域垄断严重、市场准入门槛过高的局面，规范服务，允许有实力的民间资本和外资进入，从而按照市场机制建立起公开、透明的服务业制度。

### 5．构筑广就业的产业结构

构筑广就业的产业结构，尤其是推动服务业的发展，使工业化的进程与农村剩余劳动力的转移相适应。以就业为目标的服务业对劳动力素质要求较低，

但需求增长较为缓慢，应通过放松管制，降低税费，规范服务标准和管理，鼓励服务需求的社会化、企业化，以吸纳更多的剩余劳动力；同时，应采取切实有效措施，改善流动人口的户籍管理、用工条件、子女教育、医疗养老保险等制度政策。

### 6. 控制高耗能产业发展

资源环境是经济社会可持续发展的基础，而产业结构和产业发展模式不同，对资源的消耗和环境的影响差异很大。我国是一个资源相对短缺、环境相对脆弱的国家，当前以重化工业为主导的产业结构和粗放的发展模式，对原本就十分紧张的资源和脆弱的生态环境造成了巨大压力，调整产业结构和产业发展模式已成当务之急。我国必须放弃传统的产业发展模式，即以大量消耗化石燃料、以破坏环境和牺牲生态为代价的方式，选择人与自然相协调的生态经济发展新模式，构建一个新型产业结构。

为此，必须实施新的产业结构政策和产业组织政策，控制高消耗和高污染行业，淘汰落后产能；支持发展再生资源产业和环保产业；通过建立严格的准入门槛和监管标准，对资源、环境重新计税、计价，形成能反映资源稀缺程度和环境福利的价格机制，推动产业、企业建立节能降耗减排机制。同时，从产业政策上支持社会大力发展第三产业，不断提高第三产业在三次产业中的比重；发展高新技术产业，促进第二产业"高加工度化"。

**参考文献：**

代永华：《中国产业结构政策：绩效分析与方向选择》，《东南学术》2002 年第 4 期。

郭克莎：《我国产业结构变动趋势及政策研究》，《管理世界》1999 年第 5 期。

郭克莎：《加入 WTO 后我国工业结构的变动趋势及政策研究》，《产业经济研究》2003 年第 2 期。

江小涓：《我国产业结构及其政策选择》，《中国工业经济》1999 年第 6 期。

李寿生：《关于 21 世纪前 10 年产业政策若干问题的思考》，《管理世界》2000 年第 4 期。

李仲生：《中国产业结构与就业结构的变化》，《人口与经济》2003 年第 2 期。

吕政：《90 年代以来我国工业发展和结构调整的新特点》，《中国工业经济》1998 年第 7 期。

刘世锦等：《"十五"产业发展大思路》，中国经济出版社 2000 年版。

龙开元：《改革开放后中国产业结构及其地区差异分析》，《科技部中国科技促进发展研究中心调研报告》2004 年第 77 期。

卢布等:《我国农业结构现状及未来变化趋势研究》,《农业技术经济》2005 年第 2 期。

徐平华:《资源环境约束下的中国产业政策选择》,《中共中央党校学报》2007 年 10 月。

杨建龙:《"十五"期间我国工业结构变动的趋势分析与主导产业的选择》,《中国军转民》2001 年第 1 期。

周民良:《中国工业的结构变化与可持续性发展》,《改革》2002 年第 2 期。

丁辉关、郭晓晶:《"十一五"时期我国产业结构调整战略和升级的策略分析》,《改革与战略》2007 年第 6 期。

郭克莎、王延中:《中国产业结构变动趋势及政策研究》,经济管理出版社 1999 年版。

吕文栋、张辉:《全球价值链下的地方产业集群战略研究》,《中国软科学》2005 年第 2 期。

孙杰、余剑:《开放经济条件下中国产业结构调整 —— 基于比较优势和汇率因素的理论考察与计量研究》,经济管理出版社 2007 年版。

伍华佳、苏东水:《开放经济条件下中国产业结构的演化研究》,上海财经大学出版社 2007 年版。

Steinfeld. Edward S. 2002,"Chinese Enterprise Development and the Challenge of Global Integration." Paper prepared for World Bank East Asia Prospects study. January 2002.

Gereffi. Gary,1999,"International Trade and Industrial Upgrading in the Apparel Commodity Chain",Journal of International Economics 48,1(June):37-70.

# 第二十章 中国产业安全态势的评估

在经济全球化和区域经济一体化迅猛发展的21世纪，产业安全已经成为世界各国面临的共同问题。因为经济全球化不仅通过贸易的全球化加剧了全球产业的竞争，使各种传统的民族产业面临国际市场的冲击；更为重要的是，它还通过生产的全球化和金融的全球化从根本上改变了传统的国际分工格局，使各国的内部分工模式、产业链以及相应的产业生态环境发生了根本变化。很多国家在经济全球化的冲击下，不仅丧失了经济发展所依赖的正常产业链条和产业生态，而且还丧失了对关系国计民生的重大产业和核心技术的控制权。产业安全已经成为制约各国民族经济发展的核心问题。

## 一、开放条件下的产业安全

### （一）产业安全的涵义

#### 1. 产业安全如何定义

随着全球化深入发展，国家经济安全问题引起了越来越多政府高层官员和学者专家的关注。人们大多将其作为经济安全的重要内容之一进行分析，而专门针对产业安全问题的研究成果却较少。

概括而言，国外学者对于产业安全的研究大体围绕两条主线展开。其一是考察产业国际竞争力，其二是考察跨国公司直接投资对产业安全的影响。前者以波特（Porter）为代表，该派观点认为，如果产业面临国外更高生产率的竞争对手，本国产业的发展与安全将受到威胁。后者包括布雷（Burnell）和阿明以及联合国跨国公司中心，该派观点认为，发达国家试图将落后和发展中国家变为自己附庸的时候，跨国公司也将这些国家的经济或产业变成自己的产业附庸（何维达，2007）。

虽然国内学术界对产业安全的含义尚未形成一致的认识，但有些学者已经在研究中谈到了自己的看法。张碧琼（2003）认为，国家产业安全问题最主要是由于外商直接投资产生的，指的是外商通过合资、直接收购等方式控制国内企业，甚至控制某些重要产业，由此对国家经济构成威胁。吕政（2006）认为，产业安全是指在对外开放和国际竞争的条件下，国家的重要产业能够保持相对优势，在资本、技术和市场等领域，不受跨国资本所左右，从而实现本国利益的最大化。他还对如何正确认识发挥比较优势和增强竞争优势做了解答。

产业安全是指一国的产业保持稳定、持续和健康发展，产业的国家利益处于不受损害或威胁的状态。产业安全是国家利益和产业利益的交集，是国家经济安全的重要组成部分。在经济全球化条件下，产业安全是经济发展中的动态问题和常态问题，核心是国际竞争力，保障是预控力（邵春光，2007）。

何维达、李冬梅（2006）对国内产业安全理论研究进行了综述，认为虽然学术界对产业安全的含义尚未形成共识，但基本上相对集中于四种观点。

一是产业控制力说。持这种观点的学者较多，尽管表述各异，但核心都是强调本国资本对本国产业的控制力。一种观点认为，产业安全问题最主要是由外商直接投资产生的，外商通过合资、直接投资等方式控制国内企业，甚至控制某些重要产业，由此对国家经济构成威胁。另一种观点认为，一国对某一产业的初创、调整和发展，如果拥有相应的自主权或控制权的话，即可认为该产业在该国是安全的。还有一种观点认为，产业安全是指本国资本对影响国计民生的国内重要经济部门掌握控制权。

二是产业竞争力说。这种观点认为产业安全是指一国产业在开放条件下具有竞争力，能够获得相对于国外产业的竞争优势，能抵御和抗衡来自国内外不利因素的威胁，保持产业部门的均衡协调发展。

三是产业发展说。这种观点认为产业安全应从动态、静态两个角度进行研究，一般是指一国拥有对涉及国家安全的产业和战略性产业的控制力以及这些产业在国际比较意义上的发展力。控制力是对产业安全的静态描述，发展力是对产业安全的动态刻画，是产业安全的本质特征。

四是产业权益说。持这种观点的学者认为，国民作为产业安全中的权益主体，在国界之内有明确的排他性经济主权。外国国民在东道国内取得的任何产业权益，都是对东道国国民权益在机会成本意义上的侵占，应得到东道国国民根据其自身利益的需要而作出权益让渡的许可。研究产业安全，归根结底是要使国民为主体的产业权益在国际竞争中得到保证并不受侵害。

以上各种观点虽然看问题的角度有所不同，但在论及产业安全时，几乎都是在民族和国家利益的层面上，都是在讨论一国的产业经济发展安全问题，而非一般经济活动中的具体安全。

综合上述观点，本研究将产业安全定义为，开放经济条件下，在内外部各种因素的综合作用下，一国重要产业的持续发展能力不受损害或威胁的状态。具体表现在某国重要产业的国际竞争力以及对重要产业的持续发展所拥有的控制能力。由于各国的具体情况有很大差别，很难用统一的标准来衡量产业安全。因此，产业安全是一个相对的概念。

**2. 产业安全的特点**

产业安全是国家经济安全的重要组成部分，在国家层面上，产业安全具有战略性、综合性、系统性、动态性等特点。何维达（2003，2007）、张东海（2006）和李孟刚（2006）都对产业安全的基本特征进行了归纳和总结。

（1）战略性

作为国家经济安全的重要组成部分，产业安全关系到国计民生和一国经济的长远发展，关系到一国的经济权益和政治地位。要使国家经济利益不受严重侵害和威胁，就必须确保本国产业的安全发展，必须把产业安全战略纳入到国家战略中去，从战略的、长远的高度去重视和研究产业安全问题。

（2）综合性

产业安全涉及的范围很广，既包括工业，也包括农业和第三产业，而且不同产业之间相互关联，某一产业受到威胁，其他相关产业的安全也会受到直接或间接的威胁。影响产业安全的因素也是复杂的，包括政治、经济、自然、社会、信息和技术，甚至还包括历史传承、文化底蕴、地理条件以及人文素质等因素。产业安全具有高度复杂性和综合性的特点，因此维护产业安全的手段也应该是复杂多样的。

（3）系统性

产业安全是由多种要素按照一定的方式组成的大系统，涉及各产业赖以生存和发展的宏观经济、政治和国际环境等诸多方面，既涉及一国内部问题，又涉及外部问题。这些要素或问题相互关联，通过市场机制或其他组织机制共同对产业安全的走向产生着或大或小，或直接或间接的影响。因此，分析产业安全问题一定要从系统思维的角度去把握。

产业安全的系统性还表现在它与财政安全、金融安全等的有机联系上。从根本上讲，产业安全是一国财政金融安全的基础和前提，而后两者又为一国产业发展产生积极的促进作用。因此，产业安全本身作为一个相对独立的开放子系统，也在向国民经济的大系统输出各种信号和能量。同时，作为一个复杂的开放系统，产业安全离不开一系列规则制度的作用。正是这些规则制度使得系统各要素有机有序地发挥其自身功能和作用。因此，研究产业安全问题不能忽视制度规则对产业发展的稳定作用。只有使本国产业成为一个具有自组织特征的系统，才能够使这一系统尽可能及时灵活地应对外部环境的变化，从而实现产业的持续发展。

（4）层次性

产业安全既包括一国某一产业的安全问题，也包括一国产业链、产业群的安全问题，这两个层次是局部与总体的关系。在经济全球化的条件下，按照国际分工和发挥国际间比较优势的原则，一国总是会有一些产业的国际竞争力相对较强、安全度较高，而另一些产业的国际竞争力相对较弱、安全度较低。而且由于一国的资源有限，任何国家不可能在所有的产业上都占有明显优势。这就要求在维护产业安全的过程中，妥善处理好不同层次的产业安全的关系。总的原则应该以宏观层次的产业链、产业群的安全为目标，以部分重要支柱产业的安全为支撑，以局部产业的不安全为代价，由此换得参与经济全球化中的主动权并获得最大化的比较利益。

（5）动态性

产业安全的动态性具有两层含义：其一，是指产业安全问题是长期存在的，且在不同时期具有不同的产业安全维护对象，这是由经济发展和各国产业竞争力的相对变化决定的。有些产业在一定时期内是安全的，不需要政府的规制或干预，而另一些产业则具有较大风险，需要政府适当规制或保护；其二，是指产业安全的实现手段和途径不是一成不变的，而是动态变化的。绝大多数的产业安全保护不是永久的，政府规制的目的只是为了提供一个准备期，让本国产业经过此过渡期，站稳脚跟并逐步升级，形成较强的国际竞争力，而政府规制的实质是为了促进产业升级，提高其国际市场的竞争力。

特别是，对我国这样一个在全球经济一体化背景下实行对外开放政策的发展中国家，产业安全问题更具有紧迫性。如果对产业安全问题认识不足，重视不够，未及时采取有效的应对措施，必将给国民经济发展带来重大隐患，甚至危及国家经济安全。因此，无论是理论界，还是政府或企业，都应积极关注这一问题。

### 3. 产业安全的分类

根据产业主体范围的不同，学术界一般将产业安全划分为宏观和中观两个层次：宏观层次的产业安全其主体是一国的多数产业或关系国计民生的战略性产业，通常称之为国家产业安全；中观层次的产业安全主体是一国某一具体的行业，并以该行业在参与国际竞争中的安全状态加以衡量（何维达，2007）。

根据国民经济的三次产业划分方法，产业安全可分为第一产业的产业安全、第二产业的产业安全和第三产业的产业安全。根据产业经济学的理论框架，也可将产业安全分为产业组织安全、产业结构安全、产业布局安全和产业政策安全（李孟刚，2006）等。

由于产业安全受到威胁的主体通常是关系国计民生的、具有重要战略意义和长远意义的重要产业，包括那些影响国民经济全局的战略性资源产业、支柱产业、先导性幼稚产业，主要工业国家如美国、英国、法国、日本等都根据各自的实际从经济安全的角度对国家的重要产业进行了划分，如表1所示。根据重要产业的定义和划分不同，就进一步形成了各种具体产业的产业安全问题。

**表1　国外从经济安全角度对重要产业进行的划分**

| 国别 | 重要产业 |
|---|---|
| 美国 | 国防及国防相关产业、飞机制造业、沿海船舶运输业、矿产资源业、能源工业、微电子工业、汽车业、农业、核工业、国内航空业、大众传播业 |
| 日本 | 汽车业、能源工业、高新技术工业、钢铁业、造船业、棉纺织业、石化工业 |
| 法国 | 造船业、汽车业、飞机制造业、国防工业、核工业 |
| 英国 | 国防工业、电子业、能源工业 |

资料来源：何维达（2007）。

国内有专家从影响产业安全的角度，将我国关系国家经济命脉的关键性产业限定在六类产业：一是稀缺资源性产业，二是自然垄断产业，三是国防工业，四是重大装备工业，五是特殊服务产业（王元京，2007）。

**（二）开放条件下的产业安全**

产业安全是在经济全球化不断发展、经济开放程度不断提高的背景下产生的。自我国成为世界贸易组织（WTO）正式成员以来，对外开放程度不断扩大，国外产业和投资大量进入国内市场，国内产业越来越深地被置于国际分工体系之中，国内产业在国际分工中的获利能力、产业发展的自主权、政府对于产业的控制能力以及重要产业的国际竞争力等问题日益凸显。从目前我国产业经济发展状况来看，开放条件下的产业安全问题主要表现在外商直接投资、进出口贸易和国内产业竞争力等方面。

**1．外商直接投资的影响**

随着我国对外开放程度和范围的不断扩大，限制和禁止外商投资的领域不断缩小，对于外资企业的各种限制规定不断取消，加上各级政府实施外商投资的各种优惠措施，进入我国的外资规模持续增长。1983 年我国实际使用的外资额只有 22.6 亿美元，到 2007 年实际使用外资规模上升到 870.9 亿美元。从 1979 年到 2007 年,我国实际利用外资达到 9697.5 亿美元[①]。尽管对于中国这样一个发展中大国来说，对外开放是融入世界经济、实现国家振兴的必由之路；但同时也必须看到，跨国公司利用其在资本、技术、管理、营销和人才等方面的优势，通过独资、合资、直接收购等方式争夺我国资源和市场，进而实现对本国某些重要产业的控制，由此可能会对我国的经济与产业安全构成威胁。

我国庞大的市场需求、相对低廉的能源、资源和人力成本、对外商实施优惠政策，加上外商自身的资金、技术和管理能力，使得外资品牌在外商参与的产业领域中都占据着巨大优势。例如轿车行业，虽然中方还掌握多数股份，但这改变不了外商垄断市场的实质。外商资本的巨大优势在某种程度上限制了国内产业的自主发展和持续发展能力。

20 世纪 90 年代中期以来，跨国公司不断并购各行业中占主导或重要地位的大中型企业或技术水平较高、市场潜力较大的企业，加快了抢占国内市场、提高产业集中度的步伐。对于某一特定市场而言，外资通过股权、技术、品牌等多种手段控制产业发展主导权，外资企业规模扩张必将对东道国企业产生挤压作用，甚至挤垮或窒息东道国产业，尤其是弱势产业和幼稚产业。

**2. 贸易自由化的影响**

随着全球贸易自由化的推进，我国进口关税水平也持续下降，进口配额及其他非关税贸易保护措施逐步取消，国外产品的市场准入环境不断改善。跨国公司通过商品和服务贸易来抢占东道国的国内市场，不断开展与贸易有关的投资活动，挤压国内产业的市场份额。我国一些产业的国际竞争力差，国外大量优质、廉价进口商品和服务造成对国内市场的巨大冲击，挤压国内产业的原有市场份额，国际竞争国内化，对各类面向国内市场的产业构成威胁。

同时，在贸易自由化进程中，各国按照自己的比较优势参与到全球产业分工之中，这将会导致发达国家长期占有技术密集型、资金密集型产业的优势，生产技术含量和附加值较高的产品，而发展中国家将被迫处于全球产业链的低端，长期锁定在资源密集型和劳动密集型产业领域，生产高污染、高能耗、技术含量和附加值低的产品，从而使发展中国家的产业结构调整和升级面临更多

---

① 根据国家统计局 2008 年《中国统计摘要》提供的资料计算。

困难，阻断东道国产业升级的路径，尤其是高新技术产业和弱势产业。我国当前的一些行业也面临类似问题。

### 3. 国内因素的影响

开放条件下，影响我国产业安全的内部因素也有很多。从企业层面来讲，治理机制不健全、经理人激励与约束机制不对称、人才缺乏与人力资源配置失误、创新能力不佳等等都会导致企业发展受阻，影响企业的国际竞争力。从产业层面来讲，某些产业过度竞争造成资源浪费、规模经济难以形成；某些产业又竞争不足，垄断或准垄断企业过度攫取消费者剩余而创新动力不足，影响竞争力提升。从政府规制层面来讲，主要是进入规制过多，对竞争性行业的规制不到位，对垄断性行业的保护不规范，法律法规不健全。

我国社会主义市场经济发展时间较短，适应市场经济和经济全球化发展的体制机制还没有完全建立和健全，加上我国资源、能源、环境、技术创新能力的约束，产业基础和产业链发展环境方面因素对我国某些产业的可持续发展和国际竞争力的提升提出了严峻挑战。

## 二、我国现阶段产业安全形势判断

### (一) 产业安全评价标准

产业安全是个综合系统概念，需要通过选择一些评价产业安全的指标进行评价分析。何维达、何昌（2002）将产业国际竞争力指标、产业对外依存度指标和产业控制力指标进行整合组成了产业安全的指标体系，并以此为基础对我国三大产业安全进行评价。朱钟棣，孙瑞华（2006）、李孟刚（2006）、何维达（2007）根据各种产业安全观和产业安全的影响因素，从产业生存环境、产业国际竞争力、产业对外依存度和产业控制力四个方面设置了产业安全评价指标体系。朱钟棣，孙瑞华（2006）对产业安全指标体系按照不同层次进行分类，包括一级指标及相应的二、三级指标体系，如表2所示。

产业生存环境是产业赖以生存的基础，使产业保持持续发展能力的基础条件。这一类指标共列出12个，主要反映产业金融环境情况、产业生产要素环境情况、市场需求以及技术要素情况。

在开放条件下，产业具有一定的国际竞争力是维持产业生存发展的必要保证，维持产业的生存空间不是指国内产业产销的不变或略有增长，而是指国内产业的产销量应该快于至少不慢于国外产业产销量的增长。只有这样国内产业

表2　产业安全评价指标体系

| 总目标 | 一级指标 | 二级指标 | 编号 | 三级指标 |
|---|---|---|---|---|
| 产业安全状态 | 产业国内环境 | 产业融资环境 | 1 | 资本效率 |
| | | | 2 | 资本成本 |
| | | | 3 | 负债率 |
| | | | 4 | 资本结构 |
| | | 产业劳动力要素环境 | 5 | 劳动力素质 |
| | | | 6 | 技术发明和创新人员在专业人才中的比重 |
| | | | 7 | 行业失业率 |
| | | | 8 | 劳动力成本 |
| | | 产业市场需求环境 | 9 | 国内市场需求规模 |
| | | | 10 | 国内市场需求增长速度 |
| | | 产业技术要素环境 | 11 | 研究开发费用占生产总成本比重 |
| | | | 12 | 申请专利技术项目的数量 |
| | 产业国际竞争力 | 产业市场竞争力 | 13 | 产业世界市场份额 |
| | | | 14 | 产业国内市场份额 |
| | | | 15 | 显示比较优势系数 |
| | | | 16 | 贸易竞争指数 |
| | | 产业市场集中度 | 17 | 产业市场集中度 |
| | | 产业效益效率 | 18 | 利润率 |
| | | | 19 | 劳动生产率 |
| | | | 20 | 产品增值率 |
| | | | 21 | 产品价格 |
| | | 相关产业竞争力 | 22 | 相关产业竞争力 |
| | 产业对外依存度 | 产业进出口依存度 | 23 | 产业进口对外依存度 |
| | | | 24 | 产业出口对外依存度 |
| | | 资本、技术对外依存度 | 25 | 产业资本对外依存度 |
| | | | 26 | 产业技术对外依存度 |

续表

| | | | 27 | 外资市场控制率 |
|---|---|---|---|---|
| 产业安全状态 | 产业控制力 | 产业外资控制程度 | 28 | 外资品牌控制率 |
| | | | 29 | 外资股权控制率 |
| | | | 30 | 外资技术控制率 |
| | | | 31 | 外资经营决策权控制率 |
| | | | 32 | 某重要企业受外资控制情况 |
| | | 产业外资国别集中度 | 33 | 某外国对产业的控制程度 |

资料来源：本研究整理自朱钟棣，孙瑞华（2006）。

才能保持创新和发展的能力，其生存空间才能真正得以维持。产业国际竞争力的主要指标包括市场竞争力、市场集中度、产业生产率以及相关产业的竞争力。

产业对外依存度指标主要反映产业受跨国因素影响的情况，跨国因素对于国内产业生存的影响主要通过产业国内生存环境和产业竞争力两类指标来反映。产业对外依存度主要通过产业进口对外依存度、产业出口对外依存度、产业资本对外依存度、产业技术对外依存度来反映。

产业控制力指标主要评价外资对于本国产业的控制程度，包括市场、品牌、股权、技术、经营决策等方面的控制。在开放经济条件下，外资对于本国产业的控制程度越高，本国产业安全面临的潜在威胁就越大。

尽管这些产业安全指标主要是从产业安全的影响因素出发，来设计产业安全评价指标的，并没有将产业安全的评价指标和产业安全的影响因素完全区分开来，但是该评价指标体系对产业安全评价工作提供了有益的参考标准，是产业安全研究、产业安全预警以及产业安全政策制定的良好基础。

**（二）产业安全形势的现有研究**

产业安全的评价指标较多，而且产业安全是一个相对的概念，目前衡量产业安全还没有统一标准。不同研究基于各自的视角，对我国现阶段产业安全形势的评估与判断结果也存在很大差异。

何维达，何昌（2002）根据产业国际竞争力、产业对外依存度和产业控制力指标的评价结果（很好、较好、一般、较差、很差），分别给予相应的分值（90、70、50、30、10），并对这些分值按照不同的权重进行加权平均从而得到我国三大产业的安全度得分。根据得分的不同区间将产业安全界定为很安全、

· 244 ·

安全、基本安全、不安全、很不安全，研究结果认为我国的农业、工业、制造业和服务业等主要产业都处于基本安全的状态。

纪宝成，刘元春（2006）认为加入WTO和对外开放战略的进一步推行已经使我国面临产业安全问题的挑战，并通过相关统计数据分析发现我国产业安全问题已经十分严峻。

该研究认为，第一，从宏观整体开放水平来看，我国接近60%的贸易依存度，高达10%的外商直接投资（FDI）资本形成依存度，达到25%的外资产业资本存量依存度，不到4%的自主知识产权率，接近40%基础能源依存度，高达31%的外资经济市场占有率以及外资对核心产业的高控制率[①]。这些决定了我国这个发展中的经济大国在未来必将面临十分严峻的产业安全问题。

第二，从产业竞争力角度来看，劳动生产率低增长、能源高投入以及研究开发投入低水平，必将使我国传统的产业比较优势和核心竞争力走向下降，由贸易途径产生的市场冲击和产业冲击越发严重，自有名牌也将大面积消失。

第三，大规模的外资涌入，对包括装备制造业、汽车制造业、商业流通行业在内的支柱产业形成了全面的资本和技术控制的格局，可能使我国对核心产业和相应的核心技术丧失控制力。

第四，单纯地遵循静态比较优势的出口导向型发展战略，越来越使我国产业向"高资源性投入、低附加值产出"类型的产业转移。这会严重影响我国产业的创新能力和升级能力，继而影响产业生态的正常发展。

何维达（2007）设计了一套产业安全评价指标体系，并运用定量分析方法，对入世以来我国若干重要产业（包括粮食、汽车、机械、电信和钢铁）安全进行了分析与评价。该研究结果认为，2005年我国粮食产业基本处于安全状态，但是未来的安全形势不容乐观；2007年我国汽车产业刚刚走过入世后的危机期，处于调整恢复期，今后汽车产业基本处于安全状态，并将进入稳步发展时期；目前我国机械产业基本安全，但是从长远来看，机械行业发展将受到较为严峻的考验，产业安全形势较为严峻；我国电信产业已经进入平稳发展时期，总体上来说处于安全状态；我国钢铁产业处于基本安全状态。

邵春光（2007）认为，我国产业结构层次落后，产业整体处于国际分工和全球产业链的低端，国际竞争力较弱；各行业因自身竞争力和影响产业安全诱

---

① 贸易依存度 = 进出口总额 /GDP；FDI 资本形成依存度 =FDI/ 资本形成总额；外资产业资本存量依存度 = 外资资本存量 / 国内产业资本总量。

因不同，所处安全程度亦不同，有技术瓶颈、产业链缺失、资源瓶颈、反倾销等等，十分复杂。其中：部分农产品、精细化工产品遭到大量进口产品的冲击；机电、纺织、服装、制鞋、玩具等劳动密集型产品占全球比重都在 20% 以上，成为国外贸易限制措施的对象；能源、原材料等资源性产品对国外依存度较高；批发零售、金融、交通运输等服务业面临跨国公司激烈竞争的压力。

不同研究对于产业安全形势的评估、判断结果有较大差异，恰恰说明产业安全评价的难度。而且随着时间的推移，产业安全形势也在发生变化，需要根据国内外环境变化进行动态跟踪和评估。

**（三）我国现阶段的产业安全程度**

根据产业安全理论，借鉴前人研究成果，本研究尝试从产业国内环境、产业国际竞争力、产业对外依存度和产业控制力四个方面对我国现阶段产业安全形势进行评估。

**1. 我国现阶段产业发展的国内环境较好**

现阶段，在改革开放的大背景下，我国处于工业化、城市化共同加速的发展战略机遇期，国内储蓄率居高，外汇储备充裕，基础设施投资空间大，国内消费市场广阔，产业经济发展面临的整体环境较好。

随着体制改革的不断深化，产业经济发展的融资环境也得到改善，直接融资和间接融资渠道较为畅通，企业可以通过发行股票、债券、基金、银行贷款等多种方式筹集发展资金；我国当前的人口素质不断提高，人力资本积累较快，而劳动力成本相对较低，产业经济发展的人才供应比较充足；我国人口众多，人均收入水平增长较快，决定了国内消费市场规模大、需求增长快[1]，再加上庞大的基础设施、公共服务投资需求，就使得我国在较长时期里还有很大的增长空间和发展潜力。这些较为有利的产业国内环境为我国产业经济发展和经济安全提供了较为有利的内部环境保障。

但是，我国国内也存在政府规制不到位，经济体制、政策安排、研究开发投入和知识资源利用等方面的局限。我国各大产业普遍存在着研究开发投入不足、专利技术拥有量少、知识资源储备和利用不充分等问题，影响了我国产业国际竞争力的提升。

---

① 根据 2007 年和 2008 年《全球竞争力报告》，目前中国的市场规模仅次于美国，居世界第二位。

## 2.整体上我国产业国际竞争力较弱

产业国际竞争力有多个评价指标，例如产业的世界市场份额、国内市场份额、产业国际竞争力指数[①]等。产业国际竞争力指数可以直接反映产业的国际竞争力，其取值介于 -1 到 1 之间，用来反映一个国家、一个产业或某一产品在国际市场的竞争能力，数值越接近于 1 表明该国产品的国际竞争力越强，越接近于 -1 则表明该国产品的国际竞争力越弱。

我国三大产业 2000 年到 2006 年的国家竞争力指数如表 3 所示。从表中可以看出，现阶段我国农业和服务业的国际竞争力较弱，在三大产业中，只有工业的国际竞争力指数为正数。从整体上来看，我国三大产业的国际竞争力不高，缺乏明显的竞争优势，尤其是农业和服务业还处于劣势地位。今后，既需要大幅度提高农业、服务业国际竞争力，也需要提高产业的整体国际竞争力。

表 3　我国三大产业国际竞争力指数

| 年份 | 2000 | 2001 | 2002 | 2003 | 2004 | 2005 | 2006 | 2007 |
|------|------|------|------|------|------|------|------|------|
| 农业 | 0.14 | 0.11 | 0.12 | -0.02 | -0.18 | -0.10 | -0.09 | -0.20 |
| 工业 | 0.05 | 0.05 | 0.05 | 0.03 | 0.05 | 0.09 | 0.10 | 0.13 |
| 服务业 | -0.08 | -0.08 | -0.08 | -0.08 | -0.07 | -0.06 | -0.05 | -0.03 |

资料来源：根据历年《中国统计年鉴》有关数据计算得出，其中服务贸易根据国际收支平衡表计算，货物贸易根据进出口货物分类金额计算。

## 3.我国产业对外依存度较高

随着我国加入 WTO 以及改革开放和出口导向经济政策的实施，我国经济的对外依存度不断加强，不仅在技术上要借助国外最新的研发成果和先进的生产、管理技术，而且我国产业经济发展相当大程度上依赖于对外贸易，外商直接投资在我国资本形成总额中也占有较大的比重。

我国经济进出口贸易依存度逐年变化情况如表 4 所示。而根据《中国统计年鉴 2008》国际比较相关数据计算，2007 年我国和世界主要国家及世界平均的贸易依存度如表 5 所示，美国为 23%，日本为 30.4%，而我国同期的贸易依存度高达 66.8%，远高于世界平均水平 51.8%。这一方面表明我国经济的对外

---

[①] 一国某产业的国际竞争力指数 =（一国某产业产品的对外出口额——该国该产业产品的进口额）/（一国某产业产品的对外出口额 + 该国该产业产品的进口额）。

### 表4　我国经济进出口贸易依存度

| 年份 | 1990 | 1991 | 1992 | 1993 | 1994 | 1995 | 1996 | 1997 | 1998 |
|---|---|---|---|---|---|---|---|---|---|
| 比例（%） | 29.8 | 33.2 | 33.9 | 31.9 | 42.3 | 38.7 | 33.9 | 34.1 | 31.8 |
| 年份 | 1999 | 2000 | 2001 | 2002 | 2003 | 2004 | 2005 | 2006 | 2007 |
| 比例（%） | 33.3 | 39.6 | 38.5 | 42.7 | 51.9 | 59.8 | 63.8 | 66.5 | 66.8 |

资料来源：根据《中国统计年鉴2008》货物进出口总额数据表等相关数据计算。

### 表5　世界各国贸易依存度（2007年）

| 项目 | 比例（%） |
|---|---|
| 中国 | 66.8 |
| 世界平均 | 51.8 |
| 美国 | 23.0 |
| 日本 | 30.4 |
| 印度 | 32.9 |
| 巴西 | 21.9 |

资料来源：根据《中国统计年鉴2008》国际比较相关数据计算。

开放程度越来越高，经济日益融入世界经济之中，但是另一方面也说明我国产业经济发展更加依赖于国际经济环境，国际经济环境的变化将对我国产业经济安全和可持续发展产生越来越大的影响。

我国资本形成总额对外商直接投资的依存度逐年变化情况如表6所示，从1985年到2006年资本形成对外依存度总体上经历了先上升而后逐年下降的过程，近年来资本形成对外依存度稳步下降，逐步处于正常水平。

### 表6　外商直接投资资本形成依存度

| 年份 | 1986 | 1987 | 1988 | 1989 | 1990 | 1991 | 1992 | 1993 | 1994 | 1995 | 1996 |
|---|---|---|---|---|---|---|---|---|---|---|---|
| 比例（%） | 2.0 | 1.9 | 2.1 | 2.0 | 2.5 | 3.0 | 6.0 | 10.1 | 14.3 | 12.3 | 12.1 |
| 年份 | 1997 | 1998 | 1999 | 2000 | 2001 | 2002 | 2003 | 2004 | 2005 | 2006 | 2007 |
| 比例（%） | 12.5 | 12.0 | 10.1 | 9.7 | 9.8 | 9.6 | 7.9 | 7.3 | 6.1 | 5.3 | 5.1 |

资料来源：根据《中国统计年鉴2008》有关数据计算得出，汇率按照《中国统计年鉴2008》公布的当年美元兑人民币年平均价计算。

#### 4. 我国内资企业对工业经济发展的控制力在下降

产业控制可以从外资市场控制率、外资品牌控制率、外企股权控制率等方面来衡量。我国农业和服务业整体对外开放程度较低，除个别行业（如计算机软件、民间财务审计等）外，我国农业和服务业的内资企业控制力较强。鉴于统计资料的可获性，本文重点对外资工业企业的市场控制率进行分析。

外资工业企业主营业务收入占我国规模以上工业企业主营业务收入的比重逐年变化趋势如表 7 所示。1998 年以来，外资工业企业的市场占有率一直在上升，2003 年以来都保持在 30% 以上。外资在我国工业部门占有较大的市场份额，对我国工业发展具有一定的控制力，而内资企业对国内工业经济发展的控制力在下降，这表明我国工业经济的安全程度正在受到侵蚀。

#### 表 7　外资工业企业市场占有率　万亿元

| 年份 | 1998 | 1999 | 2000 | 2001 | 2002 | 2003 | 2004 | 2005 | 2006 | 2007 |
|---|---|---|---|---|---|---|---|---|---|---|
| 外资工业企业主营业务收入 | 1.56 | 1.80 | 2.25 | 2.60 | 3.12 | 4.36 | 6.51 | 7.86 | 9.89 | 12.55 |
| 全国工业企业主营业务收入 | 6.41 | 6.99 | 8.42 | 9.37 | 10.95 | 14.32 | 19.89 | 24.85 | 31.36 | 39.97 |
| 外资比例（%） | 24.3 | 25.7 | 26.8 | 27.8 | 28.5 | 30.5 | 32.7 | 31.6 | 31.5 | 31.4 |

资料来源：根据《中国统计年鉴 2008》有关数据计算得出。

从外资控制的主要工业行业来看，外资市场占有率较高（超过 20%）的行业分布如表 8 所示。国际上一般把 30% 视为外资市场占有率的警戒线。2007年我国 39 个工业行业中，有 17 个行业超过 30%，其中有 8 个行业外资市场占有率超过了 40%，4 个行业超过了 50%，3 个行业甚至超过了 60%。就是说，目前我国工业行业中，有 43.6% 的行业外资市场占有率超过了国际警戒线。外资在皮革毛皮羽绒及其制品业、文教体育用品制造业、通信电子设备和计算机制造业、仪器仪表及文化办公用机械制造业的市场占有率很高，都在 50% 以上；外资在通信电子设备和计算机制造业的市场占有率更是达到 80% 以上。而且外资企业在这些产业中大都是生产技术含量较高、附加值较高的产品，处于产业链的高端环节，不仅具有较高的市场占有率，而且还具有较高的技术、品牌控制力。

我国作为拥有 13 亿人口、市场潜力巨大的发展中国家，国民经济基础较

表8　外资市场占有率较高的工业行业（2007年）

| 行业 | 规模以上工业企业主营业务收入（亿元） | 外资工业企业主营业务收入（亿元） | 外资市场占有率（%） | 外资企业利润份额（%） |
|---|---|---|---|---|
| 全国所有行业总计 | 399717.1 | 125498.0 | 31.4 | 27.7 |
| 农副食品加工业 | 17131.1 | 4889.6 | 28.5 | 29.5 |
| 食品制造业 | 5853.1 | 2304.5 | 39.4 | 44.6 |
| 饮料制造业 | 4994.0 | 1917.3 | 38.4 | 36.8 |
| 纺织业 | 18164.4 | 4316.4 | 23.8 | 24.2 |
| 纺织服装、鞋、帽制造业 | 7335.8 | 3329.3 | 45.4 | 46.1 |
| 皮革毛皮羽绒及其制品业 | 4967.6 | 2493.9 | 50.2 | 43.9 |
| 家具制造业 | 2360.5 | 1110.2 | 47.0 | 43.1 |
| 造纸及纸制品业 | 6151.5 | 2173.5 | 35.3 | 39.1 |
| 印刷业和记录媒介的复制 | 2039.3 | 633.0 | 31.0 | 39.7 |
| 文教体育用品制造业 | 2029.4 | 1254.1 | 61.8 | 46.0 |
| 化学原料及化学制品制造业 | 26482.8 | 7373.2 | 27.8 | 34.3 |
| 医药制造业 | 5967.1 | 1508.6 | 25.3 | 32.5 |
| 化学纤维制造业 | 3981.5 | 1183.3 | 29.7 | 43.4 |
| 橡胶制品业 | 3380.4 | 1198.9 | 35.5 | 33.9 |
| 塑料制品业 | 7895.4 | 3130.0 | 39.6 | 40.8 |
| 金属制品业 | 11100.9 | 3861.2 | 34.8 | 35.2 |
| 通用设备制造业 | 17837.3 | 5024.8 | 28.2 | 36.4 |
| 专用设备制造业 | 10265.5 | 2850.4 | 27.8 | 35.4 |
| 交通运输设备制造业 | 26637.1 | 12311.3 | 46.2 | 56.4 |
| 电气机械及器材制造业 | 23213.8 | 8654.4 | 37.3 | 38.4 |
| 通信电子设备、计算机制造业 | 39014.1 | 32609.7 | 83.6 | 77.1 |
| 仪器仪表及文化办公用机械 | 4205.4 | 2672.6 | 63.6 | 56.8 |
| 工艺品及其他制造业 | 3297.9 | 1257.9 | 38.1 | 41.3 |
| 废弃资源、材料回收加工 | 682.5 | 147.2 | 21.6 | 18.1 |
| 燃气生产和供应业 | 1137.3 | 476.5 | 41.9 | 52.8 |
| 以上行业总计 | 256125.8 | 108681.8 | 42.4 | 42.9 |

资料来源：根据《中国统计年鉴2008》有关数据计算得出。

弱、经济行业门类齐全，短期内大量引进外资，发展外向型经济，可以加快我国的经济社会发展步伐，加速某些产业增长，加快实现现代化。但是，从长远看，过高的外资市场占有率和外资对于核心技术、产业资本和产品品牌的强大控制，将会影响我国相关产业的经济持续发展能力，威胁我国产业安全。

**5.我国主要产业整体上基本安全，但未来形势不容乐观**

总体上来看，目前我国产业经济面临的国内发展环境较好，三大产业在宏观层次上处于基本安全的状态，国内资本在多数重要产业占主导地位，国家对主要产业具有较为充分的控制能力。但是从中观和微观层次看，在一些具体行业里，我国产业安全形势不容乐观，甚至个别行业的产业安全还有恶化的趋势，对此不能大意，例如装备制造产业、精密机械、精细化工和电子信息、通信设备、计算机、软件服务等高科技产业，还有农业领域的大豆、棉花、禽肉、水果及饮料等，从资本、技术、市场、品牌等方面都面对冲击或威胁。

从动态的角度来看，随着经济全球化的进一步发展和我国对外开放程度的不断提高，我国很多产业，尤其外资在资本、技术、品牌和市场方面控制程度较高的产业，将会面临更大的产业结构调整、升级的压力和外资的持续竞争威胁。我国未来的产业安全形势不容乐观，需要密切关注和持续跟踪，根据国内产业经济发展和产业结构调整、升级的需要，及时调整经贸、产业、投融资等各方面政策，提升国内产业的可持续发展能力，维护我国整体上的产业安全。

## 三、开放条件下产业安全的影响因素

如前所述，产业安全的影响因素非常复杂，既包括国际经济环境的影响，也包括国内政治、经济、社会、文化、自然环境、资源状况等因素，是多种因素共同作用的结果。从目前我国经济发展环境和发展状况来看，开放条件下我国产业安全的影响因素主要包括对外贸易、外商直接投资和国内产业国际竞争力三个方面（如图1）。

在对外贸易方面，片面追求比较优势，过分依赖出口加工和劳动密集型产业、低附加值产品出口导致的贸易摩擦和国内环境恶化等问题，都对相关产业的可持续发展产生威胁。在外商直接投资方面，外商资金对于投资回报率较高的制造业过分投资，造成产能不断增加并形成大量过剩，对我国产业结构产生了明显的负面影响；外资在股权、技术、品牌和市场方面的控制力影响国内企业的发展壮大，甚至威胁国内相关产业的结构升级和技术创新；在外资控制

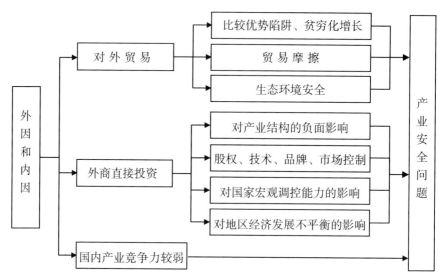

**图1　开放条件下的产业安全影响因素**

力较强的行业，国家的宏观调控能力受到一定制约，降低了国家干预经济的效果；同时，外商投资过分集中在经济、产业发展环境较好的东部地区，进一步加大了我国中西部地区与东部的差距，加剧了我国产业发展在区域结构上的失衡。

**（一）对外贸易环境的影响**

从国际贸易的角度来看，多边贸易体制运行 50 多年来，贸易自由化主要表现为各国关税水平的下降以及非关税措施的取消或削减。随着世界贸易自由化的推进，传统关税贸易保护措施逐渐被非关税壁垒、技术性贸易壁垒措施所取代。从目前来看，影响我国产业安全的贸易政策主要是传统的非关税壁垒和技术性贸易壁垒。

**1. 传统非关税壁垒的影响**

传统非关税壁垒主要包括配额限制、反倾销、反补贴调查等。近年来，我国遭受的反倾销调查和贸易救济调查日益增多。1990—2000 年，我国遭遇反倾销 344 起，年均 31.3 起。2001—2007 年，我国共遭遇反倾销 364 起，年均52 起。经常对我国发起反倾销的国家主要有欧盟、美国、澳大利亚、加拿大，还有印度、阿根廷、巴西、土耳其、墨西哥、南非等，遭遇反倾销的重点行业主要是钢铁、纺织服装、建材、化工、医药等。世界一些国家对中国的反倾销对我国某些产业的发展已带来了负面影响。例如，2006年10月6日，欧盟对我国皮鞋正式实施为期两年的反倾销措施，在此期间对进入欧盟的我国皮面皮鞋加征16.5%反倾销税，这对我国皮鞋生产企业及上游皮革造成重大影响，并影响7万人的就业。尽管我国在组织应对国外反倾销方面取得了一些成效，但我国屡屡遭遇反倾销，且大多是劳动密集型产业。这些产业处于产业结构中的低端位置，产品供过于求，技术含量低、附加价值不高，但为了解决国内就业问题，还不得不维持这些产业的发展。因此，世界对中国反倾销调查和贸易救济调查越多，贸易摩擦和争端越大，势必会给我国劳动密集型产业的安全带来不利影响。

**2. 技术性贸易壁垒的影响**

随着世界贸易游戏规则的不断演变，技术性贸易壁垒已经取代关税与非关税壁垒，成为当今世界最重要的贸易限制与国内产业保护手段之一，而且各国制定的各种技术性贸易壁垒大部分是为国内产业政策目标而设计的。很多国家和地区以维护国际安全、维护人类与动植物生命健康、保护环境、防止欺诈行为和保证食品安全与产品质量等为由，制定各种复杂苛刻的技术法规与标准、质量与安全认证要求、包装与标签规定以及卫生检疫措施，以达到阻止外国产品进入、保护国内产业与市场的目的。

我国出口遇到技术性贸易措施日益增多。国内产品质量安全管理体系建设滞后，质量保障体系未与国际标准接轨，许多出口产品残留超标，达不到进口国的技术性要求。美、日、欧盟等发达经济体对从国外进口的商品，设置发展中国家难以达到的技术性标准，构筑技术性贸易壁垒，客观上形成了贸易歧视。许多技术性贸易措施通常采用行政手段，制定国可根据不同国家做出调整，具有较强的针对性。目前，我国有60%的出口企业遭遇过国外的技术性贸易壁垒，涉及食品、纺织、鞋帽、轻工、机电等行业，带来了长期的负面影响。

**（二）外商直接投资、跨国并购的影响**

**1. 外商对国内产业的控制**

随着我国对外开放领域和范围的不断扩大，除个别领域外，外资已分布于我国绝大多数产业、行业和地区，对我国各产业的市场份额及市场结构产生了不可忽视的影响。外商利用其资本、技术、品牌、管理、营销等方面的优势，通过独资、合资、直接收购等方式控制国内产业或企业，甚至控制某些重要产业。外资在一些制造业的市场占有率高达50%以上，在通信电子设备和计算机制造业的市场占有率更是达到80%以上，如今国内80%的国际快递业务已掌握在美国联邦快递（FedEx）、中外运敦豪（DHL）、美国优比速包裹运送（UPS）和荷兰 TNT 四家外资巨头手中。此外，外资品牌在汽车、计算机软硬件、数码相机、手机、食品饮料等众多行业中几乎完全控制了高端市场，对国内相关产业结构升级和产品、技术创新带来巨大阻力。外资对重要产业的控制势必会影响到我国宏观经济的调控能力，甚至威胁我国的产业安全。

### 2. 跨国公司本土化运营

目前跨国公司为了进一步强化市场地位，对华投资的本土化趋势也在加强，主要表现在六方面。一是产品和品牌本土化，通过合资或并购，充分利用中方品牌所拥有的影响力，摄取原中方品牌所占领的市场；二是生产制造本土化，充分利用中国劳动力、土地等要素价格低廉的条件，在国内组织生产，同中国同行业企业形成竞争局面；三是营销方式本土化，跨国公司越来越重视对中国市场消费习惯的了解和把握，扩大在国内市场的占有率；四是研究开发本土化，跨国公司通过在国内设置的研发机构，增强其对中国优秀人才和科技资源的吸引，谋求对科技前沿的持续垄断；五是采购本土化，外资通过扩大在国内市场对零部件和原材料的采购比例，增强其竞争能力；六是人力资源本土化，外商充分利用中国低廉丰富的劳动力，降低其生产成本，不断强化在国内市场的地位（卢新德，2004）。通过这些本土化战略的实施，外资企业不断巩固优势地位，提高其在中国国内市场的占有率。而我国民族企业所具有的本土化、当地化优势则由于跨国公司的本土化经营战略而逐渐丧失。

### 3. 外资对国内重要企业的并购

随着经济的发展和国内市场规模的快速扩大，外资进入我国的方式发生了显著变化。近年来，外资大量以并购国内企业的方式进入我国。最近一个时期，外商投资方式开始重点向并购国内优势企业的方向发展，甚至一些行业的龙头企业陆续被并购，或者成为外资并购的重要目标。在我国制造业中具有举足轻重地位的不少企业，已经或正在被跨国公司并购重组，表现出明显的产业垄断倾向。例如对徐工科技、三一重工、双汇发展的并购，从根本上动摇了这些产业的根基，还有，目前 ADM、邦基、嘉吉、丰益国际、来宝等跨国粮商已在全国 97 家大型油脂企业中的 64 家参股、控股，占我国植物油压榨总产能的 66%，垄断了中国 80% 的进口大豆资源。外资以并购重组方式快速进入国内产业领域，严重弱化我国产业的市场竞争力，固化了我国产业在国际分工中的不利地位。

跨国公司的并购不仅直接威胁到我国的产业安全，还造成了我国多重利益流失。首先是战略利益的流失，行业排头兵企业是国家战略利益的主体，关系到产业安全和国家经济安全。这些企业被大量并购，削弱了相关重要产业的自主创新、自我发展的能力，加大了产业风险，如西北轴承、三一重工、徐工科技、双汇发展等龙头企业的外资收购。其次是直接的经济利益流失。例如我国目前成长最快的行业——装备制造业，外资的并购将给这些产业造成一系列损失。三是造成国内品牌流失。收购中国知名品牌企业成为当前外资占领国内市场的最经济、最有效途径之一。一些地方政府和国有企业急功近利，自主品牌意识缺失，片面追求"利用外商"，主动迎合跨国公司的恶意并购。在外资并购浪潮中，"中国品牌被贱卖"的报道屡见不鲜。

**（三）国际产业分工、产业转移的影响**

产业分工是在各个国家和地区之间不同比较优势和竞争优势的基础上形成的，通过专业化的分工与协作来提高产业资源的利用效率。不同的产业对产业经济发展的重要性、带动作用、影响力和控制力不同，产业所处产业价值链位置不同，其获利能力和对整个产业发展的控制力也会有很大差别。在产业国际分工中越是能够处于产业高端，在产业转移过程中越是能够取得主动控制权，那么国家产业经济就相对安全；若我国在产业国际分工、产业转移中处于不利地位则对我国的产业安全带来潜在威胁。

**1.我国产业分工处于国际产业价值链的低端**

国际产业分工具有梯度性和层级性的特征，各国产业所处的层次取决于本国经济发展水平和产业技术水平。一般而言，产业分工由发达国家向发展中国家单向推进。产业层次低、技术含量低的产品生产会向发展中国家转移，如劳动密集型产业、技术含量低的产品零配件生产等等；而发达国家主要保留产业链上游的研发、设计和下游的营销、品牌服务以及技术密集型产品的生产；从而，在不同国家之间的产业分布上形成一定的梯度性和层级性。

产业价值链上不同位置其获得的利益不同，产业链上游的研发、设计和下游的销售、品牌服务能够创造更多产品差异化，具有较高的附加价值；处于产业中间环节的制造部分的附加价值最低。这就是所谓的"微笑曲线"，两端附加价值高、中间附加价值低。对于发展中国家来说，一般是被动地接受来自发达国家的产业链分工安排，在国内或在国际间主动进行产业分工安排相对较少。发展中国家往往利用人力、土地、资源、能源、环保成本低等暂时的比较优势，大力发展出口加工型的生产制造业，从而被动地接受低附加值的加工制造，产业能够"微笑"起来的难度很大。

在比较优势基础上的国际分工，越来越使发展中国家的产业陷入一种低水平发展的陷阱，产业安全受到威胁。对于发展中国家而言，重要的是如何在参与国际产业分工的过程中，能够逐渐摆脱对低水平分工格局的依赖，实现分工升级以提高国家产业安全程度。发展中国家必须确立适宜的国际分工战略，优化国内产业分工，建立产业分工优势，才能维护国家产业安全。

我国作为发展中国家，目前在国际产业分工中的问题表现在，主要以低附加值的加工、低端制造业发展来参与国际产业分工，通过数量扩张而不是产品质量的提升和差异化来深化分工，造成国内产业结构的低水平重复，从而影响中国产业的市场竞争力和持续发展能力。

### 2. 国际产业转移的影响

我国实施外向型经济战略，大量引进外资，并积极承接国际产业转移，使得我国在劳动密集型产业、加工制造业方面取得了巨大发展，成为世界"制造中心"。但是，由于加工制造业的能源、资源消耗大，环境成本较高，而且附加值低，产品升级和产业差异化难度较大，使得传统加工制造业可持续发展能力受到较大限制。同时，我国承接的国际转移产业主要集中在加工制造业领域，而且在地域上主要集中在东部沿海地区，造成我国产业结构畸形化发展，地区经济发展差距进一步扩大，最终加剧了我国产业结构和地区经济发展的不平衡，对我国产业经济和区域协调发展造成不利影响。

此外，目前经济全球化下产业分工呈现出一个新特点，就是国际间的产业分工进一步精细化，国际产业分工在不断替代着国内产业分工，不同产业甚至同一产业在不同国家之间分工更加梯度化和层次化，从而使得我国国内产业梯度转移、区域分工面临巨大挑战。例如有些劳动密集型产业开始从我国向劳动力、土地、资源成本更低的越南、巴基斯坦等国转移，而不是向我国的中西部地区转移。

### 3. 国内产业分工发展滞后

国内的产业分工发展相对滞后，各地区缺乏分工协作，某些制造业在地区间重复建设，产业市场结构不合理；各地区产业结构趋同，缺乏有效的产业分工和产业集群发展；企业规模较小，产业辐射能力弱。有些重要产业缺乏成熟的民族产业链支持，尤其是产业上游技术研发支撑不够，下游服务的支持不力，公共服务、金融保险、商业服务、仓储物流、信息咨询、技术服务、科学研究、教育、公共管理、社会组织等发展滞后，对产业健康发展形成制约。这些都明显抬高了国内产业分工的成本，制约了国内产业分工的发展。

**（四）国内产业竞争力的影响**

**1．产业结构失衡影响产业协调发展**

目前，我国产业结构失衡问题比较严重，已经制约了我国产业的可持续发展能力。我国三产业间失衡，主要表现在第一产业的就业比重过高，第二产业增加值比重过大，就业比重偏小，第三产业发展严重滞后，增加值比重和就业比重都偏低。我国的公共服务、金融保险、商业服务、仓储物流、信息咨询、技术服务、科学研究、教育、公共管理、社会组织等对产业经济发展具有重要辅助、支持和推动作用的服务业发展严重滞后，产业经济整体竞争力较弱，发展不协调。尽管这种特殊产业结构是由多方面原因造成的，不可能在短时间内迅速改变，但是产业结构失衡却会影响我国产业的竞争力和经济发展质量。

**2．工业过度依赖国际市场，影响我国产业安全**

改革开放 30 年，我国经济高速增长，主要得益于第二产业特别工业的高速发展。从 1990 年到 2008 年，在国内生产总值中，第二产业所占比重由 41.3% 上升到 48.6%，工业所占比重由 36.7% 上升到 42.9%。这意味着我国经济增长高度依赖于第二产业特别是工业的发展。但是，在出口导向发展模式下，我国工业是由外资和内资共同建设起来的，工业生产能力配置也是面向全球市场的。在此情况下，我国出口总额中加工贸易所占比重超过 50%，而且出口额中外资所占的份额也超过 50%，我国工业产品对国际市场、国外技术和资本的依赖程度较高，自主研发和拥有自主知识产权的产品较少。国际市场的波动会对国内工业甚至整个经济带来重大影响。特别是当美欧主要市场对中国需求大幅度下降时，会给中国制造业带来巨大的冲击。

我国工业的研发投入不足，技术创新能力差。目前制约我国工业升级的关键因素就是技术创新能力不足，产品研发和设计大量依靠国外引进，有的甚至仅仅是做贴牌生产。我国企业在众多产业中都不掌握关键核心技术，核心专利拥有量少，大型技术装备、大型飞机、半导体和集成电路专用设备、大型科学仪器、医疗设备和众多消费电子产品的核心零部件都长期依赖进口。自主创新能力弱和主要产业无"芯"，已经成为我国产业升级和产业结构转换的"软肋"，严重制约了我国工业整体竞争力的提升。

同时，我国主要产业集中度低，产业发展的控制能力较弱。产业集中是工业化过程中的普遍现象，是伴随工业化过程的一种必然趋势，一个国家产业经济的集中程度对经济资源利用及市场竞争力都有直接的影响。我国工业的总体集中程度与发达国家相差甚远，大型工业企业在工业经济整体中的相对作用，与美、日、韩等国家的大企业相比还有很大差距。工业集中度低，企业规模相对较小，而且分布比较分散，这对我国工业企业增加研发投入、提高创新能力都带来了不利影响，进而也影响了我国工业国际竞争力的提高。

### 3. 产业发展方式粗放，可持续发展能力不强

目前，我国产业发展方式尚未根本转变，高物耗、高能耗、高污染、低技术含量、低附加值产业比重大，产业发展注重量的增加，而不注重质的提高，导致我国经济发展的环境、社会成本较高。这种发展模式已经使我国能源、资源、环境和社会承载力遭受很大考验。据报道，目前我国70%的江河水系受到污染，流经城市的河流95%以上受到严重污染；1/3的国土被酸雨覆盖，在世界上污染最严重的20个城市中我国占了16个；2.3亿农民喝不到干净水，4亿城市人口呼吸不到新鲜空气；在每年200多万癌症死亡者中，70%跟环境污染有关；我国每年因环境污染造成的损失约占当年GDP的10%左右[①]。环境污染已成为我国经济可持续发展的瓶颈。如果不能从根本上转变经济增长方式，发展消耗低、污染小、附加值高的高科技产业和第三产业，提高产业经济发展的协调性、科学性，那么我国产业经济发展的可持续性将会受到很大威胁，进而会威胁到我国的经济安全。

## 四、维护产业安全的国际经验

从世界产业经济的发展历程来看，许多国家在维护产业安全方面积累了许多可供借鉴的经验与教训，其中最为显著的一点是，无论是发达国家还是发展中国家，产业安全一直是推动国民经济发展的基本依据。各国的实践表明，建立一个符合国情的产业安全体系并无现成的模式可循，而是要通过不断摸索与努力，结合自身的产业发展特点，逐步建立适合本国国情的产业安全维护制度。

### （一）美国维护产业安全的经验

作为成熟的市场经济国家，美国在经济发展过程中，根据本国经济发展和国家经济利益的需要，制定产业发展和保护政策，是维护产业安全较为成功的国家之一。美国既是经济全球化的积极推动者，又是国际贸易的积极保护者。总体上看，美国维护产业安全的经验主要表现在以下几个方面。

---

① 资料来源：《环境生死劫》，《瞭望新闻周刊》2007年3月12日，第11期。

### 1. 通过立法确保国内产业不受损害

美国在维护产业安全方面最显著的一个特点就是立法。从 1890 年《麦金莱法案》、1897 年《丁利关税法》、1930 年《斯穆特·霍利关税法案》、1934 年《互惠贸易协议法》、1962 年《贸易扩展法》、1974 年《贸易法》、1979 年《贸易协议法》、1988 年《综合贸易与竞争法案》、2006 年《美国反倾销条例》等名目繁多的立法来看，美国相关的立法工作一直是服务于不同时期国家产业发展和产业安全的现实需要，并不断根据情况的发展及时做出调整。为保证本国产业不受损害，其立法在确保与国际组织规则大体一致的前提下，又具有一定的独立性，例如《综合贸易与竞争法》的"超级 301 条款"就授权美国政府单方面对有损本国产业安全的行为加以限制，并可以采取广泛的报复措施。

### 2. 以行业协会为主体进行标准制定

随着美国产业界认识到技术标准可以成为国际市场竞争中的无形壁垒，即开始以行业协会为主体，以产业界自律、自治为特征的大规模标准制定工作。由于标准制定以自愿加入、自由竞争为运作形式，政府一般并不干预技术标准的制订，也不强制技术标准的执行，而只是对相关标准进行扶持，帮助其推广到国际市场。由于美国成了许多标准的制定者，其在开展国际经济活动，特别是创造有利于自身利益的国际贸易条件方面占据了较大主动。这一方面为美国产品长驱直入国外市场提供了便利，另一方面则为外国产品进入美国市场设置了重重门槛，成为当前美国维护本国产业安全的有效手段之一。

### 3. 对重点产业实施分门别类的保护措施

长期以来，美国对产业安全一直采取攻守兼备的应对措施，既利用在技术、资金方面的比较优势，在其具有国际竞争力的产业领域内推行自由贸易，对外进行产业渗透与扩张，同时为防止全球化对相关产业的冲击，也根据不同情况实施相应的保护措施。例如，农业是美国较为发达的传统产业，但在整体经济中却处于弱势。由于靠天吃饭的状况没有根本改变，旱灾和洪涝经常导致农业歉收，国际市场价格波动也不时对农民收入造成冲击。因此，美国政府长期实施保护性的农业税收政策。根据目前实行的新农业法，美国 2002 至 2012 年间对农业实施的各种补贴和财政支持总额达 1900 亿美元。从农业收费方面来说，除政府按照国家统一的所得税及其他税法向所有纳税者普遍征收的税费外，农民基本上没有其他必须缴纳的税费，农业的税种较少且税额很低。此外，还设置了很多不同种类的税务优惠项目，为农业生产及农业投资等提供帮助。

#### 4. 严格对外国投资的管理

尽管美国原则上支持资本自由流动，但出于维护产业安全的考虑，对在美的外国投资有一系列的管理办法，以限制外国人对美国的投资能力。美国专门成立了外国投资委员会和外国投资办公室，负责在美外资的管理工作。其中，由八个联邦机构负责人为成员、由财政部长任主席的外国投资委员会负责分析外国在美国投资发展的现状和趋势，考察外资注入是否符合美国利益，并向国会提供有关外资管理的立法和有关议案。目前，美政府对外国投资的设限领域涉及农业、矿产、建筑、能源、通讯、传媒、航空、水利、保险、证券等许多产业。

#### 5. 大力鼓励高新科技产业的发展

为在新一轮的国际竞争中赢得更大优势，美国十分重视高新科技产业的发展，形成了以大学和科研机构等为研发基础、政府多项政策推动、资本市场投入为支撑和有助于产业发展的法规体系共同组成的多层次科技促进体系。该体系的第一个层次是组成专门的领导协调机构，美国白宫、国会和州政府设有专门委员会跟踪高新科技的最新发展，研究制定相应的财政预算、管理法规和税收政策。第二个层次是制定一系列旨在保护和鼓励高新科技发展的政策和法律，形成对知识产权、技术转让、技术扩散等强有力的法律保护。第三层次是通过多种融资形式实现对高新科技产业的扶持，其中包括联邦拨款或资助、州政府拨款或资助、大公司出资、成立基金会、贷款、风险投资等。

此外，政府还设立了包括培训、设施、从事资源整合、技术开发及商品化研究的大量支持项目。在对高新科技产业进行扶持的过程中，政府不断校正和调整研发投入结构，通过减免高技术产品投资税、高技术公司税、财产税、工商税等税收优惠措施间接刺激投资。许多州还成立了科学技术基金会、研究基金会、风险投资基金会等，为高技术产品开发提供资助。在一系列优惠政策的带动下，美国企业也加大了对高新科技产品的投入力度。目前，以大公司为代表的民间高技术研发投资总额已超过政府资助，并发挥愈来愈大的作用。

### （二）日本维护产业安全的经验

日本是充分利用贸易、外资政策和产业政策，并通过技术引进和消化吸收、再创新，实现产业经济国际竞争力大幅度提升的典型代表。日本在维护产业安全、提升本国产业国际竞争力方面的经验主要表现在几个方面。

#### 1. 对贸易和外资进行严格管理

日本是最严格地实行贸易保护政策的国家。它的产品大量涌向别的国家，而本国则对外紧闭市场。日本经济的高速发展也是在超保护贸易的政策下实现的。以至于近几年里各国要求日本开放其国内市场的呼声不绝于耳。二战后，日本始终一贯的贸易政策是保护产业、扶植出口，其具体措施经历了从以管制措施为主到以关税措施为主、再到以非关税措施为主的三个阶段。目前，日本强化了非关税贸易保护措施。主要体现在三个方面：一是制定国内税，使外国产品在日本市场上处于不利地位；二是实行严格的技术标准和检查；三是制定行业规定，限制外商。

日本是最早有意识地制定产业政策的国家，其利用外资的方式、规模、行业分布、管理模式亦随其政策及经济发展的各个阶段而变动。在战后相当长的时期内，日本采取以吸引间接投资为主的方式，使得外商难以取得对本国企业的控制权。同时，日本还注意使外资与产业政策相结合。其主要吸收的是间接投资，而大部分外资都投放于优先发展的产业，例如在产业合理化阶段，外资大多投放在石油工业、化学工业、机械工业、钢铁工业和重化工业部门；相反，外来的直接投资皆严格限制投向重化工业等尚未强大的战略产业，以此来保护本国民族工业。此外，日本对外资在地区选择上进行了严格的法律限制。东京、大阪等过度集中的"迁移区"一般不允许外资企业介入。而对远离这些城市的地带，政府则在税收、补贴和特殊贷款等方面给予了与国内投资者一视同仁的待遇，以此刺激地区经济的发展以及日本工业区域布局分散化。

**2. 完善产业管理体制的产业政策立法**

进入 20 世纪 60 年代，日本经济在各方面已具备了产业结构高度化、出口产品重工业化、经常性收支持续增长、贸易与资本自由化等先进国家的特征。产业结构的高级化需要有完善的产业管理体制来实现产业的不断升级，以适应国际竞争的要求。这期间，在提高基础产业的综合供应能力方面，日本政府先后制定了《石油业法》、《电气事业法》、《综合能源调查会设置法》、《动力炉、核燃料开发事业团法》、《煤炭矿业再建完善临时措施法》等产业政策法。这些法律对高速发展的日本经济在加强基础产业建设、保障能源供给、保护民族资本、旧产业向新产业的平稳过渡方面均发挥了重要作用。在培育新产业方面，继续实施 20 世纪 50 年代所制定的有关个别产业的临时振兴法，如《振兴机械工业临时措施法》、《振兴电子工业临时措施法》、《振兴航空机械工业法》等产业政策法，为这些产业的进一步发展提供了保障条件。在振兴产业临时措施法的思想指导下，还发起和培育了日本的计算机产业。如日本计算机股份有限公司就是在政府的扶持下，由六家企业共同投资，通过购买国外设备而设立的。

通过以上产业政策法的贯彻实施，基本实现了这一时期完善日本产业管理体制、提升产业竞争力的产业政策法的立法目标。

### 3. 重视先进技术的引进、消化吸收和再创新

日本是世界上引进技术最积极的国家之一。只要引进技术的好处大于本国研究就坚决引进，而且他们还十分重视引进后的消化、吸收和再创新工作，使之发挥更大的效益。第二次世界大战结束后，日本的技术比世界先进水平落后20—30年。日本从引进技术成果入手，并在应用中吸收、提高和创新，建立本国自主的科技体系和企业制度，仅用15—20年时间就走完了欧美主要发达国家半个世纪所经历的过程。日本的技术引进主要有以下特点：

（1）通过技术引进来提高本国整体技术水平。日本在技术引进上只用技术投资的25%，却完成了工业主体技术的70%。战后15年，日本工业产值的增长中有32%是从引进技术中获得的，而同期技术引进费用仅占产值增加的十分之一。

（2）兼采各国之长，充实本国的技术体系。日本主要工业部门的技术装备几乎全部依靠广泛吸收各国新技术组配而成。

（3）连续引进先进技术，攻克薄弱环节。如日本为了发展电力，先后从美国和德国引进最新技术。

（4）重视引进技术的吸收创新工作，使之"日本化"。日本对引进技术与消化吸收再创新的投入比是1：10。以引进发电设备为例，1954年日本从美国引进了7万千瓦的火力发电成套设备，接着又引进美国22万千瓦大型发电机组的技术专利，在此基础上，经过研究和仿造，1961年制造出32.5万千瓦的大型发电机组。到20世纪70年代以后，日本已经能够制造70—100万千瓦的特大型发电机组，成为美国同类设备的强大竞争者。

（5）在引进技术中培养技术队伍。日本为了更好实现技术引进目标，每引进一项新技术，都组织培训一支迅速掌握、消化技术并使之工业化的队伍。

### （三）韩国维护产业安全的经验

韩国作为亚洲四小龙之一，在20世纪60年代初至80年代末短短20多年的时间里，成功实现了由贫穷的农业国向新兴工业化国家的转变，很大程度上得益于政府的产业政策导向和实行外向型的发展战略。韩国的成功实践表明，政府为扶植主导产业发展而提供倾斜性的政策保障，有助于推动整个国家产业结构的升级和工业化进程，进而在维护产业安全的同时，增强整个产业的国际竞争力。随着经济全球化和世界经济一体化，韩国政府注重发展对外直接投

资，同时积极引进先进技术。

### 1．"强政府"干预促进产业发展和维护产业安全

作为发展中国家，韩国在产业发展的初期并未形成成熟的市场机制，"市场缺陷"较为突出。为有效弥补这一不足，就需要政府对产业发展实施强有力的干预，进行"政府替代"。韩国政府运用超强的国家影响力，有效集中国内资源，指导产业部门的经济活动，将产业发展纳入政府的计划轨道，取得了良好效果。其中，政府通过一系列的优惠政策，扶植了一批超大型企业集团，使之跻身世界超强企业之林，成为经济国际化的主力军，从而提高了产业的整体国际竞争力。为促进民族产业的发展，政府对汽车、电子、化工等主导产业加大投入，严格限制国外资本进入这些产业，从而为这些产业竞争优势的培育创造了时间。以汽车产业为例，韩国政府虽然支持汽车生产企业引进外国先进技术与设备，允许同外国企业合资经营，但严禁外国企业独家经营汽车生产，在进口方面以高关税方式限制整车特别是轿车进口，并实行行政限制措施等，从而使韩国在较短时间内成为世界十大汽车生产国之一。

### 2．独特的融资方式为产业持续发展提供保障

对于广大发展中国家而言，融资成为产业发展的主要难题，许多产业往往因资金困难而陷入窘境。为此，韩国实施了一种具有浓厚"官治"色彩的产业金融体制。在该体制中，中央银行事实上成为服务于产业政策的一个机构，主要商业银行均被政府严格控制。政府人为降低企业的融资成本，金融机构接受政府当局的指导与干预，政府则给予其各种扶植和保护。银行系统不具备真正商业银行意义上的独立性和权威性，重要的金融调控手段和商业银行的部分股权及人事权仍控制在政府手中。

韩国国有金融机构在金融体系中的比重很大，政府金融机构吸收的储蓄存款占总储蓄的比重很高。政府通过牢牢支配金融系统，扭曲市场价格信号，不断以倾斜性的资源配置方式，对相关产业进行金融支持，同时使用特许权、许可证、公共采购权和设立国民投资基金、出口振兴支援基金等，使许多企业获得充足的发展资金。此外，韩国在产业化进程中普遍实行利率管制和市场准入等金融约束政策，将金融机构的存贷款利率控制在市场均衡价格以下，从而使银行部分利息收益转化为大量制度租金，通过银行信贷由家庭部门转移到企业部门。20世纪80年代后，制度租金已占到韩国国民生产总值的6%—12%左右。这种具有显著指令性特征的政策融资形式在有效集中国家资源、优先支援国家主导产业的兴起和发展，进而推动产业结构高级化方面发

挥了重要功能。

### 3. 重视高新科技发展为推动产业结构升级提供了后劲

韩国在产业化进程中，一直重视对高新科技产业的投入，并从一开始就制订了与产业发展紧密配合的技术进步政策，不断引进先进技术，并建立相应的法规、机构和官民一致的科研体系进行科研创新。经过努力，韩国已拥有一大批较强的科研队伍，研发投入占国民生产总值的4%，并保持持续增加。为增加科研成果的转化效率，韩国还建立了国家科研成果流通体制，并通过国际交流、建立国内外科研合作研究所和联合体等形式，促进国家研发事业的国际化及开放化。目前，韩国已成为世界上半导体芯片的最大生产国，在机械、设备技术，特别是精密加工技术方面与日本、德国齐头并进，在材料、物质、环保、工程技术、能源开发以及生命技术方面达到世界一流水平。此外，在航空、航天、海洋及基础学科研究方面已接近世界先进水平。由于在高科技方面长期的巨大投入，韩国才得以在亚洲金融危机以后，迅速赶上世界的新经济浪潮，继续保持产业发展优势。

### 4. 加强对利用外资和对外直接投资的管理

为了防止跨国公司控制民族产业，韩国政府把引进外资的重点放在利用外国政府贷款和商业贷款上，严格限制外国直接投资。从1962年到1983年，韩国共借用外国政府贷款124亿美元，占引进外资总额的45%；同期借用商业贷款138亿美元，占引进外资总额的50%；而引进外国直接投资仅占引进外资总额的5%。这种利用外资结构政策在韩国工业化中起到了十分重要的作用。

在对外直接投资方面，韩国制定了积极有利的国家政策。从20世纪80年代中后期开始，韩国国际收支出现顺差，才逐渐放松了对外直接投资的管理控制。管理制度方面简化了申请手续，加快了审批程序；1992年又颁布了《海外直接投资制度改善方案》和《外汇管理规定修正案》等涉及海外投资的相关法律，支持企业的海外投资；1994年实行了"限制目录单"制度，除少数政府规定的业务范围外，放开了对外直接投资的行业经营，同时努力提供金融财政支持与信息服务。

## 五、保障产业安全的基本思路和建议

我国实施以开放促改革、促发展，发展外向型经济的战略，一方面大大加快了我国的工业化进程，另一方面在一定程度上增加了经济发展的外部风险。

目前，在开放条件下，产业安全已经是常态化、显性化、动态化的问题。面对产业安全问题，既须保持平常心态，又要牢固竖立戒备警惕之心，坚持在改革开放中维护产业安全，通过维护产业安全促进经济发展。一方面，要着眼长远，固本培元，采取增强我国产业核心竞争力的支持政策；另一方面，要建立健全相关法律法规体系，完善产业损害预警体系，不断提高我国产业安全的应对能力。

**1. 完善法律法规体系，增加维护产业安全的制度供给**

产业安全需要完善的法律体系和专门的产业安全组织机构，需要公平的市场环境和相应的制度保障。对此，国家应完善包括《反垄断法》《反倾销法》、《对外投资法》和《国家安全法》等在内的保护产业安全的基本法律体系，使产业安全的界定和评估具有法律依据。针对一般竞争性领域、关系国计民生的领域以及战略性领域的外资并购，应分别立法加以规范，并根据国内外产业发展和市场变化情况及时做出调整。同时，为了预防全球化对我国产业安全带来不利影响，还要对国内重点行业实施分门别类的保护措施。例如，对农业、资源、能源、通讯、交通、传媒、航空、航天、金融等产业领域，在外资进入、技术标准、市场占有等方面应设立详细具体的防范和保护措施，以保障这些产业免受冲击，并获得良好的发展制度环境。

**2. 构建产业安全组织机构，完善产业损害的预警机制**

要统一产业安全管理和健全产业损害预警机制，完善产业安全保障体系。一是设立直属国务院、置于部门之上的产业安全管理委员会，加强组织领导，统一产业安全管理体制，确保有明确的产业安全事务行为主体；制定产业安全保障政策，协调产业安全事务。二是加大公共投入，完善产业损害预警体系建设。加快健全农业、工业、服务业、高新技术产业等产业损害预警体系和监测机制，加强知识产权、技术性贸易壁垒等方面的预警，推进产业国际竞争力调查与评价工作，确保能够及时地发现正在发生的或潜在的威胁产业安全的不利因素。三是建立科学完整的产业安全评估体系，构建灵敏的产业安全预警机制，对正在发生的威胁产业安全的行为果断矫正或反制，对潜在的威胁产业安全的行为及时抑制或约束。四是完善贸易救济援助机制，全面提高运用世贸规则的能力，积极参与国际规则的制定，提高话语权，把维护产业安全工作提高到一个新水平。

**3. 切实提高运用贸易救济措施的水平和能力**

相对于西方发达的市场经济国家而言，我国正式加入 WTO 的时间还很短，适应 WTO 的游戏规则还需要一定的时间和各方面的投入。我国政府和产业界应对贸易摩擦、处理贸易争端、运用WTO游戏规则的经验、水平和能力都不足，在妥善处理贸易摩擦、运用贸易救济措施保护国内产业方面往往处于被动地位，这对国内相关产业的安全和国际竞争力提升造成潜在威胁。我国应由政府主导、行业和企业组织参与，切实提高运用贸易救济措施的水平和能力，根据我国国民经济、产业经济和社会发展的需要，主动适应和利用WTO游戏规则，综合运用补贴、反倾销、关税等传统贸易壁垒和技术性贸易壁垒等多种产业保护、贸易救济措施，提高我国各个行业和企业参与国际产业竞争的能力。

### 4. 充分发挥中介组织在维护产业安全中的作用

要维护产业安全，必须强化行业协会等中介组织的作用。行业协会作为联结企业和政府的纽带和桥梁，要充分发挥自身在行业协调、行业自律、政策研究、标准制定、技术交流、信息传递、专业培训、保障权益、维护市场公平竞争等方面的作用，切实提高服务水平。

要借鉴美国、欧盟等发达国家的做法，扶持重要产业领域的行业服务组织，鼓励和支持其市场开拓和应对贸易壁垒的工作，并适当分担这些行业开拓国际市场的成本。

### 5. 支持企业创新，提高产业的国际竞争力

要加大科研投入，形成国家、地方政府、企业组织和其他机构与个人共同参与的全方位、多层次的研发体系。发达国家的经验表明，大规模、多层次的研发投入是增强企业科技实力、促进产业升级和产业领先、实现经济快速发展的重要手段。企业研发投入在一定程度上决定了其所属产业的竞争力水平，并决定了其对其他企业的技术控制能力。要确保国家产业安全和国民经济的健康运行，应建立全方位、多层次的研发体系，其中，应合理配置和有效利用各种渠道的研发投入，形成一定的分工与协作，避免研发投入结构失衡。

产业安全作为一种公共产品，需要由政府提供。一般情况下，国家应加大对产业的公共财政投入，分担公共服务成本。地方政府应根据实际情况确定研发投入的重点支持产业，确保与中央政府研发投入相协调；并可根据资源禀赋确定地方产业发展方向，避免因追逐短期利益而造成产业趋同和重复建设。企业应通过加大研发投入而获得并保持基于科技实力的竞争优势，进而维护其所在产业的安全运行；一般来说，企业研发投入倾向于规模小、周期短、风险低的科研项目。其他组织和个人可相机而动，有效配合政府与企业的研发投入和发展。

增强企业实力，提升产业国际竞争力是维护产业安全的关键所在。目前我国很多产业的集中度较低、产业国际竞争力不强，在各产业中处于产业价值链

高端、具有国际影响力和竞争力、能够主导产业创新和发展方向的企业很少。这对我国产业提升国际竞争力形成严重制约。要落实国家关于鼓励自主创新的各项政策措施，集中资源突破装备制造、新能源、集成电路、软件、生物等领域的共性核心技术和关键技术，引导企业增加技术开发的投入，开发推广适用技术，形成自主创新的技术基础。

在国际产业分工中，要争取到有利地位，必须培育一批"走出去"的知名品牌和有国际竞争力的跨国企业集团，突破市场、技术和资源瓶颈，主动融入并参与到世界高端产业、高附加值产品的国际竞争之中。这是提升产业国际竞争力，确保产业安全的根本途径。要进一步推进科技兴贸、品牌战略，在各产业中，重点支持一批能代表我国参与国际竞争的龙头企业，在技术创新、走出去等方面开展试点，通过承担重大工程、设置技术工程实验室等形式，在研发、对外投资保险方面给予各种税收优惠，引导和支持这些大企业"走出去"，利用国外资源，开拓国际市场，提升国际竞争力。

**参考文献：**

何维达：《中国若干重要产业安全的评价与估算》，知识产权出版社 2007 年版。

李孟刚：《产业安全理论的研究》，北京交通大学博士学位论文 2006 年。

李悦：《产业经济学》，中国人民大学出版社 2004 年版。

卢新德：《跨国公司本土化战略与我国产业安全》，《世界经济与政治论坛》2004 年第 3 期。

吕政：《自主创新与产业安全》，《中国国情国力》2006 年第 8 期。

邵春光：《中国产业安全现状及对策》，《中国科技投资》2007 年第 1 期。

王元京：《外商在关键性产业投资并购对产业安全的影响》，《经济理论与经济管理》2007 年第 4 期。

王瑛：《论产业分工对产业安全的影响及对策》，《北京理工大学学报》（社会科学版）2006 年第 4 期。

张碧琼：《国际资本扩张与经济安全》，《中国经贸导刊》2003 年第 6 期。

张东海：《技术性贸易壁垒与中国产业安全》，上海财经大学出版社 2006 年版。

何维达、何昌：《当前中国三大产业安全的初步估算》，《中国工业经济》2002 年第 2 期。

何维达、宋胜洲：《开放市场下的产业安全与政府规制》，江西人民出版社 2003 年版。

何维达、李冬梅：《我国产业安全理论研究综述》，《经济纵横》2006 年第 8 期。

纪宝成、刘元春:《对我国产业安全若干问题的看法》,《经济理论与经济管理》2006 年第 9 期。

朱钟棣、孙瑞华:《入世后评价产业安全的指标体系》,《世界贸易组织动态与研究》2006 年第 5 期。

迈克尔·波特:《国家竞争优势》,华夏出版社 2002 年版。

# 第二十一章　中国制造由大变强的战略思路

制造业是指对采掘的自然物质和工农业部门生产的原材料进行加工和再加工，为其他产业部门提供生产资料，为社会提供日用消费品的产业部门。[①]按照现有统计口径，我国制造业包括原材料加工制造业 9 个行业、消费品加工制造业 14 个行业和装备制造业 8 个行业等，共有 31 个行业。[②] 制造业是中国经济增长的主要源泉，无论是制造业总量变动还是结构变迁都直接或间接地影响着国民经济的各个方面。到 2014 年我国制造业创造的增加值约为 202272.9 亿元[③]，占当年国内生产总值的 31.8%。制造业为我国经济发展从低收入阶段迈向中等收入阶段做出卓越的贡献。目前，我国经济发展已进入中上等收入国家行列，下一步还要向发达的高收入国家行列迈进。毫无疑问，我国仍然需要制造业的发展，而且需要一个更加健康、更具竞争力的强大制造业。《中国制造 2025》指出，没有强大的制造业，就没有国家和民族的强盛。到 2025 年中国要迈入制造业强国之列，2035 年达到世界制造强国阵营中等水平，到 2049 年进入世界制造业强国前列。为此，必须把握新一轮世界科技革命趋势，深入分析我国制造业现状、面临的困境，探索寻找中国制造业由大变强的战略路径。

## 一、我国制造业的现状及特点

经过 30 多年改革开放，我国制造业取得了迅速发展，制造业总量规模不断扩大，结构加快转型，技术进步带动作用不断增强，所有制结构得到很大改

---

[①] 李善同、刘志彪等主编：《"十二五"时期中国经济社会发展的若干问题政策研究》，科学出版社 2011 年版，第七章第 193 页。

[②] 资料来源：2013 年《中国工业统计年鉴》。

[③] 2012 年我国规模以上工业企业工业销售产值 909797.17 亿元，其中制造业工业销售产值 792228.55 亿元，当年全国工业增加值与工业销售产值比率（工业增加值率）为 21.9%，以估算的工业增加值率推算制造业增加值为 173868.2 亿元。根据 2015 年中国统计摘要数据，制造业 2013 年和 2014 年分别增长 10.5%、9.4% 工业生产者出厂价格指数分别为 98.1%，以此推算 2014 年制造业增加值为 202272.9 亿元。

善，对国民经济增长贡献作用日益突出。目前，我国制造业规模已跃居世界第一位，成为名副其实的世界制造大国。

**（一）规模迅速扩张催生世界制造大国**

中国制造业具有大国特征。改革开放 30 多年来，我国制造业发展是在总量扩张与结构转换共同作用下实现的，制造业增加值呈现加速增长的趋势。从改革开放初期到 1990 年，国家调整了重工业优先发展战略，支持发展以轻工业为主导的加工制造业，这一时期全国制造业增加值由 1173 亿元增长到 5012 亿元，按可比价格计算增长了 4.3 倍，年均增长 6.2%。1990 年到 2000 年，在轻工业制成品由卖方市场转变为买方市场后，推动制造业向重加工制成品和高加工度制成品转型，这一时期全国制造业增加值由 5012 亿元增长到 27750 亿元，按可比价格计算增长了 4.5 倍，年均增长 12.5%。进入 21 世纪后，随着城镇化、信息化深入推进，制造业重化工化和高加工度化趋势更加明显，机械、电子、交通运输设备等迅猛发展带动了制造业总规模的扩张。这一时期全国制造业增加值由 27750 亿元增长到 202272.9 亿元，按可比价格计算增长了 4.8 倍，年均增长 13.4%。

制造业对我国经济增长起着举足轻重的作用。通过分析发现，我国制造业与国内生产总值高度相关，两者相关系数高达 0.998。从 1978 年到 2014 年，我国制造业增加值由 1173 亿元迅猛增加到 202272.9 亿元，增长了 41.43 倍，年均增长 10.97%，明显快于同期国内生产总值的平均增长速度（表 1）。按照部门法分析，36 年来我国经济增长中有 36.07% 来自于制造业。

如果分阶段看，我国制造业对经济增长的贡献作用是先上升，之后缓慢下降。按照部门因素法分析，1978 年到 1990 年我国国内生产总值年均增长 9.01%，其中制造业占 20.3%，对经济增长贡献了 1.83 个百分点。1991 年到 2000 年，我国国内生产总值年均增长 10.43%，其中来自制造业占 32.9%，对经济增长贡献了 3.43 个百分点。2001 年到 2014 年，国内生产总值年均增长 9.8%，其中来自制造业占 32.5%，对经济增长贡献了 3.19 个百分点。制造业快速增长、对经济发展贡献大，既与我国的储蓄率不断提高直接有关，也与我国出口导向型经济密切相关。在一个长时间区段里，不断增长着的储蓄必然转化为投资，投资有相当部分转化为制造业产能，制造业产能在国内无法完全消费情况下，又有相当一部分形成出口，由此推动了制造业进一步扩张。1980 年我国工业制成品出口占制造业增加值比重仅为 10.5%，2000 年这一比重上升到 66.8%，2014 年高达 67.7%。

**表1　1978—2014 年 GDP 与制造业增加值情况变化　（亿元）**

| 年份 | 国内生产总值 | 制造业增加值 | 制造业增加值占国内生产总值比重（％） |
|---|---|---|---|
| 1978 | 3645.2 | 1173.0 | 32.18 |
| 1980 | 4545.6 | 1479.0 | 32.54 |
| 1985 | 9016.0 | 2546.0 | 28.24 |
| 1990 | 18667.8 | 5012.0 | 26.85 |
| 1995 | 60793.7 | 19506.0 | 32.09 |
| 2000 | 99214.6 | 27750.0 | 27.97 |
| 2005 | 184937.4 | 66854.0 | 36.15 |
| 2010 | 401512.8 | 140259.5 | 34.93 |
| 2012 | 518942.1 | 173868.2 | 33.50 |
| 2014 | 636462.7 | 202272.9 | 31.78 |

资料来源：2013 年《中国统计年鉴》，2015 年《统计摘要》，1988 年、1998 年、2009 年《中国工业经济统计年鉴》，2013 年《中国工业统计年鉴》。

注：1978 年到 2010 年制造业增加值数据，是利用统计整理出的制造业总产值和工业增加值率（即工业增加值与工业总产值之比）推算而得。诚然，每个制造业部门的增加值率是不同的，但要想将 30 多个制造业部门的分项增加值都计算出来还缺乏最基本的数据资料。2012 年制造业增加值是由当年全部规模以上工业企业和制造业企业工业销售产值折算成工业总产值，然后再根据当年工业增加值率推算得出。根据 2015 年中国统计摘要数据，2014 年制造业增加值分别增长 10.5%、9.4%，工业生产者出厂价格指数分别为 98.1%，以此推算 2014 年制造业增加值为 202272.9 亿元。

**表2　工业制成品在出口结构中的变化**

| 项目 | 单位 | 1980 | 1985 | 1990 | 1995 | 2000 | 2005 | 2010 | 2014 |
|---|---|---|---|---|---|---|---|---|---|
| 出口额 | 亿美元 | 181.2 | 273.5 | 620.9 | 1487.7 | 2492 | 7619.5 | 15777.5 | 23427.5 |
| 初级品 | 亿美元 | 91.1 | 138.3 | 158.9 | 214.9 | 254.6 | 490.4 | 816.9 | 1127.1 |
| 比重 | ％ | 50.3 | 50.6 | 25.6 | 14.4 | 10.2 | 6.4 | 5.2 | 4.8 |
| 工业制成品 | 亿美元 | 90.1 | 135.2 | 462.1 | 1272.9 | 2237.4 | 7129.2 | 14960.7 | 22300.4 |
| 比重 | ％ | 49.7 | 49.4 | 74.4 | 85.6 | 89.8 | 93.6 | 94.8 | 95.2 |

资料来源：2013 年《中国统计年鉴》，2015 年《统计摘要》，1988 年、1998 年、2009 年《中国工业经济统计年鉴》，2013 年《中国工业统计年鉴》。

从出口货物贸易结构看，我国制造业已经在出口结构中占据绝对地位（见表 2）。1980 年我国工业制成品在出口货物贸易中所占比重还不足 50%。20 世纪 80 年代中后期其比重超过 50%，之后便一路上扬。1990 年工业制成品占出口货物贸易比重 74.4%，2000 年 89.8%，2010 年 94.8%，2014 年达到 95.2%。这意味着进入新世纪后我国出口货物绝大部分都是制造业提供的。

再从产品规模看，我国制造业产品产量已经达到巨量程度。同 1978 年相比，到 2014 年我国成品钢材产量增长了 49.98 倍，达到 11.26 亿吨；水泥产量增长了 36.95 倍，达到 24.76 亿吨；平板玻璃产量增长了 43.4 倍，达到 7.93 亿吨；布产量增长了 7.1 倍，达到 893.7 亿米；服装产量增长了 38.7 倍，达到 271 亿件；化学纤维产量增长 154 倍，达到 4389.8 万吨；汽车产量增长了 158.2 倍，达到 2372.5 万辆；集成电路产量增长了 3384 倍，达到 1015.5 亿块。还有家用电器、计算机生产增长更是迅猛。到 2014 年家用电冰箱产量 8796 万台，房间空气调节器 14463 万台，彩色电视机 14128.9 万台，微型计算机 35079.6 万台，移动通讯手机 162719.8 万台。目前，我国是全球第一制造大国，在我国 22 个工业产品大类中有七个大类产量位居世界第一，其中 220 种产品位列世界第一，是名副其实的世界制造大国。

**（二）结构转型推动重化工化和高加工度化**

中国制造业发展具有阶段性特征。1978 年以来，无论是传统制造业还是现代制造业，在改革开放推动下都实现了规模扩张。但是从时间序列分析，制造业中各个行业在不同时期发展程度是不同的，对制造业总体的影响程度也不一样。

改革开放初期，我国调整了优先发展重工业的战略，实行以消费品为主体的轻工业优先发展政策，对轻工业实行了"六优先"[1] 的优惠政策，促进了食品、纺织、服装、鞋帽等的快速发展；而冶金、煤炭及炼焦工业、石油工业、机械工业等发展相对较慢。于是，制造业结构便发生了变化，轻加工制造业[2] 占工业产值的比重迅速上升，重加工制造业占工业产值比重明显下降。从 1978 年到 1990 年，我国轻加工制造业占工业产值比重先由 42.68% 上升 1985 年的 45.22%，之后又上升到 1990 年的 46.96%，12 年间上升了 4.28 个百分点；而同期的重加工制造业占工业产值比重则先由 30.06% 下降到 27.24%，然后再进一步下降到 24.56%，下降了 5.5 个百分点。在这一时期，轻加工制造业内部也发生了一些变化，这就是 20 世纪 80 年代中后期，随着城乡居民收入增长和生活水平的提高，社会对耐用消费品的需求快速增长，这又带动了冰箱、电视机、

---

[1] 六优先指原材料、燃料、电力供应优先；挖潜、革新、改造措施优先；基本建设优先；银行贷款优先；外汇和引进新技术优先；交通运输优先。
[2] 这里是指以农产品为原料的加工业和非农产品为原料的加工业。

洗衣机、收录音机、空调等轻加工制造业迅猛发展。

进入 20 世纪 90 年代后，耐用消费品制造业继续发展，但此时出现了两个转折性变化，一个是包括耐用消费品在内的制成品市场开始由卖方市场变为买方市场，这就迫使生产者完善或改造工艺路线，以增加产品品种和提高产品质量。另一个是城乡居民的基本生活需求得到满足之后，住行需求开始增长，这又带动了重加工制造业快速发展。由此在工业结构中，重加工制造业比重开始迅速上升，轻加工制造业比重不断下降。1990 年到 2000 年，我国轻加工制造业占工业产值比重由 46.96% 下降到 39.8%，重加工制造业比重由 24.56% 上升至 29.52%。为了进一步说明制造业结构变化，我们按制造业行业来进行分析。在 20 世纪 90 年代后半期，在制造业产值总额中，食品加工制造所占比重由 12.99% 下降到 11.32%，纺织、服装、鞋帽、皮革、毛皮、羽绒等制造业比重由 14.77% 下降到 11.89%，比重下降的行业还有印刷业、化学原料及化学制品制造业、化学纤维制造业、橡胶制品业、非金属矿物质制品业、黑色金属冶炼及压延加工业、金属制品业、通用设备制造业、专用设备制造业等行业，其比重由 37.95% 下降到 33.32%，比重上升的行业有木材加工业[①]、家具制造、造纸及纸制品业、文教体育用品制造业、石油加工炼焦及核燃料加工业、医药制造、塑料制品业、有色金属冶炼及压延加工业、交通运输设备制造业、电气机械及器材制造业、计算机、通信设备及其他电子设备制造业、仪器仪表及文化办公机械制造业等，这些行业比重由 34.28% 上升到 43.48%。在制造业结构变动中，结构比重下降较大的是纺织业、农副食品加工业、非金属矿物质制品业、黑色金属冶炼及压延加工业；而结构比重上升较大的行业有通信设备计算机及其他电子设备制造业、石油加工炼焦及核燃料加工业、电气机械及器材制造业。可见此一时期出现了一个新的趋向，一些装备制造业快速发展开始替代劳动密集型的消费品制造业，制造业结构变动的主要力量开始由劳动密集型行业向资本技术密集型行业转移。这意味着制造业开始转向高加工度和资本深化发展阶段。

进入 21 世纪，制造业结构转型或者说向资本技术密集型行业演变并未停止，而且还有加快趋势。为了在统计资料口径上取得可比性，这里我们把制造业归类划分为消费品制造业、能源原材料制造业和装备制造业等三个大类进行分析。从表 3 可以看出，消费品制造业占制造业总产值比重从 20 世纪 90 年代中期后出现了下降趋势，能源原材料制造业在 21 世纪是先升后降，装备制造

---

① 包括木、竹、藤、棕、草等制品业。

表3　1995—2012 年我国制造业行业规模以上产值结构的变化

| 项目 | 单位 | 1995 年 | 2000 年 | 2005 年 | 2012 年 |
|------|------|---------|---------|---------|---------|
| 制造业结构 | % | 100 | 100 | 100 | 100 |
| 消费品制造业 | % | 32.85 | 28.42 | 23.80 | 24.23 |
| 能源原材料制造业 | % | 36.50 | 35.88 | 40.20 | 38.75 |
| 装备制造业 | % | 30.65 | 35.71 | 36.00 | 37.00 |

资料来源：1996—2013 年《中国统计年鉴》。

注：2012 年数据是我国制造业规模以上主营业务总收入，它是总产值的 99.7%。消费品制造业包括农副食品加工业、食品制造业、饮料制造业、烟草制品业、纺织业、纺织服装和服饰业、皮革、毛皮（羽）及其制品业和制鞋业、木材加工及木、竹、藤、棕、草制品业、家具制造业、造纸及纸制品业、印刷业和记录媒介的复制、文教体育用品制造业、其他制造业（包括髹毛加工、制刷及清扫工具、其他日用杂品制造和煤制品制造）等；能源原材料制造业包括石油加工、炼焦及核燃料加工业、化学原料及化学制品制造业、医药制造业、化学纤维制造业、橡胶和塑料制品业、非金属矿物制品业、黑色金属冶炼及压延加工业、有色金属冶炼及压延加工业等；装备制造业包括金属制品业、通用设备制造业、专用设备制造业、交通运输设备制造业（包括汽车制造）、电气机械及器材制造业、计算机、通信及其他电子设备制造业、废弃资源综合利用业、金属制品、机械和设备修理业等。

业一直处于上升趋势。从各个行业内部分析，制造业内部结构也有分化现象。在消费品制造业内部，大部分行业占制造业总产值比重都是下降的，只有木材加工、家具制造和文教体育用品制造业是上升的。能源原材料制造业也是比重下降行业多于上升行业，上升行业仅有黑色金属冶炼及压延加工业、有色金属冶炼及压延加工业等。装备制造业不同，绝大部分行业占制造业产值比重都是上升的，只有仪器仪表制造业由于统计口径的变化[①] 导致下降。由此可见，这一时期制造业已经加快了转型升级步伐，装备制造业发展步伐明显快于其他制造业。

　　制造业结构加快转型，高加工度化和重化工化趋势明显，还可以从我国货物出口结构得到进一步印证。由表4给出的信息是，从20世纪90年代初期，机械及运输设备占我国货物出口比重还不足10%，到2000年就提高到33.1%，2010年已达到49.5%，这意味着我国出口贸易中机械及运输设备出口几乎占了一半。

---

[①] 2012 年将仪器仪表项下的文化、办公用机械制造业移至文教、工美、体育和娱乐用品制造业项下。

#### 表4　机械及运输设备在出口结构中的变化

| 项目 | 单位 | 1980 | 1985 | 1990 | 1995 | 2000 | 2005 | 2010 | 2013 |
|---|---|---|---|---|---|---|---|---|---|
| 出口额 | 亿美元 | 181.2 | 273.5 | 620.9 | 1487.7 | 2492 | 7619.5 | 15777.5 | 22090.0 |
| 机械及运输设备 | 亿美元 | 8.43 | 7.72 | 55.88 | 314.07 | 826.0 | 3522.34 | 7802.69 | 10385.3 |
| 比重 | % | 4.65 | 2.80 | 9.00 | 21.10 | 33.10 | 46.20 | 49.50 | 47.01 |

资料来源：2013年《中国统计年鉴》，2015年《统计摘要》，1988年、1998年、2009年《中国工业经济统计年鉴》，2013年《中国工业统计年鉴》。

#### （三）技术进步带动作用不断增强

制造业技术进步具有渐进式特征。在我国制造业规模扩张、结构转型过程中，技术进步效果明显。一方面制造业从中低端向中高端演化越来越明显，另一方面正在成长出具有国际竞争力的优势产业和高端产品，如载人航天、载人深潜、大型飞机、北斗卫星导航、超级计算机、高铁成套装备、百万千万发电机组装备、万米深海石油钻探设备等都位居世界前列。衡量制造业技术进步作用的方法有多种，如制造业的科技进步贡献率、劳动生产率、企业研发投入、人均固定资产水平、装备制造业占制造业比重等。这里我们选择人均固定资产水平、企业研发投入、装备制造业占制造业比重等来考察制造业技术进步。众所周知，企业乃至产业技术进步主要表现是工艺路线改造、设备更新、新产品推出、人力资本提高等方面，而这些活动表现在生产要素配置上便是企业或产业的资本深化，即资本有机构成不断提高。在本研究中，我们选择了28个制造业行业1987年以来的人均固定资产净值变化情况（见表5），1987年以来，除了少数几个行业外，绝大部分行业人均固定资产净值水平都提高了10倍以上。2000年以后，在28个行业中有19个行业人均固定资产净值增长都超过1倍，其中化学原料及化学制品制造业、橡胶制品业、非金属矿物制品业、黑色金属冶炼及压延加工业、有色金属冶炼及压延加工业、专用设备制造业等行业超过2倍。人均固定资产净值水平的不断提高，意味着我国制造业结构正在由劳动密集型向资本密集和技术密集迅速转化。再从研发投入看，20世纪90年代以来，我国研究和试验发展（R&D）经费支出占国内生产总值比重直线上升，由1997年的0.64%提高到2013年的2.01%。到2014年，我国研究和试验发展（R&D）经费已经达到13312亿元，占国内生产总值比重2.09%。技术进步表现在企业方面就是有R&D活动的企业所占比重明显在提高，新产品开发项目在增加。2004年有R&D活动的企业占全国企业比重为6.2%，2013年达到14.8%，新产品开发项目

表5  1986—2011 年我国制造业行业人均固定资产净值余额 （万元/人）

| 行业分类 | 1987 | 2000 | 2005 | 2011 | 2011/2000 |
|---|---|---|---|---|---|
| 农副食品加工业 | 1.15 | 7.28 | 8.70 | 16.83 | 2.31 |
| 食品制造业 | 1.07 | 7.38 | 9.10 | 15.64 | 2.12 |
| 饮料制造业 | 1.18 | 10.42 | 14.16 | 20.86 | 2.00 |
| 烟草制品业 | 1.67 | 23.67 | 32.16 | 46.64 | 1.72 |
| 纺织业 | 0.76 | 4.83 | 6.27 | 11.05 | 2.29 |
| 纺织服装、鞋、帽制造业 | 0.31 | 2.28 | 2.45 | 4.74 | 2.08 |
| 皮革、毛皮、羽毛(绒)及其制品业 | 0.46 | 2.36 | 2.15 | 4.07 | 1.72 |
| 木材加工及木、竹、藤、棕、草制品业 | 0.63 | 6.23 | 6.26 | 11.22 | 1.80 |
| 家具制造业 | 0.43 | 4.45 | 4.21 | 7.63 | 1.71 |
| 造纸及纸制品业 | 1.01 | 9.68 | 15.82 | 28.01 | 2.89 |
| 印刷业和记录媒介的复制 | 0.78 | 7.08 | 10.31 | 14.47 | 2.04 |
| 文教体育用品制造业 | 0.47 | 2.36 | 2.64 | 4.50 | 1.90 |
| 石油加工、炼焦及核燃料加工业 | 4.55 | 32.81 | 36.90 | 72.11 | 2.20 |
| 化学原料及化学制品制造业 | 1.18 | 10.61 | 16.83 | 35.91 | 3.39 |
| 医药制造业 | 1.16 | 7.55 | 13.30 | 18.53 | 2.45 |
| 化学纤维制造业 | 4.44 | 20.88 | 25.07 | 35.40 | 1.70 |
| 橡胶制品业 | 0.85 | 5.86 | 8.59 | 18.56 | 3.17 |
| 塑料制品业 | 0.85 | 6.92 | 8.04 | 11.28 | 1.63 |
| 非金属矿物制品业 | | 6.75 | 10.25 | 22.89 | 3.39 |
| 黑色金属冶炼及压延加工业 | 2.72 | 15.69 | 23.26 | 52.60 | 3.35 |
| 有色金属冶炼及压延加工业 | 2.50 | 11.50 | 17.72 | 38.58 | 3.36 |
| 金属制品业 | 0.56 | 5.14 | 5.90 | 12.83 | 2.50 |
| 通用设备制造业 | 0.94 | 4.97 | 6.44 | 14.54 | 2.93 |
| 专用设备制造业 | 1.15 | 4.59 | 7.06 | 15.24 | 3.32 |
| 交通运输设备制造业 | 1.27 | 7.87 | 11.02 | 20.25 | 2.57 |
| 电气机械及器材制造业 | 0.83 | 6.15 | 6.32 | 12.24 | 1.99 |
| 计算机、通信和其他电子设备制造业 | 1.20 | 8.72 | 9.73 | 11.22 | 1.29 |
| 仪器仪表及文化、办公用机械制造业 | 0.89 | 4.58 | 5.65 | 9.49 | 2.07 |

资料来源：1987 年和 2000 年数据是根据 1988 年和 2001 年的《中国工业经济统计年鉴》计算，由于 20 世纪 80 年代统计资料对制造业行业划分与后来统计年份部分行业包括的内容有所不同，我们对一些行业人均固定资产净值只能选择近似行业数据。2005 年和 2001 年数据是根据 2006—2012 年《中国统计年鉴》计算而得。表中数据未扣除价格因素。

数也由 76176 个增加到 358287 个，分别提高了 1.38 倍和 3.7 倍。

进入新世纪以后，企业创新活动还发生了积极的结构性变化。这就是引进国外技术的经费支出稳中有降，而用于引进技术的消化吸收经费在明显增加，购买国内技术的经费和技术改造经费在显著增长。从表 6 可看出，同 2004 年相比，2013 年全国规模以上工业企业引进国外技术的经费支出降低了 0.9%，而用于引进技术的消化吸收经费增长了 146.1%，购买国内技术的经费和技术改造的经费分别增长了 159.9% 和 37.9%。

另外，我们再按消费品制造业、能源原材料加工制造业、装备制造业三大类分别观察，看看全国按行业分规模以上制造业企业研发活动都集中发生在那些领域。从表 7 的数据反映出，在当前我国制造业企业研发活动中，有一半以上都发生在装备制造业领域。R&D 经费投入中装备制造业占 54.91%，消费品制造业和能源原材料加工制造业分别只占 10.46% 和 30.21%；企业开展的研发项目数装备制造业占 56.27%，消费品制造业和能源原材料加工制造业分别只占 11.37% 和 27.84%；企业的有效发明专利数装备制造业占 69.01%，消费品制造

表 6　全国规模以上工业企业技术获取和技术改造经费变化情况

|  | 2004 | 2009 | 2011 | 2013 |
|---|---|---|---|---|
| 引进国外技术经费支出（亿元） | 397.4 | 422.2 | 449.0 | 393.9 |
| 引进技术消化吸收经费（亿元） | 61.2 | 182.0 | 202.2 | 150.6 |
| 购买国内技术经费（亿元） | 82.5 | 203.4 | 220.5 | 214.4 |
| 技术改造经费（亿元） | 2953.5 | 4344.7 | 4293.7 | 4072.1 |

资料来源：2013 年《中国统计年鉴》。

表 7　2013 年全国按行业分规模以上工业企业研究与试验

| 项目 | R&D 经费 | | 研发项目数 | | 有效发明专利数 | |
|---|---|---|---|---|---|---|
|  | 万元 | % | 项 | % | 件 | % |
| 总计 | 83184005 | 100 | 322567 | 100 | 335401 | 100 |
| 消费品制造业 | 8699465 | 10.46 | 36689 | 11.37 | 23173 | 6.91 |
| 能源原材料制造业 | 25127734 | 30.21 | 89798 | 27.84 | 73359 | 21.87 |
| 装备制造业 | 45675089 | 54.91 | 181521 | 56.27 | 231457 | 69.01 |

资料来源：2013 年《中国统计年鉴》。

注：分类方法同表 3。

业和能源原材料加工制造业分别只占 6.91% 和 21.87%。以上数据说明了我国制造业企业技术创新活动在不断增加，而技术创新最活跃、表现最集中的是在装备制造业方面。这反映了我国产业结构和制造业结构转型升级的内在规律。

**（四）市场形象和竞争力正在改变**

中国制造业品牌效应具有后起性特征。一个明显的变化是，在科技进步和管理制度创新推动下，中国制造价格低廉但质量低劣的形象正在改变，已培育出一批具有国际竞争力的优势产业和竞争力强的品牌企业。比如 2015 年进入世界 500 强的企业中，中国上榜企业达到 106 家。位居 228 位的华为集团技术有限公司生产的通信设备和手机享誉世界市场，在通信领域全球排名前 50 的制造商中有 45 家采用华为的通信设备，其余 5 家使用美国生产的通信设备；在 2016 年 AnandTech 对世界 13 款旗舰手机机型的综合评价中，华为开发生产的智能手机 Mate8 分值最高，单项功能好于其他机型。我国的新能源特别是太阳能在技术水平、实际应用、尖端实验等都位于世界前列，太阳能工厂、路灯、太阳能酒店、太阳能无人机、太阳能电动车，太阳能住宅等都在市场上有极强的竞争力。再如：深圳大疆的小型无人机，科技含量高，销量占世界市场第一，可用于航拍、搜救、遥感测绘、森林灭火、电力巡回、影视拍摄等领域，美国好莱坞大片拍摄大多采用大疆的无人机；比亚迪电动巴士 K9 远销日本、丹麦、美国、德国、英国、荷兰、波兰等 100 多个国家，每辆 80 万美元；中国拥有完全自主产权的 C919 大型客机至 2015 年 6 月 15 日国内外用户总订单数达到 500 架；2015 年底国内通车 1.9 万公里的中国高铁更是享誉世界，许多外国人到中国都要体验高铁，土耳其高铁、新马高铁、泰国高铁、印尼高铁、美国加州高铁都由或将由中国承建；海尔在世界白色家电品牌排名第一，全球市场占有率达到 7.8%；深圳汇顶科技公司开发的指纹识别技术，是世界上除苹果之外仅有的一个厂家，识别率与苹果难分伯仲；小米科技有限责任公司成为世界第三大手机制造商，仅次于三星公司和苹果公司。

**（五）逐步形成多种所有制并举的格局**

由于统计口径并不太一致，我们只能以类似的统计比较结果来说明问题。1980 年，我国规模以上工业中，国有及控股企业 8.34 万个，占各类工业企业数的 22.1%，集体经济企业 29.35 万个，占 77.8%，其他所有制企业只占 0.1%。到 2014 年，国有及控股企业数已经减少到 1.783 万个，占各类工业企业数下降到 4.9%，私营企业占 56.4%、外商及港澳台商企业占 15.4%、集体企业占 1.02%。从产值份额看，1980 年国有及控股企业的工业总产值占 75.97%，私营企业占 0.02%，其他经济（包括外商及港澳台商企业）占 0.47%。2014 年国有及控股企业占规模以上工业企业主营业务收入占 23.38%，私营企业占 33.76%，外商及港澳台商企业占 32.7%。就是说，无论是按工业总产值还是主营业务收入统计，目前对我国工业发展的贡献排序都是私营企业占比最高，然后依次是国有及控股企业和外商及港澳台商企业，国有企业独大的格局已不复存在。

从现有的统计资料分析，不同类型的企业在不同制造业领域投入的实际资本有明显差别。表 8 是 2012 年经过整理加工的制造业资本金投入分类情况。首先从制造业整体投入看，法人资本投入最多，占制造业资本金总投入的 35%，其次是个人资本占 22.42%，其三是外国投资者资本占 15.96%，而国家资本仅占 10.14%。同时从企业自身看，凡是国内企业，无论是国家资本、集体资本，还是法人资本、个人资本，在能源原材料加工制造业投入的资本金最多，其次是装备制造业，在消费品制造业投入最少；而外资则有所不同，其中港澳台投资者同国内企业投向趋同，但外国投资者向装备制造业投入资本金最多，其次是能源原材料加工制造业，对消费品制造业投入最少。最后从不同类型企业的横向比较看，投向消费品制造业领域资本金最多的是国内法人资本和个人资本，这两类资本占消费品制造业资本金总投入的 65.2%。投向能源原材料加工制造业领域资本金最多的是法人资本、个人资本和港澳台资本，这三类资本占能源原材料加工制造业资本金投入的 73.86%。在装备制造业领域，法人、外国投资者和个人投入的资本金最多，三者占装备制造业资本金投入的 78.59%。上述制造业企业资本的不同投向，说明了在现阶段国内企业和港澳台

表8　2012 年全国规模以上制造业企业按所有制划分的实投资本　亿元

| 项目 | 实投资本 | 国家资本 | 集体资本 | 法人资本 | 个人资本 | 港澳台资本 | 外商资本 |
|---|---|---|---|---|---|---|---|
| 总　计 | 126185.31 | 12793.93 | 2433.5 | 44163.61 | 28286.17 | 18229.91 | 20143.94 |
| 消费品制造业 | 24978.88 | 1073.13 | 389.24 | 8807.9 | 7480.24 | 3100.92 | 4093.5 |
| 能源原材料制造业 | 54276.31 | 7141.52 | 1423.62 | 19072.86 | 10726.49 | 10289.29 | 5574.63 |
| 装备制造业 | 46930.18 | 4579.28 | 620.64 | 16327.85 | 10079.44 | 4839.7 | 10475.81 |

注：根据 2013 年《中国工业统计年鉴》资料整理，分类方法同表 3。

企业投资重心在资本密集行业领域，外国投资者的投资重心是资本和技术密集行业领域。显然，后者的技术优势要高于前者。

## 二、我国制造业转型升级面临的挑战

我国的制造业有做大的体制优势，可以利用各级政府、国有企业、市场机遇和经济促进策略在短期内将体量做得很大，30多年的发展也取得了令人瞩目的成就。但是，要将制造业做强做优，目前并不具备特别的优势；要想实现《中国制造2025》提出的"三步走"战略目标，还面临着几个急待解决的问题。

### （一）面临低端制造及产能过剩的矛盾制约

当前，我国制造业的总体产能利用率明显低于80%，有许多行业产能利用率只有70%左右，其中钢铁、水泥、电解铝、平板玻璃、炼焦、汽车、家电、电话单机、手机、卷烟等工业产品的产能利用率大多在50%到70%之间[①]。如果将庞大的在建和拟建生产能力计算在内，我国的产能过剩程度将更加严重。比如目前我国制造业总产量，服装动辄就是上百亿件、皮革鞋靴几十亿双、水泥几十亿吨、钢材十几亿吨、平板玻璃几亿重量箱、集成电路八百多亿块、移动手机十几亿台，房间空调器、家用电风扇、微型计算机、彩电、组合音响等产量都是几亿台[②]。如此巨大的工业制成品产量，单靠国内市场是无法消化完的，还必须出口国际市场。值得关注的是，我国的产能过剩只有少部分行业是相对过剩，大部分行业都处于绝对过剩状态，无论是消费品制造业还是能源原材料加工制造业和装备制造业都普遍存在产能过剩。

造成制造业产能过剩的原因是多重的，一是需求结构失衡，长期低消费率高储蓄率推动高投资，高投资支持制造业的高产能；二是既有财税体制和干部考核机制不合理，刺激了制造业超常规发展；三是地方政府的干预和保护，诱惑各类市场主体过度进入制造业领域，形成制造业过度投资。在以往的国际环境条件下，我国庞大的制造业产能还可通过出口来消化。但是，自世界金融危机之后，国际形势发生了根本变化，国际经济形势的复苏好转与中国的外需发生了偏离。一方面发达国家公共需求压缩和私人消费疲软，对中国需求增长乏力，另一方面比中国还落后的中低收入国家正在向中国学习，以比中国更低廉

---

① 马晓河：《用改革的办法化解产能过剩》，《经济日报》2013年12月27日。
② 国家统计局：2014年《中国统计年鉴》，中国统计出版社2014年版。

的成本发展劳动密集型产业，并向发达国家大量出口劳动密集型产品，在全球市场上对中国形成了供给替代。在此情况下，中国面临严重的制造业产能过剩危机。

中国产能过剩最为严重的是低端制造行业。多年来，在各级地方政府直接干预下我们把过多的资源投向制造业进而投向容易发展的领域，使得这些领域投资拥挤，产能疯狂增长。相反，发展难度较大的高附加值、高技术含量、低排放制造业领域资本进入不足，市场空间需要进口来补充。当前和今后，我国遇到的矛盾是，产能过剩行业过多挤占了本应用于发展高端制造的资源，要化解产能过剩矛盾我们不得不拿出额外资源，这从两方面制约了中国制造业由大变强的进程。

**（二）成本全面上升竞争力明显下降**

改革开放以来，中国制造业首先是利用大量低廉劳动力从发展劳动密集型产业起家的。当时，传统农业部门存在着数以亿计的剩余劳动力，对制造业来说社会劳动力供给是无限的，发展劳动密集型的制造业具备明显的低成本比较优势。进入 20 世纪 90 年代特别是新世纪以后，农业部门劳动力绝对数量迅速减少①，可供给制造业的劳动力数量不断下降，由此导致制造业以及社会劳动工资快速上涨。表 9 是笔者根据国家统计局公布的资料整理计算的城镇单位就业人员年平均工资变化情况，可以看出 1990 年以来，我国城镇就业人员实际工资增长了 8.39 倍，制造业就业人员实际工资增长了 7.84 倍。分阶段看，城镇就业人员年平均工资增长速度还有加快趋势。在 20 世纪 90 年代，城镇就业人员工资增长了 104.79%，年均增长 6.73%，其中制造业就业人员工资增长了 110.41%，年均增长 7%。进入 21 世纪后，从 2000 年到 2014 年城镇就业人员实际工资增长了 3.59 倍，年均增长率 11.5%，其中制造业增长了 3.2 倍，年均增长 10.8%。与此同时，土地、能源、水、原材料以及环境成本也在上升。比如 1990 年以来，我国工业生产者购进价格指数上涨了 129.62%，年均增长 3.68%。

制造业成本的迅速上升直接引起自身市场竞争力的不断下降。据全球商业咨询机构 AlixPartners LLP 发布的一项研究显示，2005 年，在制造业成本竞

---

① 从 1991 年到 2000 年，我国农业劳动力就业数量由 39098 万人下降到 36043 万人，减少了 3055 万人；从 2000 年到 2012 年，我国农业劳动力就业数量由 36043 万人进一步下降到 25773 万人，减少了 10270 万人。

表9  城镇单位就业人员年平均工资变动情况

| 年份 | 平均货币工资（元） | | | | | 平均实际工资指数（1990 = 100） | | | | |
|------|------|------|------|------|--------|------|------|------|------|--------|
| | 合计 | 国有 | 集体 | 其他 | 制造业 | 合计 | 国有 | 集体 | 其他 | 制造业 |
| 1990 | 2140 | 2284 | 1681 | 2987 | 2073 | 100 | 100 | 100 | 100 | 100 |
| 1995 | 5348 | 5553 | 3934 | 7728 | 5169 | 130.19 | 127.16 | 120.79 | 130.73 | 135.96 |
| 2000 | 9333 | 9441 | 6241 | 11238 | 8750 | 204.79 | 194.87 | 172.73 | 171.41 | 210.41 |
| 2005 | 18200 | 18978 | 11176 | 18362 | 15934 | 378.30 | 371.09 | 292.98 | 265.24 | 358.51 |
| 2010 | 36539 | 38359 | 24010 | 35801 | 30916 | 662.86 | 654.38 | 549.06 | 451.53 | 602.08 |
| 2014 | 56360 | 57296 | 42742 | 56485 | 51369 | 939.2 | 894.6 | 906.8 | 674.4 | 883.7 |

资料来源：2002 年、2013 年《中国统计年鉴》、2015 年《中国统计年鉴》。制造业实际工资指数是根据 CPI 指数折算出来的。

争力排序方面中国居于领先，其后是印度、越南、俄罗斯和墨西哥。到 2010 年，全球已经过洗牌，墨西哥成为成本最低的地区，其后是越南、印度、俄罗斯，最后是中国（见表 10）。我国制造业产出是靠大量劳动投入和高物耗取得的，产出效率也不高。从中间投入贡献系数看，中国一个单位价值的投入仅能获得 0.56 个单位的新创造价值，只有发达国家平均水平的一半。从产业附加值率看，目前我国工业附加值率仅为 22.3%，而美国是 49%、日本 48%、德国 37%。更令人担忧的是，2010 年以来由于工业成本上升过快，还使我国工业成本利润率出现下降。全国规模以上工业企业成本利润率曾从 2000 年的 5.56% 提高到 2010 年的 8.31%，但在 2011 年却下降到 7.71%，2012 年又降至 7.11%，2014 年继续降至 6.4%。特别是进入 2011 年以后，我国工业企业成本继续快速

表10  美国主要制造业外包国家的成本竞争力排名变化

| 排序 | 2005 年 | 2010 年 |
|------|---------|---------|
| 1 | 中国 | 墨西哥 |
| 2 | 印度 | 越南 |
| 3 | 越南 | 印度 |
| 4 | 俄罗斯 | 俄罗斯 |
| 5 | 墨西哥 | 中国 |

资料来源：AlixPartners.《AlixPartners 美国制造外包成本指数》，2011 年。

上升，而工业品出厂价格连续 40 几个月下跌。2011 年至 2014 年工业品出厂价格指数分别为 106、98.3、98.1、98.1。成本上升产品价格下降导致了企业利润率下滑，2011 年至 2014 年工业企业主营业务收入利润率分别为 7.3%、6.7%、6.1%、5.9%，连续四年呈下滑趋势。

**（三）原发创新能力和科技支撑力不强**

多年来，虽然我国制造业科技进步取得了显著成就，但不可否认的是，同发达国家相比我国制造业在技术创新方面还有很大差距。从技术创新层面讲，目前在世界制造业领域，美国是"大脑"，德国日本是"心脏"，中国仅仅是"肢体"，我们既缺"脑"也缺"心"。长期以来，我国制造业主要是依靠技术引进，通过再创新和集成创新等推动产业或企业技术进步，原始创新能力不强。主要表现在以下几个方面。

第一，研发投入强度仍然较低。从 2000 年以来，我国研究和开发（R&D）经费已经由 896 亿元增加到 2014 年的 13312 亿元，占国内生产总值比重也由 0.9% 提高到 2.09%[①]。即使如此，我国研发经费投入占国内生产总值比例与发达国家仍有较大差距。目前，美国、日本、韩国、德国等国家的研发经费投入占比分别是 2.79%、3.45%、3.36%、2.82%。[②] 我国研发经费投入占比分别只是美国、日本、韩国、德国的 74.9%、60.6%、62.2%、74.1%。

第二，人才匮乏。我国人才短缺既是结构性的也是系统性的。首先是高端、专业、关键性人才奇缺。目前我国拥有 3000 万科技工作者，而高端管理和科技工作者占比却很低。目前我国每万人劳动力中研发人员数量仅相当于日本的七分之一，德国、法国、英国的六分之一、韩国的五分之一。2012 年，全国有硕士学位的 R&D 人员中只有 38.6% 的人工作在企业，博士人员中只有 13.6% 的人工作在企业，这些比例与发达国家差距甚大。美国在企业工作的博士人数占比超过 35%，而我国的博士绝大多数留在院校和科研机构。我国人才短缺还表现在技术工人无论数量还是技能素质都无法满足制造业转型升级的需要。目前我国城镇企业 1.4 亿职工中有技术工人 7000 万人，其中初级工所占比例为 60%，中级工比例为 35%，高级工比例仅为 5%。而在发达国家高级技工占技术工人的比例通常要超过 35%，中级工占 50% 左右，初级技工占

① 2014 年《中国统计摘要》，中华人民共和国 2014 年国民经济和社会发展统计公报。
② 引自付保宗：《提升装备制造业核心竞争力问题研究》（宏观经济研究院研究报告）。其中，美国、日本、韩国是 2008 年数据、德国是 2009 年数据。

15%。① 我国高级技术工人比例和中级技术工人比例明显偏低，初级技术工人比例明显偏高。

第三，关键、核心技术储备严重不足。欧美日等发达国家，在长期的技术创新活动中积累了大量的技术和专利，形成了强大的"专利池"。据统计，1986—2010 年间，美国累计授权发明专利高达 327.9 万件②，而我国截至 2012 年底发明专利累计授权量仅为 111.1 万件③，仅为美国的 1/3。2013、2014 年我国发明专利申请授权量大幅度上升，但和发达国家相比发明专利质量有待提高④。目前，发达国家在光学、运输、音像技术、医药技术、半导体、发动机等关键技术领域的发明专利授权仍保持优势。⑤ 比如，我国已成为全球汽车产量和销量第一大国，但空调、电动转向、电子制动、悬挂系统、发动机控制等核心零部件，全都掌握在欧美日等发达国家企业手里。同发达国家比，我国的专利转化率也非常低，目前我国专利转化率不足 10%，远低于发达国家 70% 到 80% 的比重⑥。我国的科技成果转化指数在过去 30 年里也处于最低水平。以 2008 年数据为例，若以美国的成果转化指数为 100，瑞典、法国、日本和英国分别为 77、59、40 和 40，而我国仅为 1.6，略高于韩国 1990 年的水平。

第四，基础机械、关键零部件和基础配套能力薄弱。多年来，由于对共性技术研究和关键零部件研发重视不够，我国制造业基础机械、基础元器件和关键零部件的供应能力不足，成为各类主机和重大技术装备发展的制约因素。比如，在机床、发动机、仪器仪表等基础机械产品领域，国内企业每年大量生产和出口中低档发动机、机床、中小型集成电路，同时又每年大量进口高档数控机床、大型集成电路、先进发动机、关键零部件和高端原材料。目前，我国 95% 的高档数控系统、80% 的芯片、几乎全部高档液压件、密封件和高端发动机都要依靠进口。又如，我国工业机器人所用的精密减速器、控制器、伺服系

---

① 引自付保宗：《提升装备制造业核心竞争力问题研究》（宏观经济研究院研究报告）。其中，美国、日本、韩国是 2008 年数据、德国是 2009 年数据。
②《2010 年美国授权发明专利 企业比重超过九成》，《经济日报》2011 年 9 月 14 日。
③《我国发明专利累计授权首超百万 广东北京江苏排名前三位》，《经济日报》2013 年 2 月 22 日。
④ 2011 年，我国发明专利申请量超越美国，成为世界第一，但我国发明专利主要是改进型发明，在技术含量、复杂程度方面水平较低，技术关键领域的发明专利数量较少。
⑤《我国授权专利去年增长 26.1%，体现基础性、原创性的发明专利仍然比较少》，《人民日报》2013 年 2 月 22 日。
⑥《专利，奖大不如扶小》，《经济观察报》2008 年 5 月 12 日。

统及高性能驱动器等核心零部件大部分依赖进口。我国每年生产 13000 万千瓦发电机组（发电设备），但发电设备所用的耐高温、高压管材需要大量进口；超临界、超超临界机组的耐高温、高压的优质管材、板材也需要进口。还有，我国急需的航空发动机主轴承，属于基础关键、高端精密件制造，是我国的"短板"，西方发达国家根本不单卖与中国，要么进口整机、要么拒绝卖出。简言之，核心制造是根本买不回来的，只能走原始自主创新之路。

R&D 投入强度低、人才匮乏、关键核心技术储备不足、基础技术配套能力弱等一系列问题的形成，既与我们过度追求快速增长的方式选择有关，更与我们不完善的市场制度和缺乏创新激励的政策安排直接相关。

**（四）发展方式粗放缺乏可持续性**

30 多年来，我国制造业虽然实现了高速发展，但过度依赖低成本、高投入也带来了严重的结构性矛盾和资源环境问题。结果就是社会资本过度进入制造业领域，造成制造业无序扩张和粗放式发展，过度消耗资源能源，生态环境破坏严重，产业可持续发展能力差。我国土地、水、林木、矿石、能源资源都十分稀缺，木材、煤炭、矿石、石油等能源资源供求缺口在日益扩大，每年都不得已进口大量资源。目前，我国每生产一单位工业增加值或 GDP，所消耗的能源和原材料要比发达国家高得多。比如我国生产每万元 GDP 能耗是美国的 1.43 倍、日本的 1.92 倍、德国的 2.2 倍、英国的 2.49 倍[1]，钢材消耗是美国的 7 倍、日本的 3.1 倍。2012 年，我国 GDP 占世界总量的 11.4%，但却消耗了全球 23% 的能源、11.7% 的石油、30% 的煤炭、25% 的钢铁、40% 的水泥。2013 年，我国全社会能源消费 41.69 亿吨标准煤，其中工业消费约占 69.83%[2]。除了巨量能源资源消耗之外，还给我国生态环境中排放了大量污染。2013 年全国二氧化碳、氮氧化物、烟尘排放总量分别达到 2043.92 万吨、2227.36 万吨、1278.14 万吨[3]。由于污染物超量超标排放，使得我国的土地、水、大气环境遭到严重破坏。按照《环境空气质量标准》（GB3095-2012）进行评价，目前我国地级以上达标城市仅占 40.9%，环保重点城市达标比例仅为 23.9%。2013 年以来，中东部地区出现了持续大范围的雾霾天气，雾霾面积达 130 多万平方公里，多个城市 PM2.5 指数爆表，6 亿人口受到了影响。

---

① 2015 年《中国统计摘要》。
② 2015 年《中国统计摘要》。
③ 2014 年《中国统计年鉴》。

环境变差不但需要社会拿出较多的资源去治理，而且也降低了高端制造企业和人才的吸引力。在一个环境质量很差的地区，制造业有可能会做大，但绝不会变强。

## 三、世界制造业发展趋势及中国的选择

当前，世界正在掀起新一轮技术革命浪潮。本轮技术革命以信息技术、生物技术、新材料技术和新能源技术为核心。这四大技术在创新应用过程中不断交叉融合，并以渐进、渗透方式改变着我们的世界，给世界制造业带来了深刻影响。制造业在生产方式上正向着智能化、可视化和个性化方向不断前行，支持高度灵活的个性化产品和服务定制；在发展理念上正走向绿色化和服务可持续化，改变新价值的创造过程和分享模式；在产业组织上将突破原有的产业链分工模式，从资源驱动转为信息驱动，创造新的技术领域和合作形式；在商业模式上会更加多样化，支持多主体间协同甚至融合发展，顺应社会环境和生活的多元化特征。以近年来进展迅速的 3D 打印为例，它充分体现了新一轮技术革命的效果，用新的"增材"制造技术替代了传统的"减材"制造技术，从根本上改变了产品生产和制造的工艺路线。新一轮技术革命浪潮为世界各国带来了难得的发展机遇，哪个国家起步早，战略实施得当，就将获得新的经济增长。为了在本轮技术革命浪潮中抢得先机，世界各大经济体纷纷实施新的发展战略。德国推出"工业 4.0"，美国提出"先进制造业伙伴计划"，日本推行"新成长战略"，韩国实行"制造业革新 3.0"战略，法国实施"新工业法国"计划，英国发布"英国制造 2050"，随后印度也有针对性地提出了"季风计划"等 ①。

当前国际经济形势仍处在波动状态。在此背景下，世界发达国家正在以新的比较优势吸引高端制造业回流，这给我国产业发展迈向中高端带来"高压效应"。与此同时，中低收入国家也在利用其低成本优势激烈争夺中低端制造业向本国转移，这又对我国在中低端制造业领域形成"挤出效应"。面对高端高压和低端挤出形成的双重作用，中国必须利用好新一轮科技革命和世界产业变革给我们带来的"机会窗口期"，寻找新的突破口。

从中国国内看，当前面对的这个窗口期，恰逢我们步入了改革深水区，亟

---

① 吕铁、韩娜：《智能制造：全球趋势与中国战略》，《学术前言》2015.06（上）。

待推进经济结构转型、产业结构调整的关键时期。外部窗口期与内部关键期，两期相遇交汇，中国制造业的转型升级机不可失，且刻不容缓。我国要利用好有限的机会，在更大空间中运筹、用更多手段推动制造业的转型升级。2015年，我国人均 GDP 达到 7924 美元，按照世界银行划分标准我国已跨入世界中上等收入国家行列六个年头。根据国际经验，此时制造业结构转型是一个经济体步入高收入的发达国家的关键所在。制造业结构成功转型，意味着制造业在国内生产总值中的比例不断降低，同时制造业结构中的低端制造部分被压缩、淘汰，中高端制造业比重不断提升，高加工度、高技术含量、高附加值制造业成为经济增长中的主导产业。最终，使中国制造业的整体技术水平和生产效率获得明显提高，国际竞争力大大增强。当前和今后一个时期，我国一定要面对挑战与问题，把握制造业发展的上述趋势，选择适合本国产业发展的战略思路，推动制造业进一步转型升级。

为了抓住新一轮科技革命和世界产业变革的战略机遇，将中国制造业由大变强，国务院于 2015 年 5 月 19 日正式颁布了《中国制造 2025》，提出了实施制造强国战略的第一个十年行动纲领。《中国制造 2025》明确提出了建设制造强国的"三步走"战略，即以十年为一个阶段，通过"三步走"实现制造强国的建设目标。具体内容是：第一阶段，到 2025 年，制造业发展程度接近德国、日本实现工业化时的制造强国水平，基本实现工业化，中国制造业迈入制造强国行列，进入世界制造业强国第二方阵。第二阶段，到 2035 年，达到世界制造业强国第二方阵前列国家的水平，成为名副其实的制造强国。第三阶段，到 2045 年，乃至新中国成立一百周年时，制造业发达程度高于第二方阵国家的水平，进入世界制造业强国第一方阵，成为具有全球引领影响力的制造强国。《中国制造 2025》还对"三步走"的第一个十年战略任务和重点进行了具体部署，围绕制造业转型升级、提质增效，提出了九大战略任务和一些重要的政策举措。

未来我国制造业由大变强的基本思路，一是紧紧抓住世界新一轮科技革命的战略契机，以原始创新、集成创新和引进吸收再创新为动力，以智能制造为主攻方向，运用先进技术、先进工艺路线、先进管理方式，大幅度提升中国制造的内在质量。二是改资源驱动为信息和需求驱动，以国内和国际两大市场的需求为平台，实现关键领域、重要环节和重点行业的创新突破，果断淘汰低端制造，积极发展中高端制造，扶持战略性新兴产业，促进制造业在全球价值链中由低端向中高端跃升，从根本上转变中国制造的外在形象。三是推进消费品制造业、能源原材料加工制造业和装备制造业产品结构调整和产业结构转型，构建起具有技术先进性、知识密集性、高附加值、低碳环保的现代制造业体系，极大增强中国制造持久、平衡发展的可持续性。最终，实现中国制造向中国创造转变，中国产品向中国品牌转变的目标，实现中国制造由大变强的历史性跨越。

## 四、中国制造由大变强的对策

好的战略思路都需要有可行的应对之策。我国要推进制造业转型升级由大变强，必须立足中国的环境和制造业的发展基础，直面其挑战和机遇，在创新能力提升、传统产业改造、产业政策引导、人才队伍建设、投资策略调整、改革进程推进等方面，采取积极而有效的对策。

### （一）努力提高中国制造业的创新能力

目前，世界制造业可排列三个方阵，第一方阵是美国，第二方阵是德国、日本，第三方阵是英国、法国、俄国、韩国和中国。与处于世界制造业前列的国家相比，我国主要差距是原始创新和自主创新能力薄弱。今后，要采取综合举措提升我国的创新能力，争取用20年时间使我国制造业发展水平达到第二方阵。第一，要继续加大R&D的投入强度。科技创新需要长期不懈的投入。近几年，尽管我国R&D占GDP比重上升很快，但与发达国家比仍有较大差距。建议进一步加大政府在R&D中的投入比重，可以建立高端制造产业引导基金，用于引导企业发展关键和核心技术，包括基础机械、关键零部件和基础配套设备等方面的研发设计、推广应用。此外，还可采取税前抵扣的政策，鼓励和支持企业增加R&D的投入强度，让企业成为科技创新投入主体。第二，加强核心技术研发，瞄准新一代信息技术、高端装备、新材料、生物技术、智能制造等重大领域部署创新。集聚国内一流科研力量，筹集必要的技术、资金、设施资源，围绕目前我国亟须的关键、核心技术以及共性技术，组成若干个制造业技术重大专项，争取在新一代信息技术产业、高档数控机床和机器人、航天航空装备和无人机、海洋工程装备及高技术船舶、先进轨道交通装备、节能与新能源汽车、电力装备、农机装备、新材料、生物医药及高性能医疗器械等方面先行取得重点突破。第三，围绕《中国制造2025》大力推动的十个重点领域，支持设立增强制造业核心竞争力工程包，强化对关键、核心技术以及共性技术的推广应用。今后，我国制造业要不断提高科技成果转化率，要以产业链为基础，组成若干个工程包，合力推进。要深化产学研合作，从财政补贴、税收优惠、政府采购、市场准入等方面，推进科技成果有效转换。第四，引导企业创新。要不断完善引导企业创新的机制和政策，大幅度提高政府对企业创新的政策支持力度，支持企业建立研发机构，引导鼓励企业增加创新投入。可根据产业调整和新兴产业发展需要，在全国选择一批产业技术创新联盟和产业共性技术研发基地，培育一批创新型企业。要完善企业研发费用税前加计扣除政策，允许并支持企业按销售收入一定比例提取科技创新风险基金、新产品试制准备金、技术革新基金、人才培育或引进基金等，这类基金或准备金允许税前扣除，实行专款专用。第五，完善科技创新服务体系。积极支持研发设计服务、知识产权服务、科技成果检测、中介咨询等科技服务机构的发展，为实现创新技术成果的扩散、转移、推广营造良好的外部环境。

**（二）用智能、绿色制造加快传统产业改造升级**

当前，我国正处于产业结构加快转型期，低端制造、落后产能要么被替代、要么被转移，这将是一种必然趋势。但是，要特别注意的是在大量低端落后产能被淘汰或转移过程中，如果不能及时对未被淘汰转移或将被淘汰转移的传统产业进行改造升级，中国经济增长将面临大滑坡。这是因为低端落后产能淘汰转移是快变量，传统产业升级和新兴产业成长是慢变量。当慢变量在短期内无法迅速填补"去产能化"遗留下来的增长缺口时，制造业将会出现"空心化"。因此，在做好减法即"去产能化"的同时，一定要做好加法，加快对传统制造业的改造升级步伐，积极推进新兴产业发展，以避免制造业在转型过程中出现"空心化"。对传统制造业改造，一定要走中高端化、细分化、智能化和低碳化发展路线；要充分利用现代技术改造工艺路线和生产流程，更新机械设备，引进先进管理，延长产业价值链条，促进制造业朝着价值链的上游发展；要从以往追求规模扩张转向质量提升，鼓励企业全身心地投入到高附加值、高技术含量、低排放制造的活动中。

对于消费品制造业，为了适应城乡居民收入水平提高和消费结构演变，可以适当降低低档产品生产量和生产比重，不断提高中高档产品产量和生产比重。以服装业为例，目前我国每年生产服装约270多亿件，大多是低技术含量、低附加值产品，不但国内消费不了，就是出口也遇到了发展中国家的激烈竞争，价格不断下降，成本持续上升，利润空间变小。相反，每年我国却大量进口高技术含量、高附加值的服装。显然，我国应该在淘汰或转移一批低端、低附加值服装生产能力的同时，发展一批中高端服装企业。再如，东莞的玩具企业一直存在劳动密集程度高、附加值低和品牌缺乏等软肋，出口量大但利润率很低，在国内也只能占据低端市场。面对近年来的经济下滑，没有研发能力的低端产品制造企业很快被淘汰，而那些顺应玩具智能化趋势，果断进行产业链升级，积极进行智能玩具研发和制造的企业，用自身实力换取了市场的话语权，成功地实现了企业转型。

对于能源原材料加工制造业，今后的改造方向是，压缩能源原材料粗加工的生产能力，降低其比重，提高精加工和高加工的生产能力，着力发展一批为精密加工制造配套的原材料。同时要大力发展新材料制造产业，实施一批工程，支持一批创新型企业，鼓励发展电子信息材料、生物材料、新能源材料、纳米材料、超导材料、新型化工材料、新型有色金属合金材料、高性能复合材料、新型建筑材料、低碳包装材料加工等。

对于装备制造业，要集中力量发展基础制造装备，以智能化为重点，大力推进高档数控机床、中高端发动机、集成电路芯片、关键制造设备、自动化成套生产线、精密和智能仪器仪表、关键基础零部件、元器件以及通用零部件的发展。在航空装备方面，发展大飞机的重点是要突破发动机超高速、超高压、超高温三大技术难题，尽快研制并生产出我们自己的大飞机发动机，制造装有"中国心"（发动机）的航空飞机。在交通运输设备制造方面，要发挥高铁、轻轨方面的优势，围绕高速、快捷、安全，重点发展整车制造、列车运行控制系统、系统集成和核心制造技术，提升关键零部件制造水平，打造具有国际竞争优势的现代轨道交通装备产业集群。在海洋工程装备制造方面，以海洋矿产资源装备制造为重点，围绕勘探、开发、生产、加工、储运以及海上作业环节需要，发展大型水下系统和作业装设备等关键海洋工程装备，掌握关键核心技术，形成较强的总承包能力和专业分包能力。在通用设备制造方面，要以推动中高端装备应用为方向，以产品制造过程智能化、精密化、低碳化为目标，通过有效的政策支持，鼓励对食品制造、纺织服装、能源化工、医药制造、金属制品、汽车制造、普通以及专用机械设备制造、电气机械及器材制造、电子及通信设备制造等领域进行全面系统的现代化改造，以提升我国制造业的核心竞争力。

**（三）创造有利于由大变强的产业政策环境**

在新的发展阶段，制造业由大变强，一方面需要营造良好的市场环境，充分发挥市场在资源配置中的决定性作用，促进制造业产品结构调整和产业结构转型；另一方面，也需要政府发挥积极作用，在完善相关法律、法规，维护市场秩序，制定行业技术标准，支持重大装备制造和关键基础性以及共性零部件制造等方面，起到监管、引导、支持等作用。一是进一步完善相关法律法规和行业技术标准。我国的制造业是依靠国际和国内两个市场、两种资源发展起来的，因此我国有关制造业发展的相关法律法规和行业技术标准必须参照国际通行做法来制定。特别在制造业标准化方面，应提高国家标准、行业标准和企业标准等级，完善我国制造业标准体系，为我国制造业产品升级、深度参与国际市场竞争创造条件。二是完善制造业的支持政策。根据制造业结构转型和升级发展的需要，要调整和完善制造业发展的支持政策，从过去的以管为主转向以服务为主，进一步减少甚至取消政府对企业的直接干预，比如行政审批、收取各种杂费和赞助、摊派各种达标比赛活动等，在企业注册、建厂、研发设计、品牌、产权保护、采购、营销、生产、进出口等方面，制定有针对性和实效性的措施，从各方面提供诱致性、便利化的服务政策，引导企业调整制造业结构，推进制造业由大变强。

**（四）为由大变强提供人力资本支撑**

我国制造业由大变强的关键是技术创新，而技术创新的关键是人才，人才是现代制造业的核心竞争力。一是加快教育和科研体制改革，培养一批高端人才。鼓励产教结合、产学研结合，为高端制造和战略性新兴产业发展培养高级人才，高等院校或科研机构要结合企业实际需要，加大工程类博士专业学位研究生的培养力度，这类人才培养过程，要引导企业积极参与，教学课程设置、实践训练、学位论文（设计）等要与企业进行实质性对接。同时，要利用每年国家实施的科技重大专项、重大科技成果示范推广工程，培养一批高端专业人才。二是改革收入分配制度，优化人才发展环境，引导高端人才向企业流动。建立国家人才专项基金，完善股权激励、技术入股、收益奖励以及社保、配偶就业、子女上学、住房等方面的优惠政策，吸引海外高端人才来中国发展，并以同等优惠政策鼓励支持国内高等院校或科研院所的高级人才向企业一线流动。三是加强职业教育和企业职工技能培训，不断提高制造业的员工素质。要加大制造业职业教育的投入，建立职业教育培训发展基金，完善技能培训补贴管理办法，健全职业教育和技能培训体系，开展网络化、开放式、自主型的职业教育和技能培训，增强职业教育和技能培训的针对性；同时在全国或不同区域还可开展各种形式的技能比赛活动，倡导技能竞争、质量为上的精神。

**（五）着眼全球价值链调整贸易和投资策略**

要适应国际经济格局调整和国内制造业由大变强的需要。一是积极促进我国对外贸易和投资战略转型，扎实推进"一带一路"的实施工作。要利用我国外汇储备充裕和资本充足的优势，在沿线国家或地区开展基础设施建设合作、产能合作、服务贸易合作等，积极输出我国的高铁、电子商务以及金融服务等项目，并以此带动中高端制造业的出口。二是深化对外开放，在外商投资负面清单、商事登记、进出口业务便利化以及"走出去"等制度安排上，继续同国际规则接轨，从体制上创建高尺度的互惠开放市场，为制造业"走出去"和引进来创造良好的环境。比如降低高端制造业产品（包括服务产品和技术设备）的进出口关税，完善出口退税制度，简化商事登记手续，建立健全涉及制造业乃至整个服务贸易的融资、信保、通关、结售汇等管理制度，清理整顿进出口环节各种不合理收费项目，制定外商投资负面清单，扩大企业境外投资自主权，允许开展个人境外投资，积极推进人民币国际化等。三是逐渐减少低端制造业产品的出口，主动将国内一部分低端制造业产能转移到中低收入国家。与此同时，促进加工贸易企业培育新的优势；同时吸引跨国公司将处于价值链高端的设计、核心制造、营销和咨询服务等环节转移到中国来，推动我国贸易结构调整转型。四是培育本土跨国公司，不断提高我国在全球制造业价值链的分工地位。世界制造业的竞争在某种程度上是跨国公司的竞争，在对全球资源开发和经济市场的控制力上，我国还没有真正意义上的跨国公司，目前进入世界 500 强的国内企业大多是内向型和国有企业。今后必须遵照十八届三中全会提出的构建开放型经济新体制、加快培育参与和引领国际经济合作竞争新优势的要求，从财税、金融、投资贸易便利化等方面推进国内制造业企业到境外发展，支持他们在全球范围配置生产技术资源要素，建立自己的全球产业分工体系、研发创新体系和营销体系，不断提高制造业国际市场竞争力，实现中国制造由大变强。

### （六）加快推进体制机制改革

中国制造要由大变强是一项庞大的系统工程，涉及我们现有体制的方方面面，必须下大决心改革那些僵化、过时的传统体制机制。第一，政府要进一步向社会、向企业放权让利，简化审批程序，减税免费，实现从统管到服务转变。第二，强力推动国有企业改革，坚决从管人、管事、管一切向管资本转变；同时一定要解决国有企业过大的问题，国有企业过度进入竞争性制造业领域，不但挤压了民间资本的发展空间，而且还不利社会创业创新。从实践经验看，民营企业的创新动力更强，今后国有企业应结合体制改革退出竞争性领域，为民营企业发展腾挪空间。第三，破除行业垄断，降低民间资本进入门槛，取消一切对民营企业的不合理、不公平的限制。第四，彻底改革我国的科技创新推广体制，从更加适应中国制造强国战略角度，推进技术创新管理、项目经费分配使用、成果评价与转化应用、知识产权保护等方面改革，重构能体现激励的创新体系。最后，要积极推进生产要素价格市场化改革、节能减排制度改革、企业税费制度改革等等。

**参考文献：**

王云平：《中国制造业综合比较优势分析》，经济管理出版社 2014 年版。

王福君：《后金融危机时代美国、日本、德国三国装备制造业回流及对中国的影响》，《经济研究参考》2012 年第 63 期。

马晓河：《用改革的办法化解产能过剩》，《经济日报》2013 年 12 月 27 日。

张茉楠：《全球价值链战略推动中国产业全面升级》，《改革内参》2014 年 4 月 25 日，综合 14/2014。

王建：《传统市场经济与生产过剩危机》，《中国战略思想库研究报告》2014 年 3 月 12 日。

高旋：《推动我国产业向全球价值链高端跃升》，《经济日报》2014 年 5 月 20 日。

胡迟：《制造业转型升级的最新评估：成效、问题与对策》，《经济研究参考》2014 年第 15 期。

吕铁、韩娜：《智能制造：全球趋势与中国战略》，《学术前言》2015.06 上。

赵昌文、王忠宏：《从制造大国转向制造强国》，《时事报告》2015 年 5 月。

王旭虹、刘鹏飞：《没有中国制造就没有全球创造》，《中国经济时报》2014 年 4 月 3 日。

邵立国、王厚芹等：《世界制造业发展新趋势及启示》，《中国经济时报》2014 年 11 月 14 日。

李善同、刘志彪等主编：《"十二五"时期中国经济社会发展的若干问题政策研究》，第七章 "制造业升级政策"，科学出版社 2011 年版。

林重庚、迈克尔·斯宾塞：《中国经济中长期发展和转型》，背景论文十四《中国工业生产的分散化和面向国内市场的制造业前景》，中信出版社 2011 年版。

国家统计局：2013 年、2014 年《中国统计年鉴》，2015 年《中国统计摘要》，1988 年、1998 年、2009 年《中国工业经济统计年鉴》，2013 年《中国工业统计年鉴》。

国家发展和改革委员会经济研究所：《"十三五"经济发展和深化改革研究》，《"十三五"时期提升企业创新能力的思路及对策》。

工业和信息化部赛迪智库工业结构调整形势分析课题组：《2014 年中国工业结构调整发展形势展望》，《中国经济时报》2014 年 1 月 15 日。

《中国制造 2025》，国发〔2015〕28。

# 第四篇
# 如何推进城镇化与农业人口转移

在经济结构和社会结构转型过程中，城镇化是一个不可忽视的、极为重要的动力源泉。城镇化既能从投资也能从消费方面带来巨大需求，同时还能创造可观的有效供给，推动产业结构调整，带动服务业快速发展，促进制造业转型升级。笔者认为，中国今后要向发达的高收入国家行列迈进，构建一个以城镇人口占绝大多数的市民化社会，必须正确认识并设法加快城镇化进程。但是，目前我国无论是在城镇化的认识上还是在政策制定上都存在明显偏差，现有发展方式及一些政策安排严重制约了城镇化的深入推进；对相关体制和发展方式的分析研究非常必要；唯有对城镇化政策进行系统性的改革和调整，才能充分释放城镇化对中国经济社会发展的潜力。

## 第二十二章　积极推进城镇化释放内需潜力

改革开放以来，中国的经济增长主要是依靠工业化实现的。在推进工业化过程中，依赖高储蓄、高投资，通过大力发展以出口导向为主的劳动密集型产业，使经济连续保持了 30 多年的高速增长。但是，当前和今后原有发展动力机制遇到了严峻挑战，必须为经济增长寻找新的动力源泉，这就是加快推进城镇化。

## 一、传统增长动力机制受到严峻挑战

改革开放以来，我国经济连续 34 年获得了年均 9.8% 的高增长速度。由此，我国 GDP 总量由 1978 年排位世界第 10 跃居到世界第二位，人均 GNI 已从低收入水平成功迈进中上等收入国家行列。中国之所以能在较短时间内取得如此巨大的发展成就，主要是依靠改革开放，从供给和需求两方面进行了战略性调整。从供给角度看，调整工业化战略，利用传统产业部门劳动力无限供给优势，大力发展劳动密集型产业，推动制造业快速增长，使其成为经济增长的主要动力源泉。从需求角度看，我国经济增长主要表现为"出口导向型"和"投资导向型"特征，就是投资对经济增长的贡献作用不断上升，经济增长的对外贸易依赖度[①] 不断攀高。

但是，当前国内外发展环境正在发生转折性变化，这些变化对中国既有发展动力机制构成了严峻挑战。从国内环境看，我国劳动力供给优势正在减弱。一方面劳动力供给总量增长幅度在逐年下降，依靠劳动力无限供给带动经济增长的优势必将消失。由统计资料分析，自 20 世纪 90 年代以来我国劳动力供求发生了两个明显变化（见表 1），一是农业部门的劳动力数量由增长转变为不断减少，到 2011 年农业部门劳动就业数量比 1991 年减少了 12504 万人，平均每年减少 625.2 万人。到 2012 年农业部门劳动力就业数量再次下降到 25773 万人，比上年又减少了 821 万人。这意味着传统部门的劳动力不再是无限供给。二是从 20 世纪 90 年代开始，我国劳动力供给总量增长不断趋缓，由每年平均增加 1000 万劳动力资源下降到每年平均增加 400 多万。2012 年全国 15 — 59 岁劳动年龄人口 93727 万人，比上年末减少 345 万人。很显然，我国劳动年龄人口减少趋势还将继续下去，甚至还有加大趋势。届时，企图继续依靠劳动力资源供给优势带动经济增长已不可能。

另一方面劳动成本不断上升、土地价格持续上涨和人民币升值，都导致劳动密集型产业生产成本大幅度增加，赢利空间在不断被压缩，许多劳动密集型产品已经处于微利甚至零利润水平。2011 年农民工工资收入比上年增长了

---

① 外贸依赖度是指一定时期内一国或地区货物进口（IM）和出口（EX）总额与 GDP 的比例，即 FTD=(EX+IM)/GDP。根据 2013 年中国统计资料计算，我国投资对经济增长的贡献率由 2000 年 22.4% 上升到 2012 年的 50.4%；我国对外贸易依赖度在 1990 年为 29.8%，2000 年 39.6%，2012 年高达 47%。

表1  1980年以来每五年劳动力供给和就业增量变化 （万人）

| | 经济活动人口 | | 就业人员 | | 农业就业人员 | |
|---|---|---|---|---|---|---|
| | 总量 | 增加量 | 总量 | 增加量 | 总量 | 增加量 |
| 1980 | 42903 | | 42361 | | 29122 | |
| 1985 | 50112 | 7209 | 49873 | 7512 | 31130 | 2008 |
| 1990 | 65323 | 15211 | 64749 | 14876 | 38914 | 7784 |
| 1995 | 68855 | 3532 | 68065 | 3316 | 35530 | -3384 |
| 2000 | 73992 | 5137 | 72085 | 4020 | 36043 | 513 |
| 2005 | 76120 | 2128 | 74647 | 2562 | 33442 | -2601 |
| 2010 | 78388 | 2268 | 76105 | 1458 | 27931 | -5511 |
| 2011 | 78579 | 191 | 76420 | 315 | 26594 | -1337 |
| 2015 | 80188 | 1800 | N | N | N | N |

资料来源：1980—2010年数据根据国家统计局2012年《中国统计年鉴》整理，2015年数据来源于小萍《未来十年我国劳动力的供给趋势》（http://sm.xgzrc.com）。

表2  人民币对主要货币年平均汇价（中间价） 单位：人民币元

| 年份 | 100 美元 | 100 欧元 | 100 日元 | 100 港元 |
|---|---|---|---|---|
| 2004 | 827.68 | 1029.00 | 7.6552 | 106.23 |
| 2005 | 819.17 | 1019.53 | 7.4484 | 105.30 |
| 2006 | 797.18 | 1001.90 | 6.8570 | 102.62 |
| 2007 | 760.40 | 1041.75 | 6.4632 | 97.46 |
| 2008 | 694.51 | 1022.27 | 6.7427 | 89.19 |
| 2009 | 683.10 | 952.70 | 7.2986 | 88.12 |
| 2010 | 676.95 | 897.25 | 7.7279 | 87.13 |
| 2011 | 645.88 | 900.11 | 8.1050 | 82.97 |
| 2012 | 631.25 | 810.67 | 7.9037 | 81.38 |

资料来源：2004—2012年数据来源于国家统计局2013年《中国统计摘要》。

23.5%，过去三年各省最低工资每年平均增长19%。除了不断提高的人工成本之外，人民币升值带来的压力也在上升。2005年汇改以来，人民币兑美元升值22.9%，实际有效汇率升值达到30%，人民币兑欧元升值20.5%（见表2）。当劳动成本加快上升、人民币迅速升值时，如果劳动密集型产业生产率不能相应提高，其出口竞争力必然下降。显然，在此情况下，继续发展以劳动密集型为主的制造业将越来越不具备比较优势。

从国际环境看，一方面在世界金融危机爆发后，世界原有供求结构正在发生深刻变化，美欧等发达国家正在去杠杆化，纷纷改变过去那种高负债的消费方式；欧债危机、美国财政"自动减持"等使得各发达国家大幅度削减政府支出，压缩公共购买力，居民在高失业率压力下不断降低家庭消费率，由此从政府消费和居民消费两方面对劳动密集型产品的需求出现下降；这就给中国继续大量出口劳动密集型产品带来了极大的压力。因为，我国在对外出口总额中，对美欧日发达国家和地区的出口占48.5%，如果这些国家的公共购买力下降和私人消费不足，将直接导致我国的外需不足。另一方面目前世界上一些发展中国家，如洪都拉斯、越南、孟加拉、印度、斯里兰卡、印度尼西亚、柬埔寨、埃塞俄比亚等国家，正在利用比中国更加低廉的土地资源和劳动成本优势，大办产业开发园区，招商引资，大力发展与中国相同的劳动密集型产品，并向美欧等发达国家增加出口，在美欧等发达国家的劳动密集型产品市场上对中国的产品形成了明显的供给替代效应[①]。面对外部需求下降和市场供给替代，我国继续依靠扩大产业投资和增加出口带动经济增长的策略遇到了极大的挑战。

## 二、城镇化是新时期扩大内需的最佳途径

在国内外形势变化条件下，继续沿着以往的道路发展难以为继，中国必须寻找新的增长源泉。今后一个时期，加快推进城镇化便是一个最好选择。同工业化相比，城镇化在很大程度上可以创造需求；城镇发展从基础设施建设、公共服务体系构建和消费品市场扩张等方面都能带来巨量需求，大量消纳工业化产品。城镇化不仅仅表现为城镇空间的扩展，更重要的还表现为人口的集聚和城镇人口规模的扩大。大规模人口城镇化，会产生巨大的收入增长和消费转换效应。因为大量人口转为市民后，从买房、买家电、买家具到吃穿用行，都直接或间接地带来了巨大的投资和消费需求空间。城镇化的实践经验表明，城镇

---

① 2011 年 1 月中国广州市普通工人月工资人均 281 美元，越南胡志明市工人月工资人均 114 美元，孟加拉达卡市月工资人均 54 美元，埃塞俄比亚的斯亚贝巴市月工资人均只有 32 美元。

化率每提高一个单位，都能带来人均国民收入的明显增长，并由此带动国民购买能力的显著提高；同时，大量农民进城落户后，即使是收入水平不变，消费倾向和消费结构变化也会向有利于增加工业品消费需求的方向转化。

另外，从供给角度分析，城镇化还可以促进产业结构调整和升级。世界发达国家的城镇化经验表明，当一国的工业化达到一定阶段时，推进城镇化可以增加第三产业的就业弹性和就业规模，提高服务业在产业结构中的比重。即使是制造业结构转型和升级也离不开城镇化。一般而言，大部分技术创新活动都是在人口聚集的城镇开展和完成的，城镇为技术研发和推广提供了难得的支撑平台，是人力资本提高和知识积累的大熔炉；工业化推进到一定阶段后，产业结构调整和升级必须依赖城镇化的推进来完成。因此，当工业化到达一定阶段后，城镇化是调整经济结构、促进经济增长的新发动机。还需要强调的是，当一个经济体从中等收入向高收入阶段迈进过程中，构建以中等收入阶层为主体的橄榄型社会结构尤为重要。这一时期，城镇发展恰恰能为中等收入阶层集聚和成长提供空间环境，显然城镇化也是推动社会结构转型的动力来源。

根据中国 1978—2012 年间的数据，我们分析了城镇化与经济增长之间的关系，并绘制了城镇化率与人均 GDP 的曲线变化图（图 1）。从中可以看出，

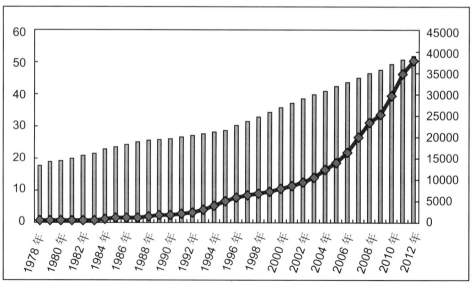

**图1 中国 1978—2012 年城镇化率与人均 GDP 的曲线变化图**

资源来源：国家统计局：2012 年《中国统计摘要》，中国统计出版社 2013 年版，图中柱形代表城镇化率，曲线代表人均发展 GDP。

人均 GDP 与城镇化率呈明显的线性关系。为了测度中国城镇化对经济增长的影响程度，我们还对 1978—2010 年相关数据进行了模型分析，结果发现，城镇化率每提高 1 个百分点，按 2010 年价格计算的人均 GDP 增加 670 元。与此同时，我们还建立计量模型，对过去 30 多年中国城镇化与非农产业就业关系进行了分析，结果发现，第三产业就业比率对城镇化率的弹性为 1.13，随着城镇化率的提高，第三产业就业比率以递增的速度增加，这反映了中国城镇化进程对扩大第三产业就业机会起着越来越重要的作用。第三产业就业人数与城镇化呈正相关关系，意味着城镇化率每提高 1 个百分点，第三产业就业人数增加 663.84 万人。但不同的是，第二产业就业比率对城镇化率的弹性较低，仅为 0.34，随着城镇化率的提高，第二产业就业比率以递减的速度在增加。但是，值得注意的是，当一个经济体从中等收入阶段向高收入阶段迈进时，第二产业特别是制造业结构加速转换，会大大增加对邮电通讯、金融保险、物流、法律、会计、信息咨询、科研开发、新闻出版、广播电视等新兴服务业的需求，这些新兴服务业的发展同样带来了就业的增加和产值的增长。

城镇化对扩大内需、增加就业、转换结构的作用分析，是在现有体制不变、人口向城镇集聚受到抑制情况下获得的。如果能打破现有城乡二元体制约束，人口向城镇集聚不再受到抑制，城镇化对我国经济增长的作用将更大。仅以城镇人口增长为例，参照 2000—2010 年 10 年间城镇化率平均每年增加 1.37 个百分点，如果"十二五"期间城镇化速度放慢到每年增加 1.2 个百分点，到 2015 年我国城镇化率可提高到 56.2%，城镇人口可达到 7.72 亿人，比 2010 年增加 10022 万人。假定从 2010 年到 2015 年城镇居民人均可支配收入年均增长 7%[①]，届时城镇居民年人均可支配收入将达到 26802 元。按照 2010 年城镇居民平均 70.5% 的消费倾向计算，2015 年城镇居民人均用于消费的支出为 18900 元。以此测算，到 2015 年因城镇人口增长可增加消费 19320 亿元。另外，城镇人口增长还需要增加基础设施建设和公共服务投入，根据以往大城市建设经验，城市每增加一个人口需要这两方面的投资成本约 10 万元；如果对物价指数变动和大中小城市差异同时不考虑，到 2015 年城镇增加 10022 万人，就需要 10.2 万亿元的基础设施建设和公共服务投资。这样，由于城镇人口增长，到 2015 年我国将会比 2010 年增加投资和消费超过 12 万亿元。以此种方式测算，在"十二五"后三年里，因城镇化推进平均每年可为我国带来 22000 亿以上的

---

① 从 2000 年到 2010 年城镇居民人均年可支配收入年均增长 9.66%。

国内生产总值，对经济增长的贡献率超过 50%①。同理，假定"十二五"期间城镇化速度放慢到每年增加 1 个百分点，到 2020 年，我国的城镇化率提高到 61.2%，城镇人口将达到 8.78 亿人，比 2010 年增加 20822 万人②。仍然设定城镇居民人均可支配收入年均增长 7%，届时城镇居民年人均可支配收入将达到 37590 元。按照城镇居民平均 70.5% 的消费倾向测算，2020 年城镇居民人均用于消费的支出为 26500 元，同 2010 年相比，届时因城镇人口增长可增加消费 55180 亿元，同时还需要增加基础设施建设和公共服务投资这两方面的投资成本约 20.82 万亿元。以此推算，到 2020 年我国城镇化率提高将会比 2010 年增加投资和消费 26.3 万亿元。

## 三、中国城镇化存在"虚高"成分

从世界各国发展实践看，工业化和城镇化的演进存在三种形态。第一种是工业化与城镇化同步发展形态，像美欧日等发达国家。这些国家在推进工业化过程中，城镇化与经济发展呈显著的正相关关系，工业化率与城镇化率是两条近似平行上升的曲线。比如英国 1841—1931 年间，工业化与城镇化相关系数为 0.985，法国 1886—1946 年间为 0.97，瑞典 1870—1940 年间为 0.967，整个发达国家为 0.997。③在市场力量推动下，这些国家的人口向城镇集聚是持续不断和渐进式的，城镇数量和城镇人口规模增长与经济发展阶段相适应。在低收入发展阶段，城镇人口比重低，在中等收入发展阶段，城镇人口比重上升加快，当进入高收入发展阶段，城镇化业已完成，城镇人口比重达到 70% 左右。第二

---

① 这里城镇化引起的投资和消费增加量已经扣减了因农村人口下降减少的农村投资和消费总量。比如 2013 年，城镇化引起城镇投资和消费增加 23475 亿元，而当年农村人口下降引起农村投资和消费减少 1114 亿元，2014 年城镇化引起城镇投资和消费增加 23438 亿元，当年农村人口下降减少投资消费 1201 亿元，2015 年城镇化引起投资和消费增加 23886 亿元，当年农村因人口下降减少投资和消费 1337 亿元。在 2013—2015 年间，如果经济增长率按 7% 计算，国内生产总值增加量中，分别就有 61.5%、57.2%、54.2% 来自城镇化的贡献。
② 按照联合国《世界人口预测》中国 2020 年人口为 14.54 亿人，中国《人口发展"十一五"和 2020 年规划》明确 2020 年人口总量将控制在 14.5 亿以内。在本文中，作者假定"十二五"后三年人口增长率由 2006—1012 年年平均自然增长率 0.495% 降低到 0.48%，"十三五"期间年均降低到 0.45%，若如此，到 2015 年我国人口将为 137360 万人，2020 年 140480 万人。
③ 肖金成：《中国特色城镇化道路的内涵和发展途径研究》，国家发改委宏观经济研究院贯彻落实十七大精神专项课题报告，第 73 页。

种是城镇化快于工业化的发展形态，像拉美等国家。这些国家由于土地高度集中在少数人手中，同时农业又采取了一条资本密集型发展道路，由此造成了大量无地或少地的穷人，这些人大量流入城市，形成城市人口集聚过快、数量过多，与工业化发展严重脱节，造成城镇化超越经济发展阶段，缺乏产业发展的有力支撑，就业、居住、教育、水电路等基础设施和社会保障等问题突出，形成严重的"城市病"。例如，巴西无论是在低收入水平发展阶段，还是在中等收入水平发展阶段，城市化水平都是偏高的。在 1970 年巴西人均国内生产总值为 450 美元，城市化率已经达到 55.9%；1980 年人均国内生产总值 2190 美元，城市化率升至 67.6%；1990 年人均国内生产总值 2790 美元，城市化率又升至 75%；2004 年城镇化率进一步升到 83.6%。过度城市化，不但造成城市发展缺乏经济支撑，政府没有能力为城镇居民提供基本公共服务，而且还导致城市发展过多的与产业发展争夺资源，从而影响工业化进程。第三种是工业化快于城镇化的发展形态，最典型的是中国。政府为了优先推进工业化，同时又避免"城市病"发生，利用行政力量限制城镇化的发展，采取种种措施将大量公共资源用于工业化方面，同时又通过城乡二元体制限制农村人口向城镇流动，导致城镇化长期落后于工业化。例如 1980 年世界城镇化水平为 42.2%，发达国家 70.2%，发展中国家 29.2%，而中国仅为 19.4%。[1] 改革开放以来，尽管我国对限制城镇化发展的体制和政策进行了改革和调整，城镇化水平也有了明显提高，但优先支持工业化的体制格局并没有发生根本性变化，城镇化滞后于工业化一直存在于经济发展过程中。到 2010 年，用人均国民收入水平衡量，我国经济发展已经处于中上等收入国家水平，人均国内生产总值达到 4396 美元[2]，但用城镇化率衡量，我国城镇人口占全社会人口比重只有 49.95%[3]，还处于中等收入国家水平（见表 3），很显然，我国的城镇化已经明显滞后于工业化。

即使是这样的城镇化水平，我国城镇人口占总人口的比重仍然存在很大的"虚高"成分。一是农村地区"被城镇化"。20 世纪 90 年代我国许多地、县改为市后，将大量周边农村划为市区，同时大中城市为了实现城市空间扩张，也

---

[1] 肖金成：《中国特色城镇化道路的内涵和发展途径研究》，第 73 页。
[2] 在 2010 年世界发展报告中，世界银行将人均国民收入在（GNI）975 美元及以下的国家定为低收入国家，人均 GNI 达到 976—3855 美元的国家为中低收入国家；人均 GNI 在 3856—11905 美元的国家为中高收入国家；人均 GNI 达到 11906 美元及以上的国家为高收入国家。
[3] 资料来源：2011 年国家统计局《中国统计年鉴》。

表3 中国城市化率的国际比较

| 国家或地区 | 2010 年人均 GNI | 城市化率 | | | | | |
|---|---|---|---|---|---|---|---|
| | | 1978 | 1995 | 2000 | 2005 | 2008 | 2010 |
| 中国 | 7530 | 18.57 | 30.96 | 35.88 | 42.52 | 46.54 | 49.23 |
| 世界 | 11020 | 38.66 | 44.70 | 46.61 | 49.06 | 50.55 | 51.52 |
| 亚太地区 | 9620 | 26.70 | 37.25 | 41.24 | 46.53 | 49.64 | 51.70 |
| 低收入国家 | 1303 | 18.00 | 23.00 | 24.00 | 26.00 | 27.00 | 28.00 |
| 中等收入国家 | 6699 | 31.73 | 40.33 | 42.92 | 45.94 | 47.78 | 48.99 |
| 中上等收入国家 | 9865 | 35.45 | 46.90 | 50.63 | 55.17 | 57.92 | 59.75 |
| 高收入国家 | 37333 | 71.27 | 75.38 | 76.53 | 78.60 | 79.58 | 80.23 |

资料来源：世界银行 WDI Online，世界发展指数数据库；2010 年人均 GNI 采用 PPP 衡量法。

将大量郊区县归并为市区，但这些被划归为市区的农村，有相当部分并没有实现城镇化，这里的基础设施和公共服务依然是"农村"水平，农民的生活消费方式也没有发生实质转变。二是农村人口"被市民化"。按照统计局统计口径，2012 年我国城镇人口已达 71182 万人，但实际享受城镇化制度安排的人口要远远低于该数据。因为在现有体制下，我国在 26261 万个农民工中，有 16336 万人在城镇打工，由于户籍限制，他们既无法真正享受城镇化成果，又被统计为城镇人口。如果仅仅扣掉进城务工农民人口数，我国的城镇化率就会下降到 40.5%，[1] 远远低于中下等收入国家水平。实际上，这两类人口被统计为城镇人口并没有带来真正的需求增长。因为我国城镇的基础设施和公共服务体系建设是很少考虑农民工进城因素的，同时进城农民工的消费结构也无大的变化。仅以消费为例，2012 年城乡居民年均消费分别为 16674.3 元和 5908 元，两者相差 10766 元。如果通过体制改革，能将进城农民工 30% 转化为市民，将会带来 5800 多亿的消费增加额，这还不包括农民转市民带来的公共投资需求的增加。很显然，与经济发展阶段相比较，中国的城镇化不是超前了，而是大大的落后了。今后，要想扩大内需，就必须加快推进城镇化。如果我们能够较好地协调工业化与城镇化的关系，把城镇化落后于经济发展水平的这一课及时补上，我国将会通过投资、消费以及产业结构升级释放出巨大的内需增长潜力。

---

① 这里还没有把农民工随从家属人口计算在内，如果计算在内中国的城镇化水平将更低。

## 四、当前体制和城市发展模式不利于推进城镇化

我国已经到了必须加快推进城镇化的发展阶段，既要为以前城镇化滞后补课，又要协调未来工业化与城镇化的发展关系。但是，我国现有体制安排和城镇化发展模式不利于推进城镇发展。

首先，唯 GDP 论过多地占有资源用于工业化，挤压了城镇发展的空间。在现行财税体制和政绩考核体系下，各级城市政府都是"经济人"，在这些"经济人"之间还存在着极强的竞争性。面对事权大于财权和政绩竞争压力，各级政府将发展经济作为首要任务。为了做大 GDP 规模，做多财政收入，各级领导想尽一切办法，利用一切机制，调集一切资源，大搞园区开发，招商引资，积极推动本地产业发展。这样，大量公共资源和民间资本都被导向产业发展方面，既造成各地产能不断扩张，加剧我国产能过剩的矛盾，同时又使城镇发展不但缺乏公共资源配置，还缺乏民间社会资本的有力支持。近几年，尽管城市建设取得很大进展，但这些建设有许多都是形象工程、政绩工程和有利于产业招商增值的工程，真正能带来人口深度城镇化的公共服务和公共设施建设并不多见。结果是，GDP 做大了，财政收入做多了，城市现代化水平提高了，现有城镇居民的公共福利供给增加了，而以人口集聚为标准的城镇化实际水平并没有真正提高。

其次，城乡二元体制排斥农民工进城落户，抑制城镇化的推进。在人口自由迁徙和要素完全按市场原则配置下，农民市民化是不受非市场因素干扰的。但是，在中国非市场因素通过城乡二元体制，严重干扰了农民向城市正常转移。一方面，现行城乡二元体制人为降低了农民转化为市民的能力。在城乡二元土地制度安排下，农民所拥有的土地不能直接进入市场，农村集体所有的土地必须出让给国家后才能进行市场交易。在土地出让过程中，土地是否出让、出让给谁、出让价格多少、出让收益怎么分配等，都不由农民说了算，结果土地出让产生的收益绝大部分被各级政府以各种名义侵蚀掉。还有，城乡居民在劳动市场上同工不同酬，农民工即使是与城镇居民干同样的工作，其工资只有城镇职工的 50% 左右。因此，在土地非农化和人口市民化过程中，各级城市政府都想尽办法在要素转移和流动中获取最大红利，但谁都不想承担要素转移和人口流动带来的成本负担。这就在体制上决定了农民一开始就失去本应归属自己的那部分发展资本，无形中削弱了他们进城落户的资本积累能力。另一方面，城乡二元体制还人为抬高了农民进城落户的门槛。城乡二元体制借助户籍

制度和公共服务体系安排，将我国居民分割在两个世界里：一边是在教育、医疗、就业、住房、养老以及社会救助等方面享受着较高福利待遇的城镇居民，一边是缺乏基本社会保障和公共服务的农村居民。受既有体制限制，农民即使进城也很难获得市民身份，无法在教育、医疗、住房、就业、养老、救助等诸多领域享受与城镇居民同等的待遇。面对由制度设计上形成的种种门槛，想进城落户的农民被挡在城市入口处，他们是典型的"两栖人"，长期在农村与城镇之间奔波。这不但增加了进城农民的生存和发展成本，造成交通和社会管理等公共资源的浪费和短缺，还阻碍了城镇化进程，降低了经济发展的内需动力支撑。此外，长期的体制排斥正在转化为城市居民的心理和意识排斥，他们认为城市是市民的，农民不应该挤进城市落户，在公园、图书馆、公共交通甚至商场等场所歧视农民，这给农民进城也造成了很大的精神压力，大大提高了农民进城的心理门槛。

再次，城镇发展模式不利于推进城镇化。中国城镇现有发展模式在集聚人口方面的效应不是最大化，而是最小化。第一，"以大管小"的城镇化模式对人口向城镇集聚存在不利影响。在现有城镇管理体系下，我国城镇发展不是以大带小，而是大城市利用行政级别，将公共资源和公共权力集中在直辖市、省会城市，同时国家还给予许多优惠政策扶持这些大城市更好、更快地发展。这样大城市在资金配置、行政许可、土地占用、财税政策、金融信贷、进出口和吸引外来资本等方面比中小城镇获得了多得多的好处。大城市利用这些好处大搞基础设施建设，完善公共服务，招商引资，集聚发展优势产业，这样大城市发展越来越快，也越来越好。于是，有越来越多的人口愿意向大城市转移集中，因为这里有他们向往的发展机会，有他们可分享的理想公共服务。但是，人口过多、过度地向大城市涌进，造成大城市拥挤不堪，这又迫使城市政府进一步强化户籍、教育、医疗、住房、就业、养老等方面的行政管理，用行政手段阻止人口向大城市迁入。同时，中小城市（镇）在被政策忽视、公共资源及公共权力上移的情况下，基础设施条件差，公共服务不完善，产业发展成本高，使得人口向这里集聚的动力不足。第二，城镇分散式发展，基础设施和公共服务难以形成城市群效应，降低了城镇对人口的吸纳能力。在现有体制条件下，我国各级城市（镇）基础设施建设和公共服务体系构建都是独立进行的，相互之间缺乏必要的规划和联系。一端是大城市超越经济发展阶段高标准建设基础设施和公共服务体系，豪华现代的政府大楼、气派典雅的公园和博物馆、宽阔的绿色广场、庞大交错的街道网络、远离居住区的现代产业园区等。这些城市建设既降低了自身集聚人口的能力，又不能对中小城市（镇）形成辐射和带动效应；另一端是中小城市（镇）极低的基础设施建设和公共服务供给能力，有些甚至连基本的公共交通都很原始。这无疑扩大了大城市与中小城市（镇）之间的"鸿沟"，使得中小城市（镇）难以与大城市在功能上实现有效对接，造成人口不能在城市之间实现梯级转移，城镇化在集聚人口方面无法发挥城市群联动效应。

## 五、必须通过体制改革加快推进城镇化

要想释放城镇化的内需潜力，让城镇化成为未来中国经济增长的新动力，就必须加快体制改革，进一步清除阻碍中国城镇化的制度障碍和不合理的政策安排。

第一，要协调工业化与城镇化的关系，将城镇发展放在优先的位置，通过积极推进城镇化诱导工业化向更高层次发展。基于我国出现的产能过剩矛盾，今后一个时期，各级地方政府应停止规划和建设新的园区，产业发展和结构升级应以挖掘现有园区空间潜力为主，将更多的资源特别是公共资源用于城镇发展方面，以增强城镇承载和集聚人口的能力。同时，应该采取新的激励政策，引导和支持社会资本向城镇基础设施、公共服务投资。对此，应改革干部考核机制，将一个地区的城镇化率以及城镇公共基础设施和公共服务作为重要考核指标。鼓励各级政府围绕人口流动、农民转市民，加强基础设施建设、公共服务体系构建等方面，积极健康地推进城镇发展。

第二，通过培育和发展能辐射带动全国性的重点城市群体系，加快推进城镇化进程。与美欧发达国家相比，我国人多地少，用于推进城镇化的土地资源极为稀缺，这种国情就要求我们必须以集约化的方式推进城镇化，实现城镇的绿色发展、低碳发展、节约发展。当前和今后一段时间内，我国已经到了以培育和发展城市群推进城镇化的阶段。从现在起，就应该以大城市为依托，以中等城市为重点，在全国初步形成若干个辐射带动作用强的城市群。首先，构筑"10+6"的城市群格局。一方面，以提高资源环境承载能力和经济发展潜力为目标，加强"十大"城市群的发展。重点对京津冀城市群、长三角城市群、珠三角城市群、辽中南城市群、山东半岛城市群、海峡西岸城市群、中原地区城市群、长江中游城市群、川渝城市群、关中地区城市群等，继续完善基础设施建设和公共服务体系，打破区域壁垒和行政割据，促进人流、物流、资金流和

信息流等无障碍高效流动，形成区域内和区域外相衔接的一体化市场。另一方面，对于一些有潜力能培育成我国未来区域性城市群的也要进行重点扶持。比如，以长株潭为中心的湘东地区，以合肥为中心的江淮地区，以长春、吉林为中心的吉林中部地区，以哈尔滨为中心的黑龙江西南部地区，以南宁为中心的北部湾地区，以乌鲁木齐为中心的天山北坡地区等都有希望培育发展成为我国未来六大新城市群。这些地区，应该以加强基础设施建设和建立公共服务体系为重点，以增加人口承载能力为目标，协调工业化和城镇化的关系，将公共资源向水电路气房（保障性住房）网和教育、医疗、住房、养老以及就业培训等方面适当倾斜，并采取优惠政策引导社会资本向这些方面投资。在培育和发展城市群的同时，也要加快建设区域性中心城市。今后，应该把距离城市群较远，无法受到城市群辐射和带动作用的地级城市以及腹地较大、人口较多的县级市培育和发展成区域中心城市；强化这些城市的功能建设，健全公共服务体系，逐渐降低乃至取消外来人口进入门槛，科学建设产业园区，不断增强这些城市的人口吸纳能力和产业集聚能力。另外，还要关注小城镇的发展，科学协调大中小城市（镇）之间的关系，对于无法与城市群或区域性中心城市形成关联发展的小城镇，各级政府要给予特殊扶持政策，给予他们更多的发展权力，给他们配置更多的公共资源，支持这些小城镇像大中城市一样发展，一样对外来人口有吸引力。

第三，彻底改革排斥农民进城落户的城乡二元体制，从限制农民进城转向鼓励支持农民进城。从长期目标看，我国城镇化深度推进，就必须彻底改革城乡二元体制，将城乡隔离的二元户籍制度一元化，并使城乡公共服务均等化。具体思路是要建立全国统一、开放的人口管理机制，构建有利于人口迁徙的可转移接续的社会保障体系，促进农民工身份转换。从近三年看，中小城市（镇）应加快户籍制度改革步伐，放开农民工进城落户的政策条件；大城市也要积极创造条件，不断放宽户口准入门槛，允许有固定住所、稳定职业、稳定收入来源的农民工转为市民。同时，要改革社会公共服务与户口挂钩的制度，废除针对农民工的歧视性体制安排，在加强建立农民工社会保障、社会救助等制度的基础上，实现城乡居民在劳动就业、基础教育、公共卫生、社会养老、住房保障等方面的对接，最终实现城乡居民在社会保障和公共服务方面的均等化和一体化。

第四，为了提高农民转化为市民的能力，应积极推进土地制度的市场化改革。土地是农民生存和发展的重要资本，以保护农民的名义，垄断土地交易或强制低价交易，都侵犯了农民的权益。规范土地征占用、促进土地承包经营权的流转，最有效的办法就是让市场发挥作用。因此，应改革土地征占用办法，在严格界定公益性和非公益性用地界限、不断缩小公益性征地范围的同时，不同类型的土地交易都应按市场规则进行。要将农民逐渐培育为土地市场交易主体，积极探讨农村集体建设用地直接参与土地市场交易的办法。不管何种类型的土地交易产生的收益必须大部分归农民享有。要将土地补偿与农民享受社会保障脱钩，享受基本社会保障是农民的基本权益，与土地是否交易无关。进一步完善土地流转政策，按照依法自愿有偿原则，鼓励农民以转包、出租、互换、转让、股份合作等形式流转土地承包经营权。应积极探索耕地、草地承包经营权的抵押办法，允许用承包经营权进行抵押。改革农村宅基地制度，在对农民实行"一户一宅"政策基础上，可考虑从法律上实行农村宅基地交易市场化，允许农村宅基地及其建筑物依法自愿有偿转让、出租、互换、继承、抵押等。进一步规范各级政府在土地交易中的行为，从法律上限制各级政府"借地生财"，取消各级政府经营土地的职能，现有国有土地应交由国有公司经营，从体制和政策安排上切断各级地方政府与土地收益之间的不正当联系。在土地市场化过程中，政府不应替代市场也不应包办市场，对土地市场的干预要有边界，其作用是健全土地法规，支持发育中介组织，加强监督和监管，维护土地市场的公正和公平性。

第五，转变城镇发展模式，促进城镇发展在集聚人口方面的效应最大化。首先要从"以大管小"转向以大带小。今后，要通过改革不断弱化城市行政级别，将公共资源和公共权力均衡用于不同规模的城镇发展方面，特别在资金配置、行政许可、土地占用、财税政策、金融信贷、进出口、吸引外来资本、基础设施建设等方面，要考虑和照顾中小城市（镇）的发展需要。鉴于大城市基础设施和公共服务已经连续多年获得持续快速发展，今后几年可考虑将国家公共资源配置适当向中小城市（镇）倾斜，支持中小城市（镇）加强基础设施建设，构建公共服务体系，以增强人口的承载能力。第二，今后，我国大中小城市（镇）之间，在基础设施建设、公共服务体系构建、产业布局等方面，应进行统一规划，科学建设。大城市要打破行政壁垒，按照区域一体化和发展城市群的思路，将基础设施和公共服务不断向周边中小城市（镇）延伸，将一些产业向周边转移，形成以大带小的效应。同时中小城市（镇）要在基础设施建设、公共服务体系构建、产业布局等方面，积极与大城市实现对接，在区域空间上与大城市形成梯级功能结构，为人口迁徙和产业转移创造条件。

**参考文献:**

马晓河等:《中国城镇化实践与未来战略构想》,中国计划出版社 2010 年版。

巴署松:《城镇化与经济增长的动力:一种长期观点》,《改革与战略》2010 年第 2 期。

肖金成:《中国特色城镇化道路的内涵和发展途径研究》,国家发改委宏观经济研究院贯彻落实十七大精神专项课题报告。

林重庚、迈克尔·斯宾塞:《中国经济中长期发展和转型》,中信出版社 2011 年版。

中国发展研究基金会:《促进人的发展的中国新型城镇化战略》,人民出版社 2010 年版。

国务院发展研究中心课题组:《农民工市民化进程的总体趋势与战略取向》,《改革》2011 年第 5 期。

"城镇化进程中农村劳动力转移问题研究"课题组:《城镇化进程中农村劳动力转移:战略抉择与政策思路》,《中国农村经济》2011 年第 6 期。

# 第二十三章　推进新型城镇化要处理好四个关系

城镇化涉及的人口之多、范围之广，中国历史上没有，国际上也少有，成就十分显著。过去 35 年来，我国城镇化率每年提高 1 个多百分点，近 6 亿人由乡入城，新增城市 465 个。但也要看到，我国城镇化依然是低基数、低水平的城镇化，是依靠压低土地、劳动力等要素成本为基础的城镇化，是以大量消耗能源资源和破坏生态环境为代价的城镇化。这种城镇化模式既缺乏包容，也难以持续。当前，我国已经迈入新的发展阶段，"三期叠加 ①" 挑战巨大，推进新型城镇化，需要突破传统粗放型城镇化模式束缚，深入调整和处理好"城"与"乡"、"快"与"慢"、"人"与"钱"、"人"与"地"的关系，才能切实提高城镇化质量，加快消化多年来积累的深层次矛盾，实现城镇化高效、包容、可持续发展。

## 一、"城"与"乡"的问题

进入新世纪以来，我们重新审视并调整了城乡发展战略，更加注重以工促农、以城带乡，实施了一系列强农惠农富农政策，农业农村现代化水平明显提升，但仍严重滞后于工业化、城镇化进程，城乡之间存在明显"鸿沟"。

一是城乡居民收入和财富差距十分明显。目前我国农民收入已经连续十年快速增长，近四年增幅快于城镇居民，但城乡居民收入差距并没有根本改善。2000 年城镇居民人均收入比农民高出约 4027 元，2013 年高出 18059 元，10 多年间差距上升了约 4.5 倍。受宏观经济换挡减速影响，我国农民收入增速已经出现阶段性放缓（见图 1）。未来靠价格增收、靠提高工资水平增收的空间越来越有限，城乡居民收入比可能进入新的波动期，存在扩大风险。同时，我国城乡居民的财富差距巨大，成为放大城乡收入差距的重要因素。2000—2012 年，

---

① "三期叠加"是对我国当前和今后一段时间经济发展特征的判断和描述。三期是指增长速度换档期、结构调整阵痛期、前期刺激政策消化期三个阶段。

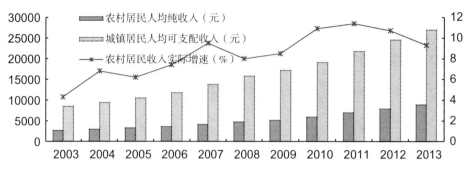

**图1 2003—2013年我国农村居民人均纯收入及增速**

资料来源：历年《中国统计年鉴》、国家统计局网站。

我国城镇居民人均储蓄与农村居民人均储蓄绝对额差距上升了四倍多；另据
《中国家庭金融调查报告 2012》，我国城市家庭的总资产和财富净值分别是农村
家庭的 10.16 倍和 12.45 倍，二者差距十分明显。

　　二是农业与非农部门比较生产率差距大。按照一般理论，劳动力流动具有
缩小城乡工资率差距的均等化效应，但由于我国劳动力、资本市场存在扭曲，
尽管城镇化率不断提高，农业部门与非农部门劳动生产率差距缩小并不明显。
2013 年，我国农业劳动生产率相当于第二产业的 21.9%，第三产业的 26.6%，
近十年来分别只提高了 8 个百分点和 5 个百分点（见图 2）。与韩国相比，1978

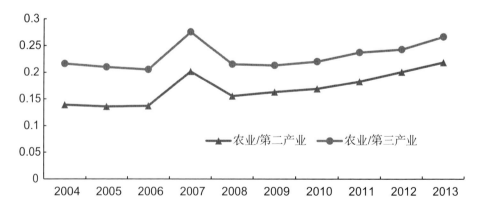

**图2 2004—2013年我国农业比较劳动生产率**

资料来源：历年《中国统计年鉴》、统计公报相关数据整理计算。

年韩国城镇化率达到53%，与我国目前类似，但当时韩国农业劳动生产率已相当于第二产业的55.2%、第三产业的39.5%。与美国、英国等发达国家差距相比，未来提高空间很大。2013年，美国农业劳动生产率相当于第二产业的52.3%、第三产业的63.9%，英国分别为63.0%和64.0%。

三是城乡基本公共服务投入严重不均等。近年来我国农村公共服务建设投入不断增长，基本公共服务水平逐年提高，但财政投入仍明显偏向城市，城乡不同居民享受的基本公共服务水平差距依然十分明显。以卫生费用为例，1990年城市和农村人均卫生费用相差120元，2012年扩大到1913元，上升了近16倍（见图3）。再从义务教育经费支出看，农村普通小学、普通初中生的人均公共财政预算公用经费支出要远远少于城市，2012年农村小学、初中经费支出分别低于全国平均水平85.7元和89.6元。

城乡发展差距大，导致"离农"、"脱农"的拉力和推力都在加大，农村空心化、土地粗放经营等问题越来越突出。未来一个时期，我们推进新型城镇化难点在"乡"不在"城"。绝不能一味加快城市建设而忽视甚至放慢新农村建设，否则城镇化必然不完整，也必然招致失败。

一是尊重城乡发展差异性，突出农村功能和特色。目前不少地方将城乡一体化理解成"城乡一样化"，照搬照抄城镇建设模式，把农村都往城市方向建，搞得城市不像城市，农村不像农村。有些地方甚至将消灭农村作为目标，强行撤并农村。一些地方为了完成"村村通"等政绩工程，往农村投入了大量资

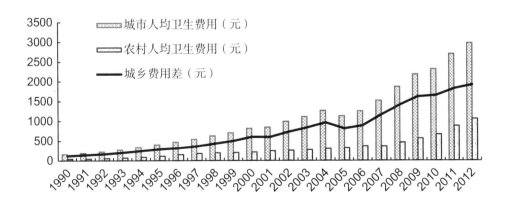

**图3　我国城乡人均医疗费用**

资料来源：《中国卫生年鉴2013》。

金，农村建得表面光鲜亮丽，路修得很宽敞，水利设施建得很现代，但实际上缺乏规划，对农村发展估计不足，不少村庄空心化了，有的村甚至消失了，大量投入见不到实效，很多基础设施荒废，走的弯路不少。推进新型城镇化和新农村建设，一定要尊重村庄发展规律，切实搞好村镇体系规划、村庄建设规划编制，哪些村保留、哪些村整治、哪些村缩减、哪些村做大，都要科学论证。同时要注重农村的乡土性，保护好乡村美景和风貌。

二是既要重视农村"有形"建设，更要重视"无形"建设。当前我国城乡人口大规模流动，农村传统社会治理机制有所弱化，社会结构呈现松散化趋势。推进新型城镇化，在加强农村道路、水利、文体设施等"有形"建设的同时，必须将农村社会治理纳入国家治理能力现代化建设范畴，加快完善乡村治理机制，大力推进城市社会管理向农村延伸覆盖，加强基层组织体系建设和制度创新，有效解决"走出去"和"留下来"村民的民主权利，加快建设农村社会信任体系，构建有效整合、结构稳定的农村社会。

三是扩大基本公共服务向农村特定人群覆盖深度。大量青壮年劳动力外流后，农村"三留守"问题十分突出，留守儿童、留守妇女、留守老人的自我保障能力弱，现有政策覆盖不充分，需要加以重视。在进一步提高新农合、新农保水平并推动与城镇居民医保、养老保险衔接并轨的同时，应加强农村教育和养老基础设施的建设，合理搞好农村教学点撤并，使留守儿童得到优质教育；发展适合农村特点的老龄服务体系和社会救助制度，使老年人能安度晚年。

四是依靠现代生产要素改造传统农业。现代要素是现代农业发展的根本，发展现代农业，资本要"多"，土地要"活"，劳动力要"新"。要降低社会资本进入农业的门槛，大力引进包括工商资本、金融资本等在内的社会资本来改造传统农业。通过财政补贴、税收优惠等措施，大力培养新型农民，加快培育农业新型经营主体，特别加快提高重要农产品目标价格制度的覆盖面。创新农村土地"三权"分离的有效实现形式，尽快明确土地承包经营权期限，大力推进土地经营权流转。积极发展合作经营和社会化服务，总结推广土地托管、代耕代种、"土地银行"等模式。

## 二、"快"与"慢"的问题

不少人认为，我们用30多年时间走完了西方很多国家花100年甚至更长时间走过的城镇化道路，城镇化率达到世界平均水平，这样的速度不紧不慢，而且还比较快。事实上，我国城镇化率明显"虚高"，如果去掉高估成分，实际城镇化率不足40%。这种速度与工业化进程相比，与世界同等发展水平国家相比，与农业转移人口的期待相比无疑是过慢的。

一是城镇化明显滞后于工业化进程。目前我国已经处于工业化中后期阶段，但城镇化进程明显滞后。2013年我国人均GDP6426美元（2010年美元），工业增加值占GDP比重达43.9%，但城镇化率（常住人口）仅为53.7%，低于钱纳里测算的65.8%的国际经验值（见表1）。以工业化同样起步较晚的韩国为例，1987年韩国人均GDP6124.3美元（2010年美元），接近我国当前水平；工业增加值占GDP比重为38.1%，但城镇化率已达68.5%（见图4）。

二是人口城镇化滞后于土地城镇化。改革开放以来我国的城镇化以土地城镇化为主，近十多年来这一趋势更加明显（见图5）。按国际公认标准，土地城镇化速度和人口城镇化速度之比的合理区间为1—1.12∶1。2000—2012年，我国土地城镇化速度与人口城镇化速度之比为1.9∶1（按户籍人口计算）或1.6∶1（按常住人口计算），均远高于国际标准上限。

三是户籍人口城镇化滞后于常住人口城镇化。近年来，我国户籍人口城镇化率与常住人口城镇化率差距呈不断扩大趋势。目前，常住人口城镇化率已突破50%，而户籍城镇化水平刚刚达到36%，两者差距从2000年的10.1个百分

**表1　钱纳里关于工业化与城镇化正常关系的统计分析**

| 人均GDP（2010年美元） | 工业增加值占GDP比重（%） | 城镇化率（%） |
|---|---|---|
| <550 | 17.8 | 12.8 |
| 550 | 21 | 22.0 |
| 1100 | 28.7 | 36.2 |
| 1650 | 33.0 | 43.9 |
| 2200 | 36.1 | 49.0 |
| 2750 | 38.3 | 52.7 |
| 4400 | 42.9 | 60.1 |
| 5500 | 44.9 | 63.4 |
| >5500 | 48.8 | 65.8 |

注：根据钱纳里的数据进行折算而得，其中，工业化水平一般用人均GDP或工业增加值占GDP比重来衡量。

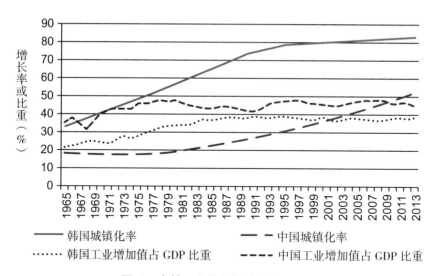

**图4 中韩工业化与城镇化关系比较**

资料来源：世界银行。

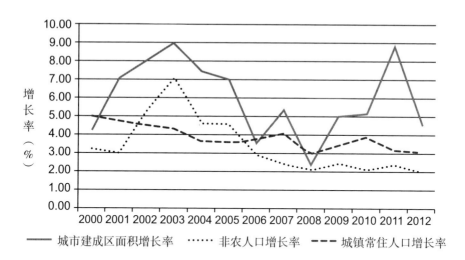

**图5 人口城镇化与土地城镇化比较**

资料来源：根据历年《中国统计年鉴》和《中国人口和就业统计年鉴》数据计算而得。

点，扩大到2012年的16.9个百分点（见图6）。

四是我国城镇化水平落后于同等收入国家。目前我国城镇化率远低于发达国家80%的平均水平，也低于人均收入与我国相近国家的平均水平。2013年，

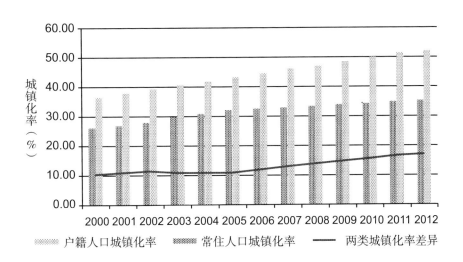

**图6　户籍与常住人口城镇化比较**

资料来源：根据历年《中国统计年鉴》、《中国人口和就业统计年鉴》数据计算而得。

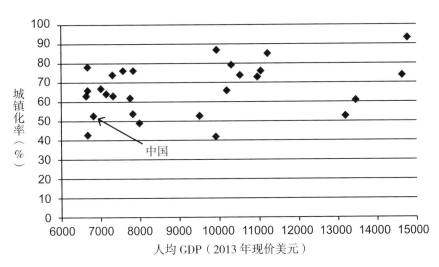

**图7　人均GDP6000－15000美元国家城镇化水平**

资料来源：世界银行。

世界银行公布的中上等收入国家人均GDP为7747.3美元，城镇化率61.6%，高于我国7.9个百分点（见图7）。

　　以上分析可以看出，当前我国城镇化要解决的不是过快问题而是过慢的问题。城镇化推进过慢，不仅制约了产业结构升级和工业化发展步伐，更为严重的是引发了城镇内部二元结构矛盾激化的风险。目前我国有 2.34 亿农民工及其随迁家属在城镇长期生活，由于户籍和社会保障制度限制，这些农业转移人口还无法享受真正的市民待遇。由此在两种制度安排下，城镇形成两大社会群体，一个群体是 2 亿多农业转移人口，另一个群体是 5 亿多市民。农民工在城镇处于既流动又集中的状态，当他们眼睁睁看到城镇居民的社会保障和公共服务安排自己无缘消受时，会产生很大的心理失衡，一旦遇到相关或不相关的社会矛盾纠纷，强烈的对立情绪就可能激化，演化成两个利益群体的"族群式"冲突事件。今后，农业转移人口越来越年轻，突破城乡二元体制障碍的要求也越发强烈，如果不能及时改革进城落户的制度限制，合理满足进城农民的新期待，实现不了愿望的进城农民会很容易参与任何群体性事件，使社会稳定的风险上升。

　　当前，新型城镇化的主要问题是加快推进，把过去落后的进程补上来，以满足农业转移人口进城的需要。最近，尽管国务院推出了新型城镇化规划和进一步推进户籍制度改革的意见，但总体看对农业转移人口进城落户口子开得过小，条件要求偏严。首先，"解决存量一个亿人口"的政策只是个开始，还有很大一部分存量并未满足，增量进城人口的期待也远未满足。同时，目前城区人口 300 万—500 万的大城市和城区人口 500 万以上的特大城市，都在实行适度控制落户规模、节奏的政策，特大城市人口规模更是严格控制，这显然与农业转移人口一半以上流向大城市的方向有矛盾。实际上各大城市目前所制定的积分落户制度，已经限制甚至阻滞了农业转移人口市民化。另外，全面放开建制镇和小城市落户限制的政策并无实际效力，因其本来就是放开的，关键是其基础设施和公共服务太差，就业环境对外来人口并没有吸引力；有序放开中等城市落户限制的政策也同样，这些城市受财政支付能力限制，是没有能力承担农业转移人口市民化成本的，因此动力也不足。从以上看，今后农业转移人口常住市民化和公共服务全覆盖不会太快，必须采取有效措施加快推进。比如：可鼓励中等城市放开落户限制，人地指标挂钩，并按进城人数给予财政补贴；大城市也可考虑创造条件，放宽落户限制，降低积分门槛，引导农业转移人口进城落户等。

## 三、"人"与"钱"的问题

在传统城镇化模式下，农业人口转移与城市建设资金保障不相匹配，由于合理的成本分担机制没有建立起来，政府承担压力大、企业不愿承担、农民无力承担，城镇化建设"钱从何处来？"的问题成了难以解开的死结，"人"与"钱"的关系是失衡的。

一是地方政府不愿或没有能力承担市民化成本。长期以来，二元户籍制度条件下形成的城乡二元福利制度差距巨大，要让农业转移人口平等享受城市居民福利，地方政府需要花费巨资填补欠账。根据我们测算，如果让进城农民与城镇居民享受同等的公共服务，实现1亿农业转移人口市民化，各级政府公共财政支出（包括公共设施投资、教育、社会保障、住房保障、技能培训等）估算为46501亿元，年均6642亿元，其中义务教育、社会保险、住房保障的公共成本合计占比97.8%。属于一次性支付的成本为22630亿元，占比48.7%（见表2）。在目前中央和地方事权和财权不对等的体制下，地方政府承担大多数的市民化成本，财政支出压力巨大。正是于此，地方政府大多不愿放开户籍，或者采取其他变相手段"名义放开实际不放开"，将农民排除在城市福利体系之外。其中，一部分城市是没意愿也没能力，一部分是有意愿没能力，还有一些地方则担心带来"福利移民"，导致过多外来人口的涌入，地方财政负

表2　1亿农业转移人口市民化的公共成本　（单位：亿元）

| 年份 | 义务教育 | 社会保险 | 住房保障 | 技能培训 | 总成本 |
|---|---|---|---|---|---|
| 2014 | 2043 | 1476 | 1314 | 148 | 4981 |
| 2015 | 2381 | 1537 | 1314 | 148 | 5380 |
| 2016 | 2797 | 1598 | 1314 | 148 | 5857 |
| 2017 | 3304 | 1660 | 1314 | 148 | 6426 |
| 2018 | 3917 | 1722 | 1314 | 148 | 7101 |
| 2019 | 4656 | 1783 | 1314 | 148 | 7901 |
| 2020 | 5541 | 1844 | 1314 | 148 | 8847 |
| 合计 | 24640 | 11620 | 9200 | 1041 | 46501 |
| 年均 | 3520 | 1660 | 1314 | 148 | 6642 |

资料来源：胡拥军：1亿农业转移人口市民化的公共成本到底是多少？

担过重。

二是企业缺乏主动承担市民化成本的动力。城市用工企业理应是分担农业转移人口市民化成本的重要主体，但目前不少企业缺乏主动承担成本的意愿，不愿承担相关费用，能逃避就逃避。这与目前相关履责监督机制不完善有关，更为关键的是企业缺乏分担能力。在原材料、劳动力、资金等投入成本上涨的情况下，农民工用工量最大的中小企业面临巨大的生存压力。据《2013年中小企业经营状况调查》，2012年度超半数中小企业未能实现利润增长，近40%的中小企业利润下滑，工资福利上涨被认为是影响企业盈利能力的最主要因素。如果企业按城镇职工标准为农民工缴纳"五险一金"，需要新增支出占工资总额47%的费用，再加上提取占工资总额1.5—2.5%的职工教育培训经费，企业承担的社保和培训成本将占工资总额的近50%，这也会大幅提升中小企业用工成本（见表3），大大挤压企业盈利空间。

三是进城农民缺乏承担市民化成本的能力。进城农民处于边缘化地位，面临严重的身份和就业歧视，既无法从农村土地要素中获得足够资金，实现"带资进城"，也无法在城镇赚取足够收入落户。据《农民工调查监测报告》，2013年外出农民工人均月收入2609元，月均生活费用892元，若要达到城镇居民平均生活水平，需额外再支出610元，月均结余仅为1107元。如果按城镇职工标准缴纳"五险一金"，农民工需要支出的费用占到工资额的23%左右。事实上，在政府、企业"甩包袱"的情况下，农民工承担了许多不应该承担的成本，进一步加剧了城镇内部的差距。

**表3  近年来进城农民工接受培训和社会保障情况**

| 年份 | 接受非农职业技能培训占比（%） | 参加社会保障比例（%） | | | | |
|------|------|------|------|------|------|------|
| | | 养老 | 工伤 | 医疗 | 失业 | 生育 |
| 2008 | — | 9.8 | 24.1 | 13.1 | 3.7 | 2 |
| 2009 | — | 7.6 | 21.8 | 12.2 | 3.9 | 2.4 |
| 2010 | — | 9.5 | 24.1 | 14.3 | 4.9 | 2.9 |
| 2011 | 26.2 | 13.9 | 23.6 | 16.7 | 8.0 | 5.6 |
| 2012 | 25.6 | 14.3 | 24 | 16.9 | 8.4 | 6.1 |
| 2013 | 29.9 | 15.7 | 28.5 | 17.6 | 9.1 | 6.6 |

资料来源：历年《农民工调查监测报告》。

四是缺少市民化成本分担的区域补偿机制。目前中西部地区大量青壮年劳动力和人才外流，为东部发达地区的城镇化做出了巨大贡献，但没有获得相应补偿；同时，作为农业转移人口流入地的东部发达地区，需要承受大量外来人口市民化压力，国家同样也没有相应的激励机制，导致东部地区农业转移人口市民化负担较重，也诱发了这些城市居民的排外情绪。

综上所述，推进新型城镇化，需要加快建立农业转移人口市民化成本分担机制，除明确中央和地方政府城镇化支出责任，鼓励社会资本参与城镇化建设之外，还需要注意解决好以下一些问题。

第一，要保持农业转移人口市民化成本分担机制内容的差异性和动态调整性。推进农业转移人口市民化，各地城镇化发展水平不同，需要市民化的人口数量和对象不同，需要承担的主要成本类别不同，不可能存在一个统一的标准和要求，需要根据区域发展水平、城乡居民收入差距等因素，综合考虑进城农民工的情况，建立差异化的市民化分担机制。同时，要处理好成本一次分担和持续分担的关系，根据城镇化发展阶段、政府财政收入变动情况和相关体制机制改革进程，适时动态调整政府、企业和农民的市民化分担比例。为了有效推进农业转移人口市民化，更好地解决社会保障跨地区转移接续问题，建议农业转移人口的基本医疗、基本养老、义务教育支出责任，应主要由中央财政负担，其他社会保障和公共服务主要由地方财政支付负担。

第二，对企业分担市民化成本既要督促落实，更要搞好政策激励。一方面，要建立企业分担市民化成本的监督惩处机制，实行简化高效的用工备案制度，搞好监督管理，对逃避分担责任的企业，加大惩处曝光力度；另一方面，要出台税收、用地等优惠政策，将中小企业分担农业转移人口市民化成本情况与其享受的优惠政策挂钩，对招收农民工比例较高、主动承担市民化成本的企业，给予相应的奖励和扶持。

第三，要切实增强农业转移人口市民化分担能力。未来数年内，农民可能还不得不分担一些不应该分担的成本，甚至主要成本。因此，要加快推进农村土地制度改革，建立农村建设用地（含宅基地）征用或流转增值收益合理分配机制，激活农村土地财富潜力，切实增强农民"带资进城"的能力。同时，还要搞好农业转移人口的就业技能培训和创业扶持，增强农业转移人口融入城市的能力。

第四，充分调动人口流出地与流入地"两个积极性"。加快建立农业转移人口市民化跨区域激励机制，实行中央财政转移支付与农业转移人口落户规模挂钩的政策，形成"钱随人走"、"钱随事走"的激励机制。优化农业转移人口流入地和流出地在农业转移人口市民化公共成本上的分担责任，探索建立流入地对流出地的转移支付、对口支援等利益补偿机制。

## 四、"人"与"地"的问题

人地关系是新型城镇化的核心问题，是改革的重中之重。我国过去多年的城镇化，是人地关系失衡的城镇化，农业人口转移与农村土地流转不同步，人地矛盾日益加剧，围绕土地的社会纠纷日益增多，成为中国社会不稳定的主要因素之一。

一是政府垄断土地一级市场，通过土地价格"剪刀差"剥夺农民土地收益。目前我国部分地区已经开始农村集体经营性建设用地入市试点，但大多数农村集体所有土地还需要通过国家征用转为国有后才能进入一级市场。地方政府既是土地市场管理者，也是土地经营者；农民虽然是农村集体土地所有者，但绝大多数集体建设用地无法进入土地交易市场。这种土地非农化，实质上是在进行着一场由各级政府主导的、以廉价方式购买（补偿）的土地国有化。在土地征用过程中，土地收益大部分流入各级政府和开发商手中，农民所得很少。据世界银行常务副行长英卓华估算（2010），1990—2010年间，地方政府征用农村土地比市场价格低2万亿元。在土地增值利益诱惑下，许多地方出现先占后批、少批多占、不批乱占土地现象，导致大量农民在失地后，一方面在城乡二元户籍制度阻碍下难以转化为市民，另一方面又难以获得应有的土地损失补偿，导致这部分人变成无地、无业、无社会保障的"三无农民"。地方政府经营土地获得的巨大收入，成为土地财政的主要收入来源，从表4看出，地方财政收入对土地出让收入的依赖程度已经达到相当高的程度（见表4）。

二是将获得城镇待遇与放弃土地权利挂钩，强制农民退出土地权。为低价获得农民土地，一些地方以新农村建设名义逼农民"上楼"，大肆圈占农民土地。特别是在最近几年的"增减挂钩"试点中，部分地区任意扩大试点范围，超额使用"增减挂钩"试点面积，甚至忽视农民意愿，牺牲农民权益搞"增减挂钩"。一些地方以退出土地承包经营权、宅基地使用权、集体收益分配权作为进城落户和享受城镇公共服务的条件，违反农民意愿搞"土地换社保、土地换住房"，提出穿上五件新衣服（工作、住宅、社保、低保和养老保险）脱掉三件旧衣服（承包田、宅基地和承包林），强迫农民退出土地权利，严重损害

表4　2000－2013年我国财政收入与土地出让收入

| 年份 | 财政收入（亿元） | 地方财政收入（亿元） | 土地出让收入（亿元） | 土地出让收入占地方财政收入比重（%） |
|---|---|---|---|---|
| 2000 | 13395.23 | 6406.06 | 595.58 | 9.30 |
| 2001 | 16386.04 | 7803.30 | 1295.89 | 16.61 |
| 2002 | 18903.64 | 8515.00 | 2416.79 | 28.38 |
| 2003 | 21715.25 | 9849.98 | 5421.31 | 55.04 |
| 2004 | 26396.47 | 11893.37 | 6412.18 | 53.91 |
| 2005 | 31649.29 | 15100.76 | 5883.82 | 38.96 |
| 2006 | 38760.20 | 18303.58 | 8077.64 | 44.13 |
| 2007 | 51321.78 | 23572.62 | 12216.72 | 51.83 |
| 2008 | 61330.35 | 28649.79 | 10259.80 | 35.81 |
| 2009 | 68518.30 | 32602.59 | 15900.00 | 48.77 |
| 2010 | 83101.51 | 40613.04 | 28197.70 | 69.43 |
| 2011 | 103874.43 | 52547.11 | 31140.42 | 59.26 |
| 2012 | 117253.52 | 61078.29 | 26652.40 | 43.63 |
| 2013 | 129143.00 | 68969.00 | 39072.99 | 56.65 |

资料来源：2010—2013年土地出让收入来自历年《地方政府性基金收入决算表》，其他年份土地出让收入来自黄小虎：《改革政府经营土地制度的时机已经成熟》。

了农民利益。

三是限制农民对宅基地的收益权和处分权，造成土地大量闲置浪费。由于宅基地实行无偿使用和无偿退出，农村宅基地大量闲置，部分人在城乡双重占有土地资源。据相关统计，目前全国2.4亿亩村庄建设用地中，"空心村"内老宅基地闲置面积约占10%—15%，部分地区这一比例更高。农村宅基地及地上资产不能跨社区交易，土地资产无法变成农民进城资本，同时催生私下交易，小产权房开发屡禁不止，大量农村建设用地在"法外"进入城市，频繁引发社会矛盾和法律纠纷。据国土资源部统计，在经济发达地区特别是城乡接合部，农村宅基地通过房屋买卖、出租、抵押变相流转已是普遍现象，流转宅基地占比在10%至40%之间。

推进新型城镇化，大量农业人口进城，必然带来城市空间扩张和农村土地退出的问题。不论是解决城镇化发展的土地需求，还是提高农民土地财产性收入，都需要认真对待和处理好人如何进城、地如何退出的问题。具体的建议如下。

第一，探索农村集体土地入市的途径和方法。赋予农村集体土地与国有土地同等权利，逐步建立城乡统一的土地交易市场，使得不同地权都可进入一级市场。土地市场发育不能把农民排斥在外，要在法律上赋予农民对自己所有土地的交易权，积极地探索让农民参与农业用地转非农用地、农村集体建设用地进入城市建设或非农产业发展的途径和办法，将农民培育成重要的土地市场交易主体。允许分散集体建设用地（包括宅基地）集中置换、成片入市，支持农业新型经营主体购买农村集体经营性建设用地和农村空闲宅基地用于农业设施建设，解决现代农业"用地难"问题。

第二，建立合理的土地增值收益分享机制。在农村土地交易及收益分配上，土地增值收益由"涨价归公"改为政府与集体、农民共享。无论是公益性还是非公益性土地交易以及产生的收益，卖给谁、卖多少、怎么分配，农民都有权说了算。要制定新的法规办法禁止农民的土地"被交易"和"被分配"，保证农民的土地收益权。

第三，赋予城乡居民平等的土地和房屋权利。将农村宅基地和农民房屋纳入不动产登记体系，赋予农民宅基地和房屋与城镇居民同等待遇。加快推进集体经济组织成员的身份认定，按照新老划段的原则，考虑从法律上实行农村房屋和宅基地个人持有产权，并允许有偿取得的宅基地及其建筑物依法转让、出租、互换、继承、抵押等，使农村宅基地及其建筑物真正市场化，增强农民进城定居资本。

第四，取消地方政府的土地经营职能。要充分发挥市场在土地交易中的决定性作用，强化政府管理土地市场职能，取消各级政府经营土地的职能。现有国有经营性土地应交由国有公司经营，条件成熟后完全退出，政府不得直接参与土地经营，其职责是健全土地法规，支持发育中介服务组织，加强监督和监管，维护市场的公平和公正性。坚决从法律上禁止各级政府在土地市场上既当裁判员又当运动员，损害农民利益为本级政府牟利。农村集体建设用地的收储可以参照国有土地模式，由村级集体经济组织自储和土地储备公司代储，进行市场化运作。

# 第二十四章  论"以大带小,大中小城市协调发展"的城市化道路

世界城市化普遍经历了两个演变过程及三个发展阶段。当工业化达到一定程度后,小城镇与大中城市之间会表现出融合趋势,在区域地理空间上便出现城市群。对中国实际历程的回顾可知,中国在城市化上并没有遵循工业化和城市化的演变规律,这是造成目前城市结构性矛盾突出,大城市过大,中等城市功能残缺,小城镇发展不足等严重问题的重要根源。改革开放以来,我国城市化取得了很大进展,但我们在决策过程中,一直将大中城市的发展同小城镇发展孤立开来,采取了"严格控制大城市,适度发展中等城市,积极发展小城镇"的办法。这种理念主导下,一方面是大城市拥挤不堪、人满为患,另一方面则是小城镇发展滞后、引力不足。几十年的实践表明,简单地恩宠大城市、忽视小城镇的做法效果并不好,不符合中国国情。比较理想的选择是尊重城市化发展的自身规律,围绕一批大城市或中等城市发展城市网络群,走"以大(中)带小,大中小城市协调发展"的城市化道路。

## 一、小城镇与大中城市间的发展关系

综观世界各国城市化发展历程,都普遍经历了两个演变过程:一个是城市化由农民源源不断地进城然后转变到城市人源源不断地出城的过程;另一个是城市自身都经历了由小变大的发展和建设过程。在这两大演变过程中,小城镇与大中城市之间关系演变会经历三个阶段。第一阶段主要表现为人口向城镇集中,促进村镇变成为小城镇,小城镇又拓展为小型城市,并向规模较大的城市转化,大中城市逐步升级,规模日趋扩大。例如,在公元1000年时,上海还是个小镇,1292年设县,到20世纪末已发展成国际性特大城市,人口达到1700万人。17世纪美国波士顿还是小镇,而现在已发展成近300万人口的大城市。深圳市在改革开放初期设立特区时还是农村公社,20多年的时间就发展成为一个拥有540万人口的大城市。第二阶段主要表现是一些中

心城市建成后，人口流向中心城市的速度加快，大中城市迅速发展，而小城镇的发展速度相对减慢，甚至出现萎缩和停滞状态。第三阶段人口继续向大城市集中，但速度开始放慢，主要流向变为中小城镇，同时大城市人口也开始向小城镇迁移，由此带来大中城市周边小城镇较快发展。自20世纪40年代起，美国的城市化已经进入了第三阶段，即人口向城市集中的过程仍在继续，但速度已经放慢，甚至出现了大中城市人口向郊区小城镇迁移的"郊区化"或"逆城市化"趋势。1980年的人口普查表明，在整个20世纪70年代，美国50个大城市的人口下降了4%，而这些大城市周围的小城镇的人口则增加了11%，中等城市的人口增加了5%。中小城市（镇）的兴起，是伴随着人口和产业向中小城市（镇）的聚集而发生的。随着中小城市（镇）产业的扩张和企业数量的增加，中小城市（镇）的商业活动日益活跃，带动了中小城市（镇）经济的发展。比如，在美国洛杉矶的一个小城镇，常住人口只有9千人，而在这里工作的人口却有7万多人。我们所考察的美国西雅图林顿镇（Renton），2001年有人口5.3万人，而工作人口有4.6万人，工作人口占镇总人口比重高达86.8%。该镇1990年人口为4.2万人，至2001年的11年中人口增长了11.6%。美国的中小城市和小城镇在20世纪60年代以后都得到较快发展，小城镇发挥了日益重要的作用。

巴西的城市化起步晚于美国，目前处于城市化发展的第二阶段，即人口急剧向城市特别是少数几个大城市和特大城市集中，导致巴西城市数量及规模普遍增大。城市的扩容和人口的膨胀，给大城市带来了日益恶化的交通、环境、社会和住房问题。为了减缓大量人口和经济活动流向大城市的压力，巴西在圣保罗老市区50—80公里的半径范围内建设了八个环境优美、交通便利的卫星城，引导人口流向这些中小城市和小城镇。目前这些卫星城的人口大约占圣保罗市总人口的10%左右。在圣保罗市的示范作用下，巴西许多大城市都非常重视卫星城的建设，并将其作为缓解人口压力和经济社会环境问题的重要手段，加以统筹考虑。

当工业化达到一定程度后，小城镇与大中城市之间还表现出了融合的趋势，在区域地理空间上出现城市群。西方国家经济发展到一定程度后，大城市人口开始向小城市流动，大城市周围出现了许多"卫星城"。这些"卫星城"通过与大城市的诸多关联，自然而然地发展成为"城市网络群"。相反，一些远离大城市的小城镇却出现了萎缩趋势。如美国有三个主要城市群（带），其中东北部的华盛顿—纽约城市地区是世界最早最大的城市连绵带。

它北起波士顿、南到华盛顿绵延 700 公里，宽约 100 公里，美国人称之为"波士华氏"（由两个城市名的首字母组合而成）。这个城市带包括从波士顿、纽约、费城、巴尔的摩到华盛顿的数千个大中小城市（镇）。五大湖南部的工业地带，城市也是高度密集。从密尔沃基开始，经过芝加哥、底特律、克利夫兰到匹兹堡，也形成一个城市连绵带。许多大城市地区已经连成一片，往往这个城市的延伸部分就是另一个城市的外围圈，卫星城镇和工业区相互交错，已很难分辨是哪一个城市的郊区了。第三大城市连绵带在加利福尼亚州。它北起旧金山湾区，经洛杉矶、圣迭亚戈直到墨西哥边境，呈哑铃形。在这些城市群中，小城市（镇）与大城市关联在一起，形成了一种共生共荣的关系；大中城市是核心区和就业区，小城市是大中城市的商务区和生活区。相比之下，在美国中部地区，如圣路易思，一些远离大中城市的小城镇开始了萎缩，人口减少，城镇萧条。澳大利亚、新西兰、南非等国的偏远地区也都发生了类似现象。

巴西的城市群（带）尽管没有美国那么明显和完善，但在城市化过程中城市带的特点也已凸现。如从圣保罗、里约热内卢到贝洛奥里特的大都会区已经基本成形，它聚集了大批中小城镇，人口约占巴西城市人口的 20%[①]。

另外，从历史上看，不管是小城镇还是城市发展都经历了由慢到快再到慢的过程。根据霍利斯·钱纳里和莫尔塞斯·赛尔昆的"标准结构"模型分析，城市人口比重上升的快慢与人均国民生产总值高度相关，即人均国民生产总值水平越低，城市人口比重上升越快；而人均国民生产总值水平越高，城市人口比重上升越慢。从世界银行提供的数据分析，在人均国民生产总值从低收入（270 美元）向中下收入（820 美元）迈进中，城市化率上升了 14 个百分点；从中下收入（820 美元）向中等收入（1290 美元）迈进中，城市化率上升了 12 个百分点；从中等收入（1290 美元）向中上收入（1850 美元）迈进中，城市化率上升了 17 个百分点；从中上收入（1850 美元）向高收入（11210 美元）迈进中，城市化率上升了 10 个百分点（见表 1）。可以看出，在人均国民生产总值处于中等收入阶段时，城市化率将上升 29 个百分点，是城市化进程最快的时期。在这个阶段，选择什么样的城市化道路，将直接影响一国的城市化进程和经济发展。

---

① 国家发展和改革委产业发展研究所美国、巴西城市化与小城镇考察团：《美国、巴西城市化与小城镇发展和管理的经验及其对我国的启示》，《产业研究报告》2003 年第 9 期。

表1　结构转换与城市化水平的关系

| 国家类型 | 人均收入（美元） | 产值结构（%） | | | 就业结构（%） | | | 城市化率（%） |
|---|---|---|---|---|---|---|---|---|
| | | 一 | 二 | 三 | 一 | 二 | 三 | |
| 低收入 | 270 | 32 | 33 | 35 | 72 | 13 | 15 | 22 |
| 中下收入 | 820 | 22 | 32 | 47 | 55 | 16 | 29 | 36 |
| 中等收入 | 1290 | 14 | 34 | 52 | 43 | 23 | 34 | 48 |
| 中上收入 | 1850 | 10 | 35 | 54 | 29 | 31 | 40 | 65 |
| 发达国家 | 11210 | 3 | 36 | 61 | 7 | 35 | 58 | 75 |

资料来源：世界银行《1987年世界发展报告》，中国财政经济出版社1987年版，第202页、203页、206页、207页、264页、265页、267页。

注：除就业结构是1980年数据外，其余都是1985年数据。人均收入指人均国民生产总值。

## 二、我国的城市化道路长期违反常规

　　长期以来，中国并没有遵循工业化和城市化演变的一般规律。在制度安排上，采取的是先支持工业化，后支持城市化发展的办法，这造成城镇人口增长缓慢，农村滞留了大量剩余劳动力和人口；在公共资源政策安排上，也往往是重城轻农、重视大中城市建设、忽视小城镇的发展。结果导致中国的城市结构性矛盾异常突出，大城市过大过于拥挤，中等城市功能残缺不全，小城镇发展明显不足。另外，改革开放以来，随着城乡二元体制的不断改革和深化，大量农村人口对工业化、城市化的需求日益上升。为了防止农村人口大量涌入大中城市，造成类似于印度、孟加拉等国家的"城市病"，我们先是倡导农民用"离土不离乡"和"进厂不进城"的方式发展乡镇企业，尔后为了解决"户户点火、村村冒烟"的问题，又从政策上鼓励农民发展小城镇，提出"小城镇、大战略"的方针。

　　但是在现阶段，中国农村人口转移的实际结果并未遵循先向小城镇、然后再到大中城市的规则流动。例如，从1999—2001年间农村劳动力转移的特点分析，农村劳动力转移与城市规模呈现明显的正相关关系，大中城市规模大吸纳的农村劳动力就多；小城镇规模小，吸纳的农村劳动力就少。2001年，全国建制镇吸纳的农村劳动力仅占农村劳动力转移数量的8.7%，而大中城市和县城所占比重高达51.1%。值得注意的是，20世纪90年代末期以来，农村劳动力向小城镇转移的比重还在下降。为什么会出现这种现象？因为大中城市从两

·326·

方面对农村劳动力形成的吸引力巨大。一是城市规模大，就业机会多，收入水平高；二是城市基础设施建设水平高，公共服务条件远远好于小城镇。也就是说，无论从就业收益机会还是享受公共品服务方面，大中城市都远比小城镇好得多。小城镇，特别是远离大中城市的小城镇由于缺乏支撑产业，基础设施建设一直落后，使得它难以吸引外来人口。

用工业化标准衡量，当前我国已经进入工业化中期阶段；用人均国民生产总值水平衡量，我国已经进入中等收入国家行列。按道理，我国城市化已经进入第二发展阶段，此时城市化正处在加速发展时期。但是，由于我们的体制、政策以及城市化模式选择上偏差，我国城市化进程依然较慢，城市化水平较低。我国的城市化率不仅远低于中等收入国家水平，甚至低于低收入国家平均水平。目前，和相同工业化阶段的国家或地区相比，我国的城市化率要约低 10 个百分点左右。

我国工业化进入中期阶段后，城市化进程依然滞后，是受多个关键因素制约的结果。一是由于我国还存在着比较完备的城乡二元户籍管理制度，它从就业、上学、就医、住房、社会保障等方面都限制着农民向城市流动，农村人口进入城市的门槛和成本非常高，这使得城市化远远落后于同等发展水平的国家或地区。二是在我们的决策观念里，往往将大中城市的发展同小城镇发展孤立开来，制定了"严格控制大城市的发展，适度发展中等城市，积极发展小城镇"的方针。受其影响，一方面大中城市用各种社会福利政策严格排斥外来流动人口，使这些人像候鸟般迁徙，制度上他们无法变成城市人，只是为城市居民提供廉价劳动的"流民"。由于长期的二元城乡结构制度安排，城市与农村居民无形中形成了不同的利益阶层。城市居民认为城市是自己的，农民进城是抢了他们的饭碗，由此在城市居民意识里歧视和排斥农村人。另一方面，中国的小城镇特别是中西部地区的小城镇，在众多城市发展中，就像被遗弃的孩子，不像城市而更像农村，农民不想也不愿进入这样的城市。三是中国大中城市的发展走了一条贵族化的道路，像建造"碉堡"样既远离小城镇，也远离农村。20 世纪 90 年代以来，我国许多大中城市在城市建设方面走入了误区：政府用"身份彰显"、"帝王情绪"建设城市，将城市建设得格外张扬。他们将农民的土地以低廉的价格强制征用过来，然后把农民排斥在城市之外，关起城门搞四化[①]，无

---

① 四化指：城市道路路面要硬化，用水泥浇注；墙面要白化，用白瓷砖贴楼面；环境要绿化，搞城市广场、铺草坪、建花园、植树；城市要现代化，不顾经济发展阶段超前实现城市基础设施的现代化。

节制地建高档大剧院、修世纪大道、建城市中央公园及巴洛克式广场等。中国并不富裕，人均GDP只及日本的1/33，美国的1/30，农村人口还有9亿人，城市化率仅为40.5%。面这种国情，我国的城市化不是追求壮观、豪华而是要实用，最大限度地吸纳农村剩余劳动力和人口进城。中国的城市特别是大中城市，是所有中国人的城市，而不仅仅是城市人的城市，农村居民有权为之贡献，并分享城市化的成果。

农民进什么样的城市，应让市场决定，应尊重农民的意愿。现阶段单纯提倡"大力发展小城镇"的简单思路在我国的城市化实践中已经遇到了严峻挑战。在中国若不很好地考虑同大中城市的联系，孤立地发展小城镇并不符合我国国情。多年发展的实践证明，这种以小城镇为主导的城市化道路存在着许多问题。一是小城镇建设需要占用的土地资源要比发展大中城市多4—8倍；二是由于小城镇规模太小，缺乏明显的集聚效应，公共品的社会效益差，导致其在基础设施建设中，所耗费资金分摊到人均投资水平上明显偏高。据有关资料分析，当前我国城市人口规模在10—100万人规模区间有正的净规模效应，在100—400万人规模区间城市规模效应最大。三是由于小城镇城市功能残缺，企业进城的成本较高，往往造成非农产业企业不愿也不敢进城。结果是当小城镇建设起来后，因缺乏支撑城镇经济发展的支持产业，外来劳动力和人口难以进城立足，最后使小城镇成了"空城"。四是在小城镇缺乏支撑产业的条件下，一方面一部分进城农民会出现"两栖化"倾向，即有一段时间在城镇，另一段时间又在农村，农民没有实现真正意义上的离农；另一方面由于进城农民找不到稳定的职业，一部分人便会利用城镇建筑物保留的空间养猪、养兔、养鸡鸭，甚至自行种瓜、种果、种菜。如此一来，城镇又会再现"农村病"。正因为存在这些问题，党的十六大报告对于我国城市的发展提出了新的要求："要逐步提高城镇化水平，坚持大中小城市和小城镇协调发展，走中国特色的城镇化道路。"

## 三、发展城市群是中国城市化道路的理想选择

在新的世纪里，中国的经济增长空间格局将会发生两个变化，一个是全国经济增长重心将会向中西部地区转移，中西部地区会凭借自身比较优势和发展潜力加快经济增长，扩大经济总量在全国的占有份额；另一个是经济增长重心将由以往的带状形态向集群形态转变，产业集聚和财富增长越来越依靠日益扩

张的城市群网络。笔者认为，在这两大变化中，后一种变化尤为突出，她将是今后中国经济进一步增长的主要力量。20世纪90年代中期以来，由城市群组成的增长极在中国经济发展中的作用已越来越突出，例如以广州、深圳、珠海和中山为中心的珠江三角洲城市群、长江三角洲地区城市群、环渤海城市群等。

　　根据中国土地、水等资源稀缺的国情，中国不应该像美国那样发展城市，搞宽阔的公路、建过于宽大的别墅、拥有大量的私人轿车，这种城市化耗费大量的土地、水和能源；中国应该像日本的城市化学习，日本城市发展是分别以东京、大阪和神户三大城市为中心，形成了三大城市群落，这种城市发展方式，占用土地资源少，又能集约利用公共基础设施。因此，中国也应该像日本一样，走资源节约型城市化之路。今后我国应围绕一批大城市或中等城市发展城市网络群，走"以大（中）带小，大中小城市协调发展"的城市化道路，以此形成功能互补、产业互济的城市群。这样，城市间可以共享公共品设施、互补城市功能、集成和聚合物流、价值流、信息流及人流，有利于节约各种资源，降低城市化的成本。如长江三角洲地区，目前已经形成了以上海为中心的城市化网络群。它包括15个城市群，城市间联系日益紧密。更可喜的是20世纪90年代以来，这里农村人口在大幅度减少，城市人口在明显增加，2002年人口为7571万，只占全国总人口的5.9%，但创造的GDP达到19125亿元，占全国GDP的18.6%，创造的财政总收入占全国的21.4%。

　　以北京市和天津市为中心形成的京津冀地区，通过燕山山前带、沿出海城市带、太行山城市带三个带和七条交通放射线，将周围唐山、承德、秦皇岛、张家口、廊坊、沧州、衡水、保定、石家庄等城市紧紧连接和聚集一起，在环渤海地区形成了一个颇具规模的城市群。2003年仅北京市和天津市人口9236万，占全国总人口的7.15%，创造的GDP达到13094亿元，占全国GDP的11.2%，创造的财政总收入占全国的12%。经过多年的发展，京津冀地区形成的城市群在人流、物流、信息流、价值流等方面紧密相连，开始实现在资源、产品、市场和基础设施等方面的整合，初步形成了环渤海地区的一个最大城市群。当前，这个城市群还处在形成和成长阶段，在该阶段里人流、物流、信息流、价值流以及产业还将发生大规模的集聚。在集聚过程中，该地区的产业势必迅速扩张，经济总量也会急剧膨胀，创造的GDP占全国的比重还将不断上升。各种要素的集聚和产业扩张，必然会带来结构重组和经济发展的机遇。面对要素集聚和结构重组，处在京津城市群中的任何一个城市只要能抓住机遇，按比较优势原则配置资源要素，大力发展城市群间互补性产业和具有市场竞争力的产业，该市经济就会实现健康发展，经济总量也会取得不断增长。

"以大（中）带小，大中小城市协调发展"的城市化，实质上强调的是我国应该走资源节约型城市化道路，这恰恰符合科学发展观、可持续发展的思想。她倡导城市（镇）由发散式、孤立式发展转向并联、互联式发展，形成网络群。很显然，作为一个资源高度稀缺的国家，选择这种城市化道路可以节约土地、节约水、节约能源、节约公共设施建设等。为此，今后我们应该在全国做好几大城市网络群的规划，强化城市间基础设施的建设，进一步加强产业间的联系，更多地吸引大量劳动力的转移，实现人口、产业、市场的积聚，形成中国物流、价值流、信息流和人流的积聚地。

发展城市群并不是要单一发展大城市。北京应该停止"摊大饼"式的城市扩张，应强化周边包括通州、顺义、昌平、怀柔、大兴、门头沟、三河、廊坊等城市建设，进一步加强同这些城市的产业和公共基础设施的关联，建设高效的公共交通，例如城市间快速干线、地铁等来连接北京与周边卫星城。这样，北京城中就会有一大部分居民选择到郊区或者卫星城去居住生活，同时这还可以吸引大量的农民到周边的卫星城和小城镇就业。这样，不仅可以有效解决中心城市无限扩张带来的种种缺陷，抑制了大城市规模过于膨胀的问题，而且还有利于大中小城市在空间和产业布局上相互依存和配套，形成功能互补的城市群体系。

小城镇发展应与大中城市紧密地结合起来。切忌违反城市化规律，用行政力量孤立发展小城镇。在长江三角洲、珠江三角洲地区，由于大城市的辐射和产业的集聚，大量的小城镇依托大中城市蓬勃发展起来，由此形成了物流、价值流、信息流和人流的聚合。而在中西部特别是远离经济发展中心的地区，依靠行政力量人为加快小城镇建设则是违背经济发展规律的。这些地方的生态本来就比较脆弱，过分的聚集人口，会破坏生态环境。更加可取的办法是鼓励劳动力向外转移。应该鼓励当地农民向发达地区、城市密集区转移。为此，政府可以做许多事情，如培训农民，提供劳动力市场信息，减免各种外出打工办证收费，促进他们向城市密集区和经济增长中心转移。

## 四、推进城市化需要多方面改革

中国城市化要选择以大（中）带小，大中小协调发展的道路，当前和今后必须在以下几个方面采取新的改革措施。

第一，国家对大中小城市发展应采取统筹发展的政策，公平地分配公共资源，包括社会保障制度。只有中小城市包括小城镇的基础设施搞好了，才能对外来人口有吸引力，否则人口将永远向大城市流动。

第二，调整大中城市的建设方式，一是不要"摊大饼"，发展卫星镇；二是不要超越经济发展阶段，过度追求豪华和现代化，应将吸纳农民进城作为城市发展的主要目标。

第三，改革城乡二元户籍和各项福利制度，给农民工以国民待遇权利。对农民工实行人情化的管理、亲情化的服务、市民化的待遇。

第四，改革土地征用制度，从法律上保障农民在土地流转中失地不失利、失地不失业。土地是农民的命根子，是他们的最后一道生存保障防线。为了有效保护农民的土地权益，要坚决贯彻和落实党的十六届三中全会精神和2004年中央一号文件的决定，长期稳定并不断完善以家庭承包经营为基础、统分结合的双层经营体制，依法保障农民对土地承包经营的各项权利。包括在承包期内依法、自愿、有偿流转土地承包经营权。与此同时，还要对现行土地征用制度中，管理不严、程序不明、补偿过低和侵害农民利益等问题进行改革。首先，改革土地管理制度。土地征占用的审批权必须与土地占用费收益脱钩，打破批地越多，部门和地方从土地占用中收益越多的怪圈，杜绝乱批、乱占土地的现象再次发生。其次，严格区分公益性用地和经营性用地，对于公益性用地要适当提高补偿标准，并要妥善安置失地农民，为他们提供最基本的社会保障，使他们失地不失利、失地不失业；对于经营性用地要实行彻底的市场招标出让制度，土地出让价格由市场供求关系决定。再次，规范土地征用程序，引入听证制度，强化社会监督和舆论监督。最后，在适当时间修改和完善土地管理法，对土地的征占用审批程序、管理办法、公益性用地和经营性用地的界定划分、征占补偿标准、失地农民的权益保障、土地所有权的变更等等，进行重新审定和规范，使我国城乡土地征占用更进一步规范化和法制化。

# 第二十五章　解读"新型城镇化"

当下，我国经济增长已经连续 23 个季度从高位下行，尽管我们从宏观上采取了诸多稳增长的调控措施，但效果并不如预期。问题的关键是，推动经济发展原有的传统增长动力在衰退，而新的增长动力还在孕育，由此出现了新旧增长动力不能有效接续的矛盾。面对如此宏观环境，应该加快推进新型城镇化，新型城镇化可从供给和需求两侧为经济发展提供新的动力。这可能是我们破解发展难题、迈向发达的高收入国家行列的一把钥匙。

一，新型城镇化是解困稳增长的战略举措。"十三五"时期，我国要全面建成小康社会，国内生产总值和居民人均收入水平要翻一番。为此，今后五年我国经济增长率必须在年均 6.5% 以上。但是，从目前的国内外形势看，世界经济复苏缓慢并复杂化，对中国的需求明显下滑，国内需求也严重不足，投资增长率和消费增长率连续六年下降。从供给看，占社会总投资 58% 的制造业和房地产业，在"去产能"和"去库存"压力下，销售困难，效益下滑，投资下降。这意味着要保持 6.5% 以上的经济增长速度，必须寻找有效的发展动力。从可供选择的领域分析，新兴产业发展是一个重要动力源泉，但成长速度过慢，难以迅速填补传统产业被淘汰、转移留下的空间。而新型城镇化是经济增长的现实源泉，2015 年我国在外打工的农民工总量 27747 万人。按照新型城镇化规划，到 2020 年将其中的一亿人口转变为市民人口，将会产生巨量的投资和消费需求。根据我们的研究，到 2020 年如果每年新增城镇人口 2000 万，加之 1500 万农业转移人口市民化，每年将会带来投资和消费至少 2.25 万亿，最高可带来 4.9 万亿的需求，对经济增长的贡献将为 3.5 到 6.8 个百分点。由此可见，今后如果体制改革到位，政策措施配套得力，新型城镇化确实能为经济增长带来巨大贡献。另外，同工业化相比，城镇化的推进能消耗大量工业产品，有利于"去产能"、"去库存"，而工业化是增加供给。当前和今后一个时期，我国的主要矛盾是供给大于需求，产能严重过剩，积极推进新型城镇化可协调工业化与城镇化的关系，大大缓解产能过剩矛盾，矫正长期扭曲的经济结构。

二，城镇化可为供给侧改革和结构转型提供支撑平台。城镇化不仅能创造巨量的有效需求，还能创造可观的有效供给。与农村相比，城镇是资本、技术、人力资源、交通物流、通信设备等要素集聚强度最高的区域，也是公共服务供给效应发挥最充分的地区。基于这些优势，城镇化过程中人口集聚带来了服务业的快速成长，最终在经济增长中服务业替代了制造业，成为贡献最大的产业。根据中国 30 多年来的数据分析，城镇化与第三产业的发展高度相关。城镇化率每提高一个百分点，第三产业产值比重提高 0.61 个百分点，就业比重提高 0.72 个百分点。按照绝对数量计算，到 2020 年城镇化率达到 60%，第三产业累计增加就业人数 7250 万人，第三产业产值比重可达到 53.5%。

同时，制造业转型升级所需要的技术创新活动，大部分都是在城镇开展和完成的。城镇为技术研发和推广提供了难得的支撑平台，是人力资本提高和知识积累的大熔炉；还有制造业发展所需要的邮电通讯、金融保险、物流、法律、会计、信息咨询、技术咨询、新闻出版、广播电视等新兴服务业，也是城市创造的有效供给。因此，工业化推进到一定阶段后，产业结构调整和升级必须依赖城镇化的推进来完成。当前，我国制造业转型升级最需要的人力资本、技术创新以及公共服务，恰恰是新型城镇化推进过程中能提供的，城镇化的推进与制造业乃至产业结构调整密切相关。

三，新型城镇化可助推中国迈向发达的高收入国家。经过 30 多年的发展，我国已经从低收入国家发展成为中上等收入国家。下一阶段，我国经济社会发展将要向发达的高收入国家行列迈进。需要强调的是，当一个经济体从中上等收入向高收入阶段迈进过程中，需要构建两个社会：一个是城市人口占绝大多数的市民化社会，另一个是以中等收入阶层为主体的橄榄型社会。这两个社会的构建与形成，都必须以城镇化为载体。因为市民化社会建立就是城镇化本身的内容，中产阶层成长大多都是在城市完成的。根据国际经验，当发达国家从中上等收入跨入高收入阶段时，该经济体的城市化率一般都超过 70%，目前高收入国家城市化率平均在 80% 以上。这一时期，城镇发展恰恰能为中等收入阶层集聚和成长提供主要空间，显然城镇化也是推动社会结构转型的动力来源。比如，日本于 20 世纪 70 年代由中上等收入进入高收入国家行列，1970年人均 GDP 达到 10760 美元（2010 年价格）。此时，日本的城市化率 72.1%，中产阶级占到 73%。韩国 20 世纪 90 年代由中上等收入进入高收入国家行列，1990 年人均 GDP 达到 10500 美元（2010 年价格）。此时，韩国的城市化率74.4%，中产阶级占到 75.2%。很显然，到本世纪中叶我国要实现中华民族伟大复兴，使经济社会发展水平达到发达的高收入国家的中等水平，所要实现真正的城镇化水平和达到的中产阶层比例，还有相当大的距离。目前，我国的常住城镇化率为56%，户籍城镇化率约37%，中产阶层人口比例仅有20%左右。面对现实困境和未来发展，中国必须加快推进新型城镇化，新型城镇化是我国变换发展方式动力、调整经济结构的战略选择。

四，加快推进新型城镇化需要改变三个滞后。在2014年公布的《国家新型城镇化规划（2014—2020）》中提出，到2020年我国城镇化的发展目标是，常住人口城镇化率达到60%左右，户籍人口城镇化率达到45%左右，户籍人口城镇化率与常住人口城镇化率缩小2个百分点左右，努力实现1亿左右农业转移人口和其他常住人口在城镇落户。面对经济社会发展和城镇化的近中期目标和长远目标，加快推进新型城镇化已经成为必然。但是，当前我国还有不少人认为我国的城镇化已经很快了，一些地区甚至出现了过度城镇化。比如我们用了30多年时间走完了发达国家100多年走过的城市化道路，从1978年到2015年我国城镇化率由17.92%提高到56%，城镇化率平均每年增加1个百分点以上。按道理，这种速度在世界上是少有的。但是，同我国的经济发展水平、工业化进程、要素匹配程度相比，我国城镇化还比较落后。

一是我国城镇化发展明显滞后于工业化进程。目前我国已经处于工业化中后期阶段，但城镇化进程明显滞后。2015年我国人均GDP7590美元，第二产业增加值占GDP比重达40.53%，但城镇化率（常住人口）仅为56%，低于钱纳里测算的65.8%的国际经验值。以工业化同样起步较晚的韩国为例，1987年韩国人均GDP6124.3美元（2010年美元），接近我国当前水平，工业增加值占GDP比重为38.1%，但城镇化率已达68.5%。

二是户籍人口城镇化滞后于常住人口城镇化。近年来，我国户籍人口城镇化率与常住人口城镇化率差距呈不断扩大趋势。目前，常住人口城镇化率已达到56%，而户籍城镇化水平刚刚达到37%左右，两者差距从2000年的10.1个百分点，扩大到目前约19个百分点

三是人口城镇化滞后于土地城镇化。改革开放以来我国的城镇化以土地城镇化为主，20世纪90年代后这种趋势更加突出。由此导致土地进城速度远远快于农民进城速度。按国际公认标准，土地城镇化速度与人口城镇化速度之比的合理区间为1—1.12∶1。2000—2014年，我国城市建设用地面积扩大了1.26倍，而城镇常住人口增长了0.63倍，速度之比为2∶1，若按户籍人口计算比值更高，两者都远远高于国际标准上限。

造成我国城镇化三个滞后的原因有体制因素，也有政策因素，其中缺乏农业转移人口市民化公共成本分担机制，是抑制城镇化进程的重要因素。当前，

各级城镇政府、企业都想充分分享传统体制下农民进城的低成本红利，却不愿承担或很少承担农民市民化的公共成本。对于各级城镇政府来说，在财政刚性支出压力下，他们不愿或没有能力承担这部分额外负担；对于各类企业来说，在成本上涨压力下，他们缺乏主动承担市民化成本的动力；对于农业转移人口来说，他们缺乏承担市民化成本的能力。在此制约下，农民进城只是劳动力供给者，而不是真正的市民，所以就不是真正的城市消费者，他们往往将即期消费压到最低，实现储蓄最大化。因此，在现有体制作用下，城镇化对经济增长的作用自然被歪曲了。

五，推进新型城镇化需要尽快建立农业转移人口市民化成本分担机制。城镇化核心是人的市民化，而市民化的关键是进城农民落户城镇所需要的成本应有相应的承担主体。农业转移人口市民化产生的成本，可分为公共成本和个人成本。其中公共成本包括基础设施建设、医疗养老保障、义务教育、就业服务、住房保障、公共文化供给等；个人成本是城市生活成本、个人承担的社会保障成本、住房成本、子女教育、机会成本等等。在两类成本中，政府和企业应该承担公共成本，农业转移人口应承担个人成本。

在公共成本中，中央政府、地方政府、企业在城镇化中应科学、合理划分相应的支出责任，建立有利于推进农业转移人口市民化的公共成本分担机制。

一是要明确中央政府和地方政府的支出责任，把农业人口市民化公共成本落到实处。为了有效推进农业转移人口市民化，更好地解决社会保障跨地区转移接续问题，建议对农业转移人口市民化需要的基本医疗、基本养老、义务教育支出责任，应主要由中央财政和地方财政共同负担。这样政府承担50%，地方政府承担50%，上述负担项目实行统一标准、统一账户、统一机构。农业转移人口市民化过程发生的基础设施建设、就业服务、住房保障、公共文化供给等公共服务完全由地方政府负担。

二是调动企业支持进城农民工市民化的积极性。对于农民工所在企业也要承担相应责任，比如城镇职工医疗保险、养老保险、失业保险、工伤保险以及职工技能培训等成本应按有关规定依法依规缴纳，不过为了减轻企业负担，调动企业支持进城农民市民化的积极性，可以采取降低缴费标准、免除其他收费项目等激励政策。同时对于招收农民工比例高的城镇企业，能积极主动承担市民化成本，要给予相应的奖励和支持。

三是切实增强农业转移人口市民化分担能力。要剥离一些进城农民不应该分担的成本，分步实施对农民工同城同工同酬政策，要搞好农业转移人口的就业技能培训和创业扶持，同时要加快推进农村土地制度改革，建立农村建设用地（含宅基地）征用或流转增值收益合理分配机制，激活农村土地财富潜力，切实增强农民"带资进城"的能力。

# 第五篇
# 如何看待社会阶层收入差距

国际经验表明，一个经济体要从中等收入阶段向发达的高收入阶段迈进，必须要注意引导社会阶层结构的变化。发达经济体的标志不仅仅是人均 GDP 水平，更重要的是通过制度创新和政策调整，缩小贫富差距，减少绝对贫困人口，建立起以中等收入阶层为主体的橄榄型社会。这种社会结构有利于稳定，有利于创新，也有利于经济可持续增长。从当前的经济社会发展水平看，中国距离构建以中等收入阶层为主体的橄榄型社会格局还有较大差距。中国的差距不仅表现在我国中低收入群体人口庞大，中产阶层人口比重过低，最主要的表现是阶层间贫富差距在不断扩大，穷与富的不平等问题越来越严峻。因此，必须将缩小收入差距，帮助穷人改变身份，作为今后发展的主要目标。

## 第二十六章　高低收入者之间收入差距的分析

改革开放 20 多年来，中国已经存在低收入者和高收入者群体。这里我们不是要讨论低收入者和高收入者的概念和界限，而是要围绕以下三个问题展开分析研究：第一，在 20 世纪 90 年代以来的经济发展中，我国低收入者和高收入者之间收入不平等的严重程度。第二，这种不平等程度产生的原因。第三，面对不平等政府的作用是什么。

## 一、不同阶层之间的收入不平等程度

有些经济学家认为，我国的贫富分化问题已经变得越来越严重。这里迫使我们要回答一个问题，就是当前我国"贫者"和高收入群体之间收入差距是缩小了还是扩大了；如果是扩大了究竟扩大到什么程度，这正是本文所关注的。由于受到现行体制的影响，我国的统计制度被人为地划分成两大块，一块是农业与农村统计，另一块是城镇统计。因此，我们的分析不得不先从两块分别进行，然后再来分析城乡之间的变化。

首先，从城镇层面来考察 1990 年以来不同收入者阶层之间收入分配情况。表1、表2显示出，从 1990 年到 2001 年我国城镇不同收入阶层之间的居民收入差距是扩大的，收入明显在高收入群体阶层集中。1990 年城镇最低收入户居民与最高收入户居民收入之比为 1∶3.22，而到 2001 年两个阶层间的收入比扩大到 1∶5.39。就是说，在 11 年间最低收入户居民与最高收入户居民的收入差距扩大了两倍以上。表1 和表2 最下一栏表示的是每个收入阶层的家庭在总收

**表1　1990 年城镇不同收入层次的居民收入情况**

|  | 最低收入 | 低收入 | 中下收入 | 中等收入 | 中上收入 | 高收入 | 最高收入 |
|---|---|---|---|---|---|---|---|
| 人口（人） | 14585 | 13836 | 26460 | 24891 | 23536 | 11197 | 10234 |
| 人口比重 % | 11.7 | 11.1 | 21.2 | 19.9 | 18.9 | 9.0 | 8.2 |
| 人均收入（元） | 761.2 | 968.6 | 1144.4 | 1351.7 | 1598.3 | 1889.5 | 2447.9 |
| 收入比重 % | 6.5 | 7.8 | 17.6 | 19.5 | 21.8 | 12.3 | 14.5 |

注：本表是根据国家统计局编 1991 年和 2002 年《中国统计年鉴》资料整理。人口数是指调查户数乘以平均每户家庭人口，人口比重是指每个收入等级人口数占总调查人口的比重；收入比重是指每个收入等级人口数乘以相应等级的人均可支配收入与调查户可支配总收入之比（以下各表方法相同，资料来源也相同）。

**表2　2001 年城镇不同收入层次的居民收入情况**

|  | 最低收入 | 低收入 | 中下收入 | 中等收入 | 中上收入 | 高收入 | 最高收入 |
|---|---|---|---|---|---|---|---|
| 人口（人） | 15388 | 14818 | 28496 | 27269 | 26041 | 12407 | 11574 |
| 人口比重 % | 11.3 | 10.9 | 21.0 | 20.1 | 19.1 | 9.1 | 8.5 |
| 人均收入（元） | 2802.8 | 3856.5 | 4946.6 | 6366.2 | 8164.2 | 10374.9 | 15114.9 |
| 收入比重 % | 4.6 | 6.1 | 15.2 | 18.7 | 22.8 | 13.8 | 18.8 |

资料来源同表 1。

入中所得到的份额。1990年，高收入和最高收入户的人口占调查家庭总人口比重为17.2%，他们获得的收入占去调查户可支配总收入的比重为26.8%。相反，占去人口22.8%的低收入和最低收入户收入比重只有14.3%。到2001年，这种贫富状况进一步向两极分化，低收入户所占收入比重更低，高收入户所占收入比重更高。当年，占人口比重只有17.6%的高收入和最高收入户在总收入中所得到的份额上升到32.6%；而处于最低端的低收入和最低收入户人口比重占22.2%，收入比重却降为10.7%。这意味着，当前我国城市有20%的人口获得的收入占总收入的比重不足10%，而另有20%的人口却获得了社会总收入的三分之一以上。这种收入不平等的变动趋势表明，我国城市收入分配结构在向有利于高收入群体的方向变化，高收入群体占有的收入份额越来越多，而低收入群体占有的收入份额越来越少。

其次，从农村层面考察不同收入者阶层之间收入变化情况。在我们整理的表3和表4中，所揭示出的信息也同城市一样，在过去11年里农民之间的收入差距也呈扩大的趋势，收入也是向高收入群体阶层集中。有所不同的是，同一时期内农村不同阶层间的居民收入不平等程度要比城市严重得多。1990年，农村高收入户的居民收入是低收入户居民收入的6.7倍，到2001年上升到9.3倍，11年间高收入户居民与低收入户居民的收入差距扩大了2.6倍。从表3和表4最下一栏数据可以看出，从1990年到2001年，中上收入水平以上的农户获得的收入份额越来越多，而低收入农户取得的收入份额越来越少。在1990年，占调查农户总人口比重27.2%的中上收入和高收入农户获得的收入比重为47.6%；到2001年，这个阶层的农户人口比重降为24.2%，收入比重却上升

**表3 1990年农村不同收入层次的居民收入情况**

| | 单位 | 低收入 | 中下收入 | 中等收入 | 中上收入 | 高收入 |
|---|---|---|---|---|---|---|
| 人口 | 人 | 72592 | 94513 | 66714 | 73078 | 14426 |
| 人口比重 | % | 22.6 | 29.4 | 20.8 | 22.7 | 4.5 |
| 人均纯收入 | 元 | 303 | 498 | 692 | 1036 | 2026 |
| 收入比重 | % | 10 | 21.4 | 21.0 | 34.3 | 13.3 |

注：本表根据国家统计局农村社会调查总队编2002年《中国农村住户调查年鉴》资料整理。
为了方便分析，我们将农村居民12个等级收入归并为5个等级收入层次，其中低收入是指年人均纯收入在400元以下的农户，中下收入是指年人均纯收入在400—600元之间的农户，中等收入是指年人均收入在600—800元之间的农户，中上收入是指年人均收入在800—1500元之间的农户，高收入是指年人均收入在1500元以上的农户。

### 表4　2001年农村不同收入层次的居民收入情况

|  | 单位 | 低收入 | 中下收入 | 中等收入 | 中上收入 | 高收入 |
|---|---|---|---|---|---|---|
| 人口 | 人 | 62106 | 83089 | 69105 | 48065 | 20513 |
| 人口比重 | % | 22.0 | 29.4 | 24.4 | 17.0 | 7.2 |
| 人均纯收入 | 元 | 801 | 1589 | 2485 | 3762 | 7424 |
| 收入比重 | % | 7.5 | 19.2 | 24.6 | 26.3 | 22.4 |

注：本表资料来源同表3。低收入是指年人均纯收入在1200元以下的农户，中下收入是指年人均纯收入在1200—2000元之间的农户，中等收入是指年人均纯收入2000—3000元之间的农户，中上收入是指年人均收入在3000—5000元之间的农户，高收入是指年人均收入在5000元以上的农户。

到48.7%。就是说，当前我国农村仅有四分之一的人口获得了50%的农村纯收入。相反，低收入农户在1990年人口比重占22.6%，收入比重占10%；到2001年人口比重占22%，收入比重却降到7.5%。由此可以发现，尽管农村居民收入水平比城市居民低得多，但农民之间的收入差距却比城市要大。结论昭然若揭，过去11年里农村居民间的收入增长是极其不平等的，收入分配结构是向有利于高收入群体的方向变化，而在分配结构变动中低收入群体处于不利地位。

最后，我们再来分析城乡间居民收入比较变化情况。表5提供的数据表明，20世纪90年代以来，我国城乡居民的收入差距一直呈扩大的趋势，收入分配结构明显在向城市偏斜。12年里，农民人均纯收入按可比价格增长了

### 表5　城乡居民收入分配不平等程度变化表　单位：元、%

| 年份 | 农民人均纯收入 | 城镇居民人均可支配收入 | 城乡比乡为1 | 乡村人口比重 | 城市人口比重 | 城市收入比重 | 农村收入比重 |
|---|---|---|---|---|---|---|---|
| 1990 | 686.3 | 1510.2 | 2.20 | 78.4 | 21.6 | 37.8 | 62.2 |
| 1995 | 1577.7 | 4283 | 2.71 | 75.7 | 24.3 | 46.6 | 53.4 |
| 2000 | 2253.4 | 6280 | 2.79 | 73.2 | 26.8 | 50.5 | 49.5 |
| 2001 | 2366.4 | 6859.6 | 2.90 | 73.2 | 26.8 | 51.5 | 48.5 |
| 2002 | 2476.0 | 7703.0 | 3.11 |  |  |  |  |

资料来源：1991年和2002年《中国统计年鉴》。2002年数据来自国家统计局2003年统计公报。

注：本表乡村人口是指乡村户数中的常住人口数，包括常住人口中外出民工、工厂合同工及户口在家的在外学生，但不包括户口在家领取工资的国家职工。城市人口数不是现行意义上统计数，是指全国总人口减去乡村人口数。

69.7%，城镇居民可支配收入增长了138.3%，城镇居民的收入增长速度比农民收入增长速度快了近一倍。由于城乡居民收入增长上的差异，导致了城镇居民的收入比农民越来越多。1990年，城市居民人均可支配收入是农民人均纯收入的2.2倍，此后该指标一路上升，到2002年达到3.11倍。这里，如果将城乡居民的收入加总，然后分别计算出农村居民和城镇居民在总收入的比重，从中可以发现过去十几年里，农村人口所占收入比重由1990年62.2%下降到2001年48.5%，而城市居民所占收入比重由37.8%上升到51.5%。就是说，按照我国居民户口所在地统计，当前有城镇户口的居民占全国人口的比重为26.8%，其收入却占去了全国的一半以上，相反，占全国人口73.2%农村居民收入比重不足全国的一半。由此可见，20世纪90年代以来城乡居民间收入分配的不平等程度的确越来越严重了，当前的国民收入分配结构是更有利于城市居民而不利于农村居民的。

到此为止，我们的分析结论是：20世纪90年代以来，我国居民收入的不平等程度越来越严重，在农村和城市内部，低收入群体和高收入群体的收入差距是不断扩大的，高收入群体占有的收入份额在迅速上升，而低收入群体占有的收入份额在不断下降；在城乡之间，收入分配结构也在向有利于城市居民方面变动，城乡居民收入差距不断扩大，城市人占有的收入份额越来越多，而农民占有的收入份额却不断变小。值得注意的是，在过去十几年里，农村和城市内部居民收入差距扩大程度都远远大于城乡之间的差距，特别是农村内部居民收入的不平等程度要比城市大得多。

## 二、收入分配不平等的原因分析

是什么原因造成收入在不同阶层间不断分化，并使收入分配不平等程度越来越严重？笔者认为，收入分配不平等既有产业结构变动引起的原因，也是体制改革和宏观经济政策调整带来的后果。

**（一）产业结构的调整和不断升级给高收入群体带来了增收的机会，但减少了低收入群体的就业和收入机会。**

就国情而言，我国是一个劳动力大量剩余、许多自然资源高度稀缺的国家，特别是在过去十几年里资本还高度短缺。按道理，这时我国应该以大量吸纳劳动力而节省资本的方式推进经济增长，这显然会有利于广大劳动者就业，降低收入分配的不平等性。但是，进入20世纪90年代以后，我国城市工业和乡镇企业却纷纷用资本替代劳动，进行企业改造和产业升级。替代的结果是，它加剧了劳动力过剩和资本短缺的矛盾。

为了更好地说明问题，这里我们用资本与劳动力之间的增长关系变化，来考察城市工业和乡镇企业是怎样以资本替代和排斥劳动力的。先从城市工业分析。由于统计资料的限制，这里我们仅以国有工业为例来说明问题。表 6 是 1980 年以来国有工业固定资产配置和劳动就业的变化情况。从中可以看出，20 世纪 90 年代以后是我国工业固定资产原值增长最快，而劳动就业人数增长最缓慢甚至是下降的时期。这 11 年里，国有工业人均固定资产原值从 22820 元增加到 338720 元，增长了 13.8 倍，平均每万元固定资产原值配置的职工人数从 0.44 人下降到 0.03 人，下降了 93.2%。这里，如果不考虑通货膨胀因素的影响，又假定整个 11 年里国有工业资本替代劳动的趋势与 20 世纪 80 年代的速度相同，那么这一时期国有工业每万元固定资产原值配置的职工就不应该是从 0.44 人减少到 0.03 人，而是减少到 0.2 人。若如此，到 2001 年国有及国有控股工业企业所配置的职工人数总量就应该是 12356 万人，很可能比 1990 年增加 7990 多万个就业岗位。

表 6　国有工业企业年末固定资产原值和职工人数

| 年份 | 固定资产原值（亿元） | 年末职工数（万人） | 人均固定资产原值（元／人） | 每万元配置职工数（人／万元） |
|---|---|---|---|---|
| 1980 | 3465.2 | 3334.0 | 10393.5 | 0.96 |
| 1985 | 5182.2 | 3815.0 | 13583.7 | 0.74 |
| 1990 | 9961.2 | 4364.0 | 22826.0 | 0.44 |
| 1995 | 25733.0 | 4397.0 | 58524.0 | 0.17 |
| 1997 | 38351.0 | 4040.0 | 94928.2 | 0.11 |
| 2000 | 57294.96 | 2096.0 | 273354.0 | 0.04 |
| 2001 | 61782.45 | 1824.0 | 338720.0 | 0.03 |

资料来源：国家统计局工业交通司编《中国工业经济统计年鉴》（1998）；1994 年、1995 年 2001 年和 2002 年国家统计局编《中国统计年鉴》。

注：2000 年和 2001 年职工数是工业分行业中国有职工人数，固定资产原值是国有及国有控股企业数据。

再从乡镇企业分析。表 7 是 1980 年以来乡镇企业固定资产原值和劳动力就业的变化情况。从中反映出，20 世纪 80 年代是乡镇企业吸纳农村劳动力数量增长最快的时期，而 90 年代则是固定资产增长最快的时期。在 1990 年以后，由于乡镇企业固定资产原值总量迅速扩张，而劳动力就业增长缓慢甚至在 20 世纪 90 年代中期还出现了下降趋势，由此导致乡镇企业每万元固定资产原值配置的农村劳动力急剧下降，从 1990 年的 3.45 人减少到 0.45 人，下降了 87%。如同分析国有工业一样，若不考虑通货膨胀因素，同时假设乡镇企业在 20 世纪 90 年代资本替代劳动的趋势与 80 年代的速度相同。那么，乡镇企业每万元固定资产原值配置的职工数就应该由 3.45 人下降到 1.3 人。这样，到 2001 年末乡镇企业所吸纳的农村劳动力总量就有可能增至 37767 万人，比现有劳动力就业人数多出 24680 多万人。

**表 7　乡镇企业年末固定资产原值和职工人数变化情况**

| 年份 | 固定资产原值（亿元） | 年末职工人数（万人） | 人均固定资产原值（万元／人） | 每万元配置职工数（人／万元） |
|---|---|---|---|---|
| 1980 | 326.3 | 2999.7 | 1087.7 | 9.19 |
| 1985 | 823.0 | 6979 | 1179.3 | 8.48 |
| 1990 | 2682 | 9262 | 2895.7 | 3.45 |
| 1995 | 12841 | 12861 | 9984.5 | 1.00 |
| 2000 | 26224 | 12820 | 20455.5 | 0.49 |
| 2001 | 29052 | 13086 | 22200.8 | 0.45 |

资料来源：中华人民共和国农业部《中国农业发展报告》，1995 年、1997 年、2001 年和 2001 年农业部乡镇企业局编《全国乡镇企业统计年报及财务决算资料》；1985 年数据来自中华人民共和国农业部乡镇企业局编《辉煌的中国乡镇企业》。

由此可见，1990 年后由于我国工业和乡镇企业采取了资本替代劳动的增长方式，就使得全国减少了 32000 多万个就业机会。在工业以及整个非农产业领域，资本配置比例上升而劳动配置比例下降，会对收入分配产生以下影响：一是它加剧了资本和技术的短缺，由此引起拥有资本和技术的人赚钱机会增多，收入增长速度加快。二是在工业和整个非农产业内部，由于资本增长快于劳动就业增长，引起了这些行业劳动者工资的上涨。需要指出的是，这种工资上涨是以部分劳动者丧失了就业机会为代价的，就是说一些人的收入增加是以另一些劳动者收入减少为前提的。三是工业以及非农产业用资本替代劳动，不仅加剧了社会劳动力的过剩，而且还导致社会财富分配在工业和农业之间失衡，引起农业相对国民收入水平过快下降。众所周知，我国的绝大部分剩余劳动力都滞留在农业部门，当城市工业和乡镇企业以资本排斥劳动时，大量剩余劳动力只能拥挤在农业部门，去分享有限的资源和财富。因为在社会财富总量增长过程中，相对非农产业而言，农业部门的财富增长最慢，如果在非农产业的扩张中，大量农业剩余劳动力不能及时转移出去，农业部门人均占有的社会财富份额只有下降。有数据表明，在 20 世纪 80 年代，由于我国采取了轻型化的工业发展战略，由此导致全国工业和建筑业的劳动就业人数大幅度增长，代表财富占有情况的相对国民收入明显下降，而农业部门的相对国民收入不断上升[①]。与此相反，从 1990 年到 2001 年，由于农业剩余劳动力向外转移缓慢，农业部门的相对国民收入由 0.51 下降到 0.304，工业和建筑业的相对国民收入却由 1.944 上升到 2.292。这是过去十几年农业劳动者与非农产业劳动者收入差距扩大的重要原因。

**（二）20 世纪 90 年代以来我国推行的一些体制改革带来了就业机会的不均等，引起了收入分配在不同阶层之间的分化。**

伴随着产业结构的调整和升级，我国还进行了一系列的经济体制改革。例如国有企业和乡镇集体企业进行资本重组，股份制改造，拍卖、租赁甚至破产等。在各种形式的改革中，企业都将"减员增效"作为改革的重要目标。一旦企业体制改革完成，便有一批工人被下岗（包括待岗）分流。一般的情况是，通过改制企业内部在职工之间拉开收入档次，随着企业效益的提高，管理层收入增长远快于工人的收入增长。与在岗职工情况相反，下岗或待岗人员在重新找到工作之前收入却明显下降。在企业进行各种改革的同时，我国政府机构也于 1998 年开始进行了轰轰烈烈的改革，这次改革的主要内容是压缩机构，裁减冗员，转变职能。通过改革，政府机构的职能进一步简化，办事效率也大大提高。但是此项改革同企业改革一样，也将数以万计的劳动力从行政管理部门分离出来，推向社会，最终增加了劳动力的实际供给总量。当社会劳动力供给总量增加，而非农产业部门对劳动力的需求不变甚至下降时，必然会造成社会失业人数增加，低收入群体扩大。另外，90 年代以来，国家在制度安排上的缺陷以及体制改革的滞后，也导致了收入的两极分化。例如，一些垄断行业或特殊机构凭借权力，利用国家制度或政策不完善的空隙，为自己和本行业的职工

---

[①] 相对国民收入是指某一产业部门的净产出占全社会总产出的比重同该产业部门劳动就业人数在全社会就业总数中的比重之比。从 1980 年到 1990 年，我国工业和建筑业的相对国民收入从 2.665 下降到 1.944，农业部门的相对国民收入从 0.438 上升到 0.51。

牟取高收入，由此拉大了这些群体与一般居民的收入差距。根据北京市统计局的调查，2001年全市86个行业中，最高工资行业与最低工资行业收入差距为6.6倍，两者之间差距比上年扩大了1.9倍。

**（三）20世纪90年代中期以后，我国所实行的一些宏观经济政策有利于高收入群体增加收入，但低收入群体增收的环境没有大的变化。**

自90年代中期以后，我国在三方面的政策安排上对收入分配的平等性带来了直接或间接的影响。

一是全国各地兴起的城市化浪潮给低收入者特别是农民的积极影响不大。按道理，城市化有利于扩张经济发展空间，增加就业机会，推动农村剩余劳动力向城市转移。但是，近几年来我国的城市化方向明显走偏，它的建设与发展并不是将增加就业和吸引农村剩余劳动力进城作为主要目标，而是将大量资金、土地等资源投向城市基础设施和房地产建设方面，刻意追求道路硬化、墙面白化①、环境绿化和城市现代化。城市"四化"大大改善了现有城市居民的就业状况和生活环境，但是，由于现有城乡二元结构制度未打破，城市"大门"紧闭，农民并没有从"四化"中获得多大好处。相反，在城市化过程中，土地被大量低价征用而又高价出让，不但使农民不能得到土地增值带来的收益，还使他们的土地资源占有状况进一步恶化。因此，在20世纪90年代中后期出现的耐人寻味的现象，就是城市的现代化进程越来越快，农村剩余劳动力转移却越来越慢，城乡居民收入差距也越拉越大。

二是在实施积极的财政政策过程中，政府为低收入群体和高收入群体带来的机会不平等。从1998年到2002年，为了启动国内市场，刺激经济快速增长，国家连续发行6600亿元特别国债，主要用于重大建设工程、城乡基础设施建设、产业升级和高新技术产业化项目、生态环境建设和西部大开发等方面。毫无疑问，这对于促进城乡经济发展、扩大就业空间都创造了难得的机遇，许多大中城市借此机会将基础设施建设水平提高到一个新的台阶，许多企业也争取到建设项目，也有大量劳动者获得了新的就业机会。然而，需要指出的是这次依靠国债大搞基础设施建设，对大中城市关注过多，对小城镇和农村关注不够。例如，五年里国家在6600亿元的国债中仅为农林水等安排建设资金2800亿元，而且在2800亿元资金中真正用于农业、农村的资金并不多，

---

① 道路硬化是指改造城市道路，将路面拓宽并用水泥浇注；墙面白化是指许多楼房外墙用白瓷砖贴面。

给他们带来的增收效果也不大。这几年，受国债资金的带动，城市的水、电、路、通讯、医院、学校等公共物品的供给同发达国家的差距越来越小，而与我国农村的差距却越来越大。因此，有人形象的比喻这种状况，"城市人好像生活在欧洲，农村人好像生活在非洲"。可以想见，不同的公共品供给水平对投资、就业以及收入的影响是直接的，公共物品供给环境越好，吸引投资的能力就越强，就业机会就愈多，由此带来的收入水平势必要高。反之亦然。对居民收入分配带来直接影响的还有另外一项政策，就是政府为国家机关事业单位涨工资。在1998年至2001年间，中央政府先后给国家机关事业单位工作人员连续几次大幅度增加工资，在此基础上各单位还自行为本单位职工增加一些额外福利津贴，这就使得国家机关和事业单位的工资水平比前几年涨了近一倍。受此影响，其他行业也随之相应调高了职工的工资水平。根据统计资料分析，1998年以后是我国改革开放以来国有单位、城镇集体经济单位和其他单位职工工资增长最快的时期，其中国有单位职工工资增长水平又最高。这一轮工资增长在两方面加剧了收入分配的不平等，一方面它拉大了城市不同阶层之间的收入差距。如前所述，这次大幅度增加工资恰好发生在国家机构改革和企业改组改造时期，这个时期仅国有单位和城镇集体经济单位的职工人数就分别减少了3404.2万人和1591.7万人。不难看出，国有及集体单位增加工资，只使那些仍然就业的职工从中收益，而对4995.9万个离开单位的职工并没有什么好处。另一方面它还拉大了城乡居民收入差距。不容置疑，增加工资是在城市居民之间进行的，农民并未从中收益，相反这一时期农产品价格持续下跌，乡镇企业吸纳劳动力的能力下降，还使得农民的收入增长速度连年下滑。

三是我国金融制度和政策的不当安排，也是低收入群体和高收入群体收入差距拉大的重要原因之一。"九五"初期，为了治理通货膨胀，我国实施了适度从紧的货币政策。紧接着在亚洲金融危机中为了防范金融风险，中央又安排了一套更加严厉的金融信贷制度。在紧缩货币政策的条件下，资金显得空前短缺，此时谁能获得金融机构的贷款谁就获得了赚钱的机会。特别是银行对地区、企业授信并在内部实行贷款终身负责制，使得银行资金在运行过程中"嫌贫爱富"，这导致了越是贫困地区、越是需要解困的企业越贷不着钱，该地区或企业的劳动就业和增收机会受到极大限制。相反，越是发达地区、越是富裕企业越容易贷款，这些地区或企业的劳动就业和收入状况要远远好于贫困地区或困难企业。金融制度和政策的不平等还反映在城乡之间。具体表现为金融制度和政策向城市偏斜，城市资金供给充裕，农村资金供给严重不足。自我国实行从紧的货币政策特别是亚洲金融危机后，各大银行从农村纷纷撤走办事机构，对乡镇企业实行只存不贷或多存少贷的政策，与此同时，中央政府还撤销了农村合作基金会，并将合作基金会连同原有的呆滞账一同并入信用社。通过这一系列的制度和政策安排，乡镇企业和农民贷款越来越难，而农村资金向外流出越来越多。据统计，从 1997 年到 2000 年，农村仅通过信用社和邮政储蓄渠道，就净流出资金数量高达 3477 亿元[①]。无须赘述，金融制度和政策安排不当致使农民贷款无门，这极大地限制了农民的发展机会和增收空间。

## 三、改善收入分配不平等问题的建议

美国著名经济学家西蒙·库兹涅茨曾经指出，经济增长与收入不均等之间呈现的是一种倒 U 字形关系，即当人均收入增长时，收入不平等在最初会加重；在中等收入水平时，不平等达到了顶峰，最为严重；当收入水平具有了工业化国家的特点时，不平等会开始下降。[②] 以此衡量，目前我国人均国内生产总值在中下等收入水平，正处于从加重阶段向最为严重阶段演变时期。在这个时期里，为了防止收入分配的过度分化，并使它不危及我国经济的进一步发展和社会稳定，我认为，政府应该适度干预市场，通过公共政策来调节收入分配，并帮助穷者。为此，提出以下建议。

第一，政府制订和出台任何宏观经济政策，都要评估这些政策对低收入群体和高收入群体的影响。作为社会经济发展中游戏规则的制订和执行者，政府应充分考虑政策的公正性，就是说政府制订和出台的每项政策，首先注意的是不要人为扩大低收入群体和高收入群体之间的收入差距，为贫富分化推波助澜，而是要消除任何政策的歧视或偏见，给每个阶层和每个人以平等的发展机会。从现在起，我国政府除了在制订和出台的政策中避免不公正性之外，还应该对以往的制度和政策进行清理，凡是缺乏公正性并带有明显制度和政策歧视的，要予以坚决改革和纠正。

第二，帮助弱势群体，不断减少经济发展中的贫困人口。在社会经济发展

---

① 宋宏谋：《中国农村资金通过金融渠道外流问题分析》，中国社会科学院博士论文，2002年 4 月。

② 吉利斯、波金斯、罗默、斯诺德格拉斯：《发展经济学》，中国人民大学出版社 1998 年版，第 76 页。

中，仅为每个阶层和每个人提供平等的发展机会是不够的，政府还必须帮助那些最需要帮助的穷人。穷人是社会阶层中的弱势群体，由于先天不足或机会的不均等，他们无法同他人在市场上竞争，因此帮助穷人是政府的重要责任。针对目前的收入不平等程度，笔者认为应采取如下具体措施：首先，应在全社会建立一个保障穷人基本生存的"安全网"。比如，在城乡建立医疗保障制度，全面推行九年制义务教育制度，对穷人就医和子女就学提供保障性补贴。同时，对于陷入极度贫困的人口，不管是城市人还是农村人，政府应该制订统一、科学、公平的最低生活收入保障制度，为他们提供保障性收入补贴。这里需要指出的是，目前我国只在大中城市建立最低生活保障制度是缺乏公正性的，因为它忽视了小城镇和农村人口，而这两部分人口中恰恰是需要政府帮助的穷人最多。像大中城市一样，尽快在小城镇和农村建立最低生活收入保障制度，为这里的穷人提供最低生活收入保障性补贴，这是防止贫富分化的重要举措①。其次，要尽快制订最低工资法，从法律上保障低收入阶层的权益。最后，调整税收结构，控制个人收入差距扩大化。目前，我国在个人所得税政策上，可考虑先行提高个人所得税起征点，将征税目标对准高收入群体，然后再提高这个群体的个人所得税税率。同时，改革农村税制政策设计，有步骤地消除城乡不平等的二元税制结构。从公平性和城乡一体化的标准衡量，我国目前向每个农民征税是不合理的，这实质上是一种让"穷人"纳税的政策，从长期目标看，应该实行城乡统一的税收制度，设计并实行统一的个人所得税征收政策。根据这种政策，不管纳税人居住在哪里，凡是高收入家庭就必须纳税，凡是低收入家庭将免税并得到补助。从近期看，作为过渡政策，应先将全国特别是中西部地区和贫困地区的各种农业税免掉，给农民以休养生息的机会。

第三，政府还应帮助穷人提高就业和自我创收的能力，让他们沿着收入阶梯向上移动。在这方面，政府应该制订针对低收入者的培训计划，以免费或减费的形式为他们提供专业技能培训，帮助这些人提高就业竞争能力。同时，政府还要从政策上引导和支持社会大力发展劳动密集型产业，扩大劳动力的就业空间，为低收入者提供更多的就业机会，以此增加他们的收入。

---

① 目前我国对农村贫困人口是有扶贫政策的，但这种政策只针对的是达到贫困标准的县，中央财政给贫困县拨付以工代赈资金，银行为农民提供扶贫贷款。严格意义上讲，这并不是最低生活收入保障制度，因为一是现有财政资金没有直接到贫困户，它仅仅是为贫困人口集聚地提供部分公共品，二是这种政策仅仅覆盖了全国592个县，而其他县的贫困人口无法享受到此项政策。

# 第二十七章　减少贫困是中国经济社会发展的战略问题

## 一、穷人对陷入贫困的抗争方式

目前，世界上还有 12 亿赤贫人口，他们每天生活在只有一美元以下的水平上。这些人的生活没有保障，衣、食、住、行最基本的生存需求难以得到满足。贫困只有轻重之分，但没有国界之分。亘古通今，在任何国家或地区都会有穷人，在任何经济发展阶段也都会产生穷人。按照人性心理学之父马斯洛的需求等级层次学说[①]，人的需求活动分为生理、安全、交往、受尊敬和自我实现，如果一个人连基本的生理需求（包括生存、饥饿、干渴等）都无法保证时，那他（她）就是绝对贫困者；如果一个人虽然解决了生存问题，但他（她）的生存状况仍处于社会最底层，其收入水平和消费水平还远远低于社会认可的平均水平，这种人则是我们通常所说的相对贫困者。从世界各国的案例分析，穷人陷入贫困的原因是多种多样的，有以下因素可导致贫困：一是穷人没有文化和生存技能，在就业竞争中是弱者，往往难以找到体面的工作；二是许多穷人本来不穷，但由于家人或自身"飞来横祸"因病致贫，也有的是由于子女上学，高昂的学费导致因学致贫；三是恶劣的自然环境，使得一些人缺乏生存所需要的最基本资源条件，在没有外力帮助下他们只能陷入贫困绝境；四是一些心身不健全者缺乏自我控制力，自暴自弃、吸毒、赌博、酗酒、借高利贷等使自己身无分文。另外，还有一些穷人，他们原来的生活既不富裕也不贫困，但后来在经济社会结构变迁中，由于离婚形成单亲家庭，或被某些强势集团非法掠夺生存资源（土地、房屋和其他资产），使他们被迫陷入贫困陷阱。陷入贫困的穷人往往很脆弱，他们缺乏自信，漠视社会，容易绝望。但他们从内心的深处常常要求社会关注他们，一旦社会忽视甚至抛弃他们，穷人们常常会走极

---

[①] 陈长源、华飞等：《当代外国著名经济学家》，中国社会科学出版社 1988 年版，第 398—405 页。

端，给社会带来不稳定。

就像富人一样，穷人也厌恶贫困。他们比一般人更憎恨贫困，因为他们对贫困体会最深，几乎没有人愿意"享受"贫困生活。为了改变贫困状况，穷人一直在与贫困抗争，去做临时工、当家仆、全身工、捡垃圾、做乞丐、卖血，甚至出卖自己的器官以换取维持生存的条件。另外，有远见的穷人为了让下一代脱离"苦海"，还千方百计地将子女送入学堂，以求将来获得一份体面的工作。但是，实践证明，单靠穷人自身是难以摆脱贫困的，需要社会和政府关注并帮助他们。多年来，无论发达国家还是发展中国家，为了反对贫困进行了不懈的努力。这些国家将反贫困当作公共产品进行大量投资，改善贫困地区的公共投资环境，对穷人进行技能培训，给他们设立小额金融信贷资金，鼓励和扶持中小企业发展，同时还为穷人建立不同水平的生活保障制度，向穷人直接提供救助。通过各国政府的不断努力，反对贫困斗争在世界范围内取得了巨大的成果。然而，贫困的发生是动态的，它就像田间的杂草一样，不断消亡又不断再生，当旧的贫困还未彻底治理之前，新的贫困又发生了。此外，世界上许多国家为了推进本国的经济发展，过度迷信和依赖于市场，尤其是发展中国家陶醉于由市场制度带来的经济繁荣中，常常简单地支持工业化和城市化，而有意或无意地弱化政府的反贫困作用；结果是由市场力量引起的资源配置和结构转换，还把穷人一再推向经济社会发展的边缘，使他们的生存环境进一步恶化了。各国经济发展的历史一再表明，市场经济可以有效地配置资源，能更快地推进经济发展；但是，市场经济却不能解决公平问题，更不能解决贫困问题，甚至还会加剧贫困。

## 二、中国的穷人和贫困问题的严峻性

1978 年以来，中国依靠市场取向的改革取得了巨大的经济发展成就，大大减少了贫困人口。从 1978 年到 2004 年，我国年均国内生产总值增长了 9.4%，人均国内生产总值由 379 元增加到 10561 元，按可比价格计算增长了 6.6 倍。受经济快速发展的带动，我国贫困人口以及贫困发生率不断下降。仅以农村为例，1978 年我国农村有绝对贫困人口 25000 万人，贫困发生率 30.7%；到 2004 年全国绝对贫困人口已减少到 2610 万人，贫困发生率仅为 2.8%。在反贫困中，我国不仅仅是依靠经济发展来减少贫困人口，政府在帮助穷人、减少贫困方面也起了富有成效的作用。比如，在城镇建立基本养老保险、失业保险、医疗保险和最低生活保障制度，为此国家财政每年拿出数以百亿计的资金支持各项保险和保障制度。对于农村的贫困问题，国家一方面用以工代赈和扶贫贴息贷款方式支持全国 592 个重点贫困县脱贫致富，另一方面在农村建立社会救助制度，对贫困人口实行救济。与此同时，进入 21 世纪后，政府还实行了大规模的税费改革，降低和取消农业税；向农民提供直接和间接补贴；对 3000 万贫困学生实行免除学杂费、书本费和补助住宿生活费；另外还在农村推广大病医疗保险等等。在与贫困进行斗争中，正是有了各级政府的深度介入，我国的反贫困才取得了举世瞩目的成就。

由此可见，我国的经济快速发展为穷人摆脱贫困提供了历史性机遇，政府的支持和帮助也为穷人改变自身状况创造了难得的条件。但是，就像世界发达国家和发展中国家一样，我国仍然有穷人，而且穷人的贫困问题依然很严重。根据国家统计局的资料计算，2003 年我国农村尚有 1666 万户、7680 万个农民人均年纯收入在 800 元以下，城镇有 643 万户、2220 万市民人均年收入不足 2100 元。这些低收入人口常常是消费支出大于收入，为了维持生计他们不得不去借债。在经济快速发展时期，为什么我国还会产生穷人、并发生新的贫困问题呢？

首先，在工业化进程中，我国正经历一个收入分配不平等的快速上升时期，不断上升的不平等必然会使一部分人富有，另一部分人陷入贫困。按照著名经济学家库兹涅茨的倒 U 字形曲线假说，当人均收入增长时，收入不平等程度在发展的早期阶段会加重；在中等收入水平阶段时，不平等程度达到了顶峰，即最为严重；当收入水平具有了发达经济阶段特征时，不平等才开始下降[1]。以此衡量，国际上一些学者计算出西欧和北美在人均 2000 美元（1972 年价格）左右时，不平等程度达到倒 U 字形曲线顶峰；亚洲国家或地区收入不平等阶段要来得早，倒 U 字形曲线形成的也比较陡峭[2]。目前我国人均国内生产总值已经达到 1280 美元，收入不平等程度正处于从加重阶段向最严重阶段演变。面对这个演变过程，我国城乡内部以及城乡之间居民的收入差距呈现出一种迅速扩大趋势，其中一部分人变得越来越富有，而另一部分人则陷入生活困境之中。根据

---

[1] 吉利斯、波金斯、罗默、斯诺德格拉斯：《发展经济学》，中国人民大学出版社 1998 年版，第 76 页。

[2] 速水佑次郎：《发展经济学——从贫困到富裕》，社会科学文献出版社 2003 年版，第 215 页。

统计资料计算，过去 13 年里（1990—2003 年），城市有 17% 的高收入人口获得的收入占城市总收入的比重，从 26.8% 上升到 37.2%，而 22% 的低收入人口获得的收入占城市总收入的比重从 14.3% 下降到 8.8%；最高收入人群与最低收入人群的收入差距由 3.2 倍扩大到 8.4 倍；在农村有近 1/4 的人口获得的纯收入占农村总收入的比重达到 50% 以上，而 22% 的人口获得的纯收入所占比重不足 8%，13 年间高收入人群与低收入人群的收入差距由 6.67 倍扩大到 7.33 倍；在城乡内部收入急剧分化的同时，城乡之间的收入差距也在扩大，1990 年城乡居民收入之比为 2.2 ：1，2004 年上升到 3.21 ：1[①]。因此，在社会财富既定的情况下，收入向高收入人群集中，势必会使低收入人群在分享经济社会发展成果时处于极为不利的地位。毫无疑问，今后随着人均国内生产总值的增加，不同人群间的收入差距还将继续扩大，由此我国还会产生新的贫困人口。

其次，1990 年代以来我国产业结构的调整和不断升级，使得工业吸纳劳动力的能力变弱，造成部分人群就业被边缘化。增加就业是减少贫困的最佳途径，采用劳动密集型的产业技术促进经济高速发展，会使经济体就业弹性提高，社会就业量最大化。就国情而言，我国是一个劳动力大量剩余而自然资源高度稀缺的国家，按常理，在经济发展中我们应该鼓励劳动密集型产业技术的应用，以此能让经济增长带来更多的就业岗位。但是，20 世纪 90 年代以来，我国工业发展纷纷选择了一条用资本替代劳动的技术路线，大多数企业都通过引进资本技术对企业改造和产业升级。结果是，技术引进和企业改造排斥了劳动就业，加剧了全社会的劳动力过剩矛盾。从 1990 年到 2004 年，我国第二产业和工业增加值年均分别增长了 12.65%、12.97%，但同期内第二产业劳动就业年均增长只有 1.44%，就业增长大大落后于经济增长。由于企业纷纷采用高资本密集型技术发展工业，使得我国第二产业的就业弹性在明显下降。20 世纪 80 年代第二产业的就业弹性为 0.64，20 世纪 90 年代降为 0.12，2001 年到 2004 年进一步降到 0.1[②]。20 世纪 90 年代以来，工业企业的技术改造以及改制，造成大量下岗、待岗、内退人员，使得一大批城镇职工失去工作岗位和收入来源，变成了穷人。在失去正规工作岗位后，一些城镇下岗职工只好进入服务业领域，从事没有技术含量的非正规职业。但是，由于我国城乡劳动力无限供给，在工业不断以资本技术排斥劳动过程中，大量剩余劳动力涌进第三产业中，造成劳动力供给过

---

① 根据 1991 年、2004 年《中国统计年鉴》和 2005 年《中国统计摘要》计算。
② 根据 2005 年《中国统计摘要》计算。

剩，由此引起服务行业收益率急剧递减，在该行业就业的职工收入增长率越来越低，甚至还出现了收入的绝对下降。工业用资本技术替代劳动力，还加大了农村劳动力进入非农产业就业的阻力，延缓了农民依靠打工脱贫致富的步伐。当城镇和非农产业领域就业压力增大时，各地政府以多种方式实施了"先本地、后外地，先市民、后农民"的就业政策，将外来劳动力排挤在就业市场的边缘地位。因此，在经济结构调整和产业升级过程中，政府和企业偏好高资本、高技术应用，对劳动就业产生了很大的挤出效应，这显然对穷人是不利的。

再次，不当的城市化发展模式选择，造成一些穷人失去了就业空间，缺乏改变生存状况的必要机会。快速的城市化进程和适当的城市化模式可以将农民变成市民，为穷人改变身份提供难得的机会。但是，20世纪90年代以来全国各地兴起的城市化浪潮给穷人特别是急需改变身份的农民带来的积极影响不大，甚至还使他们的生存状况恶化了。比如，多年来我国在没有改变城乡二元户籍制度的条件下，将数以亿计的土地用行政手段、以低廉价格强制从农村转向城镇和非农产业，却使数以千万计的农民永远失去了赖以生存的土地。这些农民在得到少得可怜的土地补偿金之后，变成了典型的"三无"农民，即无地、无业、无保障。还有，我国的城市化发展方向明显走偏，城镇建设和发展并不是将增加社会就业和吸引农村剩余劳动力进城作为主要目标，而是将大量资金、土地等资源投向城市基础设施和房地产建设方面，刻意追求大气、洋气、新气，超越经济发展阶段搞道路硬化、墙面白化、环境绿化①和城市洋化。城市"四化"大大改善了现有城市居民的就业状况和生活环境。然而，城市"大门"紧闭，农民并没有享受到城市化的成果，相反他们却因城镇"四化"陷入了生活困境。

最后，体制改革和政策安排重视效益而忽视了公平，产生了新的不平等和贫困问题。20世纪90年代以来，我国推出了一系列的体制改革措施和政策安排，在提高社会经济效率、促进经济发展方面起到了积极作用。但是，这些改革措施和政策安排对穷人利益考虑不够，政策支持力度不足。比如，在国有企业改革过程中，我们对转换体制、提高效率考虑得比较多，而对待岗、内退、下岗分流的职工后顾之忧缺乏周到安排；在社会福利制度改革过程中，我们对减轻各级财政负担、剥离单位办社会事业考虑比较多，而对实行住房商品化、

---

① 道路硬化是指改造城市道路，将路面拓宽并用水泥浇注；墙面白化是指许多楼房外墙用白瓷砖贴面，环境绿化是指用大量土地空间种草坪、植大树。

教育产业化和养老、医疗等福利保障社会化后，在地区之间、人群之间产生的社会福利不平等考虑不够，特别是社会福利制度改革，还使一些处在社会边缘的人群增加了生存和发展的成本。还有，在工业化和城市化过程中，一些地方政府和个别决策者思想中存在着严重的错误发展观，总以为推动经济发展必然要有一部分人做出牺牲。在此思想指导下，他们无视弱势群体的利益，有意或无意地向穷人转嫁社会转型和经济发展的成本，动用公共权利，强制拆迁民房、低价剥夺农民土地，甚至采取行政办法进行非法集资摊派，上项目、搞达标和建现代化城市。结果是政绩出来了，一些弱势群体却变得更穷了。

总之，收入不平等程度在经济发展早期阶段有可能加剧，也会使收入分配差距扩大化，但问题是，体制改革偏差和发展方式不当，无疑会使穷人的收入和生活状况改善缓慢甚至更加困难。

## 三、政府和社会应为穷人提供的帮助

尽管穷人导致贫困的原因各有不同，但他们对改变自身生存状况都有着强烈的欲望。然而，由于他们在经济社会发展中处于弱势地位，在关键性资源要素获得上不具备比较优势，这使得他们缺乏竞争力，需要社会提供帮助。帮助穷人走出贫困是政府的一种责任。政府既有责任推进经济发展，更有责任解决公平问题。反对贫困实质上是一种公共品，它有明显的正外部效应，通过政府和社会帮助，穷人摆脱贫困不但解决了社会公平问题，而且还维护了社会稳定，这为进一步工业化和经济发展创造了不可多得的条件。因此，在经济发展中，从公共财政里抽取足够的资源去支持穷人，并不只是发达经济体才有的事情，发展中经济体也十分必要。

在中国，关注穷人和帮助穷人不仅仅是为了解决社会公平和维护社会稳定问题，而且还是扩大内需刺激消费的需要。目前，我国工业消费品大量积压，形成了在经济不发达情况下的"过剩型出口"。这种过剩型出口，并不是真正意义上的过剩，而是由于高收入者不消费和低收入者没有能力消费造成的，是一种典型的相对过剩。从理论上讲，收入过度向富人集中不利于社会消费总量的扩大，因为高收入者的边际消费倾向低，随着收入的不断增加他们将越来越多的资金用于储蓄；低收入者则不同，收入增加后他们将绝大部分收入用于消费。从2000年到2004年，我国城镇20%的高收入者的边际消费倾向由81.3%下降到64.1%，也就是说近五年来，城镇高收入群体每增加一个单位的收入，用于不消费的份额从 18.7% 上升到 35.9%。同期内，我国城镇 20% 的低收入者的边际消费倾向由 88% 提高到 95%，这意味着五年来，低收入群体每增加一个单位的收入，用于不消费的份额从 12% 下降到 5%①。这也就是说，假定全社会增加 1000 亿元收入，若增加给富人，他们只将 641 亿元用于消费；若增加给穷人，他们则将 950 亿元用于消费。显然，帮助穷人，让穷人增加收入，有利于拉动内需扩大社会消费总量，缓解内需不足与外需过旺的矛盾。现在，关键问题是，像中国这样一个发展中大国，穷人来自不同地区、不同社会群体，他们致贫的方式各种各样，如何把经济增长带来的好处传递给穷人，使他们也能和其他人群一样享受到经济发展的成果，这是政府和社会要给予高度关注的问题。

首先，调整宏观收入分配政策，增强政府的扶贫能力。当前，政府为穷人提供帮助遇到的最大问题是财力严重不足，给穷人转移支付的能力低。要解决这个问题，除了努力发展经济不断做大"蛋糕"外，还要调整宏观收入分配政策，筹集帮助穷人所需要的财力。一是在财政资金中，每年应不断增加对穷人的转移支付资金，提高政府在这方面的财政支出份额。二是要增强对高收入者的税收调控能力，以增加政府的税源。今后，一方面要加强对高收入单位和个人的税收征管制度，并重点清理工资外不合法、不合理的收入，将其纳入到税收征管范围之内；另一方面要调整个人所得税税率结构，将税基提高到能维持人们生存和发展需要的平均综合成本之上，降低月收入在 3000 元以下的个人所得税税率，按梯次提高 3000 元以上的个人所得税税率。

其次，为穷人提供公共品，帮助他们降低生存成本。穷人需要帮助的首先是改善生存条件。当高收入者开豪车、住别墅、吃无公害食品的时候，那些处于经济社会发展边缘的穷人，他们面临着饮水难、行路难、看病难、上学难、养老难等等问题。对此，在贫困人口相对集中的地区，政府应该继续通过财政转移支付的方式，重点解决当地居民的饮水、交通、燃料、校舍、卫生院（所）等建设问题，这些公共物品的提供，不能只强调到县到乡（镇），今后还必须强调要到村到户。还有，政府应该扩大社会保障范围，将处于体制边缘的弱势群体纳入到国家社会保障制度之中，划转必要的财政资金，按照"低水平、广覆盖、有保障、可持续"的原则，帮助穷人建立最基本的大病医疗保障、养老保险和最低生活保障制度，消费他们的后顾之忧。同时，要加大对穷

---

① 根据 2005 年《中国统计摘要》提供的数据计算。

人子女教育的支持力度，应全部免除城乡低收入者子女在九年制义务教育期间的学杂费、书本费，并对他们在校食宿给予补助。

再次，给穷人提供较好的培训机会，提高他们的竞争能力。与其他人群相比，穷人变穷关键原因是他们文化素质低，自身竞争能力太弱，缺乏生存和发展的技能。今后，各级政府应增加财政支出，加大对城乡弱势群体职业培训力度，有步骤地扩大培训范围，采取委托代理制或者发放培训卷的方式，重点对穷人开展培训工作，通过培训使他们能有一技之长，在就业中更具竞争力。

最后，改变工业化和城市化发展方式，为穷人创造更多的就业岗位。中国的贫富差距扩大，核心问题不是富人太富，也不是富人太多，而是穷人太多太穷。解决穷人贫困问题，关键是要通过经济发展，通过工业化和城市化，为穷人提供越来越多的谋生手段和就业岗位。城市化不仅仅是让城镇更加美丽漂亮，也不仅仅是让现有市民生活更加富裕、舒适；更重要的是我国城市化应该进一步开放"城门"，提高吸纳劳动力就业和外来流动人口的能力，通过加强和完善城镇基础设施，不断增强城镇的承载力和辐射力；通过制度创新，打破城乡二元结构制度，改变传统经济体制下遗留的"市民"和"农民"的身份地位，让更多的农民能够自由地进入城镇，像市民一样参加就业竞争。同城市化一样，中国的工业化既要增加社会财富和增强国力，也要充分考虑就业目标。一味地提高资本的有机构成去大量替代劳动力，并不符合我国的国情。今后，我国的工业化道路选择，一是要处理好资本、技术密集型产业和劳动密集型产业的发展关系，资本、技术密集型产业的发展不应损害劳动就业，劳动密集型产业改造升级也不应以减少劳动就业为目标；二是我国应该重点发展技术密集和劳动密集相结合的产业，通过这些产业的发展增加社会就业量；三是将工业化和城市化推进结合起来，鼓励产业集聚和集群，以此创造服务业特别是生产性服务业的需求。总之，只有全社会劳动需求总量增加了，穷人就业的机会才会相应增加；只有穷人不断增加了就业，我国的贫困问题才能不断缓解。

策　　划：张文勇

责任编辑：张文勇　申　吕　罗　浩

封面设计：李　雁

**图书在版编目（CIP）数据**

转型与发展：如何迈向高收入国家 / 马晓河著 . —北京：人民出版社，2017.5

ISBN　978-7-01-017625-3

Ⅰ . ①转… 　 Ⅱ . ①马… 　 Ⅲ . ①中国经济—经济发展—研究 　 Ⅳ . ① F124

中国版本图书馆 CIP 数据核字（2017）第 090691 号

**转型与发展**

ZHUANXING YU FAZHAN

——如何迈向高收入国家

马晓河　著

人 民 出 版 社 出版发行

（100706　北京市东城区隆福寺街 99 号）

涿州市星河印刷有限公司印刷　　新华书店经销

2017 年 5 月第 1 版　2017 年 5 月北京第 1 次印刷

开本：710 毫米 ×1000 毫米 1/16　印张：23

字数：398 千字

ISBN 978 - 7 - 01 - 017625 - 3　定价：49.80 元

邮购地址 100706　北京市东城区隆福寺街 99 号

人民东方图书销售中心　电话（010）65250042　65289539